高职高专旅游类专业精品教材

休闲活动策划与管理

• 伍 鹏 编 著

清华大学出版社

北 京

内 容 简 介

休闲是人类生活的重要内容,以满足人们休闲和精神文化需求为主要内容的休闲产业将在全球的经济生活中占主导地位,休闲产业的蓬勃发展呼唤高素质、高技能的休闲服务和管理人才。本书共分认识休闲、休闲活动主题策划与征集、节庆活动策划、文体活动策划、高端休闲活动策划、旅游演艺活动策划、婚庆活动策划、休闲活动项目管理、休闲活动组织管理、休闲活动营销管理、休闲活动安全管理11个项目,旨在使学生了解休闲活动策划与管理的知识体系,认识休闲活动策划与管理的基本现状,获得休闲活动策划与管理的基本理论素养,并能运用相关原理与方法分析和解决休闲活动中的实际问题,策划简单的休闲活动项目。

本书适合高职高专旅游类专业学生作为教材使用,也适合旅游行业从业人员和一般社会读者阅读参考。

图书在版编目(CIP)数据

休闲活动策划与管理/伍鹏编著.—北京:清华大学出版社,2013(2022.1重印)
(高职高专旅游类专业精品教材)
ISBN 978-7-302-32893-3

Ⅰ.①休… Ⅱ.①伍… Ⅲ.①闲暇社会学－高等职业教育－教材 Ⅳ.①C913.3

中国版本图书馆 CIP 数据核字(2013)第 136432 号

责任编辑:刘士平
封面设计:宋 彬
责任校对:袁 芳
责任印制:丛怀宇

出版发行:清华大学出版社
　　　　网　　　址:http://www.tup.com.cn,http://www.wqbook.com
　　　　地　　　址:北京清华大学学研大厦 A 座　　　　邮　编:100084
　　　　社 总 机:010-62770175　　　　　　　　　　　邮　购:010-62786544
　　　　投稿与读者服务:010-62776969,c-service@tup.tsinghua.edu.cn
　　　　质 量 反 馈:010-62772015,zhiliang@tup.tsinghua.edu.cn
　　　　课 件 下 载:http://www.tup.com.cn,010-62795764
印 装 者:北京鑫海金澳胶印有限公司
经　　销:全国新华书店
开　　本:185mm×260mm　　　印　张:18.5　　　字　数:423千字
版　　次:2013年6月第1版　　　　　　　　　印　次:2022年1月第6次印刷
定　　价:48.00元

产品编号:054186-02

休闲是人类生活的重要内容,以满足人们休闲和精神文化需求为主要内容的休闲产业将在全球的经济生活中占主导地位,休闲产业的蓬勃发展呼唤高素质、高技能的休闲服务人员和管理人才。

目前,我国休闲管理与服务教育刚起步。近年来,教育部已将休闲服务与管理专业由高职高专旅游管理类专业目录外专业调整为目录内专业,不少高职院校开始开设休闲服务与管理专业(方向),培养掌握休闲服务、休闲活动管理与策划、休闲设施运营、休闲市场营销、休闲企业经营管理等技能的中高端休闲应用型人才。

高职教育改革的核心是课程改革,课程改革的关键是教材开发。教材内容的选择与编排直接影响到教师教学活动的组织与效果,影响到学生知识与技能的获得。"休闲活动策划与管理"是休闲服务与管理专业(方向)的核心课程,是旅游管理、酒店管理、会展策划管理等旅游大类专业的重要必修或选修课程。而目前国内出版的此类高职教材十分欠缺。本书作为校企合作开发教材,在吸收了学术界有关休闲活动策划与管理的最新研究成果的基础上,坚持以培养高端技能型服务人才的目标为指导思想,以编著者自身教学经验与管理实践以及研究能力为基础,结合休闲企业的经营管理实践和典型案例编写而成,主要特点如下。

第一,以工作任务为引领编排教材内容体系。本书按照休闲活动策划与管理工作岗位对知识和技能的要求,按照工作任务的逻辑关系设计课程,以完成项目的典型工作过程作为任务,以任务引领知识、技能和方法,以休闲活动管理和策划岗位的各种业务为主线,以介绍工作流程中的各个程序和操作步骤为主要内容,尽量摆脱学科课程的思想束缚,从岗位需求出发,为学生提供完整工作过程的模块式和项目式课程体系。

第二,以职业能力为基础选择教学内容。本书紧紧围绕培养学生的职业能力选择课程内容,以工作任务为中心来整合相应的知识、技能和素质,做到理论与实践的有机统一,重在培养学生在复杂的休闲策划和管理工作过程中分析问题和解决问题的职业能力。课程内容体现了休闲服务与管理领域的新知识、新技能和新方法,注重职业情境中实践智慧的获得,避免了把职业能力简单理解为操作技能。同时,本书内容的选取坚持理论知识必需、够用的原则,以能力本位的原则,打破学科体系和现有教材编写体系,按企业岗位能力的需要选择理论知识,选取常见休闲活动作为教学项目,着重培养学生的思考方法和策划能力。

第三,以工作过程为主线确定教学顺序。本书按照工作过程设计学习过程,以典型案例为载体来设计活动项目和组织教学,有效建立了工作任务与知识、技能的联系,案例的选择体现了休闲产业的特点和休闲产业对人才的实际需要,活动设计符合学生的能力水平和教学需要,可以增强学生的直观体验,激发学生的学习兴趣。

第四,坚持在真实工作场景中进行教学的理念。本书编写贯彻在真实企业工作环境中进行教学的理念,以岗位所需知识为标准,模拟休闲活动策划与管理真实工作场景设计项目,突出"学中做,做中学,做中提高"三个教学环节,注重培养学生的策划能力和职业素养。另外,本书由学校专任老师和杭州宋城集团兼职教师合作完成教材内容的精选、编排、审定等工作,按照休闲企业的经营管理实践案例以及业务培训流程确定教材的编写框架,从而增强了教材的适用性、实践性和针对性。

本书主要供高职院校旅游管理、休闲服务与管理、会展策划与管理等专业教学使用。全书共分为认识休闲、休闲活动主题策划与征集、节庆活动策划、文体活动策划、高端休闲活动策划、旅游演艺活动策划、婚庆活动策划、休闲活动项目管理、休闲活动组织管理、休闲活动营销管理、休闲活动安全管理 11 个项目,每个项目有 3～4 个学习任务,每个项目后面附有知识链接、复习题、实训项目、参考文献等内容。使用本书教学共需68 课时。

本书由宁波城市职业技术学院伍鹏编著,其中宁波城市职业技术学院吴蔷老师参与编写了项目一,杭州宋城旅游集团第一世界大酒店俞枫总经理对本书的设计和内容编排提供了宝贵建议,并提供了一些企业案例。清华大学出版社的编辑为本书的出版付出了艰辛的劳动,在此表示诚挚的谢意。

编　者

2013 年 3 月

认识休闲

学习目标与要求:

了解休闲活动的内涵、特征和分类,熟悉国内外休闲产业发展的现状和趋势,掌握休闲教育的意义和内容,了解休闲产业发展对人才的技能和素质要求等。

任务一 认识休闲活动

一、休闲的定义

人的生命过程主要包括闲暇时间和劳动时间,人的活动方式与存在状态主要是劳动和休闲。休闲在人的生存与发展中具有十分重要的地位,发挥着不可替代的作用。

什么是休闲?中文的"休"字是由"人"与"木"组合而成的,"人依木而休",其意为人倚着树木或人坐在树下休息。因此,"休"有休息、休憩、休养等暂停劳动的意思。"闲"字的繁体字形式为"閒",即由"门"与"月"组合而成,其意为家中一轮明月,或独处静思,或与家人相聚。所以,此处的"闲"有安闲、闲适、闲逸等意思。

古今中外许多学者从时间、活动、心态等不同的角度来定义休闲。亚里士多德在他的《政治学》一书中曾提出这样一个命题:"休闲才是一切事物环绕的中心"。凡勃伦(Vablen)对休闲的定义是"非生产性的时间消费"。马克思主义认为,休闲一是指用于娱乐和休息的余暇时间;二是指发展智力,在精神上掌握自由的时间,它包括个人受教育的时间、发展智力的时间、履行社会职责的时间、进行社交活动的时间、自由运用体力和智力的时间。我国学者李仲广、卢昌崇等认为,"休闲是一种人类行为,它发生在个人的自由时间里,并在个人内心本能喜爱的心态驱动下平和宁静地进行着,休闲行为会导致某些相应制度的建立。"

因此,我们认为,"休闲"一词的内涵主要包括三个方面:第一,休闲是一种生命存在的状态,是在自由时间或者可自由支配的时间里进行的一种活动。第二,它是一种自由选择和自在的心境,是一种愉悦、平和、升华、宁静的精神状态。第三,它是一种自我教化,科学文明的休闲方式,可以有效地促进能量的储蓄和释放,它包括对智能、体能的调节,生理、心理机能的锻炼以及身心的愉悦。

二、休闲、游憩与旅游

休闲、游憩和旅游是相互区别又相互联系的概念。

一般来说,旅游是指人们离开其通常居住和工作的地方,暂时前往某地的旅行和在该地逗留期间的各种活动,这些活动一般指的是在闲暇时间自愿从事各项非报酬性的自由活动。从广义的角度来说,旅游是休闲的一种方式,是对闲暇时间的利用。有人认为,旅游和休闲是相互交错的两种人类行为,二者存在重合,近距离、短时间的游憩行为就是休闲方式的一种表现。也有观点认为,旅游和休闲最明显的区别是休闲并不像旅游那样要求人们离开其常住地,二者相同的地方在于它们都以有可自由支配的时间为前提。

随着旅游业的持续发展,休闲和旅游关系日益紧密,"休闲旅游"这个新兴词语也应运而生。国内学术界普遍认为,休闲旅游是指以旅游资源为依托,以休闲为主要目的,以旅游设施为条件,以特定的文化景观和服务项目为内容,为离开定居地而到异地逗留一定时期的游览、娱乐、观光和休息的活动。从这一定义来说,休闲旅游是为了满足新时代的旅游需求而产生的,并以旅游动机产生为前提,在旅游活动过程中让游客获得休闲体验的一种新型旅游方式。具备更加寻求心灵上的释放,对旅游资源和基础设施的要求更加严格,逗留时间较长,以及住宿餐饮、购物娱乐等消费支出较高等特征。

游憩的中文字义为游览与休息,游玩和休息。加拿大学者斯蒂芬 L.J.史密斯在其《游憩地理学》中这样论述:"游憩是一个难以定义的概念。在实际应用中,游憩常常意味着一组特别的、可观察的土地利用,或者是一套开列的活动节目单。游憩还包括被称为旅游、娱乐、运动、游戏以及某种程度上的文化等现象。"保继刚(1999)在其所著的《旅游地理学》中提出:"游憩一般是指人们在闲暇时间所进行的各种活动;游憩可以恢复人的体力和精力,它包含的范围极其广泛,从在家看电视到外出度假都属于游憩的范畴。"张安等人(1999)认为把旅游活动看作游憩活动的一部分,才能使社会学、地理学等学科对人类这种特殊类型的消费活动的研究具有更广泛的意义。

由此可以看出,游憩活动更倾向于户外的活动,更着重于它的游玩、健身和放松心情的功能。本书对游憩的界定为:在闲暇时间内,在距离日常居住地较近的空间内进行的以放松身心,恢复体力和精力为目的的户外休闲活动,主要包括非竞技性的运动、娱乐、户外散步、游览、游戏等。

游憩与旅游、休闲三者之间的关系可以概括为:其一,在空间上,游憩不包括在居所内进行的活动,活动主要在户外距离居所一定距离的场所开展;而休闲则包括在居所内进行的活动,活动可同时在室内和户外开展;旅游是指离开居住地或工作地进行的活动,可以认为是在异地进行的游憩活动。其二,在时间上,在闲暇时间内开展的活动都可以认为是休闲;游憩更多的是指不过夜(即不超过 24 小时)的娱乐活动;而旅游多是指人们在目的地过夜的休闲行为。其三,在目的上,游憩、旅游、休闲活动都是以获得愉悦而不是经济报酬为目的。其四,休闲包括游憩、旅游、游戏、比赛、运动等范畴。

三、休闲活动的分类

按休闲活动的性质,休闲活动可以分为积极性休闲和消极性休闲。按休闲活动的内容,休闲活动可以分为旅游休闲、文化娱乐休闲、运动休闲、益智类休闲、收藏类休闲、创作类休闲、社会服务类休闲、栽培饲养类休闲、会议展览活动、节日庆祝活动和商业促销活动等。

(1)旅游休闲。包括郊游、旅行、露营、远足等。旅游类休闲不但能够使人亲近大自然,欣赏各地的风光美景,还可以让人们松弛紧张忙碌的生活怡情悦性、广增见闻。

(2)文化娱乐休闲。包括观赏电视、电影、舞蹈、戏剧、音乐、阅读等。文化娱乐休闲能够使人们在工作之余,得到轻松的机会,是最普遍也最受人欢迎的休闲活动。

(3)运动休闲。包括各种球类运动、游泳、健身操、骑马、登山、打太极拳、潜水等。运动休闲可以锻炼体魄,增强体质,有益身体健康。从事脑力工作的人,尤宜多参加体育活动,借以调剂身心,激励进取的斗志。

(4)益智类休闲。包括棋类、牌类、益智类游戏等。益智类休闲可以培养人们的判断力,启发人们的智能及思考能力。

(5)收藏类休闲。包括收集邮票、卡片、书签、剪报、钱币、徽章、贝壳、模型等。参与这类活动,可使人们从收集、辨识、整理、分类、储藏、展示的过程中,结交志趣相投的朋友,增长知识和见闻,培养细心、耐心的品质。

(6)创作类休闲。包括插花、绘画、书法、摄影、手工艺、弹奏乐器、写作、歌唱等。这类利用手、脑创造事物的活动不仅可以满足人类创作的心理需求,培养审美的感觉,更可将创作出的成果用于美化生活环境,丰富人生色彩。

(7)社会服务类休闲。包括参加社团组织、担任志愿者、参加公益活动等。社会服务类休闲可使参加者广增见闻,发挥爱心,增加社交能力,体会助人为乐、人生以服务为目的的意义。

(8)栽培饲养类休闲。包括种植花草、饲养宠物等。参加这类活动,能培养爱心、耐心,并可从中领会生命的可贵,发现自然界的伟大。

(9)会议展览活动。会展产业是通过举办大型国际会议和展览,来带动当地的旅游、交通运输、饭店及相关服务业的一种新兴产业。广义的会展活动是会议、展览会和奖励旅游的统称,会议、展览会、博览会、交易会、展销会、展示会等是会展活动的基本形式,世界博览会为最典型的会展活动。

(10)节日庆祝活动。几千年来,中国传统的、民族的、民间的、宗教的、法定的节庆活动数以千计,影响甚大。特别是改革开放以来,冰雪节、美食节、登山节、啤酒节等现代节庆活动如雨后春笋般地涌现,演绎出中国文化的无穷魅力。节庆经济的全面发展,不仅对促进地方经济的发展,提升城市知名度具有积极作用,也为企业和品牌提供了一个展现自我的绝好机会。

（11）商业促销活动。商业促销活动是为了促进某种商品或服务的销售而举办的活动，能在短期内达到促进销售、提升业绩、增加收益的目的。商业促销活动通常由新闻发布会、新产品发布会、各类招商会、企业年会、客户答谢会、经销商联谊会、开业庆典、周年庆典、竣工仪式、挂牌仪式、企业文化交流项目、节庆营销、广告促销、公益主题晚会等一系列活动组成。

四、休闲活动的特质

按照现代人的理念，休闲就是除了工作与其他必要责任外，可自由运用以达到松弛、娱乐、个人发展以及社会成就等目的的活动。基于前述说明，我们可以发现休闲应具备以下特质。

一是余暇时间。休闲活动必须有余暇时间才能开展。所谓余暇时间，就是必需的日常工作和必需活动以外的时间。例如，对成人而言，是指工作以外，能依自己的意愿做事的时间；对学生来说，就是除去上学、做功课、帮忙做家务之外所剩下的时间。

二是自愿。休闲活动的进行是自愿而不受外力强制的，活动者可依照自己的兴趣加以选择。

三是乐趣。休闲活动可以带给活动者心灵、情绪或身体上的愉快、满足及轻松。

四是积极性。可以消遣的休闲活动很多，但若违反法律、风俗习惯或道德时，就不能列入休闲活动的范畴。如赌博等活动，虽也是消磨时间的方法，但却因违法不能视其为积极性休闲活动。

五是生存之外。凡为了生存而进行的活动，则不具备休闲的性质，如饮食和在家里睡懒觉不能算是休闲。而同一种活动，对某些人是一种休闲，对另外的人可能就是工作。例如，打球对一般人而言是休闲，而对于职业球员来说则是他们的工作。

五、休闲活动的意义

（1）增进人的身心健康。现代社会生活节奏快，竞争激烈，往往容易导致身体的疲劳和精神上的烦闷，人们借着休闲活动，不仅可以舒活筋骨，锻炼身体，也可以调节情绪，满足心理上的需求，从而促进身心健康。休闲活动中，可以学习到许多生活准则、价值判断和社会规范等，因此还能帮助个人社会化，达到寓教于乐的目的。

（2）培养人的创造力与毅力。休闲活动是自己选择的，兴趣浓厚，很容易激发创造力，甚至有时为了达到某种理想，往往废寝忘食全力以赴，无形中培养了坚忍不拔的精神。

（3）促进人际交往。休闲时约三五好友品茗清谈，既可交流经验，广增见闻，又可排除孤寂。有些休闲活动是要与人合作的，如下棋、打球、郊游等，在与他人相处的过程中，可以学习别人的长处，培养忍耐、谅解、领导等能力，更可交到不少志同道合的朋友。有些技艺如绘画、书法等，借由彼此观摩、研究和学习，往往会取得更大的成就。

（4）拓展人的生活领域。参加休闲活动，特别是自己有兴趣的活动，不仅可消除工作产生的疏离感，更能使生活多彩多姿，开阔胸襟，体验生命的真谛。

(5) 促进家庭与社会和谐。家人共同开展的休闲活动,可以缩短家人间的距离,建立家庭中的亲情与友爱,增加家人相互之间交流的机会。青少年在休闲时间从事正当有益的休闲活动,可以减少犯罪倾向,预防青少年犯罪行为的产生。休闲活动还可以使人们因接触而相互了解,无形中提高了社会意识,促使社会更加和谐与团结。

案例 1

天津市推出系列民俗文化休闲游活动

春节长假将至,为丰富天津旅游市场,满足市民群众节日期间文化生活需求,天津市及各区县旅游部门特别推出了以新春"五大庙会"为代表的津城民俗文化休闲游系列活动。届时,天津市民及游客将会充分感受到独具特色的"津味"新年。

今年春节期间,天津市古文化街将特别推出"金虎迎春民俗旅游庙会"。其中,2月14日至2月20日将举办"金虎迎新春·天津过大年——综合文艺汇演"。届时,除了将在戏楼广场举办面人、糖画、泥塑手工艺现场制作表演外,还将推出"问津——通庆里"曲艺园的"津味曲艺"、"津门怪手"传统戏法、魔术表演以及京剧彩唱、"迎财神"民间花会巡演、民间非物质文化遗产项目竞技表演、元宵灯节系列文化旅游活动等多项特色活动。而在正月初一当天,小白楼欧式风情街还将举办"新春洋庙会",将推出包括"欧陆风情·浪漫迎新年"主题商品特卖、西式魔术表演、西洋歌舞表演以及设置了"最闪亮组合奖"、"最具勇气奖"、"最佳造型奖"、"持久耐力奖"等奖项的接吻大赛。届时,年轻人将充分感受到爱情的甜蜜、浪漫与温馨。另外,在蓟县独乐寺、渔阳古街、鼓楼广场等地,还将举办"独乐寺庙会",届时将为游客推出花会调演、少林功夫、吴桥杂技、拓片、吹糖人、捏面人、剪纸系列表演以及以大碗茶汤、贴饼子、吊炉烧饼为特色的蓟县土特产及地方风味小吃展示。而春节期间,潮音寺庙会将推出祈福上香、踩街花会等民俗活动祈求幸福平安,让游客充分体验塘沽民风民俗。此外,在古文化街天后宫举办的"天后宫庙会"将推出以天津最具代表性的、最有影响力的18项民间绝活绝技表演以及六十甲子复原陈列展等活动。

此外,春节期间,杨柳青民俗文化旅游节、石家大院名宅民俗游、杨柳青青年画馆推出的画乡画俗游、第十一届南市食品街"征联、猜谜、观灯"文化活动等系列活动也将点燃新春津味文化节庆活动的高潮。

资料来源:摘自马根.天津市推出系列民俗文化休闲游活动.渤海早报,2010-09-06.http://www.zhuna.cn/article/260164.html

案例 2

从"农家乐"到"洋家乐"

"国庆假期的客房在一个月以前就订满了",德清"洋家乐"西坡29号的钱经理这几天不断抱歉地对想订房的客人这么说。

类似钱经理这样的"洋家乐",德清现在已经有30多家,每到节假日总是预订火爆。今年国庆假期有8天长假,免收小型客车通行费的利好消息让"洋家乐"这样的新型乡村旅游景点人气更旺。

据浙江省德清市旅游部门介绍,"洋家乐"是指在德清县西部乡村,由外国人投资开办的富有异国特色的乡村旅游产品,以三九坞、山里茶园会所和裸心谷等项目为典型代表。

位于莫干山镇三九坞自然村的裸心乡项目,步行到莫干山景区只需10分钟。村庄掩映在郁郁葱葱的竹林里。在裸心乡项目进入前,当地有15幢老房子无人居住。几年前,南非人高天成骑车到莫干山游玩时无意间发现了三九坞村。被当地优美的自然环境和原汁原味的泥坯土房吸引,高天成和几位朋友租下了六套土房,以全新的环保生态理念进行装修改造,建成了6个具有异国情调的乡村会所,后来吸引了越来越多的外国游客和都市高级白领前来休闲度假。

根据德清旅游部门不完全统计,到目前已有来自南非、英国、比利时、丹麦等各国人士在三九坞村开办了16个乡村会所,2011年接待境外游客18000余人次。这里不仅吸引了外国游客来度假,国内外一些知名公司也经常在这里召开各种会议,LV、GUCCI、可口可乐、阿里巴巴等公司都选择在这里举办过高层会议。

与自然和谐共处,独特中西合璧风格的"洋家乐"对那些外资公司有独特的吸引力。以裸心谷为例,121间客房分布在树顶别墅及夯土小屋之中,所有建筑均采用可持续材料建造。法国人司徒夫在莫干山镇紫岭村仙人坑开办的面向高端的休闲度假会所"法国山居",同样也在运营中运用绿色理念。

不过,现在"洋家乐"这个概念已经不单指外国人开办的项目,一些富有眼光的当地人也借鉴了外国人带来的低碳休闲理念,已建成和在建共10多家"洋家乐",钱经理的西坡29号就是其中的一家。

钱经理原本在德清城区里经营咖啡馆,以"裸心谷"为代表的洋家乐给了他很多启发,于是他和朋友合作开办了西坡29号。他觉得洋家乐最大的依托是大自然,除了基本的住宿,客人还可以在这里露营,骑山地自行车,体验在有机农场里的劳动乐趣。客人中最多的是外国人和上海人,很多都是回头客。

与农家乐相比,洋家乐的客房、服务更加精致,费用也贵不少,在节假日里更高,卖到一两千元/(间·夜)。随着莫干山景区里的洋家乐越来越多,专门为洋家乐提供设计、软装的设计工作室也在当地开了好几家。

资料来源:摘自鲁莹.简慧溢.老外扎堆来浙江开"洋家乐".都市快报,2012-09-23.http://news.ifeng.com/gundong/detail_2012_09/23/17825833_0.shtml

任务二　认识休闲产业

一、休闲产业的定义

休闲产业是以旅游业、娱乐业、服务业和体育文化产业等为龙头形成的经济形态和产业系统。休闲产业具有广泛的带动作用,不仅间接地促进交通、商业等产业的发展,还直接与文体娱乐业、服务业、住宿和餐饮业、房地产业等产业融合,构成一个连带的产业群。

二、休闲产业的分类

休闲产业大致可以分为三大类。一是主体休闲产业，包括直接提供休闲环境和娱乐、健身、文化交流等场所的企业群体，如旅游景区、度假村、各类休闲吧等。二是辅助休闲产业，主要包括为主体休闲产业提供各类休闲物品、器械和组织旅游休闲活动的企业群体，如旅行社、各类健身娱乐器械和服装制造公司等。三是休闲相关产业，主要指为上述两类产业提供食宿、交通、资金等的企业，如宾馆、饭店、金融机构、各类租赁机构、广告策划设计公司等。在休闲产业中，旅游、文化、体育是休闲产业的三个支柱，这三者每一个方面都可以分解出很多产业。同时，在这三个方面之外，还有一些子产业或者延伸产业，如休闲餐饮业、休闲房地产业等。

（一）旅游休闲业

旅游业是休闲产业的构成主体。狭义的旅游业，在中国主要指旅行社、旅游饭店、旅游车船公司以及专门从事旅游商品买卖的旅游商业等行业。广义的旅游业，是指凭借旅游资源和设施，专门或者主要从事招徕、接待游客，为其提供交通、游览、住宿、餐饮、购物、文娱六个环节的综合性行业。旅行社业、交通客运业和以饭店为代表的住宿业是旅游业的三大支柱。旅游业的发展以整个国民经济发展水平为基础并受其制约，同时又直接、间接地促进相关的国民经济的发展，如推动商业、饮食服务业、旅馆业、民航、铁路、公路、邮电、日用轻工业、工艺美术业、园林等的发展，并促使这些部门不断改进和完善各种设施、增加服务项目，提高服务质量。

（二）文化休闲业

文化产业是在全球化的消费社会背景中发展起来的一门新兴产业。文化产业是社会生产力发展的必然要求，是随着社会主义市场经济体制的逐步完善和现代生产方式的不断进步而发展起来的新兴产业。文化产业分为影视业、音像业、文化娱乐业、文化旅游业、网络文化业、图书报刊业、文物和艺术品业、艺术培训业等大门类。实际上，文化产业的范围远远不止以上门类，我国文化产业的范围还应该包括新闻出版、广播电视、文学艺术、信息产业的一部分。

（三）体育休闲业

体育休闲业是指围绕消费者需求、以消费者为轴心，为社会提供体育休闲产品的同一类经济活动的集合以及同类经济部门的总和。其领域覆盖一切与体育休闲相关的生产经营主体，跨越体育服务业和体育产品、设施制造业。运作主体不仅包括企业，而且包括各种从事集体性活动的事业、社会团体、家庭、个人，涵盖了体育健身活动业、体育竞技表演业、体育旅游业、体育培训教育业、体育彩票业、户外运动专卖店、体育服装业等。

（四）休闲餐饮业

餐饮业涵盖了饭店、宾馆、酒吧、咖啡馆等营利性产业，是休闲产业的重要组成部分，也是其中最传统、最大众化的组成部分。餐饮业呈现酒店餐饮和独立经营餐饮两种业态。近年来，独立经营的餐饮业蓬勃发展，在餐饮结构中占据越来越大的比重。

（五）休闲房地产业

休闲房地产业是休闲产业的新兴力量，是现代休闲产业的重要组成部分。休闲房地产业涵盖了传统公司制酒店（宾馆）业、度假村、民俗园、疗养院及新兴的产权式酒店业、家庭旅馆业、青年旅舍等营利性产业和老年公寓等非营利性产业以及文化广场、现代城市标志性建筑等公益性产业。

三、发展休闲产业的意义

国内外学者的研究和现实状况充分表明，在未来 20 年或更长的时间里，休闲将成为人类生活的重要内容，以满足人们休闲的、精神文化需求为主要内容的休闲产业，将在全球的经济生活中占主导地位。同时，休闲产业作为一种集资金密集、技术密集和劳动密集等特性于一体的新兴产业，对于刺激消费、扩大就业、拉动经济发展都有着积极的作用。

其一，刺激消费、扩大内需。随着国民收入的提高和闲暇时间的增加，人们更加重视生活和生命的质量以及自身的全面发展，人们会更多地把收入和时间用于旅游、健身、游戏、艺术、影视文化、教育等休闲活动，休闲消费的比重将越来越大。大力推动休闲产业的发展，可以满足人们对于休闲和全面发展的需要，同时又起到刺激消费、扩大内需的作用。

其二，缓解就业压力、维护社会稳定。休闲产业是新型劳动密集型产业。我国是一个劳动力资源十分丰富的国家，存在着大量失业人群，这已成为阻碍中国经济改革与发展的巨大障碍，而大力发展休闲产业则是解决这一问题的最佳选择。

其三，优化国民经济产业结构、促进社会经济良性循环。由于产业间的连带关系作用，休闲产业的带动几乎涉及所有产业。以旅游业为例，休闲产业带动了酒店、航空、铁路、出租车、餐饮、银行、保险、电信、旅游纪念工艺品等相关产业的大发展。

四、我国休闲产业发展现状和对策

休闲产业是近代工业文明的产物，或者更确切地说，它是现代社会的产物。它发端于欧美，19 世纪中叶初露端倪。进入 20 世纪，随着科学技术的快速发展，与休闲相关的产业逐渐应运而生，20 世纪 70 年代进入快速发展时期。近十几年来，发达国家的休闲产业进入高速发展的新时期，在欧美国家，休闲产业十分发达。有关数据表明，美国的休闲产业已处于国民生产总值第一的位置，其就业人口占全部劳动力的 1/4。

我国休闲产业发展迅速。自从我国实行五天工作制和黄金周假日以来，由此引发的休闲消费效应日趋明显，假日经济、休闲度假、休闲购物、休闲经济、旅游经济已经成为人们的日常生活的一部分,成为推动我国社会、政治、经济持续稳定发展的实实在在的社会现象和经济浪潮。

（一）我国休闲产业发展现状

1. 旅游产业蓬勃发展

自进入 21 世纪以来,旅游产业作为休闲产业的龙头,在我国发展迅速。2007 年与 2000 年相比,我国入境游客从 8344 万人次增加到 13187 万人次,增长了 58.04％;国际旅游外汇收入从 162 亿美元增加到 419 亿美元,增长了 158.64％;出境旅游人数由 1047 万人次增加到 4095 万人次,增长了 291.12％;国内出游人数由 2001 年的 7.84 亿人次增加到 2007 年的 16.1 亿人次,增长了 105.36％;国内旅游总收入由 2001 年的 3522 亿元增加到 2007 年的 7771 亿元,增长了 120.64％。

2011 年,我国旅游业全年共接待入境游客 1.35 亿人次,实现国际旅游（外汇）收入 484.64 亿美元,分别比上年增长了 1.2％和 5.8％;国内旅游人数 26.41 亿人次,收入 19305.39 亿元人民币,分别比上年增长了 13.2％和 23.6％;中国公民出境人数达到 7025.00 万人次,比上年增长了 22.4％;旅游业总收入 2.25 万亿元人民币,比上年增长了 20.1％。

到 2011 年年末,全国 11676 家星级饭店,拥有客房 147.49 万间,床位 258.63 万张;拥有固定资产原值 4587.13 亿元;实现营业收入总额 2314.82 亿元;全年平均客房出租率为 61.1％。到 2011 年年末,全国纳入统计范围的旅行社共有 23690 家,共招徕入境游客 1454.96 万人次,共组织国内过夜游客 13710.75 万人次,各类旅行社营业收入共计 2871.77 亿元。

旅游产业的迅速发展,"黄金周"制度起到重要作用。从 2000 年"十一"至 2007 年"五一",20 个"黄金周"累计接待国内游客 18.1 亿人次,实现旅游收入 7440 亿元,带动民航实现客运收入 364 亿元,铁路实现客运收入 248 亿元。2011 年,在春节、"十一"两个"黄金周"中,全国共接待国内游客 4.55 亿人次,实现旅游收入 2278.5 亿元。

2. 文化娱乐成为城乡重点休闲产业

近年来,文化娱乐业成为城市和发达地区乡村的重点休闲产业。人们或在家观看电视、录像、家庭影院、读书看报、听音乐,或去影院观看电影、观赏文艺节目、欣赏音乐、跳舞唱歌,或切磋棋艺、品尝茶艺,或尽情享受泡吧文化和网络文化等。这些积极健康的文化娱乐活动,不仅使人们享受到高尚有益的休闲消费,而且极大地促进了广播影视、新闻传媒、文化娱乐和网络文化等产业的快速发展。

3. 体育健身成为时尚

随着收入水平和人们生活水平的提升,人们在可供自由支配的时间内开展各项体育活动,"花钱买健康"成为一种时尚。篮球场、网球场、羽毛球场、溜冰场、健身房、台球厅、保龄球馆等成为人们日常光顾的场所,被称为"贵族消费"的高尔夫球也吸引了不少的顾客,观看体育比赛的人次更是数不胜数。巨大的需求极大地促进了体育健身业的发展。

4. 休闲工业、休闲农业发展方兴未艾

休闲工业快速发展。近年来,为满足休闲活动对休闲服装、休闲装备、休闲食品的需求,企业如雨后春笋般涌现。同时,休闲农业也快速发展。近年来,给人们带来闲情逸致的田园情调和轻松、愉快、宁静的精神享受的观光农业、品尝农业、体验农业、休闲渔业、观赏林业等在迅速发展。

5. 会展活动层出不穷

近年来,会展产业受到越来越多的地区和城市的重视,我国会展业进入了快速发展的黄金期,每年以20%～30%甚至更高的速度增长,全国各地的节庆活动方兴未艾,展示出了巨大的资源整合、经济拉动等功能。2010年上海世博会的成功举办更是使其成为世人关注的热点。

6. 休闲活动呈现出多元化特征

一是休闲活动正由静态为主逐步向以动态为主过渡。从以往的以看电视、听音乐、读书看报、品茶聊天、从事琴棋书画活动等相对静态的形式为主,向体育健身、旅游观光、户外运动、会展博览等相对动态的活动为主转变。二是新兴的休闲活动备受欢迎。网络休闲、"吧"文化、乡村休闲、农业旅游、工业旅游等休闲活动,对人们的吸引力很大。三是休闲活动与国际接轨的步伐加快。例如,城郊休闲、登山攀岩、室内游泳、家庭宴会、自助露营、高尔夫球、滑雪、狩猎、冲浪、马术等活动正在被越来越多的人所接受并参与其中。四是休闲场所日益多样化。从以家庭为主要休闲场所向以城郊野外、公园、健身房、体育场馆、会展博览场所、科技馆、图书馆、阅览室等场所转移,呈现出休闲场所日益多样化的特征。

(二) 我国休闲产业发展存在的问题

1. 休闲意识、形式和内容上仍然沿袭着传统

尽管近些年来我国休闲经济有了很大的发展,但人们由休闲需求而引发的休闲消费、休闲产业仍远远落后于西方发达国家。首先表现在人们只是在工作和休闲时间上与世界接轨,而在休闲的意识、形式和内容上仍然在很大程度上沿袭着传统,只是用更多传统意义上的休息(而非休闲)来填充新的闲暇时间。从消费者来说,还存在着炫耀式、从众、非健康消费等问题。因此,倡导健康、文明、新奇、快乐的休闲观念是非常重要的。

2. 休闲设施落后,经营和服务水平不高

近年来,我国的基础设施虽然有了大幅度改善,但是,由于过去长期受计划经济的影响,我国的基础设施欠账过多,交通等基础设施相对不足的问题仍然制约着休闲经济的发展。"黄金周"旅游的拥挤现象说明了我国休闲系统的不完善和休闲产业发展的单一。目前来说,我国对于休闲产业的资金投入远远不够,休闲设施比较落后,经营性娱乐场所多,而公益性的休闲设施少。同时,由于地区经济发展不平衡,一些地区的休闲设施建设相对滞后,服务设施不够完善,经营管理不规范,服务意识和水平还比较差。

3. 对休闲经济发展的重要性认识不够

从政府部门来看,还没有制定休闲产业政策和规划,对休闲经济发展的重要性认识不够。在发展休闲经济上,各个地区一哄而上,还没有制定可持续发展的休闲产业规划,缺乏区域合作和联动效应的意识。各个地区不同程度地存在着项目重复、功能雷同、产品品位不高、配套设施和环境较差、互相竞争、效益低下等问题。

4. 休闲产业发展不平衡

休闲产业发展的不平衡,整体上制约了我国休闲及其产业的发展。主要体现在以下三个方面：一是休闲的整体供给和需求不平衡。目前国内的主要休闲供给主要体现在吃、游、玩等方面，供给层次相对低下，精神需求层次相对较高的文化产品的供给、教育休闲的供给等相对缺乏。二是城乡之间发展的不平衡。三是休闲产业结构的发展失衡。从目前我国休闲产业的结构布局来看，旅游业一枝独秀，而文化产业、体育产业、娱乐业等相对旅游业而言则较为落后。

（三）我国休闲产业发展的对策

1. 把休闲产业打造成战略支柱产业

从目前情况看，休闲产业已经成为国民经济发展新的增长点，随着我国生产力的快速增长，物质文化财富的大幅度增加，人们收入水平的大幅度提高，对发展和享受的需求将会激增，对休闲产品的需求也会与日俱增，强劲的需求势必推动休闲产业的发展，休闲产业成为我国国民经济的支柱产业指日可待。我们必须从国民经济发展的战略上考虑休闲产业的发展，尽早着手制定休闲产业发展的战略规划，从发展休闲产业的战略思想、战略目标、战略重点、战略步骤、战略措施等多方面考虑休闲产业的发展。

2. 大力营造休闲产业发展的良好环境

休闲产业在我国已经呈现出良好的发展势头，但它仍然是新兴产业，需要多方呵护和培育。因此，需要顺应休闲产业发展的客观要求，大力营造休闲产业发展的良好环境。

一是要大力营造有利于休闲产业的软环境。要大力营造发展休闲产业的社会氛围，积极开展理论研究，探讨中国特色的休闲产业发展之路；摒弃传统的休闲理念，树立积极向上的休闲理念，用正确的理念去指导休闲产业的发展。

二是大力营造发展休闲产业的制度环境。要加强发展休闲产业的制度建设，从制度上确保休闲产业的战略地位，从制度上培育休闲产业，从制度上引导休闲产业的协调和可持续发展。

三是大力营造发展休闲产业的政策法律环境，出台有利于休闲产业发展的政策和法规。

四是大力营造有利于休闲产业发展的硬环境。大力加强公共基础设施建设，例如快速、高效、便利的综合交通，高效、安全、可靠的现代通信网，稳定、可靠的能源网，安全、可靠的环保网，完善的供水网和排水网等。大力加强休闲基础设施建设，如公共休闲空间、场地、设施、住宿和餐饮场所等。

3. 加强对休闲产业的经营和管理

休闲产业是一个十分庞大而复杂的产业。休闲产业的运营是一个复杂的系统，它由市场系统、出行系统、目的地系统和支持系统构成。为使休闲产业经营系统顺利运营，旅行社、交通、营销、信息和组织管理起着特别重要的作用。要使休闲产业可持续发展，必须借鉴国际先进经验，不断提高经营管理水平。

4. 加强休闲教育和人力资源的开发

在开展休闲活动和休闲产业发展中人起着决定性作用，因此，加强休闲人力资源的开发尤为重要。加强休闲人力资源开发的途径主要有：一是加强休闲人才的培养，有基础的大专院校可开设休闲专业、专业方向和相关课程等。二是加强休闲人才的培训，通过进修、访问、岗位培训等多种形式培训休闲从业人员。三是适当引进人才，通过多途径从国外引进适合我国休闲产业发展的人才，从国内不同部门挑选适合从事休闲产业工作的优秀人才。

案例 3

宁波市率先出台休闲产业发展规划

2007 年 12 月，宁波市领先于全省和全国其他城市，编制和通过了《宁波市休闲产业发展规划》，对宁波休闲产业的总体思路和空间布局以及发展重点等进行了部署和规划，此举对于促进宁波休闲产业的发展，创建宁波休闲品牌、提高宁波生活品质，提升宁波城市品位具有十分重要的意义。

根据《宁波市休闲产业发展规划》，未来 10 年内宁波市休闲产业发展的总体思路是，充分发挥宁波休闲产业丰富的资源优势和各种有利条件，以培育和强化休闲产业特色为着力点，以相关产业升级和互动为目标，以服务业融合发展和制造业延伸发展为宁波市休闲产业发展的总体战略，突破旅游业、商贸业、会展业、文化娱乐业、房地产业传统发展模式和业态，注入现代休闲元素，强化多业融合，做大做强"吃、住、行、游、购、娱"六大要素；依托制造业优势，丰富创意产业设计元素，抢占休闲用品设计与制造高地，培育和完善现代休闲产业链。

未来 10 年内，宁波市休闲产业发展总体上要形成"三圈多区"的空间组织形态，即基本建成旅游休闲、商务休闲、创意休闲三大功能圈，多个重点休闲功能区共同推进的休闲产业发展格局。

资料来源：摘自宁波市休闲产业发展规划.2007

任务三　认识休闲教育

一、休闲教育的含义

休闲教育是为教导人们善用休闲时间，从事有意义的休闲活动，体验休闲心境及培养自我决定和行动之能力的一种教育。其最终目的在于通过教育，通过一种思考及自愿学习的过程，提升学习者的休闲品质与生活品质，使之获得自由参与及自我内在的满足。

休闲已经成为我国广大人民群众生活的重要内容，休闲产业也在传统产业的夹缝中悄然兴起，渐成规模并且越来越呈现出对经济发展的巨大推动力。应运而生的休闲教育也越来越显示出其重要性，并将占据教育的极大份额。休闲教育应该是一种贯穿个人一生的教育，而不仅仅是一门课程，或传授技巧及提供活动的项目。休闲教育是一场需要多种管理机制和服务体系共同发挥作用、承担责任的运动。家庭、学校、各类社会团体及休闲服务组织都是开展休闲教育的重要基地。

二、休闲教育的重要性

古希腊的雅典人认为,自由人如果不想使自己的生活沦为灾难,就一定要接受休闲人生的教育。从 19 世纪末 20 世纪初开始,欧美国家就已经开始兴办有关休闲的教育机构与研究机构,培养高素质的休闲服务者,注重休闲理念的传播。早在 1918 年,美国联邦教育局就将休闲教育列为高中教育的一条"中心原则",即每个人都应该享有时间去培养自己的兴趣。闲暇时间如果能被合理地利用,那么这种闲暇将会重新扩大个体的创造力量,并进一步丰富其生活,从而使其能更好地履行自己的职责。反之,滥用闲暇时间将有损健康、扰乱家庭、降低工作效率,并破坏其公民意识。

休闲需要有计划,需要获得某种技巧,而这样的一个过程是一个教育的过程。理想的休闲必须具有发展性,必须是一个能使人投入其中,不断学习,并使自己有所改变的连续的过程。休闲教育是美国全国教育协会所设定的七项教育目标之一,而在我国的教育体制中,休闲教育才刚刚起步。

休闲是塑造人类发展的重要领域。对儿童来说,有机会接触到充满挑战性游戏的儿童,与那些很少接触外界刺激的儿童相比,会得到更好的智力发展。而对成年人来说,参与休闲是他们保持智力水平的一个重要方式。另外,休闲教育对身体及心智障碍者具有特殊意义。例如,休闲教育能使受教育者增加在交友、与他人加强联系、赢得他人肯定、强化角色意识等方面的社交能力;开发有助于个体成长的休闲意识及欣赏能力;利于展示个性以及培养达观的人生态度等。

三、休闲教育的实施层面

（一）家庭层面

一个人往往是从父母及家人那里获得最早的休闲教育,而且受到的影响对其一生都是潜移默化的。家庭层面实施的休闲教育包括:从小培养孩子正常的休闲活动情趣及能力;家长注重对孩子的言传身教;经常组织家人共同参与的休闲活动;给予孩子表现才能的机会,帮助他肯定自己的能力;多参与亲子教育活动等。

（二）学校层面

增加或强调与休闲有关的教学内容。学校既要开设对学生今后谋生有用的"模仿技艺"类课程,也要开设对学生的智力发展、身体健康以及审美情趣培养的"自由技艺"类课程,并且使两者保持平衡。关于休闲教育的课程可以单独设科,也可以融合式课程的形式出现;可以是正式课程,也可以是非正式课程,并采取灵活多样的教学方式。

开展更具休闲色彩的休闲教育。学校想要引导学生具有一定的休闲伦理,并培养学生逐步适应具有这种休闲伦理的社会,就应该使整个教育过程更具有休闲色彩。使教育过程更富休闲性,并不意味着应当取消课堂纪律,学习的过程应当是一个外在的约束机制逐渐被学习者的自我约束及好奇心所取代的过程,可以在教学环境的设计、教学步骤的安排以及教学中所涉及的其他方面加以改进,让学生具有高度的自主性和能动性。

发展休闲专业教育,培养专业人才。目前我国对休闲学的研究、休闲专业学科的建设都处于起步阶段。发展休闲产业,开展休闲教育,都必须以庞大坚实的休闲专业人才队伍为基石。应依托科研机构和高等院校,调整相关专业的课程设置,增加休闲教学方面的内容,逐步建立及发展休闲专业和学科,创立休闲业人才培训基地和再教育基地,大力开展休闲业急需人才的培训。

(三) 社会层面

休闲活动的种类及方式随着社会的发展在不断地发生变化,并且一些休闲方式只有在个体身体、情感和社会经验等方面都成熟之后才能充分感受到其中的乐趣,因此在社会层面提供的休闲教育具有广泛的需求性。从政府性休闲服务机构、各类商业性休闲服务机构、非营利性休闲服务组织到社会上的成人教学机构等,都可以参与到休闲教育中来,成为休闲教育的另一个重要基地。

四、当代大学生休闲教育

(一) 当代大学生休闲活动的基本特点

1. 休闲时间充裕

休闲时间是休闲活动的前提条件。它既表现为节假日,也更多地表现为每天工作、学习之余归个人自由支配的业余时间。与中小学生相比,大学生自由支配时间增多,休闲时间充裕。有调查表明,大学生每天可供个人支配的闲暇时间占有状况为:4 小时以上的有 34.7%,3 小时左右的有 30.7%,1~2 小时的为 24.2%,基本没有闲暇时间的仅占 9.7%。

2. 休闲活动以积极为主

人们在闲暇时间里从事的休闲活动种类繁多,五花八门,良莠不齐。根据对大学生课外活动取向的抽样调查分析,大学生课外活动主要有体育锻炼、校系活动和工作、聊天、社交、课业学习、阅读课外书刊、上网,看电影、电视、录像,勤工助学、玩游戏、棋牌活动等,大多数为积极的休闲活动,但也有相当一部分人仍然沉迷于色情、赌博、过度上网等不健康活动中。

3. 休闲活动和学习活动很难区分开

与工作与休闲相对独立相比,学习和休闲活动都是大学生的基本生活,它们实际上是很难截然分开的。从本源上讲,休闲与教育密不可分。休闲二字的含义,在历史上的发展始终传达着相同的信息,在希腊文里的意思指的就是学习和教育的场所。

4. 休闲能力结构性缺陷

休闲能力就是人们创造和享受休闲的能力。休闲能力主要受主观和客观两个方面因素的制约。影响休闲活动的主观方面包括:个体的休闲知识、休闲技能、休闲经验、休闲价值观、休闲体验和休闲效益等休闲元素。客观方面因素包括:个体闲暇时间的多少、经济收入的多少及支出结构、身心机能状态、休闲资源等方面。相比其他人群,大学生在影响休闲活动的主客观因素方面有较多优势,但在休闲经验、经济收入、休闲资源等方面处于劣势。

5. 休闲活动过度和休闲被剥夺现象同时存在

一种情况是,部分学生进入大学后,放松了对自己的要求,生活没有目标,人生缺乏规划,整天热衷于各种社会活动、应酬活动,唯独不愿意花时间和精力在学习上。另一种情况是休闲活动的剥夺现象。部分大学生课程很多,学业压力很大,有限的课余时间都被无休止的练习、复习以及各类培训班所填满,休而不闲。还有一部分大学生由于经济条件、休闲能力及其他因素的影响,休闲活动也很少。

(二) 大学生休闲活动的教育途径

1. 改变观念,树立正确的休闲观

一是要改变休闲就是好逸恶劳、玩物丧志的观念。休闲具有独立价值,是工作或学习的补充,学校教育不能培养出会读书而不会休闲的书呆子。二是改变休闲不需要教育的观念。在休闲活动中要玩出水平,玩出档次,玩出新意,教育的提升作用不可或缺。三是要改变把休闲与学习对立起来的观念。休闲活动中可以体验休闲,在学习活动中同样也有休闲体验。实际上,学习休闲化和休闲学习化已经成为教育改革的方向和理念。

2. 加强休闲教育,丰富休闲知识和提高休闲技能

休闲能力是保证休闲质量的重要条件。从主观方面来讲,休闲知识和休闲价值观在某种意义上取决于社会的休闲教育状况,其他元素则取决于主体从事休闲活动的数量、种类和质量(熟练程度等)。因此,加强休闲教育,丰富休闲知识和提高休闲技能,对当代大学生成为对社会有用的人才至关重要。

3. 创造条件,为大学生休闲活动提供平台

改善大学生休闲的客观条件,是提高大学生休闲能力的有效途径。改善大学生休闲的客观条件包括:深化教学改革,致力于学习休闲化和休闲学习化,为休闲活动提供更多的时间;加强休闲环境硬件建设,为学生提供更多的休闲活动选择,同时减轻学生休闲活动的经济负担;延长图书馆和实验室开放时间,增加开放内容;开展丰富多彩的社团活动;积极营造校园文化,培养大学精神;加强休闲活动管理和引导,引导大学生参加健康的休闲活动,提高休闲活动的品位等。

4. 开展心理咨询,及时纠正休闲活动的偏差

针对个别大学生中出现的休闲过度和休闲被剥夺的状况,及时开展心理咨询是非常必要的。心理咨询主要包括两个方面的内容:第一,职业或人生规划咨询。帮助大学生明确自己的奋斗目标、努力方向和当下应该做些什么。第二,休闲咨询。帮助大学生明确休闲的意义,弄清其休闲的主客观条件,帮助大学生选择与之对应的休闲活动等。

五、休闲服务与管理人才素质要求

休闲产业对从业人员有着较高的要求。在西方发达国家,人们往往把从事休闲产业的人誉为"亲善大使",因为他们运用智慧,付出爱心,以一种特殊的品质和技巧传递爱的精神,帮助人们找到真正值得参与的活动,使这个世界变得安全、温馨和美好;使人在休闲中既丰富思想,又陶冶情操;使人的生命既丰富多彩,又获得价值的提升。所以对于从事休闲服务与管理的人才来说,应具备以下基本素质。

(1)优雅的气质。于光远先生认为,玩是人生的基本需要之一,要玩得有文化,要有玩的文化,要研究玩的学术,要掌握玩的技术,要发展玩的艺术。要使人们玩得有文化,就要大大发展玩的文化,培养会玩的人。而休闲专业的大学生日后就是为会玩的人们服务的,这就要求大学生应具备休闲意识,做有品位、会生活、讲品质的人;要有高雅的生活情趣和良好的生活习惯,对于现代人们进行休闲所开展的各种文化、体育、娱乐活动都尽可能地有所了解;对茶艺、调酒、健身、唱歌、台球等项目也应有选择地作为特长与爱好进行培养,培育并展示自身优雅的气质和彬彬有礼的风度。

(2)较强的沟通与交流能力。休闲行业的从业人员需要掌握休闲心理,熟悉休闲产业的运营规律,并能根据休闲产业的特点进行相应的休闲策划或休闲服务。从业人员长期直接面向顾客,与有着较高精神需求的人打交道,需要与顾客进行必要的沟通与交流,因此,大学生应具有相应的交流能力,具备良好的语言表达能力,掌握沟通技巧,能灵活地与各类顾客进行有效的沟通。及时预测并了解顾客的需求,才能更好地服务于顾客,提供优质的服务为顾客创造更高的消费价值。

(3)较好的专业操作技能。休闲业属于服务行业,因此休闲管理和从业人员必须具有良好的服务意识,专业的操作技能和服务手法,乐于为人们提供高效优质的休闲服务。大学生应该强化专业服务技能,加强技能训练(如餐饮服务、康乐服务、导游服务等),不但了解服务程序,更重要的要达到动作娴熟、到位并优美,才能及时、准确为顾客提供规范、高效与个性化的服务。

(4)一定的策划能力。策划能力是策略思考与计划编制等能力的统称。策略思考又称策略性思考,是指为达成某种设计,制订具体行动计划的过程;或为达到某种特定的目的,所需采用的方法的思考与设计。每个人身上都存在着策划的潜能,成功的策划人都是善于开发、利用并不断提高、丰富这些能力的人。因此,有志于休闲活动策划的人,要掌握科学的方法并利用这些方法对自己进行有意识的训练,发挥出自己潜在的能力,就能够成为一个优秀的策划人。

(5)一定的文化素养。从现代人的休闲需求来看,人们在满足物质享受的同时,也在追求高尚的精神享受,需要了解各种文化历史知识,享受各种文化与艺术的生活。而且很多休闲活动没有一定的文化知识和技巧就不能享受其中的乐趣,比如歌剧、音乐、书法等"高层次的文化",因而这些知识和技巧就需要大学生加强学习、努力掌握,知识面要广泛,要有一定的知识积累和文化底蕴,文学、历史、宗教、民俗、体育、娱乐等知识都能有所知晓。

◆ 知识链接

国人迫切需要休闲

相比于政府的谨慎,百姓对"休闲计划"的推行却格外热衷。据近日一项由全国31个省、市、自治区超过1万人参与的调查显示,56.6%的人期待"国民休闲计划",促使带薪休假进一步落实。调查中,90.7%的人表示关注"国民休闲计划",其中46.8%的人

"非常关注"。

"我想休假都想到骨子里了！可能国家是希望借全民休闲来拉动内需、促进经济发展，但在我们普通人看来，最重要的是想好好休息了。"28 岁的公司白领小刘告诉《生命时报》记者，"太累了！所有人都憋足劲儿在干活，哪怕是机器，工作时间长了也要检修一下，更何况人呢？全民休闲是时候了！"记者在采访中发现，有小刘这种想法的人不在少数。

国家统计局刚刚发布的"北京市 2008 居民时间利用调查结果"也显示，北京居民劳动时间为 7 小时 35 分钟，占一天的 31.6%，已远远超过美国、日本、英国等国家。"非同寻常的激烈竞争，高度紧张的工作压力，纷繁复杂的人际关系……已是现代社会的生活常态，'忙死啦，累死啦'变成国人最熟悉的口头禅。长此以往，生命恐怕真会成为不可承受之重。因此，我为全民休闲叫好！"北京大学医学部公共卫生学院社会医学与健康教育学系主任王培玉教授在接受《生命时报》采访时直言，中国人必须要"慢"下来，应注意一下身心休养了。

王培玉解释道，休息不足直接导致国人身心疲惫，长期如此容易引发焦虑、抑郁、高血压等诸多健康问题，"身心疲劳"已和运动不足、营养不合理、吸烟及过量饮酒成为影响国人健康的四大主要因素。

古语说："文武之道，贵在一张一弛。"因此，以"国民休闲"来调养生息肯定是利国利民的大好事。只是，从已出台的"地方版"休闲计划中，大家看到最多的还是奖励旅游、修学旅游、免费旅游消费券、优惠的城市互助游等字眼。

"可休闲计划绝不仅仅是旅游，或者是经济的事情！"参与制订《国民休闲纲要》的北京第二外国语学院中国闲暇经济研究中心主任魏翔表示，"纲要"最重要的目的还是提高生活和生命的质量，让人力资源得到更加有效的利用。国家旅游局综合协调司副司长高舜礼也指出，"国民休闲计划"要达到四个目标，首先便是提升生活质量，其次才是拉动内需、发展休闲产业、抗御金融危机。

但记者采访中发现，中国人不会"休闲"成为众多专家的共同感受。魏翔不无遗憾地表示，"没时间"成为人们不休闲的最主要理由，然而"居民时间利用调查结果"发现，哪怕是与富裕国家相比，中国人的闲暇时间并不算少，但利用起来却有天壤之别。"看电视、上网、聚餐、睡觉、打麻将、宴请等成为大家工作 8 小时之外最常做的事情，而像晒太阳、运动这些最受富裕国家人们欢迎的休闲活动，中国人却极少问津。"

"如果只知道拼命干活，却不知道如何休息；或者有了闲暇时间，也不会科学休闲，只能导致腰包鼓起来，幸福感急速下降的最终结局"，魏翔呼吁，"因此，制定《全民休闲纲要》时，中国人的休闲方式真得改改了。"

首先，一定要"学会玩"。"不会玩，往小了讲，直接关系到你的生活质量；往大了讲，则会影响经济发展。"北京大学社会学系教授夏学銮感叹，如果休闲就是出去购物或是看看景点，在家上网、睡觉，那么恐怕只能"越休闲越累"，既创造不了价值，也锻炼不了身体。

其次，国家必须强制企业实行职工带薪休假制。夏学銮认为，在很多大公司，这点做得还算不错，但不少小企业员工的休假权利早被剥夺了。

再次,发挥旅游的最大效用。全国工商联旅游商会会长王平认为,很多人一提到旅游业就想到了景点、饭店。旅游业其实应该是各个行业的黏合剂,在拉动内需的消费过程中提高全民素质。"可以借鉴日本的经验,国民休闲计划的内容不应该是让大家去挥霍,去破坏生态,而是可以借此既放松身心,又倡导环保。"

最后,企业也应人性化管理。"员工效率是核心竞争力中不可忽视的软实力,应尽可能地为他们创造休闲的条件,增强其幸福感。"魏翔表示,比如实行弹性工作制,灵活就业等都是不错的选择。

资料来源:摘自江大红.中国人迫切需要休闲:晒太阳、运动上时间不多.生命时报,2009-03-24. http://news.sohu.com/20090324/n262967131.shtml

国务院发布《国民旅游休闲纲要》

2013年2月18日,中国政府网发布《国务院办公厅关于印发国民旅游休闲纲要(2013—2020年)的通知》(以下简称《纲要》),明确提出到2020年职工带薪休假制度基本得到落实的目标。另外,在放假时间总量不变的情况下,高等学校可结合实际情况调整寒、暑假时间,地方政府可以探索安排中小学放春假或秋假。

2020年带薪休假基本落实

虽然早在2008年1月国务院就发布并实施了《职工带薪年休假条例》,但现实中,真正能不折不扣地执行条例的单位确实不多。每逢假期,总会出现旅游地"爆堵"的情况。有专家指出,带薪休假制度执行乏力是造成国人利用"黄金周"扎堆出游的重要原因。

2月18日公布的《国民旅游休闲纲要(2013—2020年)》提出,到2020年,职工带薪年休假制度基本得到落实。

《纲要》提出保障国民旅游休闲时间,落实《职工带薪年休假条例》。鼓励机关、团体、企事业单位引导职工灵活安排全年休假时间,完善针对民办非企业单位、有雇工的个体工商户等单位的职工的休假保障措施。将加强带薪年休假落实情况的监督检查,加强职工休息权益方面的法律援助。

同时,《纲要》还鼓励企业将安排职工旅游休闲作为奖励和福利措施,鼓励旅游企业采取灵活多样的方式给予旅游者优惠。

中小学有望一年享4假期

目前,我国的大中小学的假期实行双假期制,即每年分为寒暑两假,冬天一次,夏季一次,这主要是来自晚清学制改革的产物,至今已有百余年历史。

但因为特殊的气候条件、社会习俗等原因,不少国家有自己独特的放假方式。有些国家的学校甚至实行的是4个假期制度。美国大部分的学生都可以享受3个月的暑假等。

《纲要》指出,在放假时间总量不变的情况下,高等学校可结合实际情况调整寒、暑假时间,地方政府可以探索安排中小学放春假或秋假。也就是说,今后在一些地区,中小学生有望享受春假、暑假、秋假和寒假4个假期。

景区景点逐步实行低票价

《纲要》提出,要稳步推进公共博物馆、纪念馆和爱国主义教育示范基地免费开放。城市休闲公园应限时免费开放。稳定城市休闲公园等游览景区、景点门票价格,并逐步实行低票价。落实对未成年人、高校学生、教师、老年人、现役军人、残疾人等群体实行减免门票等优惠政策。鼓励设立公众免费开放日。逐步推行中小学生研学旅行。

　　加强城市休闲公园、休闲街区、环城市游憩带、特色旅游村镇建设,营造居民休闲空间。发展家庭旅馆和经济型酒店,支持汽车旅馆、自驾车房车营地、邮轮游艇码头等旅游休闲基础设施建设。加强公园绿地等公共休闲场所保护,对挤占公共旅游休闲资源的应限期整改。加快公共场所无障碍设施建设,逐步完善街区、景区等场所语音提示、盲文提示等无障碍信息服务。

资料来源:中国政府网,http://www.gov.cn,2013-02-19

复习题

1. 什么是休闲和休闲活动?
2. 休闲与旅游有什么关系?
3. 什么是休闲产业? 发展休闲产业有什么意义?
4. 谈谈我国休闲产业发展现状。
5. 结合休闲产业发展实际,谈谈休闲行业对休闲管理与服务人才的素质要求。

实 训 项 目

调研你熟悉的地区休闲产业发展状况,并撰写简要的调研报告。

参 考 文 献

1. 王景全. 我们是否懂得什么是休闲. 人民日报,2005-08-24
2. 荀一潮. 什么是休闲. 观察与思考,2006,5(10)
3. 王惠. 休闲与旅游关系的探讨. 经济研究导刊,2009(10)
4. 刘群红. 发展我国休闲旅游产业问题的若干思考. 求实,2000(8)
5. 唐启国. 我国休闲产业发展与战略对策研究. 青岛科技大学学报,2009(4)
6. 肖崇好. 大学生休闲活动的特点及教育对策. 盐城师范学院学报,2010(3)

项目二
休闲活动主题策划与征集

学习目标与要求:

　　了解休闲活动主题形象口号和形象标识的意义和作用,掌握休闲活动主题形象口号和形象标识策划的理论和方法,熟悉休闲活动主题征集的基本流程,能够运用相关知识和理论策划简单的休闲活动主题形象口号和形象标识。

任务一　认识主题形象口号与标识

一、企业形象识别设计系统

（一）背景与概念

　　企业形象识别设计是指运用整体传达系统(特别是视觉传达系统)将企业经营理念与精神文化传达给企业周边的关系者,并使其产生对企业一致的认同感与价值观,也就是结合现代设计观念与企业管理理论的整体运作,刻画企业个性,塑造企业优良形象。企业形象识别设计是现代工业设计与现代企业管理运营相结合的产物。

　　以 IBM 公司为代表的美国企业在 20 世纪 50 年代开始把企业形象作为新的而又具体的经营要素。为了研究企业形象塑造的方法,确立了一个新的研究领域,出现了 Corporate Design(企业设计)、Corporate Look(企业形貌)、Specific Design(特殊设计)、Design Policy(设计政策)等不同的名词,后来统一称为企业识别,简称 CI(Corporate Identity),而由这个领域规划出来的设计系统,称为企业识别系统,简称 CIS(Corporate Identity System)。

（二）构成要素

1. MIS 理念识别系统

理念识别系统(Mind Identity System,MIS)是企业经营的战略、生产、市场等环节的总的原则、方针、制度、规划、法规的统一规范,是企业识别系统的核心与原动力,属于思想文化的意识层面。在设计层面上,MIS 具体表现为企业的经营信条、精神标语、座右铭和经营策略等形式。

理念识别指一个企业具有独到的经营哲学、企业宗旨、战备目标以及道德风貌而区别于其他企业的特征。MI 是 CIS 的灵魂和动力,它对 BI、VI 具有决定性的作用,BI、VI 是 MI 的表现形象,MI 与 BI、VI 的关系就如一个人的内在气质只有通过外貌和行为才能得以充分体现一样。

2. BIS 行为识别系统

企业行为识别系统(Behavior Identity System,BIS)是企业理念识别系统的外化和表现,是一种动态的识别形式。企业的行为包括的范围很广,它们是企业理念得到贯彻执行的重要体现领域,包括企业内部行为和企业市场行为两个方面。内部行为包括员工选聘行为、员工考评行为、员工培训行为、员工激励行为、员工岗位行为、领导行为、决策行为、沟通行为等。企业市场行为包括企业创新行为、交易行为、谈判行为、履约行为、竞争行为、服务行为、广告行为、推销行为、公关行为等。上述各种行为只有在企业理念的指导下规范和统一,并具有鲜明的特色,才能被公众识别、认知、接受、认可。

3. VIS 视觉识别系统

企业视觉识别系统(Visual Identity System,VIS)是企业识别系统 CIS 的视觉符号,是企业形象的视觉传递形式,它是 CIS 最有效、最直接的表达。VI 的基本要素包括企业标志、企业商标、企业标准字、企业标准色、企业吉祥物、企业专用印刷字体、企业专用服装等。

二、主题形象口号和形象标识

(一) 主题形象口号

主题形象口号来源于广告口号。广告口号也叫广告语、广告主题句、广告中心词、广告中心用语、广告标语等。它是企业和团体为了加强受众对企业、商品或服务等的良好印象,在广告中长期反复使用的一两句简明扼要的、口号性的、表现商品特性或企业理念的句子。它是基于企业长远的销售利益,向消费者传达长期不变的观念的重要渠道。

广告口号首先是企业、商品、服务与受众之间的认知桥梁。广告口号以表现企业、商品、服务的精神、理念、特性为自己的内容,经过长期流传,这些句子就成了企业、商品、服务和受众之间的认知桥梁。广告口号在使用过程中反复表现、统一表现和长期表现。而统一的、反复不断的、长期的表现,能在人们的心目中留下一贯的、不变的印象。这个一贯的、不变的印象可以使受众心目中的企业、商品或服务体现出各自的个性特点和形象特征,使它们能从众多的同类中突出自己,给受众一个深刻而绵长的印象和记忆。

(二) 主题形象标识

主题形象标识(Logo)是表明事物特征的记号。它以单纯、显著、易识别的物象、图形或文字符号为直观语言,除表示什么、代替什么之外,还具有表达意义、情感和指令行动等作用。标识设计不仅是实用物的设计,也是一种图形艺术的设计。它与其他图形艺术表现手段既有相同之处,又有自己的艺术规律。必须体现前述的特点,才能更好地发挥其功能。

Logo、标识、徽标、商标是现代经济的产物,不同于古代的印记,其承载着企业的无形资产,是企业综合信息传递的媒介。商标、标识作为企业 CIS 战略的最主要部分,在企业形象传递过程中,应用最广泛、出现频率最高,是企业日常经营活动、广告宣传、文化建设、对外交流必不可少的元素,它随着企业的成长,其价值也不断增长。企业强大的整体实力、完善的管理机制、优质的产品和服务,都被涵盖于标识中,通过不断的刺激和反复刻画,深深地留在受众心中。

三、旅游地主题口号和形象标识

旅游地形象标识和主题口号起源于企业形象识别设计系统。鉴于旅游地形象在市场营销中的巨大作用,我国各个城市、景区纷纷开始了旅游形象标识和主题口号设计的征集活动,成为进入 21 世纪以来,国家、省市乃至区县应对旅游竞争的显著特征之一。

旅游主题口号和形象标识是旅游形象定位的组成部分。其目的就是要使某一旅游地深入到游客心中,使其在游客心中可以形成鲜明而强烈的感知形象,并使这种形象成为吸引众多潜在旅游者前来旅游的动力源泉。在实践过程中,旅游地的旅游形象通常使用一个旅游标识或者一句主题性的宣传口号来反映,这种反映是在体现特色,得到大众认同的基础上的综合优化。无论是旅游标识还是主题口号都必须充分反映该旅游地的地域特征和旅游产品的独特性。

旅游主题口号是以旅游地所处的自然、社会环境为背景,以旅游地的景观资源为基础,将旅游地最具优势的特征加以提炼,概括成一句主题口号,以达到打动旅游者的目的,激发其亲临实地一游的愿望。也就是说,旅游主题口号的最大作用就是用于向外界和旅游者推广和传播当地的旅游形象,建立知名度,吸引游客。在这一程度上,旅游主题口号相当于广告语或广告词,旅游主题口号的核心特点之意是具备广告词的形式,从而达到广告效果。

旅游地的主题口号分为两类:一类是反映目的地总体形象特点的主题口号,这类主题口号是旅游地景观特征和历史文化积淀的集中体现,必须保持稳定,不要经常更换;另一类是开展旅游推广活动的主题口号,它的目的是从自身特点出发,综合旅游市场需求现状,为组织开展推广活动服务的,可以根据旅游地每年的推广促销主题而变换。

旅游标识设计是旅游地形象设计中最直观的内容,也是最易被感知的部分,被称为"旅游形象的面孔"。在当今各种信息充斥的时代,作为瞬间传递信息和识别产品的符号,无疑在取得消费者认可方面起着先锋作用。为此,旅游标识设计要在遵从独特性、社会性、吸引性、认同性、整体性、层次性和艺术性原则的基础上,还要着重反映旅游地的核心要素,即旅游地的地脉和文脉。

任务二　主题形象口号设计

一、旅游主题形象口号设计原则

（一）地方性原则

旅游地形象宣传口号应反映出旅游地的文脉、地脉和资源特色，其中文脉主要包括旅游地的历史文化、社会经济、民俗风情等特征；地脉主要包括地质地貌、气象气候、土壤水文等自然环境特征。在进行旅游形象宣传口号设计时，要在充分的地方性研究和受众调查的基础上，提炼出反映地方特色与个性的形象元素，将之融入宣传口号之中。

（二）针对性原则

旅游地形象宣传口号的设计要有针对性。首先，要针对市场需求特征来设计。其次，在进行旅游宣传口号的设计时，应考虑到客源市场旅游需求的不同特点，设计不同的宣传口号。例如，江西省旅游形象的宣传口号，对外为"世界瓷都，白鹤王国"，而对内为"红色摇篮，绿色家园"；北京的对外宣传口号为"东方古都，长城故乡"，对内宣传口号为"不到长城非好汉"。

（三）统一性原则

统一性原则或称整体性原则。旅游地形象宣传口号可以设计一系列不同方案，但必须具有统一性，即围绕旅游地形象主题这一中心来展开。这种统一性主要表现在两个方面：一是时间上的统一，不同时间推出的旅游宣传口号必须统筹规划；二是空间上的统一，虽然针对不同的客源市场可以采用不同的旅游宣传口号，但不能脱离旅游地的形象主题。

（四）感召性原则

一句有时代感、寓意深刻、朗朗上口的旅游形象宣传口号，往往能引起人们无尽的遐想，产生意想不到的号召力。旅游形象宣传口号可以采用"感性"的语言，诗化的意境体现旅游目的地形象对游客的感召力，使游客产生出游的冲动。

（五）时代性原则

旅游地形象宣传口号要有时代气息，适合大众感知口味。通过应用符合时代语言文化时尚的宣传口号，有效地展现旅游地形象，与目标市场那些最为活跃的旅游消费群体实现有效沟通。在口号内容上，要反映旅游需求的热点、主流与趋势。例如，中国香港地区将原先的旅游宣传口号"万象之都"重新设计为"动感之都"就充分体现了时代的特征。

（六）艺术性原则

旅游地形象宣传口号最终需要通过各种媒介向受众进行传播。因此，在进行旅游地形象的宣传口号设计时,应尽可能使用广告设计的一些技巧、技法,使宣传口号简洁、生动、凝练、优雅、新颖,具有感染力和吸引力。在内容上,要有文化内涵,运用民族文化增加其艺术色彩。在表现形式上,要符合人们的审美艺术情趣,如运用修辞手法,引用古诗词句,用浓缩的语言、精辟的文字、绝妙的组合等构造一个有吸引力的旅游地形象,打动旅游者的心,成为旅游者深刻的记忆。

（七）稳定性原则

旅游地的形象主题具有一定的稳定性,而旅游形象宣传口号是围绕这一形象主题进行设计的,因而也应该保持相对的稳定性,不可经常变换。当然这种稳定性是相对的,当旅游地形象需要重新定位时,其宣传口号也必须进行相应的调整或重新设计。

总之,主题口号在设计时必须符合地方性、客观性、统一性、感召性、时代性、艺术性和稳定性等特征。其中,最重要的就是要突出游客和活动参与者作为受众的地位,在设计过程中融入以游客为中心的营销理念,具有强大的亲和力与导向性的形象主题口号才更具竞争优势。

二、旅游主题形象口号设计方法

旅游地形象宣传口号的创意设计方法很多,概括来讲主要有两种:一种是资源导向的方法,即从旅游地的资源、文化、历史等方面的特征来设计宣传口号;另一种是游客导向的方法,即从游客需求出发,向游客传递一种信息——通过到旅游目的地旅游,游客将获得一种什么样的感受与体验。从宣传口号的内容上来看,旅游地形象宣传口号创意设计的模式有以下七种。

（1）资源主导型。这是一种被普遍采用的旅游地形象宣传口号设计类型。例如,北京市的"东方古都,长城故乡",浙江的"诗画江南,山水浙江",山东的"齐鲁神韵,山水豪情",江西的"红色摇篮,绿色家园"等。

（2）"借船出海"型。采用比附的设计手法,借助于知名度较高的旅游地来宣传自己。例如,苏州乐园的"迪士尼太远,去苏州乐园",巧借迪士尼来宣传苏州乐园容易到达,可游性强的特点;海南三亚的"不是夏威夷,胜似夏威夷";广东肇庆的"肇庆山水美如画,堪称东方日内瓦"等。

（3）利益许诺型。例如,深圳世界之窗的"您给我一天,我给您一个世界";山东曲阜的"旅游到曲阜,胜读十年书"等。

（4）利益诱导型。例如,西安的"走进历史,感受人文,体验生活";上海的"上海,精彩每一天";深圳锦绣中华的"一步迈进历史,一日畅游中国"。

（5）历史典故型。例如,承德避暑山庄的"皇帝的选择";黄山的"黄山,黄帝的山";南京的"博爱之都"。

（6）古今对接型。例如,浙江宁波的"东方商埠,时尚水都"。

（7）意味深长型。例如,黑龙江伊春的"伊春,森林里的故事",表现了小兴安岭的森林景色和资源特色,同时为受众留下一定的想象空间。

三、旅游主题形象口号设计注意事项

（一）客观、准确、全面地表现旅游区的特征

主题形象要能够客观、准确、全面地概括出旅游区的主要性质特征。例如，浙江省的旅游主题形象口号"诗话江南，山水浙江"，贵州省的"文化千岛，生态贵州"等，对旅游目的地主要性质特征的概括都比较客观、准确和全面。浙江以山水见长，浩瀚的人文历史画卷，使如诗如画的江南更是美不胜收，"诗话江南，山水浙江"的主题定位准确、形象。贵州是我国少数民族的聚居区域，民族文化丰富多彩，积淀极其丰富，"文化千岛"非贵州莫属。贵州至今还保留着古朴文化风俗的贵州各少数民族与汉族一起，创造了非常和谐自然的人文生态环境，这种自然和人文生态高度统一与和谐一致的环境状态，在全国和世界其他地区是很难见到的，因此，"生态贵州"的概括恰如其分。

（二）充分考虑目标市场状况及其需求偏好

旅游目的地的主题形象是要吸引人前去旅游的，因此，还必须考虑主要目标市场的状况及需求偏好。在这方面，国内孤芳自赏、以自我中心者不在少数，一些地方动辄打出"天下第一"、"世界第一"、"中国第一"就是比较典型的例证。实际上，目标市场并不都会对自封或找其他组织、人员加封的"第一"感兴趣，往往还会产生歧义。旅游目的地、旅游区的主题形象及其宣传展示，必须对目标市场的潜在旅游者"投其所好"，当然更要符合实际和恰如其分。现在很多地区提出要建设某某地区的后花园和度假休闲基地，就没有全面考虑其对应的更大的潜在目标市场。

（三）能够被广泛认同和接受

首先，主题形象定位要能够被旅游区及其所在地的人们所认可。旅游区及其所在地的人对旅游区的性质特征感受和认识最具体、直观、全面和深刻，因此，他们的认可在很大程度上表示主题定位是否符合实际。此外，主题形象定位也必须考虑旅游区及其所在地区人们在感情上能否接受。

其次，主题形象要被其他旅游区、其他地区的人认可。如"天下第一"、"中国第一"、"神州第一"等常见主题形象宣传，就常常引起争论，甚至让人产生反感，因为这种第一没有统一的标准，没有权威的组织按照规定的程序来认定。

最后，主题形象要能够被旅游者认可。"美食王国"、"购物天堂"等主题形象宣传屡见不鲜，不能不说是策划和宣传方面的败笔，很多旅游者特别是比较成熟的旅游者实地感受后往往一笑了之，对此嗤之以鼻者也不在少数。

（四）要有特色和新意

主题形象必须鲜明才能引起人们的注意，进而也才可能产生吸引力，因此，在主题形象概括、表述上就必须有特色、有新意。在这方面最忌讳的就是简单比附和套用。如果别人称"第一"，也跟着称"第一"；"春城"、"天堂"到处可见，就有东施效颦之嫌。另外，"东方

"威尼斯"、"中国曼哈顿"、"小巴黎"、"小上海"、"小北京"之类的城市形象定位,也很难说其在旅游宣传方面有什么可取之处。

（五）语句要简练、优美、易懂、易记

好的主题口号应该是含义隽永,言简意赅的点睛之笔,而非哗众取宠的文字游戏。主题形象口号应该语句简练、好懂、好记,不能故弄玄虚和故作深奥。文字表述要有美感并能够产生美好的联想,要注意用词的感情色彩。如果宣传用语平平淡淡,听了像没听一样,或者没有产生什么印象,更不要说会产生什么美好的联想,这种宣传就没有多大效果。

（六）可适时做出调整,但要相对稳定

由于策划宣传工作不到位,很多旅游区、旅游目的地频繁变换主题形象及其宣传口号。往往一个形象和一句口号还没有被广为接受,马上又有新的提法出来了,这实际上是不利于形象定位、宣传和吸引旅游者的。主题形象要根据市场需求及其变化和主体旅游产品、项目性质、特征的调整来进行必要的调整,不是一成不变的,也不是变化越快越多越好,要相对稳定,适时调整。

四、主题形象口号设计实例

案例1

历届奥运会经典主题口号设计

主题口号是历届奥运会独特举办理念的高度概括和集中体现。各届奥运会都精心设计打动人心的口号以使其广泛传播、深入人心,并作为奥运会各种文化和视觉设计活动（场馆建设、文化活动、形象与景观、开闭幕式等）的创作依据。

回顾历届奥运会中经典的主题口号,再次印证了一句响亮的、触动人心的口号是举办一届成功奥运会的重要元素。

1992 年巴塞罗那奥运会:Friends for Life（永远的朋友）

1992 年的巴塞罗那奥运会是世界奥林匹克大家庭空前的一次团聚。在经历了美苏互相抵制的莫斯科奥运会和洛杉矶奥运会,以及被朝鲜抵制的汉城奥运会后,现代奥林匹克运动终于在多年低潮之后迎来了一次大团聚。"冷战"刚刚结束的国际背景,赋予了这届奥运会特殊的意义。

当国际政治中的阴云和奥运赛场上的敌视一同消散时,巴塞罗那奥运会响亮地喊出了"永远的朋友"这一主题口号,不仅强调了奥林匹克精神中友谊与和平的永恒主题,表达了全世界人民共同的期盼与心声,更试图以此来赋予巴塞罗那奥运会荣耀的历史地位。那就是,巴塞罗那奥运会将作为和平与友谊的见证者和纪念物而永存于奥林匹克的历史之中。

2002 年盐湖城冬奥会:点燃心中之火

1995 年,美国盐湖城获得了 2002 年冬季奥运会的主办权,但随即陷入了数不尽的申办丑闻之中,迫切需要重新树立和端正自己的公众形象。"点燃心中之火"的主题口号在这种背景下走上舞台,"圣火"是正义与纯洁的象征,而燃烧在内心的"圣火"暗喻了本届冬奥会正义的内在心灵,表现了组织者直面流言蜚语,勇敢自我辩护的精神。

盐湖城冬奥会开幕之际,又恰逢"9·11"事件余波未平,这样一句以"正义"为内涵的口号不仅再次为美国作了辩护,其所寓意的激情和希望也起到了令美国人振奋精神的效用,"心中的圣火"自然被理解为了"心中的希望"。

盐湖城冬奥会把这句口号贯彻在火炬、奖牌等视觉设计工作之中,不仅以直观的方式表现了口号的含义,更在视觉上实现了冰与火的和谐相处,成为现代奥林匹克历史中一个非常成功的口号案例。

2004 年雅典奥运会:Welcome Home(欢迎回家)

在第28届奥运会上,希腊人热情而自豪地喊出了"欢迎回家"的主题口号,其中不仅包含了雅典奥运会对全球奥林匹克大家庭所有成员最诚挚、最热烈的欢迎,更充分表达了希腊作为奥林匹克发祥地对奥运会重归故里的喜悦和自豪之情。

在"欢迎回家"口号的感召下,观众亲眼目睹了希腊人如数家珍地将希腊文化、奥林匹克历史在开、闭幕式上进行展示,希腊对于人类的伟大贡献深入人心,而这正是组织者所期望的。

作为一句口号,"欢迎回家"的成功之处概有两点:第一,它令主办国在文化声誉和地位方面的收益达到了最大化;第二,它极其精准地找到了雅典奥运会的定位和主题。

2008 年北京奥运会:"同一个世界,同一个梦想"(One World One Dream)

"同一个世界,同一个梦想",集中体现了奥林匹克精神的实质和普遍价值观——团结、友谊、进步、和谐、参与和梦想,表达了全世界在奥林匹克精神的感召下,追求人类美好未来的共同愿望。尽管人类肤色不同、语言不同、种族不同,但我们共同分享奥林匹克的魅力与欢乐,共同追求人类和平的理想,我们同属一个世界,我们拥有同样的希望和梦想。

"同一个世界,同一个梦想",深刻反映了北京奥运会的核心理念,体现了作为"绿色奥运、科技奥运、人文奥运"三大理念的核心和灵魂的人文奥运所蕴含的和谐的价值观。建设和谐社会、实现和谐发展是我们的梦想和追求。"天人合一"、"和为贵"是中国人民自古以来对人与自然、人与人和谐关系的理想与追求。我们相信,和平进步、和谐发展、和睦相处、合作共赢、和美生活是全世界的共同理想。

"同一个世界,同一个梦想",文简意深,既是中国的,也是世界的。口号表达了中国人民与世界各国人民共有美好家园,同享文明成果,携手共创未来的崇高理想;表达了一个拥有五千年文明,正在大步走向现代化的伟大民族致力于和平发展、社会和谐,人民幸福的坚定信念;表达了13亿中国人民为建立一个和平而更美好的世界做出贡献的心声。

英文口号"One World One Dream"句法结构具有鲜明特色。两个"One"形成优美的排比,"World"和"Dream"前后呼应,整句口号简洁、响亮,寓意深远,既易记上口,又便于传播。

中文口号"同一个世界,同一个梦想"中将"One"用"同一"表达,使"全人类同属一个世界,全人类共同追求美好梦想"的主题更加突出。

案例 2

"给我一天,还你千年"——杭州宋城的一句话营销

杭州宋城旅游景区位于西湖风景区西南,北依五云山、南濒钱塘江,是中国最大的宋文化主题公园,由杭州世界城宋城置业有限公司投资兴建。

宋代(公元960—1279)是中国封建社会发展成熟的朝代,其经济、科技、文化的发展在当时居世界领先地位。宋城就是反映两宋文化内涵的杭州第一个主题公园,它主要分为:清明上河图再现区、九龙广场区、宋城广场区、仙山琼阁区、南宋风情苑区等部分。

宋城是两宋文化在西子湖畔的自然融合,也使杭州宋文化旅游得到了定位。宋城旅游景区的建设运用了现实主义、浪漫主义、功能主义相结合的造园手法,源于历史、高于历史,依据宋代杰出画家张择端的清明上河图画卷,严格按照宋代营造工法再现了宋代都市的繁华景象。在景观上创造了一个有层次、有韵味、有节奏、有历史深沉感的游历空间。在中国传统山水园林艺术手法基础上,吸取了西方开朗、飘逸、注重功能的艺术处理手法,使之既有清明上河图再现区的古朴、凝重、严谨,和九龙广场、城楼广场、宋城广场轴线式大人流的集散功能,又有景观的包容性和冲击力。斗拱飞檐,车水马龙,渗透出一幅浓郁的古宋风情。规模宏大的瀛洲飞瀑,营造出一个凝幻似真的传奇氛围,使古色古香的宋城溶入一股生命的动感,构成了一幅宋城之水天上来的奇景。

文化是宋城的灵魂,它在表现自然山水美、园林建筑美、民俗风情美、社会人文美、文化艺术美上作出了自己的探索。它模糊了时空的概念,缩短了时空的距离。宋城是对中国古代文化的一种追忆与表述,称得上是一座寓教于乐的"历史之城"。

自1996年宋城正式运营开始就一直没有改变过宣传口号,十几年来一直沿用着"给我一天,还你千年"这句经典宣传语。也正是因为这句经典的宣传语,使宋城一时间家喻户晓。一句经典的、深入人心的广告语,可以塑造一个品牌,也可以充分提升一个产品的内涵。

宣传语必须结合实际"表里如一"。"给我一天,还你千年"是宋城主题公园的一个总体概况,也是宋城主题公园的灵魂所在。

正因为宋城的文化内涵和文化基调的高度浓缩,可以让游客在宋城充分体会穿越时空的感觉,所以"给我一天,还你千年"这句话没有夸大其词,而是实事求是的展现,让来到宋城的游客不会失望。也就因为宣传和实际的高度吻合,才使宋城的一句"给我一天,还你千年"的宣传语一直沿用十几年,也是一直没有遭到质疑的主要原因。

景区发展一定不可偏离主题。宋城也和一般景区一样,经过了发展期和成熟期,为了保证景区的生命力和竞争力,宋城一直都在不断创新和发展。在十几年的发展中,宋城也经过数次扩建和翻新工程。每次扩建和翻新都让宋城以新鲜面貌示人,但是每次"新建"都是围绕着原定的主题进行的,每次创新都是为了提升主题的内涵。所以,"给我一天,还你千年"的口号一直都没有因为宋城的创新而失去意义。

这样的"专一性"和"一贯性"也使宋城在游客心目中一直都是两宋文化的一个代表。在这里,游客可以穿越一千年的时光,回到那个神奇的宋朝……

宣传语要重点突出并留有悬念。宋城的"给我一天,还你千年"可以说是一个很有吸

引力宣传语。一句"给我一天,还你千年",让所有人都知道了这个主题公园的内涵。因为这句宣传语的重点非常明确,那就是"还你千年",表明这里是一个让你了解历史的地方,让你回到千年前的地方。至于如何回到千年前,就得亲身体验以后才能知道,这也正是此处吸引人的地方。

因为景区是一个体验型消费,不能等同于一般的交易型商品,所以宣传的时候一定要有别于一般商品的宣传手法,不可太过于直白,要充分考虑到悬念,给消费者留有一定的想象空间,也只有这样才能吸引消费者前来体验。

1996 年,宋城开业之后,一炮而红,大获成功,一举引爆了杭州的主题公园业,从而打破了杭州旅游业自古以来以西湖为中心、以观光览景为主要旅游形式的传统格局,同时也开辟了中国民营旅游业发展的新纪元。

资料来源:"给我一天,还你千年"——杭州宋城的一句话营销. 游憩中国网,http://www.u7cn. net/News/Inv_view. asp? id=121,2009-08-05

任务三　主题形象标识设计

一、主题形象标识设计原则

(一)构思深刻,构图简洁

在设计中要体现构思的巧妙,把所想到的构图以较为简洁生动、以单纯凝练的形式表达出来,从而体现匠心独具、耐人寻味的效果。简洁、概括不等于简单,形简而内涵丰富是简单的升华。构思须慎重推敲,力求深刻、巧妙、新颖、独特,表意准确,能经受住时间的考验。构图要凝练、美观、适形。

(二)新颖别致,独具一格

标识应具备自身的特色,避免与其他标识雷同,更不能模仿或剽窃他人的设计。色彩要单纯、强烈、醒目。图形、符号既要简练、概括,又要讲究艺术性。

(三)形象生动,易于识别

标识是以生动的造型图形构成视觉语言,力求生动,有较强的个性,避免自然形态的简单再现。在设计时使用夸张、重复、节奏、象征、寓意和抽象的方法,才能达到易于识别、便于记忆的效果。

(四)立足现实,现实可行

设计须充分考虑其实现的可行性,针对其应用形式、材料和制作条件采取相应的设计手段。同时还要顾及应用于其他视觉传播方式(如印刷、广告等)或放大、缩小时的视觉效果。设计要符合作用对象的直观接受能力、审美意识、社会心理和禁忌。

二、现代标识设计的趋势

随着数字时代的到来与网络文化的迅速发展,传统的信息传播方式、阅读方式受到了前所未有的挑战,标识设计的风格也呈现向个性化、多元化发展的趋势。总结目前的社会和市场形势,标识设计可大致归纳为以下几个发展趋势。

(一)个性化

各种标识设计都在广阔的市场空间中抢占自己的视觉市场,吸引顾客。因此,如何在众多标识设计中跳出来,使标识易辨、易记、富有个性,成为标识设计新的要求。个性化包括消费市场需求的个性化和来自设计者的个性化。不同的消费者审美取向不同,不同的商品感觉不同,不同的设计师创意不同、表现不同。因此,在多元的平台上,无论对消费市场,还是对设计者来讲,个性化都成为不可逆转的趋势。

(二)人性化

19世纪末以来,由于工业革命以及包豪斯设计风格的影响,设计倾向于机械化,有大工业时代的冰冷感。随着社会的发展和审美的多元化以及对人的关注,人性化成为设计中的重要因素。正如美国著名的工业设计家、设计史学家、设计教育家普罗斯所言:"人们总以为设计有三维:美学、技术、经济。然而,更重要的是第四维:人性。"标识设计也是如此,应根据心理需求和视觉喜好在造型与色彩等方面趋向人性化,才能够设计出成功的作品。

(三)信息化

信息化时代的特征,使现在的标识设计与以往不同,除表明品牌或企业属性外,标识设计还要求有更丰富的视觉效果、更生动的造型、更适合消费心理的形象和色彩元素等。同时,通过整合企业多方面的信息进行自我独特设计语言的翻译和创造,使标识设计不仅能够形象贴切地表达企业理念和企业精神,还能够配合市场对消费者进行视觉刺激和吸引,协助宣传和销售。标识设计成为信息发出者和信息接收者之间的视觉联系纽带和桥梁,因此,信息含量的分析准确与否,成为标识设计取胜的途径。

(四)多元化

意识形态的多元化,使标识设计的艺术表现方式日趋多元化:有二维平面形式,也有半立体的浮雕凹凸形式;有立体标识设计,也有动态的霓虹标识设计;有写实标识设计,也有写意标识设计;有严谨的标识设计,也有概念性标识设计。随着网络科技的进步和电子商务的发展,网络标识设计成为日益盛行的新的标识设计形态。

三、主题形象标识设计的流程

(一)调研分析

在设计之前,首先要对企业做全面深入的了解,包括经营战略、市场分析以及企业最高领导人员的基本意愿,这些都是标识设计开发的重要依据。对竞争对手的了解也是重要的步骤,标识的识别性,就是建立在对竞争环境的充分掌握上。因此,我们首先会要求客户填写一份标识设计调查问卷。

（二）要素挖掘

要素挖掘是为设计开发工作做进一步的准备,依据对调查结果的分析,提炼出标识的结构类型、色彩取向,列出标识所要体现的精神和特点,挖掘相关的图形元素,找出标识的设计方向,使设计工作有的放矢,而不是对文字、图形无目的地组合。

（三）设计开发

有了对企业的全面了解和对设计要素的充分掌握,可以从不同的角度和方向进行设计开发工作。通过设计师对标识的理解,充分发挥想象,用不同的表现方式,将设计要素融入设计中,标识必须达到含义深刻、特征明显、造型大气、结构稳重、色彩搭配能适合企业,避免流于俗套或大众化。不同的标识所反映的侧重或表象会有区别,经过讨论分析修改,找出适合企业的标识。

（四）标识修正

提案阶段确定的标识,可能在细节上还不太完善,经过对标识的标准制图、大小修正、黑白应用、线条应用等不同表现形式的修正,使标识使用使更加规范,同时标识的特点、结构在不同环境下使用时,也不会丧失可行性,达到统一、有序、规范的传播。

四、主题形象标识设计举例

案例 3

旅游形象标识

1. "好客山东"旅游形象标识

山东旅游形象标识,结合了传统元素与现代设计的新动向,通过文字符号图形化设计融汇古今元素,突出"山东 Shandong"与"山东人"最核心的形象表达——好客 Friendly。同时,绚丽的英文符号色彩组合与汉字字体"山东"以及一枚清晰的"好客"朱文印章,共同组成了这个文化气息浓厚、充满愉悦感的现代标识。

"好客山东 Friendly Shandong"是对山东旅游最生动、最直接的信息传递。"有朋自远方来,不亦乐乎?"两千多年传承下来的齐鲁待客之道,从未改变。中英文的组合设计方式也是国际化趋势的要求所在。

而"文化圣地　度假天堂"这一具象描述,则是对山东以文化体验与休闲度假为特色的旅游形象的重要提示。

山东旅游形象标识将中外古今的语言、文字、设计元素融合到一起,以丰富的色彩变化,对应山东深厚的历史文化底蕴和独特的休闲度假魅力,丰富、动感、亲切,构成强烈的视觉冲击。以五岳之首、大海之滨、孔孟之乡、礼仪之邦的整体形象,结合山东人的好客之道,以"诚实、尚义、豪放"的鲜明个性,传递特色化、国际化的现代形象与文化意识。一个饱含山东人热情的、充满感召力的新形象,构成强烈的视觉记忆。这一形象标识通过多角度、多层面的立体化推广和应用,可以形成丰富的信息传递,增强山东旅游形象的社会认知度,也会呼唤起更多、更强烈的对山东和中国文化的向往、求知与探索欲望。

2. "灵秀湖北"旅游形象标识

2010年10月,湖北省通过征集,确定将"灵秀湖北"作为湖北省的旅游形象宣传主题口号,并设计了"灵秀湖北"形象标识。

从整体上看,"灵秀湖北"旅游形象标识的主体是湖北的汉语拼音"Hubei",加上"湖北"中文书法体,配之以清秀的水纹,能够在抵达公众视线的瞬间传递出湖北旅游的主要特色。

整个标识以毛笔的笔刷挥洒出湖北拼音"Hubei"的主体形象,既有中国传统的人文气息,同时又体现了国际化的一面。Logo的上方巧妙地应用了湖北省地图作为印章的样式,在表达地域文化的同时,又有欢迎五湖四海的游客领略灵秀湖北之意。字体采用鲁迅先生的手迹,强烈地传达了湖北的人文特征,增加了标识的识别性。

整个标识运用了四种颜色来体现湖北的内在气质,绿色代表了湖北建设"两型社会"的成就和愿景,体现了旅游在建设"两型社会"中的独特作用;蓝色表现了湖北自由开放的气息;红色象征着湖北人民热情好客和红色年代的光荣传统;橙色则表现了湖北在新的历史机遇面前迸发的生机与活力。

整个标识下方用毛笔刷出自由,清秀的水纹,着重表现了湖北江河纵横、"千湖之省"的神韵。标识结构严谨、色彩动感、山水合一、灵秀湖北,充分展示出湖北作为旅游目的地的热情、自由、开放、好客和环保的主题。

3. "中国印·舞动的北京"2008北京奥运会会徽

"舞动的北京"由三个部分构成:像一个人的"京"字中国印;汉语拼音"Beijing"和"2008"字样,象征2008年北京奥运会;奥运五环,则是奥林匹克精神的象征。

"舞动的北京"是一座奥林匹克的里程碑。它是用中华民族精神镌刻、古老文明意蕴书写、华夏子孙品格铸就的一首奥林匹克史诗中的经典华章。它简洁而深刻,展示着一个城市的演进与发展;它凝重而浪漫,体现着一个民族的思想与情怀。在通往"北京2008奥运会"的路程上,人们将通过它相约北京、相聚中国、相识这里的人们。

"舞动的北京"是一方中国之印。这方"中国印"镌刻着一个有着13亿人口和56个民族的国家对于奥林匹克运动的誓言;见证着一个拥有古老文明和现代风范的民族对于奥林匹克精神的崇尚;呈现着一个面向未来的都市对奥林匹克理想的诉求。它是诚信的象征;它是自信的展示;它是第29届奥林匹克运动会主办城市北京向全世界、全人类做出的庄严而又神圣的重大承诺。"精诚所至,金石为开",这枚以先贤明言创意、以金石印章为形象的奥运会会徽,是中国人民对于奥林匹克的敬重与真诚。当我们郑重地印下这方"中国印"之时,就意味着2008年的中国北京将为全世界展现一幅"和平、友谊、进步"的壮美图画,将为全人类奏响"更快、更高、更强"的激情乐章。

"舞动的北京"是这个城市的面容。它是一种形象,展现着中华汉字所呈现出的东方思想和民族神韵;它是一种表情,传递着华夏文明所独具的人文特质和优雅品格。借中国书法之灵感,将北京的"京"字演化为舞动的人体,在挥毫间体现"新奥运"的新理念。手书"北京2008"借汉字形态之神韵,将中国人对奥林匹克的千万种表达浓缩于简洁的笔画中。当人们品味镌刻于汉字中博大精深的内涵与韵味时,一个"新北京"就这样诞生了。

"舞动的北京"是中国人崇尚的色彩。在这个标识中,红色被演绎得格外强烈,激情被张扬得格外奔放。这是中国人对吉祥、美好的礼赞,这是中国人对生命的诠释。红色是太阳的颜色,红色是圣火的颜色,红色代表着生命和新的开始。红色是喜悦的心情,红色是活力的象征,红色是中国对世界的祝福和盛情。

"舞动的北京"召唤着英雄。奥林匹克运动会是成就英雄、创造奇迹、塑造光荣的舞台。在这个舞台上,每一位参与者都是不可或缺的角色。这充满力量与动感的造型是所有参与者用热情、感动和激情书写的生命诗篇,是每一位参与者为奥林匹克贡献力量与智慧的宣誓。奥运英雄传承着体育与文化结合的奥林匹克运动的精髓,它为奥运健儿欢呼,为艺术喝彩。

"舞动的北京"是中华民族图腾的延展。奔跑的"人"形,代表着生命的美丽与灿烂。优美的曲线,像龙的蜿蜒身躯,讲述着一种文明的过去与未来;它像河流,承载着悠久的岁月与民族的荣耀;它像血脉,涌动了生命的勃勃活力。在它的舞动中,"以运动员为中心"和"以人为本"的体育内涵被艺术地解析和升华。同时,"京"字又巧妙地演化为"文"字,寓意"人文",正体现了北京"人文奥运"的承诺,将中国悠久的"人文精神"融入了奥林匹克运动的历史洪流之中。言之不足,故歌咏之;歌咏之不足,故手之舞之足之蹈之。活力的北京期待着2008年的狂欢,奥林匹克期待着全人类与之共舞。

"舞动的北京"是一次盛情的邀请。会徽中张开的双臂,是中国在敞开胸怀,欢迎世界各国、各地区的人们加入奥林匹克这人类"和平、友谊、进步"的盛典。"有朋自远方来,不亦乐乎",这是友善而又好客的中国人的心情写照,也是北京的真诚表达。到北京来,解读这座城市的历史风貌,感受这个国家的现代气息。到北京来,共享这座城市的每份欢乐,体会这个国家的蓬勃生机。到北京来,让我们在2008年一起编织和平、美好的梦。

4. 2006杭州世界休闲博览会会标

会标释义:袅袅升起的水雾,似乎要赶走生活的紧张和忙碌,让人松弛身心,在简单的心情里,重新注入生命的活力。轻松随意的线条勾勒出的紫砂壶和西湖的三潭印月叠合,幻化出"东方休闲之都"的智慧,这是生命中动与静的和谐,更是中国休闲文化之魂的高度浓缩。一笔欲飞的绿色,似龙井名茶飘逸,融合在中国传统的朱红酝酿出的氤氲里,如一片祥云蕴藉着杭州这座以三潭印月为标识的美丽城市。标识除了整体上在视觉给人以极大的冲击外,同样也是2006杭州世界休闲博览会主题"休闲——改变人类生活"的升华:休闲让生活保持新鲜和润泽。

会标标准组合:包括会标、英文标准字体和中文标准字体,是构成标识和形象识别的核心。

形象："三潭印月"是西湖这一颗璀璨明珠的标志性景致,当它和紫砂壶叠映、勾画出天堂杭州的象征性轮廓时,是杭州美景的浓缩。这枚会标的设计线条柔美,又洋溢着灵动的气息和蓬勃的力量。它是杭州这座既古老又现代的文化名城的和弦,作为2006年杭州世界休闲博览会的会标,是一种无声的表白:在这里,你能拥有自然和人文的美好生活。

精神:朱红色和紫砂壶的意念均来自于华夏文化的积淀,它继承着中华民族传统的精髓,传递着中国文明所独特的审美品质和人文精神。会标中间开口处是龙井茶叶的绿色变形,表现了杭州城市的大气开放,昭示了时代的交融与交流,寓意杭州将以热情的姿态迎接海内外朋友的光临。

品质:红与绿、动与静的和谐,是东方文明在张弛之道间所体现出的智慧——懂得休闲的人才能更有效率地工作。休闲是一种品位,一个态度,一份动力,这是杭州世界休闲博览会带给人们的惊喜和礼物。

资料来源:根据网络有关资料改编

任务四　休闲活动主题征集

一、征集活动概述

(一)征集活动的概念

所谓征集是指相关活动组织机构、政府机关和社会团体等,为了组织展览、会议和节事活动,或达到特定目的,面向社会公众所开展的公开征集的商业性活动。征集活动作为会展、休闲活动的一种市场营销推广活动,是宣传推广和"造势"的有效方法和手段,可以扩大活动影响,提高活动知名度和美誉度。

(二)征集活动的特点

1. 征集活动目的的商业性

征集活动是会展节庆活动运作最普遍的手法,许多国际国内大型会展活动,都是从活动征集开始为人们所逐步认识的。在某种意义上,征集活动是造势活动,即通过征集活动向社会公开宣示本活动已经开始运作,提高社会各界和社会公众的关注度。

2. 征集活动范围的社会性

征集活动既然是一项商业活动,自然希望能引起社会各界和公众的广泛关注,社会参与者越多越好。许多大型会展活动如世博会、奥运会、世界杯足球比赛等还面向国外征集,尽管实际参与者可能只是少数,但征集的本意是希望全世界的人都知道,至少要在某一特定地区深入人心。征集活动范围的社会性,决定了征集对象的广泛性,其不受机关企业、团体个人,民族,人种,年龄,性别等因素的限制。当然征集活动的社会性并不是要向社会盲目征集,正如市场营销必须细分市场一样,对不同地区、不同人群、不同单位的征集对象进行细分是十分必要的。例如,活动会标(徽标)的征集,广告策划公司、媒体传播机构、美术学院和艺术学院的师生等专业设计人员可能就是征集活动的重点人群。

3. 征集活动成果的有偿性

征集活动成果一般与奖励挂钩,征集作品一旦入围或被采用,被征集人可以获得一定报酬,而且是人生价值自我实现的一次难得机会。

4. 征集活动作品的正当性

征集活动要求按照公开、公平、公正的原则进行,征集过程要客观、公正、透明,能够经受住社会和舆论的监督,有一定的选拔、筛选程序,最后入围作品还要通过媒体向社会公示。征集作品必须没有知识产权方面的纠纷,同时作品一旦被采用,被征集者必须放弃所有权,这也是与征集活动成果的有偿性相对应的。

（三）征集的种类

1. 按征集活动的范围分

按征集活动的范围,征集活动可以分为国际性征集、全国性征集、地区性征集、行业性征集等。国际性会展活动一般面向国际范围征集,如世博会、奥运会、世界旅游大会等;全国性会展活动一般面向全国范围征集,以此类推。但不论是国际性征集还是全国性征集,不论是地区性征集还是行业性征集,我们把征集活动统称为"社会征集",都必须面向社会各界、社会公众来征集,任何小范围、特定渠道或者不公开的征集,都是与征集活动的目的不相符合的。

2. 按征集活动的性质分

按征集活动的性质,征集活动可以分为标识形象征集、会展活动项目征集、展品征集。标识形象征集是一般征集活动运用得最多、最广的征集,具体包括会标、吉祥物、主题口号、宣传画以及会歌、会旗等,活动形象大使、形象代言人也可以列入标识形象征集或者通过选拔、选秀、选美等方式产生。会展活动项目征集一般适用于大型博览会,特别是国际性、全国性、综合性会展活动,需要开展相关展览、会议、活动项目的征集。展品征集多用于博物馆尤其是新开博物馆,因为展品陈列需要,这些展品多具有文物或重大纪念意义,而且完全是社会公众自发自愿的公益性行为。

3. 按征集活动的内容分

按征集活动的内容,征集活动可以为标识类征集、设计类征集、广告语类征集、综合类征集等。

标识类征集包括各种形象标识(如会标、徽标)、吉祥物等,具有鲜明的排他性。尽管各种标识也需要设计,但这里的设计类主要是指广告设计、方案设计、项目设计等,例如某会展活动方案为了集思广益、博采众长,也可以通过设计类征集进行。广告语类征集主要是针对主题口号进行,如"中国—东盟博览会"通过征集的口号有"中国—东盟,合作共赢"、"对接中国东盟,连接全球市场"等;国内许多省份和城市通过公开征集,确定了城市形象口号或者旅游形象口号等。综合类征集包括上述各类以外的所有征集,如会歌、会旗、对联、楹联、征文、名称、创意等。

4. 按征集活动的方式分

按征集活动的方式,征集活动可以分为邮递征集、广告征集、有奖征集、活动征集、网络征集、定向征集等。

二、征集活动的运作流程

（一）征集准备阶段

1. 确立征集目的和内容

根据活动的主题,确定征集活动的目的和内容。一些大型活动 并不是一次性完成征集,而是配合广告宣传,分阶段、多次性征集,以便不断掀起高潮,吸引社会关注。因此,必须把征集活动的目的和内容进行分解,完成分阶段征集的目标和任务。

2. 成立征集办公室和专家委员会

征集工作人员应该积极肯干、富于理性、认真负责。其中既要有善于创意、思想开拓的策划设计人才,又要有踏实肯干、一丝不苟的组织管理人员。同时邀请社会名流、专家和政府官员担任专家委员会委员,以提高社会征集的公信力。必要时还可以邀请公证部门、主流媒体和群众代表参加。

3. 开展征集活动调查研究

开展详尽而周密的调查对于少走弯路、成功征集具有重要的现实意义。调查的内容应当尽量广泛,调查方式应该多样。首先,应该明确告诉公众征集的内容、征集作品的用途。被征集者一般希望用途、目标非常明确,不要模棱两可,否则会缺乏公信力。其次,在调查中可以设计一些问题,如:"你认为这次征集成功的可能性如何?"、"你认为采取哪几种征集方式比较科学?"、"如果请你做征集工作志愿者,你有兴趣吗?"、"如果请你参加征集,你愿意吗?"等。另外,调查活动应尽量在较大范围内进行。

4. 制订详尽的征集方案

征集方案要尽可能详尽,要考虑到方方面面的情况,能想到的细节都应列入。想得越周密,未来征集工作成功的可能性就越大。一个好的征集活动方案,包括策划的六个要素,俗称"5W1H":为什么征集(Why)、征集什么(What)、什么时间开始征集(When)、在什么地方征集(Where)、谁来征集(Who),以及如何征集(How)。这些策划要素看起来非常老套,但结合征集活动实际还是非常管用的。

5. 对方案的效益和效率进行检查

征集方案(一般要两个方案以上)拟订后要组织相关工作部门和专家进行讨论,充分听取大家的意见,保证方案和实施计划科学可行。方案确立之后匆忙上马是冒险的,也是不负责任的,必须经过方案可行性论证后才能付诸实施。

（二）征集实施阶段

征集实施阶段应该注意以下几个方面。

一是应把握征集活动的时间节点。征集方案和实施计划所确定的时间进度必须以满足征集工作效率为前提。也许我们不能充分估计到公众的反应,但即使变动后的组织工作、填表工作、宣传工作等,也都必须在具体规定的时间内完成,征集进度计划之间也要保持有机的联系。

二是征集活动的宣传推广应该深入。宣传推广应始终是积极的、热情洋溢的,即使遇到阻碍也不应改变这一点。宣传应当深入到公众中去,而不是等着公众走到身边来。要让被征集者认识到参加这项活动是很有意义的,自觉地参加到征集活动中来。

三是征集活动的宣传推广应当持续。在特定的一段时间内,或者在一个特定的范围内,征集活动必须反复宣传、持续宣传。把征集活动的理念不厌其烦地灌输给参与者,直至取得大多数公众的支持。不过宣传的连续性并不是单调地重复同一种方式。针对公众态度变化的不同时期,传播方式也要不断创新,这样才能获得越来越多的公众的理解和支持。在征集活动宣传的整个过程中,要善于制造一些高潮,以充分调动公众的热情。

(三)征集后续阶段

1. 征集活动工作总结

征集是否成功?是否在人们心中树立起了会展活动形象?征集的作品或成果是否达到预期目标?是否能为下一次征集打下一个坚实的基础?征集的费用是否超出了合理的限度?征集工作的效率如何?在征集中所遇到的情况是否在计划中?征集的质量是否经受住了检验?这一切都需要总结,总结的结果不妨通过大众传播媒介告诉公众。人们总是关心自己所参与的活动结果如何,成功的活动会使大众更有信心。如果活动的结果不尽如人意,不妨如实地告诉公众。一次成功的总结可以使组织者原本很好的形象更加完美,也可以扭转由于组织失误而令公众产生的不良的看法,还可以给人以有始有终的感觉。

2. 与征集者保持联系

征集者总希望参加征集活动之后能有回音。因此,对于那些参加过的人,应与其保持联系,如有可能,最好是由征集方领导签名致函或发公开信表示感谢,告诉他们所参加活动带来的良好的效果,使他们更加了解这次活动的始末,并且可以借机扩大宣传。

3. 征集作品广告宣传和商誉品牌的资源开发

征集活动并不是为征集而征集,更不是为了自身收藏,而是为进一步扩大广告宣传、开展商誉品牌资源而开发。对一个大型活动来讲,征集活动只是一个开端,正式的大规模的宣传活动都是在征集揭晓以后。征集公告、公示都是为了后续的广告宣传和商誉开发做铺垫的。必要时还要对征集作品或成果进行知识产权的保护和登记。

征集本身也是一种社会公共关系,需要社会公众的大力支持。征集活动的过程也就是社会公共关系日益成熟的过程,公共关系是一门艺术,征集要善于运用这门艺术。现代社会征集的范围非常广泛,不仅会展活动需要征集,一座城市、一个机构、一家企业,为了扩大影响,吸引公众参与,都可以开展社会征集。征集现象作为现代社会公共关系活动,在我国经济生活中越来越普遍。

三、征集活动文案的写作

对某些活动比较单纯、内容简单的征集活动,一般可以把征集活动方案与公告合在一起写作。这时候方案就是公告,公告就是方案,我们把它称为"方案公告",根据方案要求即可完成创作。

"方案公告"比较适合会展活动会标征集、吉祥物征集、主题口号征集、宣传画征集等,这类征集文案写作的基本格式比较类似,许多会展活动往往会把这类征集活动集中在一起征集,例如2006年杭州世界休闲博览会就把会标、吉祥物、主题口号、宣传画放在一起征集。由于这类作品本身有一定的内在的本质联系,集中征集便于联想思维,集体创作,声势更大,更能凝聚社会共识。

"方案公告"的主要内容一般包括征集目的、设计要求、评选办法和奖励措施、征集时间、联系方法、关于知识产权方面的声明以及获奖作品权利归属等。

四、主题形象口号和标识征集实例

案例4

中国2010年上海世界博览会志愿者口号征集规则

上海世博会志愿者工作是推动民众参与世博会的重要渠道,是展示中华民族精神文明的重要窗口,也是"成功、精彩、难忘"的上海世博会的重要组成部分。举办中国2010年上海世界博览会志愿者口号征集活动(以下简称"征集活动"),旨在遴选符合上海世博会理念和主题、体现志愿者精神的志愿者口号,并通过志愿者口号的征集向全世界传播"理解、沟通、欢聚、合作"的上海世博会理念,宣传"城市,让生活更美好"的上海世博会主题,倡导"奉献、友爱、互助、进步"的志愿者精神。

一、主办者

本征集活动的主办者为上海世博会事务协调局(以下简称"上海世博局")。主办者设立中国2010年上海世界博览会志愿者口号征集办公室(以下简称"征集办")具体负责志愿者口号的征集、评选和宣传等工作。

二、征集时间

征集活动于2007年12月5日开始,于2008年4月30日(北京时间)18时整截止(以下简称"截止时间")。任何于截止时间之后送达作品者,无论何种原因,均不具有应征资格。

三、应征者

(1) 全球所有关心、支持中国2010年上海世博会的个人和机构,均可按照本规则参加征集活动。凡应征作品的创作者,只需正确填写并签署《中国2010年上海世界博览会志愿者口号征集活动报名表》(以下简称《报名表》),并按规定的时间和方式送达应征作品,即可成为志愿者口号征集活动的应征者。

(2) 任何参与本征集活动组织和评选工作的个人和机构,均不具有应征资格。

(3) 应征者不能以任何方式使社会公众认为其与上海世博会有事实上并不存在的关联,也不能在未经上海世博局书面同意的情况下,就其应征情况进行公开宣传。

(4) 如因应征者违反本规则而致上海世博局损害的,上海世博局有权要求相关应征者采取足够而适当的措施以避免或减轻损害,并可追究相关应征者的法律责任,同时保留取消其应征资格的权利。

四、应征作品

(1) 本征集活动以应征作品为对象进行征集、评选。对于每一应征作品,应征者应提交《志愿者口号创意稿》《报名表》（应征者为机构的，须由授权代表签署并盖机构公章；如果创作者不止一人，所有创作者必须共同签署）。缺少其中任何一份文件或其中任何一份文件不符合本规则规定者，概不符合应征条件。所有文件可选择使用中文或英文填写（如同时使用中文和英文两种语言，一旦发生歧义，以中文为准）。

（2）《志愿者口号创意稿》应包含应征口号及其创意说明，并应符合以下要求。

① 应征口号须以中、英文对照的方式打印或正楷书写在 A4 规格的纸上。如果应征者仅提供中英文中一种语言版本的，主办者有权为其配加另一种语言的版本，且无须征得应征者的同意。应征者不得以任何理由对此提出异议。

② 高度概括上海世博会"理解、沟通、欢聚、合作"的理念，突出强调上海世博会鲜明的时代特征和中国文化的特点。

③ 集中体现"奉献、友爱、互助、进步"的志愿者精神。

④ 体现国际化，面向世界，使不同国家和地区、不同文化背景的人都能理解接受。中、英文应同样精彩。

⑤ 简洁明快，便于记忆，朗朗上口，富有感染力和号召力，能够打动人心。

⑥ 志愿者口号的创意说明应有助于评选时评委对口号的理解，其内容旨在阐述志愿者口号的创意思路、理念和含义。应征者应将创意说明打印或正楷书写于 A4 规格的纸上，说明文字应当字迹清晰，表述完整。

⑦ 《志愿者口号创意稿》中不应出现任何与创作者有关的信息，所有此类信息只能按要求填写在《报名表》上。

（3）应征作品还须满足以下要求。

① 应征作品应为应征者本人的原创作品，此前未以任何形式发表过，也未以任何方式为公众所知。应征者对应征作品应当拥有完整、排他的著作权，且未侵犯任何第三方的合法权益。

② 志愿者口号应符合中国法律和中国社会公序良俗的要求。

五、应征办法

（1）应征者不需缴纳报名费。

（2）应征作品只能以邮寄或直接交付的方式送达如下地址。

中国上海浦东南路 3588 号××大厦七楼

邮编：200125

中国 2010 年上海世博会志愿者标志、口号征集办公室

咨询电话：＋86-21-2206××××

（3）以邮寄方式送达的，送达时间以征集办所在地邮局接收当日邮戳为准；以直接交付方式送达的，送达时间以征集办签收时间为准。征集办不接受除邮寄和直接交付以外的其他方式送达的应征作品。

（4）应征作品一经送达，即视为应征者已全部知晓并完全接受本征集规则。应征文件不符合本规则要求的，应征者可于截止时间之前补正。

（5）应征者可以从中国 2010 年上海世博会官方网站上下载本规则、《报名表》等相关文件。上海世博会官方网站网址为 www.expo2010china.com。

六、应征作品的评选和决定

（1）征集办将邀请相关领域的专家组成评选委员会，从应征作品中评选出一条志愿者主口号和若干条志愿者口号，推荐给主办者。评选办法另定。

（2）2010年上海世界博览会组织委员会拥有决定上海世博会志愿者主口号和其他志愿者口号的最终权利。

七、奖励

（1）对成为上海世博会志愿者主口号的作品，奖励人民币2万元。

（2）上述奖金金额指税前金额。获奖者应按照相关国家及地区（包括但不限于中华人民共和国）的法律规定纳税。

（3）征集办还将向获选志愿者主口号和志愿者口号的应征者颁发荣誉证书。

（4）以上奖励以作品为单位授予，兼中兼得，奖金由相关创作者自行分配。

（5）征集办将奖金（现金或支票）和获奖证书交付作品的应征者或其书面指定的代表。应征者不止一人的，征集办将奖金（现金或支票）和获奖证书交付《报名表》中"创作者"一栏排名最靠前的应征者或其书面指定的代表。

（6）评选揭晓后，征集办将在上海世博会官方网站上公布获选口号创作者名单。

八、相关声明

（1）征集办对其所收到的应征文件一概不予退还，应征者应自留底稿。

（2）因邮寄延误、邮寄丢失或损坏、误寄、邮资不足、失窃或其他非征集办的原因造成应征作品丢失或损坏的，征集办不承担任何责任。

（3）应征作品的著作权受中国法律保护。成为上海世博会志愿者主口号和志愿者口号的作品的一切知识产权（包括但不限于著作权、对作品的一切平面、立体或电子载体的全部权利）自始即归上海世博局所有。上海世博局有权对前述作品进行任何形式的使用、开发、修改、授权、许可或保护等活动，而无须征得应征者同意。相关应征者除根据本《征集规则》获相应奖励或荣誉外，放弃任何权利主张。

九、其他

（1）本规则及相关文件以中文和英文两种文字发布，如有歧义，以中文为准。

（2）上海世博局对包括本规则在内的本次征集活动的所有文件保留最终解释权。任何与本次征集活动有关的未尽事宜，均由上海世博局进一步制定相应规定或进行解释。

（3）本次征集活动适用中华人民共和国法律。

案例5

潍坊旅游主题口号和形象标识征集公告

为充分展示潍坊旅游的独特魅力，进一步提高潍坊旅游海内外的知名度和美誉度，推动我市旅游业快速发展，现面向社会公开征集潍坊旅游主题口号和形象标识。具体方案公告如下。

一、征集内容

（1）潍坊旅游主题口号。

（2）潍坊旅游形象标识。

二、征集要求

（1）能够充分反映潍坊旅游资源的鲜明特色和深厚历史文化底蕴,具有准确的表现力、较强的吸引力和广泛的号召力。

（2）主题口号要求主题鲜明、简练易记、朗朗上口,方便海内外传播,一般不超过10个字。

（3）形象标识要求构图简洁明快,寓意深刻,视觉冲击力强。

（4）主题口号和形象标识能够相互呼应、融为一体。

（5）对文字与图形创意及含义要进行简要说明。

（6）作品应为原创作品。

三、评选方式

由潍坊市旅游局组织评选委员会,对应征作品进行评选,并将获奖作品通过山东旅游政务网和潍坊旅游网向社会发布。

四、奖励办法

（1）主题口号

一等奖1名,奖励人民币3万元。

二等奖2名,各奖励人民币1万元。

三等奖5名,各奖励人民币2000元。

优秀奖50名,各奖励潍坊旅游护照1本。

（2）形象标识

一等奖1名,奖励人民币3万元。

二等奖2名,各奖励人民币1万元。

三等奖5名,各奖励人民币2000元。

优秀奖20名,各奖励潍坊旅游护照1本。

五、特别说明

（1）参选作品应为原创未发表作品,设计人不得侵犯他人合法权益(包括不得侵犯他人著作权等知识产权),否则应承担由此带来的一切法律责任。

（2）潍坊市旅游局对获奖作品拥有全部知识产权,包括著作权、所有权、使用权及发布权等相关权利。设计者不得再在其他地方使用该作品。

（3）潍坊市旅游局保留对此次活动的最终解释权。

（4）投稿行为即表明设计人对本《公告》内容的充分认可,并遵守相关约定。

六、投稿方式与截止日期

（1）通过邮寄或发送电子邮件投稿。

邮寄地址:潍坊市东风东街6396号××大厦27楼东区市场开发科　邮编:261061
(信封正面请注明"旅游口号"或"标识征集"字样,A4规格纸二号宋体)

电子邮箱:wf8091299@126.com

（2）截止时间:即日起至2012年6月30日。

（3）联系方式(略)。

案例 6

"书藏古今，港通天下"——宁波城市形象主题口号揭晓

2009 年 9 月经过半年征集和专家多轮评议推选，宁波市旅游局从万余条主题词中，最终确定了 3 条形象口号来推介宁波城市旅游。近日，宁波市旅游局正式发布了这 3 条旅游口号："书藏古今，港通天下——宁波旅游欢迎你"；"走遍天下，还是宁波江厦"；"看上海世博，游阿拉宁波"。

"书藏古今，港通天下"是宁波城市口号中得票数最高的，也准确概括了宁波作为大港之城、商贸之城、文化之城的城市特点，所以这次也将它定为旅游口号。从城市口号延伸为旅游口号，宁波不是首例。以杭州的旅游口号"东方休闲之都，品质生活之城"为例，前句是城市口号，后句突出了旅游元素，从休闲氛围、文化内涵、精致山水等多方面反映了杭州的形象。

"书藏古今，港通天下"，全面体现了宁波的城市本质，加深了宁波旅游口号的内涵。与"宁波旅游欢迎你"的组合，表达了宁波人热情的欢迎态度，是一种很好的旅游营销方式，也能给游客留下更多遐想和思考的空间。

"一书一港"是宁波主要的两个元素，既代表了宁波的文化和经济，也是旅游的主要内容。"书"具体是指天一阁，广义说的是宁波的人文精神、文化的传承性。在以港立市、因港兴市的宁波，港口的发展史也是宁波的发展史。两者的组合，体现了宁波的特色。借用城市口号的资源，既宣传了城市，也突出了旅游的特质，一举两得。

此次新推的 3 条旅游口号，除了面向国际市场的"书藏古今，港通天下——宁波旅游欢迎你"，还有面向国内大多数城市的"走遍天下，还是宁波江厦"和面向长三角市场的"看上海世博，游阿拉宁波"。

"走遍天下，还是宁波江厦"在候选口号中得票排名前列。这句口号除了具备较强的旅游性外，最重要的是，它改编自宁波老话"走遍天下，不如宁波江厦"。这里的"江厦"不仅仅是江厦街，广义说的是三江口，体现的是三江文化，包括中国最早开埠的外滩文化、"无宁不成市"的宁波商帮文化、"洋洋东方大港"的港口文化等。

最后一句旅游口号"看上海世博，游阿拉宁波"，是应对 2008 年上海世博会，宁波旅游打出的一张亲情牌。这句口号，也是想借助上海世博会的影响力扩大宣传。宁波与上海有着"近邻亲缘"的优势，这次的世博会对于宁波是一次很好的宣传机会。目前，杭州湾跨海大桥和舟山连岛大桥、甬台温高铁，长三角旅游的新格局出炉，未来"同城旅游"将走向"城间互游"。

资料来源：根据网络有关资料改编

✦ 知识链接

城市旅游形象主题口号集锦

上海市：上海，精彩每一天

重庆市：世界的重庆，永远的三峡

广州市：一日读懂两千年

福州市：福山福水福州游

昆明市：昆明天天是春天

南宁市：绿城寻歌壮乡情

银川市：塞上明珠，中国银川

长沙市：多情山水，天下洲城

成都市：成功之都，多彩之都，美食之都

桂林市：桂林山水甲天下

苏州市：人间天堂，苏州之旅

无锡市：太湖美景，无锡旅情

大连市：浪漫之都，中国大连

厦门市：海上花园，温馨厦门

深圳市：深圳——每天带给你新的希望

珠海市：浪漫之城，中国珠海

汕头市：海风潮韵，世纪商都

杭州市：爱情之都，天堂城市

台州市：神奇台州，生态之旅

嘉兴市：水都绿城，休闲嘉兴

富阳市：富春山水，孙权故里

舟山市：海天佛国，渔都港城

象山县：东方不老岛，海山仙子园

金华市：风水金华，购物天堂

义乌市：小商品的海洋，购物者的天堂

宁波市：书藏古今，港通天下

历届世博会主题口号

1933 年芝加哥世博会：进步的世纪

1939—1940 年纽约和旧金山世博会：人类相互依存

1958 年布鲁塞尔世博会：科学、文明和人性

1970 年大阪世博会：人类的进步与和谐

1984 年美国新奥尔良世博会：世界河流—水—生命的源泉

1986 年温哥华世博会：交通与通讯——人类的发展和未来

1993 年韩国大田世博会：蓬勃发展道路中的挑战——新的起飞之路

1998 年葡萄牙里斯本世博会：海洋——未来的财富

2000 年德国汉诺威世博会：人类、自然、科技——蓬勃发展的全新世界

2005 年日本爱知世博会：超越发展——大自然智慧的再发现

2010 年上海世博会：城市，让生活更美好

2010 年上海世博会吉祥物"海宝"

2007 年 12 月 18 日，2010 年上海世博会吉祥物诞生。从向全球公开征集到的 26655 件

作品中经过专业评委团队层层遴选和修改小组用心打造，最终，由汉字"人"演变而来的海宝——美好城市的创造者和体验者被敲定为上海世博会的吉祥物。

设计理念

世博会吉祥物，不仅是世博会形象品牌的重要载体，而且体现了世博会举办国家、承办城市独特的文化魅力，体现了世博会举办国家的民族文化和精神风貌，它已经成为世博会最具价值的无形资产之一。

"吉祥物"作为代表东道国特色的标志物，是一个国家文化的象征。它从各个层面反映了东道国的历史发展、文化观念、意识形态以及社会背景，并在政治、经济、文化等多个领域的传播中扮演着十分重要的角色。

名字由来

中国2010年上海世博会吉祥物的名字叫"海宝（HAIBAO）"，意即"四海之宝"。"海宝"的名字朗朗上口，也和它身体的色彩呼应，符合中国民俗的吉祥称谓原则。"海宝"的名字与吉祥物的形象密不可分，寓意吉祥。

海宝是中国2010年上海世博会的形象大使，它用热情的双臂、自信的微笑欢迎来自全球各地的朋友们。

主体形象

以汉字的"人"作为核心创意，既反映了中国文化的特色，又呼应了上海世博会会徽的设计理念。在国际大型活动吉祥物设计中率先使用文字作为吉祥物设计的创意，是一次创新。

头发：像翻卷的海浪，显得活泼有个性，点明了吉祥物出生地的区域特征和生命来源。

脸部：卡通化的简约表情，友好且充满自信。

眼睛：大大、圆圆的眼睛，对未来城市充满期待。

蓝色：充满包容性、想象力，象征充满发展希望和潜力的中国。

身体：圆润的身体，展示着和谐生活的美好感受，可爱而俏皮。

拳头：翘起拇指，是对全世界朋友的赞许和欢迎。

大脚：稳固地站立在地面上，成为热情张开的双臂的有力支撑，预示中国有能力、有决心办好世博会。

"人"字互相支撑的结构也揭示了美好生活要靠你我共创的理念。只有全世界的"人"相互支撑，人与自然、人与社会、人与人之间和谐相处，这样的城市才会让生活更加美好。

"人"字创意造型依靠上海世博会的传播平台，必将成为中国上海世博会的吉祥符号和文化标志。

主题体现

城市由人类最初的聚居地演化而来，它不断地演进和成长为一个有机系统。人是这个有机系统中最具活力和最富有创新能力的细胞。人的生活与城市的形态和发展密切互动。随着城市化进程的加速，城市的有机系统与地球大生物圈和资源体系之间相互作用也日益深入,日益扩展。人、城市和地球三个有机系统环环相扣,这种关系贯穿了城市发展的历程,三者必将在未来融合成为一个不可分割的整体。

人是城市的细胞,又是城市的灵魂——人赋予城市文化、性格和创造力。随着城市化进程的加速,越来越多的人成为"城市人"。城市人口与日俱增,也更具多样性。同时,城市之外的人们生活也不可避免地受到城市化进程的影响。城市需要为人类的生存质量创造条件,城市也应该成为人类创新和创造的温床。

不同城市的构造和内部网络既有共性,也有独特性。了解城市系统的运作和发展规律,建设健康、可持续的城市结构和网络,是城市是否宜居和是否具备长久活力的前提。这取决于人对城市系统特性和发展规律的了解,以及在日常生活、建设、开发和管理中的理性行为。

人始终是推进城市发展的核心,是城市化进程中最具创造性的主体。人既是美好生活的创造者,也是美好生活的体验者。上海世博会吉祥物的设计正是从主题演绎的角度出发,创造性地选用了汉字的"人"作为创意点。而吉祥物的蓝色则表现了地球、梦想、海洋、未来、科技等元素,符合上海世博会"城市,让生活更美好"的主题。

吉祥物整体形象结构简洁、信息单纯、便于记忆、易于传播。虽然只有一个,但通过动作演绎、服装变化,可以千变万化,形态各异,展现多种风采。

"上善若水",水是生命的源泉,吉祥物的主形态是水,它的颜色是海一样的蓝色,表明了中国融入世界、拥抱世界的崭新姿态。

海宝体现了"人"对城市多元文化融合的理想;体现了"人"对经济繁荣、环境可持续发展建设的赞颂;体现了"人"对城市科技创新、对发展的无限可能的期盼;也体现了"人"对城市社区重塑的心愿;它还体现着"人"心中城市与乡村共同繁荣的愿景。海宝是对五彩缤纷生活的向往,对五光十色的生命的祝福,也是中国上海对来自五湖四海朋友的热情邀约。

资料来源:中央政府门户网站,www.gov.cn.2008-01-31

复习题

1. 简述企业形象识别设计系统的主要理念和内容。
2. 什么是主题形象标识?其设计基本要领有哪些?
3. 什么是主题形象口号?其设计基本要领有哪些?
4. 列举3~4个城市的旅游主题形象标识和主题口号,并加以分析。
5. 列举3~4个大型活动的标识和主题口号,并加以分析。

实训项目

利用相关原理与方法设计本班的班徽和主题形象口号。

参 考 文 献

1. 中国 Logo 设计网 . 2003—2012 年标志设计发展趋势 . http://www. logozhi-zuowang. com/read-htm-tid-141628. html,2012-11-23

2. 李向明 . 旅游地形象宣传口号的创意设计模式与原则 . 中国旅游报,2006-12-04

3. 常利 . 现代标志设计的发展趋势研究 . 神州,2011(29)

4. 刘嘉龙 . 休闲活动策划与管理 . 上海:格致出版社,2011

节庆活动策划

　　了解中国传统节庆、现代节庆的相关知识，掌握休闲节庆活动策划的基本要领，能集体或个人策划一个简单的节庆活动方案，要求主题明确，结构清晰，有一定创意，活动安排合理，具有一定的可执行性。

任务一　认识节庆活动

一、节庆活动概述

　　节庆活动是指某国家、地区或城市以其特有的自然或历史文化资源为载体，具有特定主题，在固定或不固定的日期内举办的大型活动。节庆作为一种文化载体，既包含着人们的娱乐和休闲成分，又昭示着人们特有的生活方式和价值取向。节庆活动具有很强的地方性，它的产生、形成、发展和衰亡，与各地的自然环境、人文环境、经济环境和发展需求有很密切的关系。

　　我国节庆种类很多，按照时代标准可分为传统节庆和现代节庆。传统节庆主要具有祭拜祖先、祈福、纪念历史或先辈人物等功能。现代节庆活动从传统节庆活动传承演变而来，并随着社会发展和文明演变，在突出和放大了传统节庆活动的相关功能基础上，具有广泛的现代社会的政治、经济和文化意义。

二、我国主要传统节庆活动

（一）汉族主要传统节庆活动

1. 春节

中华民族最隆重的节庆就是一年一度的春节。据史料记载，春节最早源于原始神农时代的"腊祭",民间称春节为"过年"。传统的春节大致可分为三个阶段:第一阶段是从腊月二十三到除夕的准备阶段,传统活动有贴对联、挂年画、张灯、祭祖先等习俗,忙着为迎接春节做准备,俗称"腊月忙年";第二阶段是腊月三十,传统活动有吃团圆饭、坐夜守岁等;第三阶段从初一到十五,传统活动主要有拜年、游憩、娱乐(如扭秧歌、跑旱船、舞狮子)等。

2. 元宵节

农历正月十五为元宵节,又称上元节、灯节。正月是农历的元月,古人称夜为"宵",而正月十五日又是一年中第一个月圆之夜,所以称为元宵节,又称为元夕或灯节,是春节之后的第一个重要节日。中国幅员辽阔,历史悠久,元宵节的习俗在全国各地不尽相同,但吃元宵、赏花灯、舞龙、舞狮子等是元宵节几项重要的民间传统习俗。

3. 清明节

清明节是农历二十四节气之一,在仲春与暮春之交,也就是冬至后的108天。中国汉族传统的清明节大约始于周代,距今已有两千五百多年的历史。清明一到,气温升高,正是春耕春种的大好时节,故有"清明前后,种瓜点豆"之说。清明节是祭祀祖先的节日,主要传统活动为扫墓。2006年5月20日,经国务院批准列入第一批国家级非物质文化遗产名录。

4. 端午节

端午节为每年农历五月初五,又称端阳节、午日节、五月节等。相传端午节是人们为纪念屈原而设立的传统节日,民间有吃粽子、赛龙舟、挂菖蒲和蒿草、喝雄黄酒的习俗。2009年,"端午节"被列入世界非物质文化遗产名录。

5. 七夕节

七夕节是我国传统节日中最具浪漫色彩的一个节日,时间为每年农历七月初七,活动的主要参与者是少女,活动内容以乞巧为主,故又称为"乞巧节"、"女儿节"等。在这天晚上,妇女们穿针乞巧,祈祷福禄寿,陈列花果、女红和各式家具,礼拜七姐等,仪式虔诚而隆重。2006年5月,七夕节被列入第一批国家非物质文化遗产名录。

6. 中元节

中元节又称"七月节"或"盂兰盆会",民间俗称"鬼节"、"亡人节"、"七月半"等。古书记载:"道经以正月十五日为上元,七月十五日为中元,十月十五日为下元。"中元节与除夕、清明节、重阳节是中国传统祭祖的四大节日。民间则多是在此节日以各种形式祭奠和怀念亲人,并对未来寄予美好的祝愿。

7. 中秋节

每年农历八月十五中秋节是中国传统节日之一,传说是为了纪念嫦娥奔月而来。八月为秋季的第二个月,古时称为仲秋,因处于秋季之中和八月之中,故民间称为中秋,又称秋夕、八月节、八月半、月夕、月节等。又因为这一天月亮满圆,象征团圆,中秋节又称为团圆节。中秋节有吃月饼、祭月等习俗。

8. 重阳节

农历九月初九为重阳节。《易经》中把"九"定为阳数,九月初九,两九相重,故而叫重阳,也叫重九。唐代,重阳被正式定为民间的节日,此后历朝历代沿袭至今。重阳又称"踏秋",与三月初三"踏春"相呼应。重阳节传统的习俗有登高"避灾"、插茱萸、赏菊花等。2012年12月,《中华人民共和国老年人权益保障法》明确规定每年农历九月初九(重阳节)为老年节。

(二)我国少数民族主要传统节庆活动

中国一共有55个少数民族,各民族的节日丰富多彩,著名的有蒙古族的那达慕、傣族的泼水节、彝族的火把节、傈僳族的刀杆节、白族的三月街、哈尼族的扎勒特、藏族的酥油花灯节、景颇族的目脑纵歌、拉祜族的月亮节、苗族的花山节、穆斯林群众的古尔邦节等。

1. 蒙古族那达慕

那达慕蒙古语意为"游戏"或"娱乐",原指蒙古族传统的"男子三竞技"摔跤、赛马和射箭。随着时代的发展,逐渐演变成今天包括多种文化娱乐的盛大庆典活动。历史上的那达慕不受时间限制,通常在祭祀山水、军队出征、凯旋、帝王登基、正月以及大型庆典等场合举行。今天的那达慕,在每年夏秋之交举行。活动内容除了传统的"男子三竞技",还有文艺演出、田径比赛和物资交流等各类经济文化活动。

2. 傣族泼水节

泼水节又名"浴佛节",傣语称为"比迈"(意为新年),在傣历的六月中旬,阳历4月13～15日之间举行。傣族、阿昌、德昂、布朗、佤等少数民族过这一节日,柬埔寨、泰国、缅甸、老挝等国也过泼水节。

到了节日,傣族男女老少穿上节日盛装,而妇女们则各挑一担清水为佛像洗尘,求佛灵保佑。"浴佛"完毕,人们就开始相互泼水,表示祝福,希望用圣洁的水冲走疾病和灾难,换来美好幸福的生活。整个节日期间,除有赛龙船、放孔明灯、泼水、丢包等传统娱乐活动外,还有斗鸡、放气球、游园联欢、物资交流等新的活动。

泼水节源于印度,是古婆罗门教的一种仪式,后为佛教所吸收。随着佛教在傣族地区影响的加深,泼水节成为一种民族习俗流传下来,至今已数百年。在流传的过程中,傣族人民逐渐将其与自己的民族神话传说结合起来,赋予了泼水节更为神奇的意义和民族色彩。

3. 彝族火把节

火把节是所有彝族地区的传统节日,流行于云南、贵州、四川等彝族地区。白族、纳西基诺族、拉祜等族也过这一节日。火把节多在农历六月二十四日或二十五日举行,节期3天。火把节的主要活动在夜晚,人们或点燃火把照天祈年,除秽求吉,或烧起篝火,举行盛大的歌舞娱乐活动。节日期间,还有赛马、斗牛、射箭、摔跤、拔河、荡秋千等娱乐活动。近代,人们利用集会欢聚之机,进行社交或情人相会,并在节日期间开展商贸活动。

火把节的由来有多种说法,但其本源当与火的自然崇拜有最直接的关系,它的目的是期望用火驱虫除害,保护庄稼生长。

4. 傈僳族刀杆节

傈僳语叫刀杆节为"阿堂得",意思是"爬刀节",它是居住在云南省怒江傈僳族自治州泸水县境内的傈僳族以及彝族的传统节日,节期是每年正月十五日。

刀杆节这天,几名健壮男子先表演"蹈火"仪式。他们赤裸双脚,跳到烧红的火炭堆里,蹦跳翻滚,表演各种绝技。第二天,他们把36把锋利的长刀,刀刃口向上分别用藤条横绑在两根20多米高的木杆上,组成一架刀梯。表演者空手赤足,从快刀刃口攀上顶端,并在杆顶表演各种高难动作。每年的这一天,人们都穿上节日的盛装,成群结队地来到"刀杆节"会场,观看"上刀山,下火海"活动。

刀杆节是傈僳族人民自然崇拜的产物,更是傈僳族人民爱国主义精神和不畏艰险的民族精神的体现。

5. 白族三月街

三月街是云南省白族人民的传统盛大节日,每年农历三月十五日至二十一日在大理古城举行。1991年起,被定为"大理白族自治州三月街民族节"。随着社会发展,三月街的会期逐渐延长,一般3～5天,多到10天。除了进行大规模的物资交流外,还举行赛马、民族歌舞等文娱体育活动。

三月街原是佛教的讲经庙会,后来,由于大理是贸通中土和天竺的要道,随着社会经济发展的需要,逐步演变成具有浓厚民族色彩的贸易集市和节日盛会。大理白族自治州地处云南省中部偏西,气候温和,土地肥沃,山水风光秀丽多姿,是中国西南边疆开发较早的地区之一。

6. 哈尼族扎勒特

扎勒特是哈尼族传统的盛大节日。"扎勒特"是哈尼语音译,又称"大年",在农历十月第一个属龙日举行,至属猴日结束,历时5天。哈尼族信奉原始宗教,扎勒特节主要是祭献天神和祖先。节日期间,人们杀猪宰羊,舂粑粑,蒸黄糯米饭祭祀天地和祖宗,并宴请邻近村寨、民族的宾客。人们身着盛装,走亲访友,求亲订婚,出嫁的姑娘也要带着酒、肉、粑粑回娘家献祖拜年。白日里开展荡秋千、摔跤、打陀螺、歌舞等娱乐活动。夜晚,在村边草坪上燃起篝火,各户抬来桌子,摆上酒肉、粑粑、水果等互相宴饭,充满友爱欢乐的气氛。

7. 藏族酥油花灯节

酥油花灯节又称摆花节、花灯节,藏语称"坚俄曲巴",在藏历元月十五日,正值传召大法会举行期间。白天人们云集寺院朝佛、转经;夜晚人们集聚于寺前广场,搭起各种花架,上面摆满五彩酥油捏塑的花卉、图案和人物、鸟兽,尤以佛、菩萨、供养天女和高僧形象为多,有的成屏连片,表现各种佛本故事、经文故事和神话、传说故事。花灯点燃,宛若群星闪烁,一片辉煌。人们在花灯之下,狂欢起舞,彻夜不眠。

酥油捏塑艺术的起源,相传是文成公主进藏时从长安带去一尊释迦牟尼佛像,佛教徒为了表示对佛像的尊崇和爱戴,就在佛像前献上一束用酥油制作的花朵,从此,藏族酥油茶制作艺术便发展起来了。千余年来,酥油捏塑艺术日臻完善,已成为藏族雕塑艺术中的一朵奇葩。

8. 景颇族目脑纵歌

云南德宏景颇族的传统节日,一般在农历正月十五举行,节期4～5天。目脑,又称"总戈",景颇族语意为"大伙跳舞"。

目脑纵歌的历史悠久,相传是太阳神传授的。跳目脑纵歌要在宽大的广场或草坪上举行。人们先在场子中央竖起两根色彩斑斓的目脑柱,两柱之间交叉放置两把银光闪闪的大刀,象征着景颇人民骁勇刚毅、披荆斩棘的性格特征。目脑前搭有两个高台,高台周围立着木桩,桩上挂着八面大锣,以及大鼓和其他乐器,表示吉庆;外面用两道竹篱笆围住,表示胜利。

目脑纵歌表演时,在被称为"脑双"的两位男子领舞人的带领下,男子双手握住长长的景颇刀随着音乐边挥边舞,衣着精美的妇女抖动彩帕或彩扇,体态轻盈地扭动着腰肢。那由"哦热啊"的伴唱和芒锣、木鼓组成的伴奏声循环反复地在山间回荡,充分展示了景颇族骁勇坚强,崇尚美好的民族精神。

9. 拉祜族月亮节

拉祜族农事节日,在农历八月十五日举行。拉祜语音"哈巴",意为月亮。原为祭献月亮,欢庆丰收。祭礼在晚上月出时举行。各家挑选最好的瓜果作为祭品,用篾桌摆设,抬到祭山神的地方祭献月亮。在月光下,全寨男女老少围着篾桌跳芦笙舞,欢度节日。

在信仰小乘佛教的地方,祭月亮加入了赕佛内容,地点改在寨内奘房。由佛爷在奘房挂上一幅绘有月亮图案的白布,在白布下方设供桌、香炉、蜡台等佛事用具。天黑前,人们带着鲜黄瓜、芭蕉、菠萝等供品供佛,点香燃烛、烧纸钱,佛爷念经祈祷。赕佛后,便到寨内活动。老人齐聚喝酒烤茶;年轻人云集歌场跳芦笙摆舞、赛唱传统歌谣,能唱出本民族的历史渊源者就获得歌手称号。

10. 苗族花山节

农历正月初二至初七,是云南屏边、蒙自、河口等地苗族人民一年一度的"踩花山"节。每到这个时候,来自各村各寨的苗族人民,潮水般地从四面八方涌到几个苗村寨之间的开阔坡地上。"花杆"是踩花山节的重要标志,一般选择挺直高大的青松或柏树,扎以鲜花和彩旗。定花杆的人(又称花杆头)是大家公认的好心肠的人。这人必须在节日的第一个早晨,趁太阳出山以前把花杆竖好。

"踩花山"这天,首先由"花杆头"向前来参加踩花山的人敬酒,祝福,随后宣布"踩花山"节开始。这时,花山场内外锣鼓齐鸣,鞭炮声、铜炮枪声此起彼伏,各种欢庆活动先后开始进行。青年男女有的对唱山歌,有的跳三步舞、蹬脚舞,有的打"芦笙架"(用芦笙对调),有的跳狮子舞,还有的斗牛,整个花山场上一片欢腾。一年一度的"踩花山"节,又是苗族青年男女相互倾吐爱情、交朋结友的好时机。青年男女一旦相爱,男的要以花裹脚,将花围腰带赠送姑娘,而姑娘也以自己千针万线亲手绣制的花帕、包头回赠。

11. 古尔邦节

古尔邦节又叫宰牲节、尔德节等,是全世界信仰伊斯兰教穆斯林的共同节日。古尔邦节在阿拉伯语中称作"尔德·古尔邦"。"尔德"的意思是节日,"古尔邦"和"艾多哈"都含有"宰牲、献牲"之意。因此,通常把这一节日的名称汉译为"宰牲节",即宰牲献祭的节日。在我国新疆的维吾尔、哈萨克、柯尔克孜等民族将其音译为"库尔班节"。

古尔邦节的时间定在伊斯兰教历的十二月十日。过节前,家家户户都把房舍打扫得干干净净,忙着精心制作节日糕点。节日清晨,穆斯林要沐浴熏香,严整衣冠,到清真寺参加会礼。新疆的维吾尔族在古尔邦节时要举行盛大的麦西来甫歌舞集会。集会广场四周布置色彩缤纷的伞棚、布棚、布帐、夹板房,铺设着各式各样的木桌、板车、地毯、毛毯、方巾,上面备有花式繁多的食品小吃。新疆的哈萨克、柯尔克孜、塔吉克、乌孜别克等民族,节日期间还举行叼羊、赛马、摔跤等比赛活动。

三、现代节庆活动

(一)概述

现代节庆活动是指一个地区或城市以其特有的自然和人文的资源为载体,而举行的周期性的大型活动。任何节庆活动的兴起都不是偶然的,它是历史发展的产物,具有一定的物质基础和文化渊源。上下五千年的历史孕育了我国千姿百态、丰富多彩的传统节庆活动,而随着社会的不断发展,我国在这些传统节庆的基础上又发展了许多具有新时代气息的现代节庆活动,形成了传统与现代节庆活动交相辉映的喜人局面。现今,全国各地节庆活动方兴未艾,展示出了巨大的资源整合、经济拉动等功能,成为世人关注的热点。

(二)现代节庆活动分类

现代节庆类社会活动涉及主题内容十分广泛,一般涉及社会政治、经济、军事、外交、历史、文化、自然、民俗、商贸、体育、科技、日常生活等几乎所有人类社会生活的领域。各类节庆活动数量众多,据有关统计,仅以各级政府部门和相应社会机构为主体举办的具有一定规模的"节庆类"活动每年就达到5600多个,并呈现出不断增加的趋势。按照节庆活动举办所依托的载体,现代节庆活动可以分为以下主要类型。

1. 以地方工业产品为载体的节庆

例如,辽宁的大连国际服装节、葫芦岛泳装节;广东的佛山陶瓷节、惠州数码节、东莞家具节、湛江珍珠节、中山花卉节和国际灯饰节;浙江的湖州国际湖笔文化节、绍兴黄酒节、嵊州·中国越剧领带节、东阳木雕节、龙泉青瓷节、宝剑节、青田石雕节、云和木制玩具节;山东的青岛国际啤酒节、淄博陶瓷琉璃艺术节、昌乐宝石节、武城古宝春酒文化节;江苏的宿迁苏酒节等。

2. 以地方物产为载体的节庆

例如,山东的菏泽牡丹节、平阴玫瑰节、济阳蔬菜节、平度葡萄节、枣庄石榴节、海阳樱桃节、莱州月季花节、栖霞苹果艺术节、日照万亩野生杜鹃花旅游节、沾化冬枣艺术节、郯城国际银杏节、费县山楂节;辽宁的大连赏槐节;浙江的余姚杨梅节、奉化水蜜桃节、瑞安桃花节、桐乡菊花节、兰溪兰花节、常山胡柚节、台州柑橘节、天台杜鹃节、庆元香菇节;江苏的金湖荷花艺术节、溧水梅花节等。

3. 以地方自然景观为载体的节庆

例如,浙江的中国国际钱塘江观潮节、桐庐富春江山水节、淳安千岛湖秀水节、建德新安江三夏旅游节、海盐南北湖观光旅游节、长兴金秋旅游文化节;辽宁的丹东鸭绿江国际旅游节、抚顺冰雪节;山东的临朐红叶旅游观光节等。

4. 以地方人文景观为载体的节庆

例如,浙江的绍兴腊月风情节和乌篷船风情旅游节、舟山中国舟山国际沙雕节、临海江南长城节;江苏的连云港渔湾民俗风情节和渔民节、江阴徐霞客旅游节等。

5. 以地方历史文化为载体的节庆

例如,山东的曲阜国际孔子文化节、禹城大禹文化节、济南龙山文化节、聊城国际聊斋文化旅游节;辽宁的营口望儿山母亲节、沈阳秦文化节;浙江的宁海潘天寿文化节、绍兴书法节、永嘉耕读文化节、文成刘伯温文化节、衢州古城文化旅游节;江苏的连云港西游记文化旅游节、赣榆徐福文化节、大丰米芾节、句容茅山文化旅游节等。

6. 以生产经营活动为载体的节庆

例如,辽宁的鞍山秧歌节;山东的聊城蔡伦造纸节、烟台长岛渔家乐节;浙江的宁波象山开渔节等。

7. 以休闲娱乐活动为载体的节庆

例如,浙江的宁海平阳武术节、德清莫干山登山节、嵊泗全国帆船比赛节、仙居漂流节;山东的威海国际钓鱼节、莱西体育旅游节等。

(三) 现代节庆活动的功能

1. 社会资源整合功能

节庆活动的开展需要良好、和谐的环境,对举办地的交通设施、公用设施、环保、绿化、卫生等都有相应的标准和要求。节庆活动的组织者则可以借助组织节庆活动的契机,充分整合举办地的人力、物力、财力和信息等各方面的资源,加强举办地各种硬件设施和软件设施的投入,改善环境,以提高节庆活动的氛围品质,增强吸引力。同时,举办地环境的美化,自然与人文景观以及基础设施的完善,既为节庆活动的可持续发展打下了坚实的基础,也为一个地方的发展创造了良好的条件。

2. 经济发展拉动功能

举办现代节庆活动的目的不仅在于吸引参与者,更在于节庆活动的多种拉动效应。节庆活动最为突出的功能,就是推动一个地区经济的发展,它已成为经济发展的一个重要的助推器。节庆活动对举办地区域经济的推动作用:首先,表现在它能带来巨大的投资效益和商业消费。举办一个节庆活动,将有数以万计的人流涌入,对当地的旅游、餐饮、购物、住宿、交通、广告、通信、娱乐等行业起着拉动性效应,能有效地激活举办地各行各业的消费需求。其次,节庆活动为举办地提供了潜在的经济发展机遇。举办节庆活动,就是以先声夺人、美声引人、高声过人的方式包装、推介和发展自己。另外,成功的节庆活动,可以为区域经济的发展营造出优良的环境和不可多得的发展机遇,在直接经济价值背后更隐藏着潜在的巨大财富。总之,节庆活动不仅具有一个轰动的即时效应,更能带来持久的经济效益,从而达到投资与消费的双赢目的。

3. 地方文化传承功能

节庆活动一方面推动了举办地经济发展,为其带来巨大的经济效益;另一方面也带来了良好的社会效益,这突出表现在节庆活动的文化传承功能上。节日是最能够反映文化特质的核心要素之一,它的黏附力很强,凝结着民族历史、人类起源、氏族分支、宗教祭祀、农事生产、娱乐交际、知识技能传授、伦理道德观念、审美情趣、服饰、日常行为模式、风俗习惯等地方文化现象。随着各地民间节庆活动的开展,当地一些原来几乎被人们遗忘了的传统习俗和文化活动重新得到开发和恢复,一些传统的手工艺品因市场的需求重新得到制作和发展，一些传统的音乐、舞蹈、戏剧等又受到重视和发掘，一些传统的民间服饰、饮食等又重现在人们面前。它们不仅受到旅游者欢迎，而且丰富了当地群众的精神文化生活，使人们对自己的传统民间文化增添了新的自豪感，从而起到了传承文化的作用。

4. 大众群体参与功能

随着体验经济时代的到来，人们对现代节庆活动的关注大大增强，并希望作为参与者亲身加入到节庆的各项活动中去，体验其中的快乐和兴奋。许多地方举办节庆活动时，坚持面向民众，植根民众，坚持办大众化的节日，办老百姓的节日，使游客和市民都能从亲身参与中感受到节日的美好和快乐。反过来看，节庆活动也只有大众群众的参与，才能聚集人气，渲染气氛，使活动有气势、有声势，从而产生节日的热烈感觉，才能达到节庆活动的目的。

任务二　现代节庆活动策划要领

一、节庆活动策划的含义

节庆活动策划是以节庆为载体，运用各种创意手段，通过对节庆活动的主题、理念、内容、活动安排等制订具体可行的方案，来达到宣传当地资源和提高知名度，获得社会和经济效益的一种综合性创新活动。

狭义的策划工作主要是指在已经确定了节庆活动理念定位的前提下，以现代节庆活动的理念定位为指导，系统而全面地制订节庆活动总体方案和各项具体活动、具体工作实施方案的过程。广义的节庆活动策划过程应包括对现代节庆活动的理念定位在内。

二、节庆活动策划原则

（一）主题鲜明

不管举办什么节庆活动，必须要有一个明确的主题。主题是节庆活动的主旋律，反映了节庆活动的理念，也是其形成竞争优势并保持长久生命力的有力工具。主题在整个策划过程中，起到了方向指导作用，直接关系到节庆活动的成功与否。

一般来讲，主题的选择要有利于主题形象的形成；有利于后期的宣传推广；有利于吸引有效的客源市场，所以在主题选择上应尽量做到特色与创新相结合，创造独特的项目主题。

主题的选择需要挖掘节庆活动自身的要素，结合当地的地脉、文脉、人脉等特征，运用各种方法和技巧进行充分论证、反复推敲和归纳总结。在合理确定节庆主题的基础上，利用节庆中的项目来烘托加强主题。节庆主题的确定也可以遵循民族与时尚相结合的原则，既可以挖掘本地的民族特色，也可以通过移植全国乃至世界各地不同的风土人情，表现多彩的民族特色，形成另外一种时尚，满足时尚人群广泛的、普及性的需求。

（二）突出特色

特色是节庆活动的灵魂。当前各地举办节庆活动的一个最大问题在于数量过多过滥、水准参差不齐，没有形成自己的地方特色和民族特色。因此，节庆活动的举办要注意挖掘各民族和地方深刻的文化内涵，突出展示其独特的个性色彩。无论何种性质或类型的节庆活动，若要产生广泛的影响，就必须着眼独特的优势，找准与区域特色相符合或相融合的结合点，来塑造独树一帜又并非无所根基的节庆活动形象。要把节庆活动与当地的历史文化、民俗风情、产业特征和自然风光结合起来，张扬个性、追求特色，并善于把特色与个性结合在一起的客观载体，突出节庆活动的民族特色、地域特色、文化特色和时代特色。

（三）群众参与

节庆活动作为一种大型的、群众性的活动，必须在群众参与上大做文章，才能把活动搞得生动活泼、有声有色，产生影响，达到目的。只有事先经过深入的市场调研，有着广泛的群众基础的节庆活动才能唤起群众对它的参加热情。因此，在策划过程中要大力宣传节庆活动，增强广大群众的兴趣，组织和策划参与式项目吸引群众积极参加。节庆活动要大众化，办大众化的节，办富裕百姓、快乐百姓的节。形式要开放，参与度要增大，使游客和市民都能从亲身参与中感受到节日的美好和快乐，这样才能聚集人气，渲染气氛，使活动有气势，有声势，从而产生节日的热烈感觉。具体到对节庆的主题、内容、形式的探讨上，在对节庆的广告语、会徽、吉祥物、纪念品的制定上等，都需要积极发动当地群众和文化界、知识界的学者、专家、文人献计献策。

（四）国际接轨

节庆活动要体现出国际性，这既是节庆活动档次的表现，也是节庆活动效益的需要。要打造国际化节庆，要做到对外宣传国际化、人员参与国际化和活动组织国际化。对外宣传国际化就是要求宣传的方式、语言、范围、宣传工具的选择都应做到国际化；人员参与国际化是要求在节庆的策划、开展过程中，尽量邀请目的地市场的知名人士一起参与；活动组织的国际化，就是活动组织的水平和方式与国际接轨，在保持本土化的基础上做到国际化。

（五）市场运作

经过近几年的实践，各地都在探索按市场化机制举办节庆活动，对节庆活动的有形资产和无形资产进行全面开发，由政府操作走向市场运作，节庆活动市场化运作已成为大势所趋。目前，我国有各类民族传统节日和现代节庆活动约 5000 多个，但不少节庆活动仍带有浓重的政府色彩，真正的市场化运行机制还没有完全形成。要实现市场化运作，首先节庆组织要以企业为主体，让企业在市场中自主运作，从而有利于节庆活动的灵活发展。其次节庆项目的策划要以市场为导向，建立在市场分析的基础上。最后节庆活动的筹资方式要以多元化为目标，要实行公司化运作。

（六）不断创新

节庆活动策划要把握时代脉搏，与时俱进，坚持创新，避免千篇一律或大同小异。要注意挖掘本地的文化资源，用丰富多彩的活动内容展示这些资源，使城市节庆既有鲜明的主题，又有显著的地方特色，既体现传统文化的精华，又展示现代文明的魅力。城市节庆从某种意义上讲，是一种休闲文化，因此，要设计一些让人兴奋的项目和内容，如观光、休闲、游园、娱乐、文体、会展、美食、购物等，使人们在兴奋中放松，得到精神和身体的享受。

（七）注重效益

搞任何活动都要注重效益，搞节庆活动也一样。节庆活动的举办要多策划一些有效益的项目和内容，应做到三个效益的结合，即社会效益和经济效益相结合、近期效益和远期效益相结合、单项效益和综合效益相结合，三者缺一不可。

三、节庆活动策划的主要要素

（一）节庆主题的策划

节庆活动必须要有明确的主题，主题是节庆活动策划的核心理念，节庆活动是围绕这个主题展开的。节庆主题的策划与设计，对于节庆活动整体来说具有举足轻重的作用。在策划节庆活动主题时要侧重解决如下三个问题。

（1）节庆主题的鲜明性。主题是节庆活动的主旋律，如果主题模糊，就会使节庆活动显得内容杂乱无章、效果平淡无奇，进而导致节庆活动缺乏活力，前景暗淡。而鲜明的主题，会指引着节庆活动各个项目的策划设计和执行，从而使整个节庆活动显得利落不拖沓。例如青岛国际啤酒节，从一开始就提出了"青岛与世界干杯"这一主题，因而使青岛国际啤酒节走向全国，走向世界。

（2）节庆主题的特色性。在世界全国各地竞相举办节庆活动的今天，节庆活动的特色便成了核心竞争力。节庆活动的主题必须能够结合并准确反映地方的特色，只有这样，所举办的节庆活动才有吸引力和号召力。如哈尔滨的冰雪节、山东潍坊风筝节等都是依靠独特的地方特色文化，都具有鲜明主题特色，所以能够获得成功。

（3）节庆主题的中心性。一个节庆活动的主题决定着节庆活动的内涵。节庆活动的主题确定后，在各项活动内容和各个具体细节的安排上，都必须要围绕主题进行。无论是开幕式还是闭幕式，无论是文体活动还是经贸活动，都要想方设法体现主题、凸显主题，从而把主旋律唱得更加响亮。

（二）节庆品牌的塑造

品牌是企业参与市场竞争的标签，是巨大的无形资产。成功的节庆品牌是举办地不断追求的目标。因此，塑造一个好的品牌，强化品牌意识，是交出一张高质量的区域名片的关键。节庆品牌塑造应侧重解决以下三个问题。

（1）节庆品牌的定位。节庆活动要想具备品牌价值，必须具有鲜明的地方特色，有亮点、热点和卖点,这就要求把节庆活动与当地的历史文化、民俗风情、产业特征和自然风光等紧密结合起来,对品牌进行综合定位。

（2）节庆品牌的设计。在品牌设计过程中,为节庆活动设计鲜明、简洁的标志等宣传要素是应该的,但还要特别注重节庆活动的内容和质量。节庆活动在内容上既要满足人们精神文化生活普遍性的需要,也要满足人们日益追求精神文化先进性的需要;既要有"阳春白雪",也要有"下里巴人";既要发扬光大传统文化,也要紧跟时代潮流;既要弘扬优秀民族文化传统,又要使之与世界先进文化结合起来。

（3）节庆品牌的推广。品牌塑造完成后要进行推广,若不对其进行广泛的传播、推广,其效果仍然等于零,也会造成巨大的品牌资源浪费。举办方只有树立品牌意识,通过长时间的、持续的品牌传播,才能使节庆活动的品牌塑造得以圆满完成,在真正意义上树立起节庆品牌。例如,福建省莆田市充分结合当地"妈祖文化"的历史渊源以及其地缘、文缘、商缘等优势,对湄洲妈祖文化旅游节的品牌进行综合定位,提炼出了"妈祖文化"这一品牌,并通过设计简明易记的主题口号及各种围绕主题进行的一系列活动,对这一品牌进行全方位的宣传推广,在海内外产生了广泛的影响。

（三）节庆文化的挖掘

节庆文化是民族文化的重要特征,反映出特有的文化个性,是人类文明进程中最具地方特色、最有绚丽色彩的文化符号。节庆文化的挖掘是节庆活动有特色、有竞争力的保证。挖掘节庆文化应注意以下几个问题。

首先是传统文化和现代文化的协调性问题。随着社会的不断发展进步,许多新兴的文化元素不断涌现,形成了具有现代特色的文化。现代节庆活动可以说是传统文化和现代文化、地域特色文化和世界流行文化有机结合的产物,无论是少了传统文化还是缺了现代文化,节庆文化的挖掘都是不完整的。因此,在节庆文化挖掘上应该注意传统文化和现代文化的协调,让二者共同为节庆活动起画龙点睛的作用。

其次是传统文化的选择性问题。在挖掘地方文化过程中,我们不能对所有的传统文化兼收并蓄,而应该取精华弃糟粕;不能只讲求经济效益,也要考虑社会效益;不能只注重观赏娱乐功能,也要突出政治教化功能。譬如,有的少数民族节日还有极个别落后的文化活动,有的民族节日还存在原始的鬼神信仰。因此,对那些带有不健康色彩或封建残余迷信的东西都要剔除,对于不适应合代社会发展、比较原始落后的活动内容,适当加以改造,使其更合理、更科学。

最后是传统文化的保护性问题。随着节庆活动举办经验的日渐丰富,许多节庆活动举办者越来越注重传统节庆文化的挖掘,但是对于挖掘的传统文化并不能保证其能够得到充分的保护。许多传统节庆文化在现代大众文化的冲击下已显得势单力薄,甚至被冷落、遗忘。传统节庆文化的保护是实现节庆活动可持续发展的重要保证,只有传统文化得以保护,节庆活动才有不断创新的源泉。

（四）节庆的发展创新

创新是一个民族发展的动力。节庆活动也要不断创新,才能不断发展、不断提高。节庆活动创新,就是把投入整个节庆活动的资源要素和资源条件进行"新的组合",使节庆活动有新鲜感和吸引力,节庆活动要创新,要解决好三个问题。

一是认识上的创新。我国是个节庆资源大国,千百年来创造了许许多多的传统节庆活动、民族节庆活动和宗教节庆活动,所有这些节庆活动都有着丰富的文化内涵。经过了多年的发展,现代节庆活动也积累了丰富的经验,有些经典的内容和形式,历来受到人们的喜爱和欢迎,所有这些好的东西,都要继承和发扬。同时,要在此基础上,大胆进行创新。

二是纵向上的创新。任何文化都必须与时代的发展同步,不断吸收时代的新内容,不然就没有生命力,就面临枯竭的危险,因此,一定要把时代的新内容充实到节庆文化中,更新节庆文化产品,进行新的组合,赋予新的内容,包括引进新的中外赛事、经贸展销会、颁奖仪式等项目,才能提高其文化品位,扩大其在国内外的影响,满足日益增长的文化消费的需要。例如,将节庆活动同新兴的旅游产业结合发展节庆旅游,举办各种旅游节庆活动,就实现了节庆的时代创新。

三是横向上的创新。在文化全球化视野之下,我们还要注意吸收国内外其他文化的先进成分,使节庆文化在现代化进程中与中外各民族的文化接轨,并以互动的方式开展民族节庆文化活动,吸引本民族和其他民族群体参与,才能增强吸引力,从而实现节庆活动的国际化。

四、节庆活动的运作模式

(一)政府包办

政府包办模式曾是一些城市特别是一些小城镇在举办节庆活动中采用较多的运作模式。这种模式的特点是:政府在节庆活动的举办过程中身兼数职,扮演着策划、导演、演员等众多角色。节庆活动的主要内容由政府决定,活动场地、时间由政府选择,参加单位由政府行政指派。这种运作模式给政府带来很大的财政负担,而节庆活动给城市、社会、当地民众带来的经济效益、社会效益却大打折扣。

(二)各部、委、局及协会主办或与政府、地区联办

各部、委、局及协会主办或与政府、地区联合主办的模式是目前许多专题城市节庆活动采用较多的模式。它具有政府包办模式的一些特点,但也在不断地加入市场化运作的一些成分。例如,中国国际高新技术成果交易会(深圳),由商务部、科学技术部、信息产业部、国家发展改革委员会、中国科学院和深圳市人民政府共同举办,它坚持"政府推动与商业运作相结合、成果交易与风险投资相结合、技术产权交易与资本市场相结合、成果交易与产品展示相结合、落幕的交易会与不落幕的交易会相结合"等原则,面向国内外科研院所、企业、高等院校、投资和中介机构,提供交易服务。

(三)市场化运作

市场化运作模式是节庆活动走向市场化的终极模式。城市节庆活动作为一种经济活

动,举办的重要目的之一就是要获得良好的经济效益和市场效果。而所谓节庆活动的市场化运作,就是在政府的主导下,大胆引入市场手段,不论是节庆活动举办的需求,还是供给方面,都应当遵循一定的市场规律,注入成本与利润、投入与产出的理念,建立投资回报机制,把节庆活动纳入市场经济的轨道,并作为一种品牌来经营。通过招商办会,吸引大企业、大财团以及媒体的参与,解决资金问题,并配置新的经济增长点。通过出色的市场化运作,形成"以节庆养节庆"的良性循环发展模式。市场化运作模式,一是可以节约成本;二是可以做到收益最大化。这里的收益包括参加活动的企事业的收益、政府的形象收益,还包括给当地带来的其他社会效益。

（四）政府引导、社会参与、市场运作

政府引导、社会参与、市场运作是一种比较适合中国国情的城市节庆活动运作模式。这种模式显现出来的优越性,带来的效益,正在越来越多地被各方面所认同。这种运作模式的特点是:政府仍旧是重要的主办单位,政府引导作用主要体现在确定节庆活动的主题及名称,并以政府名义进行召集和对外的宣传。社会参与就是充分调动社会各方面的力量来办好节庆活动,它体现了广泛的民众性。社会力量主要体现在:一是民众在节庆活动主题选择时献计献策;二是营造出一种万民同乐的节日气氛,节庆活动举办时有成千上万人积极参与,亲临其境感受节庆活动的人文气氛。市场运作则是将节庆活动的举办过程,交给市场来运作。例如,节庆活动的项目策划、集资、广告、会务、展览、场地布置、彩车制作、观礼台搭建、纪念品制作等,都以招标投标、合同契约的有序市场竞争方式,激励企事业单位来参加,获取活动冠名权,成为赞助商。

五、节庆策划的氛围营造

（一）氛围营造

氛围营造既包括传统的挂彩灯、贴标语、树彩旗、放气球等举措,也包括针对当代人的心理诉求,为市民和旅游者营造一种休闲和惬意的氛围。节庆氛围营造应按照自然的内在规律,基于市民和旅游者的视觉、听觉、触觉、嗅觉、味觉乃至心理感觉的多重体验需求的综合,恰到好处地安排每一块体验空间,并为人们带来全方位的节日体验。

（二）节庆环境整治

以净化、绿化、美化、畅通、有序、整洁为标准,努力营造文明、卫生、和谐、舒适、生态的人居环境,提升城市品位,树立良好的城市形象。在完善对市区主要街道综合整治的基础上,重点对城市河流、排水沟等进行整治,对建筑楼群、小区进行规范管理,加强对市场经营和店外经营的整治。

（三）节庆安全保障工作

节庆安全保障工作是节庆活动举办的重要保障。节庆活动举办期间,举办方必须制订好工作实施方案、安全措施及相关预案,严防各类事故发生,确保节庆安全,做到万无一失。需要按照相关法律、法规的规定,大型活动的举办、承办方需向公安机关申请安全许可,应当履行安全职责。大型活动由主办者委托其他单位承办的,应当选择有资质、具备相应能力和条件的承办单位,接受委托的承办单位需履行承办者的安全职责。

任务三　节庆活动的方案编制和组织实施

一、节庆活动方案的制订

（一）基本流程

1. 明确活动的主题

不管举办什么节庆活动,首先必须要明确活动的主题。主题是节庆活动的主旋律,反映了节庆活动的理念。节庆活动策划的前期准备工作主要就是明确活动的主题定位,分析活动举办的目的和背景等。但并不是说,有了主题定位就自然会有策划方案或已经完成了策划方案,还需要认真研究和体会主题定位的内涵,在主题定位的总体指导下,对国内外相关类型的活动进行分析研究,研究相类似节庆活动的发展趋势以及不同地方的现代节庆活动的特点等。特别是要从现代节庆活动的自然环境、社会环境、文化环境和经济环境等方面来深入把握策划方案的内涵和指导思想,为策划方案的提出做好多方面的工作准备。

2. 制订总体方案

一项大型的现代节庆活动的特点是:时间跨度长,活动内容多,形式多样。明确活动的主题以后,从总体上规划出一个大致的节庆活动轮廓十分必要。

总体方案之所以称为总体,是要从举办方、举办时间、举办地点、主要目标、主题内容、各分项活动的内容、形式与基本要求、总体与分项活动经费概算、举办组织机构与职责安排、宣传推广工作总体要求等方面对节庆活动做出的总体性的策划和部署。

总体方案中的每一个内容都相互关联、相互制约,都要从节庆活动的社会、自然、文化和经济四个基本原则出发,以定位为指导,以最大限度实现预定的节庆功能为目标。

3. 制订分项活动工作方案

完成了总体方案后,要对总体方案所确定的各分项的具体工作制订分案工作方案。一般主要包括以下几个方案。

（1）来宾邀请工作方案。任何一项节庆活动都要邀请各类来宾,特别是一项大型的现代节庆活动。为了做好来宾的邀请、接待工作,要制定详细的方案,以确定邀请原则、来宾分类、邀请方式、接待规格等。整个节庆活动过程,从某种意义上讲,是来宾从了解到节庆活动信息到节庆活动完成后的全过程。

（2）宣传推广或营销工作方案。要使节庆活动取得社会、经济、文化等效益,就必须做好对节庆活动的社会宣传推广工作,让社会各界在一定的时间内尽可能多、尽可能深入地了解和关注到节庆活动。需要注意的是,节庆活动的宣传既要注重本城市的宣传,也应考虑到企业的形象宣传。企业形象宣传包括当地企业形象和当地的资源宣传与招商企业宣传。如果在做宣传的时候能够顾及到企业,会取得事半功倍的效果,因为在宣传企业的同时,城市的知名度也会得到一定程度的提高。

(3)分项活动内容策划方案。现代大型节庆活动常常由许多分项活动组成。为此,在总体方案的指导下,要对每一项活动进一步策划。凡是总体方案中所提到的活动,基本上都要进行细化。细化方案在结构上与总体方案相同,同样要包括内容、地点、时间、规模、预算费用和组织机构等。

(二)基本要求

1. 要有亮点和特色

策划方案制订或制订工作的重点和难点是现代节庆活动亮点的策划或特色的策划。一个现代节庆活动的策划方案是平平淡淡,还是引人入胜;是随波逐流,还是与众不同,策划的亮点或特色尤其重要。

2. 可操作性强

策划方案的可操作性是显而易见的。但有些策划方案因制订方不参加具体的节庆活动的组织和执行,而没有与具体的执行方进行充分沟通,使执行方对策划方案理解不到位或不了解方案的内容,变成策划方案说一套,执行过程做一套。还有的策划方案为了获得举办方的认可,设计了在实际工作中不可行的活动,片面强调策划的可视性和可读性,而将实际过程中不可行的责任推到举办方或其他客观原因。

3. 策划文字的系统性和完整性

现代节庆活动的策划要求方案应包括所有活动的内容和过程,要做到系统性和完整性。

4. 应考虑到突发因素

策划方案还特别应考虑到突发因素,而制订备选方案和出现危机的应急预案,以保证一个现代节庆活动的成功举办。

(三)注意事项

1. 要从举办方的实际情况出发

策划方案的制订方要从举办方的实际情况出发,按照现代节庆活动的内在规律来制订策划方案。不能超出举办方的实际能力,提出华而不实的方案,避免在具体的组织过程中脱离策划方案要求。

2. 要给予各具体执行机构以指导

一个大型的节庆活动,策划机构常常是独立于执行机构的。因此,策划机构要将其策划意图和具体的工作要求向执行机构进行技术交底,并在实际执行过程中,给予指导和帮助,还要根据具体情况对策划方案进行修改完善。

3. 要进行总结和效果评估

在现代节庆活动举办完成后,要根据实施情况对策划方案进行总结和效果评估。对于策划方案来讲,在方案制订阶段,就要提出评估策划方案和实施效果的方法。策划方案的评估,不仅对于总结和改进现代节庆活动有重要意义,对进一步提高策划工作的水平也同样具有重要意义。

二、节庆活动的组织实施

现代节庆活动的组织实施过程,是节庆活动的具体实施和承办机构按照总体和分项策划方案组织开展节庆活动的前期各项工作准备、来宾邀请、现场布置等具体工作的过程。如果说策划方案是对现代节庆活动的设计,那么,实施承办就是按照设计方案将活动完成的过程。完成系统性的策划方案,只能说明一项现代节庆活动已经规划好了设计蓝图,要把策划方案提出的理念、要求按设定好的程序实现,还需要具体的组织实施过程。一般来说,现代节庆活动的组织实施应重点抓好以下方面的工作。

（一）设立节庆活动的组织机构

一个大型的现代节庆活动,一般是由相应的政府、社会机构来组织实施。按照各个机构的职责、地位的不同,可进行具体划分,在明确组织机构的同时,落实相应的组成人员。机构落实,人员到位,不仅仅是一个形式问题,更主要是职责的明确,分式体系的建立。组织机构的设立,也常常表明了一个现代节庆活动的规模、层次和地域范围、参加来宾的层次和范围等。

在组织机构的落实工作中,特别要处理好专业机构与非专业机构关系。一个大型的现代节庆活动,涉及许多专项工作,如活动策划、主题活动的组织等,由于不同的组织机构在市场信息、专业管理经验、资源掌控能力方面存在差异,不可能要求一个部门或一组人员能够具备全部的知识、经验和能力,因此常常需要专业机构的参与。

但专业机构常常要有一定的费用产生,这就需要主办方平衡好专业机构的费用支出和自身经验、能力不足而带来的机会成本的差异。由举办方自己组织节庆活动,可能会省去邀请专业机构的费用,但由于自身专业性不足,也可能会产生相应资源的浪费和工作的缺失等损失。因此,一般可将具体的专业性不强的组织实施工作由自己来做,而将专业性较强自身不熟悉的工作邀请专业机构进行。并且,要配备相应的人员与专业机构对接,在具体的工作中进行学习,提高专业工作经验,在适当的时候,逐步取代专业机构。

（二）策划方与承办方应做好策划方案对接

组织承办机构的落实,人员到位、职责明确,建立起各组织部门之间的工作关系,只是完成节庆活动的组织实施第一步。一般来讲,由于各组织机构的人员来自不同机构,各自的经验不同、看法各异,如何才能统一思想,实现协同合作,从经验上看,必须对相应的机构组织成员,无论其是否具有相应经验,都要组织他们进行策划方案的学习和研读,让各机构成员,按其职责分工,充分了解策划方案的内容和精神实质。

各相应机构人员的对接,是以各相应机构和组成成员按照策划方案,制订并完成相应工作实施方案,并排出关键工作时间关键点表为结束点。

各相应机构和组织人员,按照策划方案,制订实施方案的过程,是将纸质或电子文件形式的策划方案转化成节庆组织实施机构特别是具体工作人员的具体工作方案的过程。这个过程要解决策划方案说一套,具体承办工作做一套的问题。同时,也是检验策划方案是否需要修改、补充和完善的过程。因为在策划方案的对接中,可能会发现事先尚未设想到的问题和环节。

(三)组织编制具体工作的实施方案

如果说策划方案相当于一个建筑工程项目的建筑设计图,主要解决的是建筑的外观、风格,那么,实施方案就是一个建筑工程项目的建筑施工图,主要解决具体的组织工程问题。策划方案不能代替实施方案。策划是策划机构的事,而实施方案是执行机构的事。两者相互联系,互为补充。前者更多的侧重于理念的设计,后者更侧重于工艺的设计。

具体的实施方案主要包括以下部分。

(1)重点活动方案:如文艺演出管理。

(2)来宾邀请方案:来宾规模、来宾分类、来宾邀请渠道和来宾邀请管理。

(3)现场管理方案:排队入场管理、现场活动管理、现场餐饮管理、现场结束管理及清理。

(4)财务管理方案:预算编制、资金筹措和费用使用。

(5)风险管理方案:风险种类识别,风险预警与控制。

(6)物资管理方案:主要物资分类与明细、物资采购、物资领用和物资回收。

(7)志愿者管理方案:志愿者分类与工作要求、志愿者来源、志愿者培训、特殊专业志愿者(如翻译)、志愿者活动组织。

(8)后勤保障管理:交通运输、电力通信、环境卫生、公安保卫部门以及其他专业服务机构。

(9)工作人员管理:要求对节庆活动的组织和服务人员树立"以人为本"和"服务至上"的观念,提供高质量的服务。

(10)参加节庆活动的公众管理:要对节庆活动所在地的公众进行教育,要组织好公众的活动,增加公众的参与程度,使他们成为节庆活动的"主人"和"主角"。

大型现代节庆活动是一个系统复杂的工作,可能会需要一个地方政府各个部门的参与,要根据不同的规模、内容、形式等,分别由各参与节庆活动的部门单位制订详细的专业实施方案,以保证现代节庆活动的成功举办。

三、节庆活动的宣传推广

要成功举办一个现代节庆活动,实现其预定功能,一项重要的工作就是要做好现代节庆活动的宣传推广工作,要通过特定媒体的有针对性的宣传推介,让由节庆活动的市场定位所决定的社会有关方面,对所举办的节庆活动有所知晓、了解、关注,继而产生兴趣,并积极参与到节庆活动中来。

只有做好节庆活动的宣传推广工作,取得良好的宣传推广效果,才能保证一个现代节庆活动取得成功。现代节庆活动的宣传推广是节庆活动组织实施的重要组成部分,因其十分重要,所以以单独开辟一节来重点介绍。

现代节庆活动的宣传推广工作是宣传推广目标、宣传推广手段、宣传推广组织、宣传推广实施四方面的组合。而实现这四个方面的组织,首先要制订现代节庆活动的宣传推广方案,建立宣传推广工作机构。

（一）宣传推广方案的制订

现代节庆活动的策划方案,从总体方案到分项方案,一般都要包括专门制订的宣传推广的工作方案,编制宣传推广预算。宣传推广方案的内容包括以下方面。

1. 节庆活动总体介绍

节庆活动总体介绍主要包括节庆活动的定位理念,时间、地点、举办机构,宣传推广的工作目标要求等。

2. 宣传推广方式选择

宣传推广方式选择主要包括媒体形式选择(网络媒体、平面媒体、电波媒体)和城市宣传形式选择(城市宣传立体广告、公共场所宣传形式等)。

3. 宣传推广的规模要求

宣传推广的规模包括各类媒体的数量、种类、空间分布、媒体受众分类(与节庆活动的市场受众有关)。

4. 宣传推广的空间布局和时间协调

各类传播媒体相互配合协调,在节庆活动前的宣传炒作,在节庆过程中的现场采访报道,在节庆活动后的跟踪报道和评论等,对于扩大现代节庆活动的社会影响和经济效益极为重要。要通过专业的机构,组织各类传播机构以现代节庆活动的主题为核心,以节庆活动的组织实施进程为主线,协调各类媒体,按照传播规律,组织实施现代节庆活动的宣传推广工作。

5. 宣传推广的费用预算编制

宣传推广工作在一项现代节庆活动的费用中占有较大比重。一方面,要量体裁衣,根据总预算规模制订宣传推广工作内容;另一方面,要通过精心设计和组织实施,在一定的预算规模前提下,最大化地提高宣传推广的效果,保证重点宣传媒体的选择和针对重点受众的宣传。总之,宣传推广策划方案,像其他工作一样,也是目标、效果、手段和预算的平衡。

（二）宣传推广方案的实施

首先,在节庆活动的组织实施机构中建立专门的宣传推广执行部门,与策划方案制订机构共同指导和配合策划新闻媒体,三方一体共同做好宣传推广工作。

其次,宣传推广的实施效果好坏的前提是各方的有效沟通。一个现代节庆活动的宣传推广工作涉及多个方面,各有关方面要对宣传推广策划方案充分了解,达成共识,明确宣传推广工作计划、宣传推广阶段性主题的配合。

再次,宣传推广工作的各方在工作中的配合。对于现代节庆活动的组织者,要为传播媒体提供工作方便,及时通报情况、提供信息、推荐典型、提出要求,以便及时发布信息,达到宣传推广的目的,取得宣传推广效果。

最后,要安排专人负责对宣传推广工作组织和效果进行监控,及时发现出现的偏差,特别是要高度关注可能出现的负面报道。在出现危机时,按照危机处理预案及时组织危机公关工作,化危机为商机。

四、节庆活动的评估

任何一项大型的现代组织活动都是一个十分复杂的系统工程,需要多方面的协同配合,并且在整个的组织过程中要预先设计相应的关键节点,对现代组织活动过程是否偏离预定方向,以及对预定目标的达成度等进行关注,并在出现较大偏差时,及时纠正偏差。这个关注和可能的纠偏过程,就是对现代节庆活动的评估过程。现代节庆活动的评估过程,一般包括事先评估、事中评估和事后评估三个阶段。

（一）事先评估

现代节庆活动的事先评估,就是在现代节庆活动举办之前,明确节庆活动的定位,按照定位制订策划方案,并且制订相应节点的评估要求,包括工作计划的制订,评估方法的确定、评估主体的明确等。

事先评估之所以重要,常常是因为人们对此不重视,以使后续的组织工作常常跟着感觉走,没有明确的可执行、可考核、可评估的工作节点。失去控制的组织活动,其成功是偶然的,活动效果是不可计量的,活动结果是不能总结的。

就评估主体而言,事先评估一般是现代节庆举办方主持的评估,现时可邀请一定的专家参与。现代节庆活动的举办方,可以组织有关专家和自身组织成员,对策划机构提出的策划方案进行评估。

招标也是对策划方案的一种评估方式。在招标评估中,要客观评估策划方案的可行性、可执行性和可考核性。有些方案表面看起来吸引人、亮点多,但其实现所需的费用高,超出了举办方的经济能力,并不符合具体举办方的现实性,不具备可行性。有些方案可能没有提出具体的功能目标,包括定性目标和定量目标,使节庆活动的组织效果无法评估和考核。有些方案没有制订相应的过程评估内容,容易使举办工作随着感觉走,经常大幅度修改工作方案,产生无效工作,浪费时间和资金。

（二）事中评估

事中评估是在现代节庆活动的不同阶段,包括理念定位阶段、方案策划阶段,特别是组织实施阶段对工作效果、工作目标达成程度的评估。

事中评估的主体除了组织举办方外,还包括策划方和执行机构。评估工作应对照策划方案和实施方案,在所设置的关键工作节点,对现代节庆活动的各项组织实施工作进行的小结、检查和分析。

事中评估的方法或形式可以是专题工作会、阶段性工作总结报告、工作小结等。

事中评估的主要内容包括:宣传推广工作效果分析评估;来宾邀请情况分析评估;主要重点工作的前期准备工作情况分析评估;节庆活动组织工作情况分析评估;商业赞助情况分析评估等。

（三）事后评估

事后评估是在举办完成了现代节庆活动后,举办方组织策划方、实施方,可能还包括专业的第三方媒体机构等参加的对节庆活动的评估。评估包括节庆活动效果评估、组织工作评估和策划方案的评估。通过评估总结经验,为改进后续工作明确方向。

关于节庆活动效果的评估,主要是针对预先制订的定性目标和定量目标进行分析,如来宾人数、规模、宣传报道情况、受众人数、活动目标达成度等。对节庆活动效果的评估,可以采用问卷调查、工作自评等进行。

关于现代节庆活动组织工作过程的评估,主要方法是对参加节庆活动的来宾进行满意度调查,举办方自身评估是否出现工作失误及漏洞等。

关于策划方案的评估,主要是对整体活动的效果和组织工作进行评估基础上,对策划方案的创新性、系统性、可操作性、可评估性等给出评估。

通过事后评估,找出各方面的成功作法和失误原因,为今后活动的举办提供经验指导意见。

五、节庆活动策划实例

案例 1

杭州宋城泼水节的策划与组织

如果你去过云南,一定会对泼水节印象深刻。这个日子,是傣族最隆重的节日。而在杭州,宋城连续十年举办的"宋城泼水节"也承载了许多市民美好的回忆。2012年7月起至8月31日,宋城第十一届泼水节全新亮相,重磅来袭!当幸福的那一盆水泼向他的时候,有人收获了欢笑,也有人在现场相识、相知、甚至相恋。2012年的泼水节,宋城又将上演怎样的故事?

宋城泼水节回顾

宋城泼水节每届都成为杭州市民关注的焦点,是杭州标志性节庆活动,是杭州城内最好的消夏狂欢之地。2002年宋城举办了第一届泼水节,以普通市民为突破口,成功创造了杭州夏季全新的旅游产品。2003年宋城通过第二届泼水节,迅速激活了"非典"后低迷的市场,全面恢复了景区运作。2004年在"宋城千古情"进入市场全盛时期的基础上,宋城第三届泼水节的举办,不但大大丰富了宋城的节目,充实了互动参与的因素,吸引到更多本地的、低年龄层游客积极参与,同时也成为旅游团队引导游客游览宋城的又一个具有强烈吸引力的品牌推荐项目。"宋城千古情"和"宋城泼水节",两个黄金旅游品牌的"双保险",使宋城景区成为杭州城最具吸引力的景区。2004年宋城泼水节被杭州市民评为"杭州市十大盛事之一"。"水中锐舞狂欢派对"、"万人泼水狂潮"、"民工子女宋城泼水"、"青春派对"等大型活动至今仍被杭州市民津津乐道。

打造杭州泼水狂欢盛典

"宋城泼水节"拥有强大的泼水设施保障。一万平方米超大的泼水广场,上万把水枪,各式泼水用具,8米高、180个喷头的大型互动式喷泉,30多个立式喷泉,喷出的水柱在空中交织成巨大的水网,20米高从天而降的瀑布,上千平方米宋城戏水天地,打造杭州规模空前的泼水盛典。

宋城泼水节还拥有非常完备的安全服务设施。广场上铺着如茵的地毯,让身心放松的人们可以随意赤足嬉戏;独立淋浴房可以让你冲洗以及更换衣服,专人看管的储物柜让你可以放心寄存贵重物品,免去一切后顾之忧,畅玩无烦恼! 融合两地泼水文化,全新推出杭州"体验式"节庆活动。

水是生命之源,幸福之源,快乐之源! 傣族泼水狂欢时,每个人都会尽情呼喊"喃!喃! 喃!"。喃,在傣语中就是"水"的意思。在宋城泼水节上,当人们泼到兴头处,主持人带领大家一起呼喊:"喃(水)! 喃(水)! 喃(水)!"美丽的女郎在喷泉中狂热地舞蹈,她们尽情地尖叫,人们欢呼声和口哨声不断! 整个广场"喃、喃、喃"的喊声紧跟音乐的节奏,如同海啸一样卷过宋城泼水广场。"喃! 喃! 喃!",这对生命、水源、快乐渴求的呼唤,成为宋城泼水节上每个人都热衷、熟悉的口号!

泼水节对于傣族来说是一个非常隆重的节日,泼水节前三天就会有非常大型的舞蹈活动。在泼水过程中,男女老少也会随兴跳舞。在2012年宋城泼水节上,大家将会学习到一种非常简单的傣族舞蹈:玉腊呵。让你在泼水节上不仅泼起来,也能舞起来! 清凉的水,狂放的舞蹈,澎湃的心情,激烈的水战,自我在水中尽情张扬……

泼水节主题活动

浴佛大典:浴佛大典是泰国和傣族传统中最为隆重的庆典。泰国旅游协会和泰国泼水协会携泰国泼水节专业策划团队到宋城,指导宋城泼水节浴佛大典,并同时带来数件神秘泼水圣器。来自云南德宏州的傣寨公主也亲临宋城,主持宋城泼水节浴佛大典。"傣"的意思是爱自由、爱和平的人,浴佛是为了净化人的心灵。三地联袂打造的第×届宋城泼水节,将带给你从未有过的震撼体验。

傣族风情表演:空灵飘逸的孔雀舞、雄浑质朴的象脚鼓舞……傣族公主和傣家姑娘们用动人的舞姿让你领略傣家浪漫风情。

泼水狂欢:当20米高的瀑布从天而降,8米高的喷泉喷薄而出,180个喷孔在空中交织成巨大的水网,欢呼声和口哨声响起的时候,最激动人心的泼水狂欢活动就开始了。

民俗表演:宋皇迎宾、彩楼抛绣球、好汉劫法场、杨志卖刀、包公怒铡陈世美、市井作坊演示、大型歌舞"宋城千古情"。

风味美食:芭蕉雨林情调,恋人朋友相伴,就着啤酒和美食,实乃人生一大乐事。

戏水天地:水上秋千、水上滚筒、水上浮桥、水上独木桥,是大人与孩子在炎炎夏日戏水嬉戏的好地方。

案例 2

第三届中国广西梧州宝石节活动方案

一、时间:2006年10月9~19日

二、地点:中国　广西梧州

三、主办单位:中国宝石协会　梧州市人民政府

四、承办单位：梧州市人民政府

五、背景分析

梧州宝石产业起步于 20 世纪 80 年代初，目前梧州注册经营人工宝石的企业有 250 多家，从事宝石加工业的人员超过十万人，年加工宝石超过 60 亿粒。人工宝石产量已占中国总产量的 80%，占全世界总产量的 40%。来自意大利、墨西哥、俄罗斯、沙特阿拉伯、泰国、中国香港和台湾等的客商在梧州设厂或设立收购点。现在梧州所生产的人工宝石款式有上万种，不时出现在世界各地著名的珠宝展上，人工宝石从原来的来料加工发展到产品直销至世界各地，参与国际市场竞争。2004 年，梧州市建立中国第一个人工宝石检测中心，梧州已成为世界上最大的人工宝石加工基地和交易集散地，堪称"宝石之都"。

梧州市政府坚持立足广西，放眼世界，致力在中国市场上做大做强的前提下，吸引更多外资共同发展宝石产业，达到共赢的目的。从 2004 年开始，梧州市连续两年成功举办了国际宝石节，宝石节期间签订的相关项目超过 28 亿元人民币。其中第二届开幕式当日签约便达到 16 亿元人民币。2006 年 10 月这个金秋季节我们又迎来了第三届梧州国际宝石节。

六、宝石节口号：璀璨明珠，宝石之都

宝石节会徽整个造型隐约像一个火炬，承托火焰的是一颗大钻石，钻石图形寓意宝石行业，飘动飞逸的三彩条图形包含三江汇流之意，寓意梧州。整体造型动感，寓意梧州的腾飞。

七、具体内容

宝石节活动具体内容包括：嘉宾报到、开幕式、招商引资项目洽谈、招商引资项目签约仪式、招待晚宴、宝石丽人电视大赛、宝石丽人宝石车巡游、宝石服饰文化展览活动、宝石首饰展览、旅游美食嘉年华、文艺晚会暨闭幕式等活动。

八、项目与人员安排

成立宝石节组委会，下设多个部门。

嘉宾报到：公关部、组委会秘书处

招商引资项目洽谈及签约仪式：组委会秘书处、宣传部、法律咨询部

开幕式：宝石节组委会公关部、文艺部、外联部、工程部、美工部

招待晚宴：组委会秘书处、外联部、公关部、保安部

宝石丽人电视大赛、宝石丽人宝石车巡游：梧州市委宣传部、梧州市广播电视局

宝石首饰展览展销及宝石服饰文化活动：筹委会、展览部、工程部

旅游美食嘉年华活动：梧州饮食协会

文艺晚会暨闭幕式：筹委会、外联部、公关部、文艺部、保安部、美工部、工程部

物品调度：后勤部

以上各部门在宝石节组委会的整体协调下多联系沟通，共同完成任务。

九、实施步骤

（一）前期准备

包括落实好场地、选定仪式背景板图样方案、拟定嘉宾讲话稿、确定主持人及主持人

讲话稿、节目安排、礼仪人员、划定开幕式当天增加的临时停车点、确定开幕式的领导名单、确定开幕式媒体、场地布置方案等内容。

（二）活动进行

各项活动的具体安排。

十、传播途径

（一）前期宣传

1. 宝石节前三个月向相关企业寄出邀请函及招商说明。

2. 宝石节前一个月在媒体刊登宣传广告：《广西日报》、《梧州日报》刊登头版16开广告。

3. 向《中国经济周刊》及相关报纸、杂志投放公关软文。

4. 宝石节前一个月印制宝石节专刊并向相关企业团体发放。

5. 在宝石节网站做宣传。

（二）中期宣传

1. 梧州电视台和梧州有线电视台，对宝石节进行全程报道。

2. 广西卫视和广西电视台作经常性报道。

3. 投稿中央电视台及其他省级媒体。

4. 继续在专门网站做全程图片、文字、视频报道。

（三）后期宣传

继续以新闻稿件的形式向网站及媒体发放。

十一、经费预算（略）

十二、效果评估

1. 活动实际参加人数不少于5万人次。

2. 媒介对活动的相关报道不少于40篇次。

3. 活动信息覆盖率占本地区人口50%以上。

4. 活动现场执行情况不发生明显失误。

5. 活动经费严格控制在预算范围内。

6. 活动后参与企业知名度提升50%以上。

7. 活动后参与企业美誉度提升30%以上。

案例 3

××高校建校50周年校庆期间活动安排

金秋时节将迎来我校建校50周年庆典。承千年岐黄之术，顾五秩办学历程。学校定于10月12至11月12日为校庆月、11月3～12日为校庆周、11月11日为校庆日。

为迎接母校寿辰，特拟校庆期间活动安排。请各校庆工作机构及各二级单位校庆筹备办公室本着热烈、隆重、喜庆、节俭的原则，群策群力，以饱满的热情迎接母校50周年诞辰。望全校师生员工将昂扬的斗志投入到工作和学习中，以优良的业绩为母校50周年献礼！

校庆月

宣传活动

1. 校报于 10 月 15 日出校庆专版,包括校友事迹和校庆活动预告等内容,10 月 30 日出版全彩校庆专刊,集中介绍学校发展与成就、校庆活动专题、领导贺词、校领导寄语、校友风采等内容(校报)。

2. 广播台每日播放校歌,让校歌的旋律及歌词深入人心;以专题形式讲述校庆活动的动态消息,介绍杰出校友的奋斗事迹,鼓励学生们勤奋学习,做一个有益于社会的人(校广播台)。

3. 各学院在宣传栏出校庆相关内容海报,扩大学院知名度,为校庆贡献力量(各学院)。

科技文化艺术活动(暨社团活动月)

1. 迎接 50 周年校庆"自爱者在行动"特别活动月启动(团委、学生会、学生自律委员会)。

2. 校庆志愿者公开招募大行动(团委、学生会)。

3. "畅想学校未来"领导讲坛系列(团委)。

4. 首席教授讲坛系列(医学求益社)。

5. "挑战杯"项目计划公开答辩会(团委、学生会、研究生会)。

6. 学生课外科技活动回顾展(团委、学生会、研究生会)。

7. 社团活动 20 年回顾展(社团联合会)。

8. 母校 50 年"口述历史"特别行动(团委、学生会、求是学社等社团)。

9. 学生会 50 年历程回顾展(学生会)。

10. 首届校园美食节(学生会、烹饪协会)——母校 50 华诞蛋糕 DIY 设计大赛、母校 50 华诞宴会菜肴烹饪大赛、母校 50 华诞宴会鸡尾酒调制比赛。

11. "迎接校庆,放飞祝愿"风筝设计及放风筝比赛(异域风情协会)。

12. "我与母校"英语演讲比赛暨第二届英语才艺大赛(英语协会)。

13. 校歌 Flash MTV 创作大赛(计算机协会)。

14. 传统服装展示晚会暨校园模特大赛(中国风协会、公关礼仪协会)。

15. "我的大学"诗歌大赛及诗集出版(蓝草坛文学社)。

16. 2006 年度校园歌手大赛(学生会)。

17. 母校 50 华诞贺卡、书签、纪念章设计大赛(学生会)。

校庆周

1. 在宣传栏及广播中加大校庆宣传的力度,为喜庆、热闹地办好校庆做最后的冲刺(各学院、校广播台)。

2. 博物馆校史厅进行预展(博物馆)。

3. 师生校友摄影、墨宝展览组(校工会)。

4. 知名校友论坛(学生与校友座谈会)(团委、学生会)。

5. 第四届中国广州国际中医药学术会议暨第三届国际中医药教育研讨会开幕式、特别演讲及论文演讲(外事处、科研处、高教研究所)。

6. "庆五十华诞师生同乐"大型游园晚会(团委、学生会、研究生会、各学生社团)。

(**注**:科技文化艺术节部分活动的决赛或标志性展示活动将安排在校庆周期间,具体

内容根据实际情况待定。）

校庆日

1. 博物馆校史厅正式接待海内外校友及嘉宾（博物馆）。

2. "跨越梦想"庆祝建校五十周年大型文艺晚会（全校师生）。

案例 4

2011 中国校花选美大赛

2011 年 12 月 19 日,《新锐》杂志举办的"中国校花大赛"总决赛在北京举行,16 名女大学生角逐校花宝座。由于校花比赛跟选美不同,她们不比身材,只比才艺,因此五花八门什么都有。劲歌热舞不够看,有人还朗诵起诗歌,就连电影配音都有。只是大概太紧张了,许多女生都有些发挥失常。但是不管如何,这些女大学生都希望通过比赛展示自己。最终,来自中央戏剧学院的王远冲拿下第一名,奖金 2 万元。

决赛现场更是有诸多明星助阵,光线传媒当家花旦谢楠担任主持,著名制片人李小婉、北大星光总裁宋光成担任评委,更有厉娜、孙宁等艺人的给力捧场,让粉丝们尖叫不已,现场星光闪烁。作为总决赛的评委李小婉,在赛后接受采访时说:"在选秀活动林立的今天,中国校花大赛有着自己的特色,其实现在很多优秀的演员都是当年其所在学校的校花。16 强选手总体来说水平还是非常高的,而且有一名选手比较具备表演天赋,我个人非常看好,准备接下来在我筹拍的电视剧中选用。"

主题：大赛以"青春、智慧、阳光"为主题,通过"才艺表演、临场发挥、机智问答"三大主体内容,展现当代大学生的美丽与智慧,突出表现大学生"内强素质、外塑形象、积极向上、开拓进取"的青春风采,更为当代大学生提供了一个尽情展现自我才能的平台,为她们的大学生活注入更多的活力色彩。

参赛选手条件：①高校在校女生皆可参加；②年龄在 18 周岁以上,30 周岁以下；③有自信,敢于表现自己,善良,富有爱心；④善于合作,自愿遵守组委会指定人员的建议和指示；⑤道德良好,无犯罪记录,且无不良照片刊登于任何互联网网页上。

名次：来自全国各高校的 16 强选手,通过层层选拔,最终决选出冠、亚、季军,以及最佳校园天使奖、最佳新锐奖、最佳亲和力奖、最佳智美奖、最佳手机用户喜爱奖、最佳上镜奖、最佳潜力奖七个单项奖。

案例 5

××高校第七届"我型我秀"校园模特大赛策划方案

一、活动信息

1. 比赛主题："SHOW,SHOW,秀我风采"

2. 决赛时间：4 月 21 日

3. 决赛地点：学校影剧院

4. 比赛要求：男生身高 175cm 以上；女生身高 165cm 以上；形象好、气质佳

5. 报名时间：3 月 10～15 日

6. 比赛报名地点：中心花坛

7. 初赛时间：3 月 16 日

8. 初赛地点：学生会议厅

9. 复赛时间：3 月 20 日

10. 复赛地点：学生会议厅

二、活动背景

大赛采取报名的形式,模特通过初赛后进行系统性训练方可参赛。本次活动的内容要紧紧围绕主题,让我校学生充分展现美貌、智慧与个性,实现个性健康发展。活动内容适合大学生年龄特点和心理特点,具有鲜明的时代特征和校园特色,体现思想性和艺术性的统一。本次活动分初赛复赛和决赛三个阶段。

三、活动目的

1. 丰富大学生的业余生活,充实校园文化。

2. 让大学生更好的了解"穿衣打扮",提升自身气质。

四、活动流程

1. 模特出场跳开场舞。

2. 主持人出场介绍嘉宾、评委,并介绍本次大赛规则,宣布大赛开始。

3. 模特按顺序上场,主持人介绍模特。

4. 活力运动秀。

5. 嘉宾表演。

6. 魅力时装秀。

7. 嘉宾表演。

8. 梦幻晚装秀。

9. 嘉宾表演。

10. 主持人宣布获奖名单。

11. 主持人宣布比赛结束。

五、经费预算(略)

六、活动总结(略)

资料来源:根据网络有关资料改编

知识链接

中国旅游日

2001 年 5 月 19 日,浙江省宁海人麻绍勤以宁海徐霞客旅游俱乐部的名义,向社会发出设立"中国旅游日"的倡议:"作为由旅游资源大国向世界旅游强国迈进的中国,理应有自己的旅游纪念日。我们倡议,把《徐霞客游记》首篇《游天台山日记》开篇之日(5 月 19 日)定名为'中国旅游日',以对徐霞客作永恒的缅怀和纪念,激励全国人民阔步迈向世界旅游强国。"

2009 年 12 月 1 日,国务院下发了《关于加快发展旅游业的意见》,提出了要设立

"中国旅游日"的要求。2009年12月4日,国家旅游局正式启动了设立"中国旅游日"的相关工作。在全国征集日期方案后,不少地区争相提出了申请。

2011年4月,在国家旅游局召开的新闻发布会上,根据《国务院关于同意设立"中国旅游日"的批复》(国函[2011]42号),自2011年起,每年5月19日为"中国旅游日",标志着我国旅游业正迈入一个更好地满足人民群众日益增长的旅游需求的新时代。

"中国旅游日"与我国明代伟大的旅行家、地理学家、史学家、文学家徐霞客有关。《徐霞客游记》开篇《游天台山记》:"癸丑之三月晦(1613年5月19日),自宁海出西门,云散日朗,人意山光,俱有喜态。"开篇的短短24个字,为后人留下了文化旅游的瑰宝。徐霞客三次到过天台山,并写下了《游天台山日记》及《游天台山日记后》两篇游记。值得一提的是,将《游天台山日记》赫然编辑于《游记》的首篇,作为开篇之作,可见,天台山在"游圣"心目中地位之崇高。经考证,5月19日是徐霞客从宁海西门出发、有史记载的明确日子,其游记的开篇之作是在5月19日写下的。

宁海县于2002年5月19日至2010年1月,连续举办了7届"中国徐霞客国际旅游节"。在全国征集日期方案后,宁海已正式将5月19日作为候选日期向国家旅游局提出了申请。

2007年和2008年,来自浙江、安徽、福建、江西、湖南等7个省区12个城市的代表在徐霞客旅游带合作峰会上,联合签署了《"徐霞客旅游带"旅游合作宣言》,共同呼吁将《徐霞客游记》开篇日"5月19日"确定为"中国旅游日"。2008年3月17日,浙江省旅游局专门上书国家旅游局,要求确定"5月19日"为"中国旅游日"。2011年3月30日,国务院常务会议通过决议,中国正式设立国家旅游日,时间确定为5月19日。这个日子,就是《徐霞客游记》的开篇日,也是宁海县每年举行"中国宁海徐霞客开游节"的日子。把5月19日确定为"中国旅游日",宁海已经整整呼吁了10年。

将5月19日《徐霞客游记》的开篇日确定为"中国旅游日",在文化内涵上与旅游联系密切。徐霞客是我国明代伟大的旅行家、地理学家、史学家、文学家,《徐霞客游记》既是系统考察祖国地貌地质的地理名著,又是描绘华夏风景资源的旅游巨篇,在国内外具有深远影响。在时间上具有旅游的普适性,其时,全国大部分地区正值仲春和暮春,是旅游的黄金季节;在认识上具有广泛共识。无论是政府部门、人大代表、政协委员,还是专家学者、普通百姓,都对这个日期较为接受;在工作上有现实的基础。近年来,"徐霞客旅游带"节点城市组建了"中国旅游霞客联盟",在5月19日开展各种纪念活动。

中国旅游日确定为5月19日后,为庆祝这个特殊的日子,宁海在2011年5月19日免费开放所有景区的基础上,2011年5月18日、20日,游客也可以免费在宁海旅游。而且之后每年的5月18~20日这三天都将免费开放。

2011年的首个"中国旅游日"主会场设在《徐霞客游记》的开篇之地浙江省宁海县。活动内容包括:中国旅游日庆典暨第九届中国徐霞客开游节开幕式;"读万卷书,行万里路"百所高校大学生寻访徐霞客足迹活动;全国露营大会;全国自驾游重走霞客路启动仪式;中国木作(古戏台)文化高峰论坛;第四届中国当代徐霞客评选活动;三门湾合作高峰论坛;中国旅游日暨开游节大型主题晚会;大型音乐焰火晚会等。

为宣传国家设立"中国旅游日"的意义,国家旅游局开展了向全社会广泛征集"中国旅游日"标志和形象宣传口号的活动。经过初筛、专家评审、修改完善等工作环节,确定的"中国旅游日"形象宣传口号是"爱旅游、爱生活"。"中国旅游日"的标志主体创意造型来源于甲骨文的"旅"字及传统的印鉴艺术。同时,变形的甲骨文"旅"字暗含了"5·19"这组数字,进一步强调了"中国旅游日"的日期。标注字体上采用了中国传统隶书的"中国旅游日"及英文 Arial 体"China Tourism Day"的中、英文双语对照,在凸显"中国旅游日"源于中国传统文化内涵的同时,也彰显了中国旅游的国际化视野与现代发展理念。

资料来源:摘自百度百科.中国旅游日.http://baike.baidu.com/view/3101583.htm,2013-03-01

世界休闲博览会

世界休闲组织于 2002 年 8 月 10 日召开理事会,通过投票表决,多数票同意杭州为2006 世界休闲博览会举办城市。2002 年 11 月 8 日,世界休闲组织与杭州世界休闲博览会领导小组就双方联合举办世界休闲博览会有关事项达成一致意见,并签署《2006世界休闲博览会和世界休闲大会协议备忘录》,标志着世界休闲博览会正式落户杭州。

2006 杭州世界休闲博览会 2006 年 4 月 22 日~10 月 22 日在杭州举行,历时半年之久,主题是"休闲——改变人类生活"。具体举办地点为萧山的杭州世界休闲博览园(杭州乐园)、杭州世界休闲风情园、杭州主要会展场馆和休闲活动场所。2006 杭州世界休闲博览会由世界休闲组织、浙江省政府、杭州市政府及国家有关部委联合举办,主要内容包括杭州世界休闲博览园和世界休闲风情园展示、世界休闲用品博览会、世界休闲大会、世界休闲峰会、世界休闲奖评选、休闲管理培训及西湖国际狂欢节等,融休闲、旅游、娱乐、会议、展览、大型活动为一体,被誉为本世纪初中国三大国际盛会之一。

2011 年 9 月 17 日~11 月 18 日,杭州迎来第二届世界休闲博览会,以"一个主题、两大盛会、三个园区、四大板块"的姿态,喜迎八方来客。以"休闲——提升生活品质"为主题,与中国杭州西湖国际博览会同办,以杭州为主会场,杭州萧山区湘湖、滨江区白马湖、淳安县千岛湖为三大主园区,安排了休闲展示、休闲论坛、休闲活动和休闲体验四大板块项目,设立海宁、上虞、诸暨、德清、安吉、武义、龙泉、南浔、枫泾、江山 10 个分会场。

第二届世界休闲博览会是一届共谋世界休闲事业发展的聚会,是一届促进中国休闲产业发展的盛会。

资料来源:杭州在线.2011 杭州世界休闲博览会.http://www.wl-expo.com/zt/2011/index.html,2007-07-23

复习题

1. 我国有哪些主要传统节庆活动?
2. 结合实例,谈谈现代节庆活动的主要功能。
3. 节庆活动的策划应该遵循哪些原则?
4. 结合实例,谈谈节庆活动方案制定的基本要求和主要流程。

实 训 项 目

成立项目组,策划一个简单的节庆活动方案。

参 考 文 献

1. 浙江在线新闻网．中国节庆经济的现状及其辨证分析．http：//www．zjol．com．cn/05jq/system/2005/01/11/003722022．shtml，2005-01-16

2. 佚名．现代节庆活动的功能和热点问题．南方都市报，2011-07-20

3. 梁圣蓉，马勇．节庆活动的构成要素及策划要点．http：//www．expo-china．com/pages/news/200903/64046/index．shtml，2009-03-10

4. 王春雷，梁圣蓉．会展与节事营销．北京：中国旅游出版社，2010

5. 吴信菊．会展概论．第2版．上海：上海交通大学出版社，2003

项目四

文体活动策划

学习目标与要求：

了解文体活动的分类，掌握体育比赛、趣味运动会、拓展活动等文体活动策划的流程和方法，通过组建项目小组等形式，能够集体策划一个简单的文体活动方案。

任务一　认识文体活动

一、文体活动的定义

文体活动是指所有的文娱和体育性质的活动的总称。其中，文化艺术活动偏向娱乐、欣赏、精神充实方面，体育竞技活动则偏向体能、竞技、强身健体方面。凡是有利于社会成员健康成长的、有利于丰富各阶层人员业余生活的，都可以作为群众性文体活动来组织。

文体活动是群众文化和社会文明的重要组成部分，是具有鲜明的文化多元性和形式多样性的群体活动，既可以满足不同人群精神文化的需要，又体现了多姿多彩、内容丰富的文化氛围，是机关、企业、学校、医院、部队等经常举办的休闲活动。

二、文体活动的特点

（一）群体性

群体性文体活动不同于个人的修身养性，个人的修身养性是社会成员的个体活动，群体性文体活动一般是社会全体成员参与的、声势浩大的群体行为。该活动以群众自发组织、策划、参加为主，活动主体是群体，吸纳大多数人参加。不同季节、不同年龄、不同性别和不同自身条件的人都可以找到适合自己的活动方式，且活动人数体现一定的规模性。

（二）教育性

群体性文体活动以某项具体活动为平台，广大群众既是活动的组织者、参加者，又是受益者；既参加、组织该活动，又在活动中自我学习、自我反省、自我总结、自我提高，实现自我教育、自我教化的目的，从而提高自己的科学文化素质和思想道德水平。

（三）灵活性

文体活动的方式灵活多样，没有固定的模式，往往是由广大群众自己决定，特别是由广大群众根据自己的学习、工作、生活的方式、场所、时间，结合自己的兴趣、爱好、性格，创建和参加的各种活动。

（四）平等性

文体活动具有广泛的群众性、平等性，参与者以平等的身份互相交往，不论职务和地位高低，都按照活动的规则参与比赛。

（五）公益性

群体性文体活动一般都是非营利性的，这是它与商业活动的区别，活动的举办地点一般在街区、广场、体育场等公共场所，可以吸引广大人民群众的积极参与。

三、文体活动的意义和作用

（一）有利于人们促进身心健康

文体活动具有运动性、娱乐性和趣味性，既能强身健体，又能开阔人的心胸、愉悦身心，还可以释放生理、心理的压力，在调节人的心理、情感，丰富人的文化生活，增进人的健康等方面具有特殊意义。

（二）有利于人们提高综合素质

竞技比赛是各项文体活动的主要内容。人们在参加竞技比赛时，最容易表现出内在的品质和思想作风，而比赛的规则、精神文明规范都制约着活动按照章程进行，无形中可对参赛人员和观众进行有效的教育，而且这种没有教员的教育过程极为自然，是在生动活泼的赛事过程中进行的，其教育效果显而易见，无形中提高了人们的综合素质。

（三）有利于树立团队精神

纵观在市场竞争中驾驭潮流的成功企业，无不在团队建设上精耕细作。对企业来说，文体活动以团体竞赛为载体，以职工普遍参与为重点，可以营造企业团结奋进的氛围，增强职工的团队拼搏意识，大大提高职工的凝聚力和归属感。以文化为内涵的企业核心竞争力，需要通过文体活动来培育和推广，动员和鼓励职工把比赛中争取好成绩的品质带到技术工作中去。

（四）有利于构建和谐社会

在文体活动中,共同的文化意识能够引起参加者的共鸣,激发强烈的竞争意识,增强团队的荣誉感,会使有一定知识水准的参与者自觉抛开以往的情感纠纷,与团体成员一起为集体的荣誉而努力,从而有效化解个体之间、个体与团体之间、群体与群体之间的社会矛盾,使人际关系朝着积极向上的团结、协调、和谐的方向发展。

四、文体活动的分类

（一）按内容划分

1. 艺术类

（1）歌舞类。如歌咏、舞蹈、迎新晚会、手工制作、儿童拼图比赛、搭积木等。这些活动可以充分发挥家庭或个人的艺术特长,培养和发展群众的兴趣爱好,为艺术道路搭建舞台。

（2）才艺类。如书法切磋比赛、围棋赛、象棋赛等;这类活动为书法棋艺类活动爱好者提供了一个展示的空间,同时还能培养参赛选手的竞争意识。

（3）欣赏类。如音乐会、电影、大型活动晚会等;这类活动能让参与者增长见识,领悟到一些深刻的处世哲学和人生道理。

2. 体育类

（1）球类活动。如篮球赛、足球赛、排球赛、网球赛、乒乓球赛等,这些活动可以锻炼身体,增强团队的凝聚力,培养队员的合作意识。

（2）体操比赛。通过自由组合、自编动作、自选音乐等方式自主选择参加健美操、广场舞等竞技比赛,可以引导人们去发现美、欣赏美、创造美,有利于陶冶情操。

（3）田径运动。田径运动是径赛、田赛和全能比赛的统称,由田赛、径赛、公路跑、竞走等项目组成。田径运动具有个体性、广泛的群众性等特点,简易可行,有利于促进身心健康。

（4）趣味运动会。以社区或者工作单位为载体组织趣味运动会,对提高参与者身体素质,创建和谐社区与建设和谐社会很有好处。

3. 体验类

（1）演讲比赛。包括英文或中文演讲比赛。通过演讲比赛,可以培养参与者的自信与口才,提高表达能力,增强社会交际和交流能力。

（2）辩论赛。通过辩论赛,可以培养缜密的思维,学会正确观察问题、分析问题、解决问题,树立正确的人生观、世界观和价值观。

（3）知识竞赛。如消防知识竞赛、法律知识竞赛、相关专业知识竞赛等。这类活动能够增长见识,同时还带有一定的趣味性,能够加深参与者对某一领域的理解。

（4）设计类竞赛。包括创意设计、广告设计、网页设计等,这些活动对动手能力和创新精神要求很高,带有市场经济和信息时代的明显烙印,能吸引众多优秀的创意者参与。

（5）志愿服务类。如众多高校开展的支教活动、社会考察活动、节庆志愿者服务等。

4. 学术类

(1) 学术活动。如名家报告会、养生系列讲座、家庭理财咨询等活动。这类活动有利于人们认识未知世界,开阔视野,培养兴趣爱好。

(2) 科普活动。如开展科普知识竞赛、科普图片展、图文展、模型展等。

(3) 知识讲座。如核能知识讲座、建筑艺术与科学、休闲与养生知识讲座等。

(4) 科技活动。如航模表演、家庭小发明活动、科技学术作品竞赛、机器人大赛、创意大赛等。

(二) 按组织形式划分

1. 政府组织的活动

政府组织的活动一般很正式,以弘扬主旋律为主题,是目前文体活动的主流,如"建国60周年图片展"、"法律知识竞赛"、"旅游文化节"、"运河文化节"、"艺术节"、"美食节"等各种纪念庆典活动。

2. 企业组织的活动

企业组织的活动多数是非正式的、在单位范围内举行,具有很高的灵活性,寓娱乐与交流,极少受到各种非硬件因素的干扰,组织方式、内容、形式、时间地点等都可以根据具体情况甚至临时变化而制订和改变。例如一次主题活动、一场球赛、一次郊游、一次趣味运动会都可成为其活动内容。

3. 社团组织的活动

社团组织的活动具有强烈的专业性、专一性和方向性,内容一般与社团组织的宗旨紧密相关。其中学术社团、公益社团、文艺社团和体育社团是活动主体。如登山协会、"驴友"协会、钓鱼协会、书友会、兰花协会等组织开展的活动,可以大大增强会员之间的相互了解和友谊。

(三) 按时代特点划分

1. 传统型

组织球类比赛、开办知识讲座、举行文艺演出等形式都是高校文体活动传统的形式,其最大特点是通俗易懂、喜闻乐见、广受欢迎。

2. 时尚型

时尚型是指含有当前流行元素的活动,如奥运圣火火炬传递活动、DIY大赛、科技漫画、青春歌手大赛、主持人大赛、旱冰文化节、超级女声、快乐男声等,这类活动有利于展示青春,张扬个性。

3. 高雅型

高雅型如新年音乐会、交响乐(民乐)专场演出、大合唱、书画大赛等。这类活动品位高雅、群众性广,符合大众的喜好,有利于愉悦身心,陶冶情操。

4. 网络型

网络是现代社会的虚拟化,是青年人的"第二世界",随之而来的网络型活动应运而生。这类活动传播极其迅速,波及面广,而且不受时间、地点的限制,容易组织和宣传,影响力很强。如网页设计大赛、平面设计大赛、Flash 制作大赛等。现代许多文体活动都是通过网络组织的。

5. 创新型

创新是永恒的主题,创新能力是现代人们不懈的追求,创新型活动伴随着社会发展与时代进步,受到了社会公众的热烈欢迎。许多展会活动成为创意、创新、创造的重要平台,社区也可举办一系列创新性活动,如私房菜系展示暨烹饪大赛、民族服饰文化节、社区邻居节、儿童创意大赛等。

(四)按参与人数划分

1. 大型文体活动

参与人数超过 1000 人,覆盖人数较多的文体活动。大型活动可以充分发掘广大群众的兴趣爱好,充分发挥选手的个人特长,为个性全面发展搭建平台,还可以大大增强集体凝聚力,提高大家的认同感和荣誉感。

2. 中型文体活动

参与人数超过 200 人的专项特色活动,如家庭联欢会、社区运动会等。这些活动可以充分发挥社区的特长,培养社区群众的兴趣爱好。

3. 小型文体活动

参与人数从几十人到一两百人不等,主要是社区、社团等基层组织的内部活动,如钓鱼比赛、象棋比赛、羽毛球比赛等。这些活动可以充分挖掘基层组织的向心力、号召力,激发个人融入集体的强烈意愿。

五、文体活动策划实例

案例 1

杭州宋城集团杭州乐园"冲关我最棒"水上活动

"皇上驾到!"随着一声清脆的喊声,只见身骑白马的大宋皇帝带着一群身着古装的人,扛着宋城大旗,从杭州乐园水公园浩浩荡荡地走过来。如果你以为是哪个剧组在拍戏,那就错了,这里就是杭州乐园和浙江卫视联手打造的夏季水上竞技闯关类游戏《冲关我最棒》的录制现场。

"冲关我最棒,等你来挑战!"杭州乐园水公园一片欢腾,本期的《冲关我最棒》以"穿越"为主题,特别邀请到出演"宋城千古情"的俊男靓女们一起来冲关。这不,你看——许仙、白娘子、梁山伯、祝英台、大内侍卫、美艳宫女等齐齐上阵,录制现场人声鼎沸。

"这里就是朕的避暑行宫——杭州乐园水公园,这里即将举行的就是大宋国最流行的全民运动——冲关我最棒!"扮演大宋皇帝的浙江卫视新生代主持人长庚率领的"皇帝队"与三个现代美女主持人率领的"民间队"展开了冲关的较量。

"宋城千古情"的俊男靓女个个青春靓丽、活力十足,这群昔日舞台上的舞林高手在冲关的舞台上一展他们的风采。婀娜多姿的阿拉伯肚皮舞、柔情似水的梁祝双人舞、柔术滚灯杂技、越剧十八相送、采茶舞、霓裳舞、武术表演,精彩纷呈的才艺展示,看得眼花缭乱,引得现场尖叫连连。一曲熟悉的《千年等一回》带出了一段因宋城千古情而结缘的爱情故事,曾经在"宋城千古情"中出演"许仙"和"白娘子"的两名演员也将戏内情延续到了戏外情,成为真正的"夫妻档"、"夫妻双双来冲关",也成为当天冲关的一大亮点。

过不过关不重要,重要的是放开心胸敢秀敢玩,敢拼敢搏,这群年轻的男孩、女孩们在冲关赛道上秀才艺、赛默契、比速度、拼耐力、展风采,落水了再爬上来继续前行,毫不畏惧。饰演"祝英台"的女孩子七度落水、七度重回赛道,虽然最终因为时间关系没有冲关成功,但这种勇气和毅力也正是宋城精神——"永不放弃,勇往直前"的体现。此次冲关共有5名选手通关,而来自民间队的演员马海峰以最快速度过关,获得了本场"冲关王"的称号。

《冲关我最棒》是浙江卫视联手杭州乐园在夏天共同打造的一档大型清凉户外竞技类闯关游戏。新一季的《冲关我最棒》在赛道设计、包装上进行了一次全方位的大变脸,六大关卡改版升级重出江湖——滑道撞冰山、跳跳哆唻咪、乾坤大齿轮、危机重重屋、神勇大转盘、过河不拆桥。同时,杭州乐园水公园进行了重装升级,30000平方米豪华水世界,太阳神毯、巨兽碗、月亮坡、漂流河四大全新潮人水上游乐,6000平方米的冲浪池,近万平方米的儿童戏水区,给整个《冲关我最棒》的拍摄现场增加了一道亮丽的风景线。

据悉,截至8月底,《冲关我最棒》共在杭州乐园水公园录制完成36期,节目收视率始终保持在全国前三,显著提升了杭州乐园水公园在全国的知名度,每次拍摄驻足观看的游客都会将录制现场围得水泄不通,更有不少游客来杭州乐园水公园就是为了来现场一睹《冲关我最棒》的拍摄风采,甚至有一些游客从外地赶来现场想报名参加《冲关我最棒》。

案 例 2

××公司七夕情人节活动方案

活动目的:以七夕中国情人节为契机,密切公司与新老业主、客户之间的关系,树立公司口碑,增强客户对公司的认同,为项目积累客源。

参加对象:所有本公司的情侣业主均可参加。

活动主题:"岁月无声,真爱永恒"中齐业主七夕情人节心动 Party。

活动时间:2010 年农历 7 月 7 日 19:30~21:00。

活动地点:××酒店一楼大厅。

活动形式:酒会 Party。

活动规模:200 人左右。

活动内容:

一、情侣(夫妻)游戏类

1. 吸乒乓球表演赛(面向家庭)

主题:"吸引力"的秘密。

所获奖项:最具吸引力奖。

组织方式:随机从现场全体人员中抽取幸运家庭四户,每家选择一人负责用吸管将乒乓球从一处吸起放到另一处,一人负责用手拿好乒乓球,最后一人负责拿着托盘或者小篮盛放吸起的乒乓球,时间三分钟,吸的最多家庭为胜者。本比赛分为两轮,每轮四户,获胜者均可获得最具吸引力奖。

责任人:现场主持。

比赛监督:现场客户报名或者随机抽取。

2. 女士盖上红盖头为男士打领带

主题:我们的爱如此默契。

所获奖项:最佳默契情人奖。

组织方式:随机抽取 4 对情侣或者夫妇,女士用红盖头盖住头部,蒙面为男士打领结,有偷看者算为违例,取消比赛资格,速度最快、打得最好的为胜者。本比赛分为两轮,每轮四对,获胜者均可获得最佳默契情人奖。

责任人:现场主持。

比赛监督:现场客户报名或者随机抽取。

3. 最佳拍档(情侣站报纸)

主题:爱情的智慧魔力。

所获奖项:最聪明爱情奖。

组织方式:随机抽取 4 对情侣或者夫妇,首先情侣或夫妻双方站于报纸之上,然后不断将报纸对折,报纸面积越来越小,但站在报纸上的夫妻双方的任何一只脚都不能着地,且不可以借助外力、外物,否则视为违例,自动退出比赛,最后所剩的一组为优胜者。本比赛分为两轮,每轮四对,获胜者均可获得最聪明爱情奖。

责任人:现场主持。

监督:现场客户报名或者随机抽取。

4. 合作猜字游戏

主题:心有灵犀一点通。

所获奖项:最灵犀情人奖。

组织方式:随机抽取或者自愿。报名四对情侣,一人背对屏幕,一人面对屏幕,面对屏幕者用动作表演屏幕所示,也可以用语言提示,但在提示语言中若涉及屏幕所展示的图片或文字,则视为违规;背对屏幕者说出屏幕所示内容,时间一分钟,说出正确的最多者为胜者。本比赛分为四轮,获胜者获得最灵犀情人奖。

责任人:现场主持。

监督:现场客户报名或者随机抽取。

二、美丽的爱情传说

1. "缘"来的时候

随机抽取客户或者业主,讲述自己与她或者他第一次美丽的相识。

所获奖项:最美丽邂逅奖。

责任人:现场主持。

2. 我们那样谈情说爱

随机抽取客户或者业主,讲述自己与她或者他最美丽的、最动人的爱情故事。

所获奖项：最动人爱情奖。

责任人：现场主持。

3. 浪漫婚纱秀

主题：那一刻，走向永恒。

所获奖项：最浪漫情人奖。

组织方式：本婚纱秀分为金婚秀、银婚秀、新婚秀三组，每组 3 对，由主持人按出场顺序组织出场，每组时间 5 分钟。

责任人：现场主持。

评选方式：首先由客户现场评选；如果无法决出胜负，则由主持人现场抽取。

4. 才艺大比拼

(1) 歌唱类(戏曲、流行音乐)。

(2) 魔术类。

(3) 小品类。

所获奖项：最佳明星奖、最佳才艺奖、最佳新星奖。

责任人：现场主持。

评选方式：由客户现场评选；如果无法决出胜负，则由主持人现场抽取。

资料来源：根据网络有关资料改编

任务二 体育运动会组织与策划

一、体育运动会的起源

体育运动是指为了战胜对手，取得优异的运动成绩，最大限度地发挥和提高个人、集体在体格、体能、心理及运动能力等方面的潜力所进行的科学的、系统的训练和竞赛。

世界最早的运动会是古希腊的古代奥运会。奥运会的全称是"奥林匹克运动会"，"奥林匹克"一词源于希腊的地名"奥林匹亚"。奥林匹亚位于雅典城西南 360 公里的阿尔菲斯河山谷，那里风景如画，气候宜人，古希腊人在这里建起了许多神殿。因此，古人把这块土地叫作阿尔菲斯神城，也称"圣地"奥林匹亚，它象征着和平与友谊。

古代希腊和地中海区域其他国家的人们在祭祀和收获的季节，常常举行盛大集会，并进行各种游乐和竞技活动，热闹非凡。最初这项活动分散在各地，也不定期，但以奥林匹亚的集会最为盛大。

公元前 884 年，古希腊爆发战争，各地战火连绵，瘟疫成灾，农业歉收。希腊平民非常渴望和平，怀念当年的那种庆典活动。于是，奥林匹亚所在的伊利斯城邦国王联络其他几个城邦的国王，达成了一项定期在奥林匹亚举行运动会的协议，并规定在运动会年实行"神圣休战日"。"神圣休战日"期限是三个月。在这期间，即使正在交战的双方，也要放下武器，去奥林匹亚参加运动会。从此，就产生了全希腊性的赛会。到公元前 776 年，第一次用文字记录下获奖者全名，这就是后人所说的第一届古希腊运动会。之后，这种赛会每四年举行一次。因比赛地点在奥林匹亚,亦称古代奥林匹克运动会,简称古代奥运会。从公元前776年到公元349年,古代奥运会被罗马帝国的皇帝废除为止,古代奥运会一共举行了293届。

二、现代奥林匹克运动

(一)奥林匹克运动的诞生

自19世纪初开始,不断有人尝试恢复奥运会。直到19世纪末,在法国贵族顾拜旦及其他奥运先驱者的努力下,现代奥林匹克运动终于登上历史舞台。1894年6月16日,顾拜旦精心设计和主持的首次"国际体育教育代表大会"在巴黎召开。来自9个国家37个体育组织的78名代表到会,通过决议复兴奥运会,规定此后每隔4年举办一次奥运会;选出由15人组成的国际奥林匹克委员会。顾拜旦起草国际奥委会章程,阐述了奥林匹克运动的哲学基础、教育和美学意义,奠定了奥林匹克运动的理论基础,使奥林匹克运动发展成为持久的体育与和平运动。这次大会标志着现代奥林匹克运动的诞生。顾拜旦则被人们誉为"现代奥林匹克之父"。

奥林匹克运动是在奥林匹克主义指导下,以体育运动和四年一度的奥林匹克庆典——奥运会为主要活动内容,促进人的生理、心理和社会道德全面发展,增加各国人民之间的相互了解,在全世界普及奥林匹克主义,维护世界和平的国际社会运动。奥林匹克运动包括以奥林匹克主义为核心的思想体系,以国际奥委会、国际单项体育联合会和各国奥委会为骨干的组织体系和以奥运会为周期的活动体系。一百多年之后的今天,奥运会吸引了202个国家和地区的积极参与,奥运会已成为全球最重要的体育盛会和普天同庆的节日。

(二)奥林匹克运动的标识

奥运五色环标识象征着五大洲的团结。其中,蓝色代表欧洲;黄色代表亚洲;黑色代表非洲;绿色代表大洋洲;红色代表美洲。另外,奥林匹克运动还有一系列独特而鲜明的象征性标识,如奥林匹克格言、会旗、会歌、会徽、奖牌、吉祥物等。这些标志有着丰富的文化含义,形象地体现了奥林匹克理想的价值取向和文化内涵。

会旗。奥林匹克会旗于1913年由顾拜旦亲自设计,长3米,宽2米。1914年为庆祝现代奥林匹克运动恢复20周年,在巴黎举行的奥林匹克代表大会上首次升起。1920年安特卫普奥运会正式采用。奥林匹克会旗上面是蓝、黑、红三环,下面是黄绿两环。五环代表5大洲的团结和全世界的运动员在奥林匹克运动会上相聚一堂。

会歌。国际奥委会在1958年于东京举行的第5次奥运会上确定用《奥林匹克圣歌》(《撒马拉斯颂歌》)作为奥林匹克会歌。其乐谱存放于国际奥委会总部。从此以后,在每届奥运会的开、闭幕式上都能听到这首悠扬的古希腊乐曲。

格言。1920年,国际奥委会正式确认"更快、更高、更强(Faster, Higher, Stronger)"为奥林匹克格言,在1920年安特卫普奥运会上首次使用。此后,奥林匹克格言的拉丁文"Citius, Altius, Fortius"出现在国际奥委会的各种出版物上。奥林匹克格言充分表达了奥林匹克运动所倡导的不断进取、永不满足的奋斗精神。

精神。《奥林匹克宪章》指出,奥林匹克精神就是相互了解、友谊、团结和公平竞争的精神。

宗旨。《奥林匹克宪章》指出,奥林匹克运动的宗旨是"通过没有任何歧视、具有奥林匹克精神——以友谊、团结和公平竞争的精神相互理解的体育活动来教育青年,从而为建立一个和平的、更美好的世界作出贡献。"

奥林匹克日。1948 年 1 月,国际奥委会在第 42 次全体会议上将每年的 6 月 23 日定为奥林匹克日,举行庆祝活动,纪念国际奥委会的诞生,宣传奥林匹克理想和推动普及运动。自 1987 年起,国际奥委会发起了"奥林匹克日长跑"活动。

圣火。奥运圣火首次出现是在 1928 年阿姆斯特丹奥运会。当时是顾拜旦提出了这一想法,但仅限于在体育场附近的一个喷泉盛水盘上点燃圣火。古代奥林匹克运动会点燃圣火的仪式,起源于古希腊人类自上天盗取火种的神话,在奥林匹亚宙斯(Zeus)神前,按宗教的仪式在祭坛上点燃火种,然后持火炬跑遍各城邦,传达奥运会即将开始的信息,各城邦必须休战,忘掉仇恨与战争,积极准备参加奥运会的竞技比赛,因此火炬象征着和平、光明、团结与友谊等意义。

吉祥物。在奥运史上,吉祥物第一次出现在 1972 年慕尼黑奥运会上。此后吉祥物就成为构成一届奥运会形象特征的主要成分。国际奥委会和历届奥运会组委会对吉祥物的设计要求都很高,每一届奥运会吉祥物的揭晓都吸引了世界的关注,成为当届奥运会的亮点。

(三) 奥运会的分类

奥林匹克运动会除了夏季奥运会以外,还有以下几项专题奥运会。

残疾人奥运会。残疾人奥林匹克运动会(Paralympic Games)始办于 1960 年,是由国际奥委会和国际残疾人奥林匹克委员会主办的、专为残疾人举行的世界大型综合性运动会,每四年于夏季奥运会后举办一届,迄今已举办过 12 届。

冬季残奥会。自 1976 年举行以来已经举办了 9 届,参赛运动员总人数接近 4000 人。比赛项目有高山滑雪、越野滑雪、冰上雪橇球、轮椅体育舞蹈 4 个大项,每个大项中又包括若干小项。

冬季奥运会。19 世纪末至 20 世纪初,一些冰雪运动在欧美国家逐渐得到普及和发展。在冰雪运动日益普及的情况下,现代奥运会创始人顾拜旦建议单独举办冬季奥运会,但由于 1901 年北欧两项运动在欧洲斯堪的纳维亚半岛的成功举行而被拖延。

此后,1908 年伦敦奥运会上增加了花样滑冰项目。1920 年安特卫普奥运会上,国际奥委会增加了冰球项目。花样滑冰和冰球加入奥运会后引起了观众的极大兴趣,但因天气条件给组织者带来诸多不便。这两个项目都需要在 4 月进行,但大多数比赛和奥运会的开幕式在 8 月中旬才举行。使一届奥运会要长达 5 个月的时间,在人力、物力上耗费太大。鉴于此,人们倾向于把冰雪项目从奥运会中分离出来,单独进行冰雪项目的奥运会。

正式的冬季奥林匹克运动会始于 1924 年,两年后国际奥委会正式将其更名为第一届冬季奥林匹克运动会。冬季奥运会最初规定每四年举行一次,与夏季奥运会在同年和同一国家举行。从第二届冬奥会——1928年圣莫里茨冬季奥运会开始,冬季奥运会与夏季奥运会的举办地点改在不同的国家举行。1994年起,冬奥会与夏奥会以两年为相隔交叉举行。

特殊奥运会。特殊奥林匹克运动是基于奥林匹克精神,专门针对智障人士开展的国际性运动训练和比赛。特殊奥林匹克运动会包括本地、国家、洲际和世界等不同级别。其中,世界特殊奥运会每两年举办一届,夏季和冬季交替举行。到目前为止,国际特奥会共举办过11届夏季特殊奥运会、8届冬季特殊奥运会。中国上海于2007年曾举办过特奥会。

听障奥运会。前身为世界聋人运动会,第一届于1924年在法国巴黎举行。随后,参赛的国家和人数不断增加,竞技水准也不断提升。2001年5月,国际奥林匹克委员会有鉴于在国际聋人体育联合会主导之下的世界聋人运动会办得极具规模且具有聋人文化的特色,决议同意更名为听障奥林匹克运动会,并于2001年7月意大利罗马第19届起实施。中国台北于2009年曾举办听障奥运会。

青年奥运会。青少年奥林匹克运动会是一项专为年轻人设立的体育赛事,糅合了体育、教育和文化等领域的内容,并将为推进这些领域与奥运会的共同发展而扮演着一个催化剂的作用。国际奥委会在2007年7月5日危地马拉城的第119次国际奥委会全会上同意创办青少年奥运会,运动员的年龄需在14~18岁之间。中国南京将于2014年举办第二届青奥会。

（四）奥运会比赛项目

1896年第一届现代奥运会只有9个比赛项目。此后,随着奥运会的影响力不断扩大,其规模越来越大,比赛项目也越来越多。到2008年北京奥运会,比赛项目已增至28个。2005年,国际奥委会在新加坡全会上决定,2012年伦敦奥运会只设26个大项,且今后每届奥运会最多不得超过28个大项。

夏季奥运会比赛主要项目:田径、篮球、足球、摔跤、柔道、举重、射击、射箭、击剑、赛艇、马术、手球、网球、棒球、垒球、跆拳道、羽毛球、皮划艇、乒乓球、曲棍球、自行车、帆船帆板、体操、排球、游泳、铁人三项、现代五项、拳击等。

冬季奥运会比赛主要项目:速度滑冰、短跑道速度滑冰、高山滑雪、自由式滑雪、越野滑雪、北欧两项、跳台滑雪、现代冬季两项、雪橇、雪车、花样滑冰、冰壶、冰球、滑板滑雪等。

三、田径运动

（一）田径运动的起源

田径(Track and Field)或称田径运动,是径赛、田赛和全能比赛的统称。以高度和距离计算成绩的跳跃、投掷项目叫"田赛";以时间计算成绩的竞走和跑的项目叫"径赛"。田径比赛由田赛、径赛、公路跑、竞走和越野跑组成,此外还包括部分田赛和径赛项目组成的"十项全能"。

据记载,最早的田径比赛,是公元前776年在希腊奥林匹克村举行的第一届古代奥运会上进行的短距离赛跑,跑道为一条直道,长为 192.27 米。到公元前 708 年的第 10 届奥运会上,才正式加入了跳远、铁饼、标枪等田赛项目。当时只准男子参加,女子连观看也不行,违者处以死刑。

最早并没有像现在这样的标准田径场,那时的一些跳跃和投掷项目的比赛,都在一块空着的场地上举行,而一些赛跑的项目,都在一段平坦的道路上举行,"田"和"径"的命名就由此而来。1894 年,在英国举行了最早的现代田径运动国际比赛,比赛共分 9 个项目。真正的大型国际比赛是 1896 年开始举行的现代奥运会。它沿用古代奥运会每隔 4 年举行一次的制度,每届奥运会上,田径运动都是主要的比赛项目之一。从 1928 年第 9 届奥运会起,才增设了女子田径项目。

田径是世界上最为普及的体育运动之一,也是历史最悠久的运动项目。田径与游泳、射击被视为奥运金牌三大项目,"得田径者得天下"的说法也由此而来。

(二) 田径运动的特点

1. 与生活密切相关

走、跑、跳、掷是人类生活的基本技能,是田径运动项目中最基本的运动形式。这些自然动作和技能对学习掌握田径运动各项技术有着十分密切的关系,这些自然动作规范,有助于正确地、较快地掌握田径运动技术。

2. 具有广泛性

田径运动具有个体性,更具有广泛的群众性。田径运动除接力跑外,都是以个人为单位参加比赛的运动项目,团体成绩和名次大都是由个人成绩和名次及接力跑成绩的名次的计分相加决定的。田径运动是体育运动中最大的一个项目,它包括五大类很多单项,是任何大型运动会中比赛项目最多,参赛运动员最多的项目,经常参加田径运动的人也最多。

3. 简易可行

参加田径运动很少受到条件限制。男女老少都可以在平原、田野、草地、小道、公路、河滩、沙地、丘陵、山冈、公园等较安全的地带从事田径运动。基层田径比赛要从实际出发,因地制宜,"任何坚固、均质、可以承受跑鞋鞋钉的地面均可用于田径竞赛"。使用简易的场地器材和设备也可举行基层田径运动会。

4. 促进身心健康

田径运动中各单项和全能项目,对人体形态,主要身体素质水平和心理机能等有不同的要求,运动员要从个人实际和特点出发,选择运动项目,掌握具有个人特点的先进、合理的运动技术。

(三) 田径各分项目

1. 短距离跑

短距离跑(Sprint)简称短跑。跑是人类与生俱来的基本能力,自古以来就是一种比赛形式,几乎每个国家的文献中都有描述。据史料记载,短跑是公元前 776 年古希腊奥运会唯一的竞技项目,距离为 192.27 米。现代短跑起源于欧洲,最早被列入正式比赛是在

1850 年的牛津大学运动会上,当时设有 100 码、330 码、440 码项目。19 世纪末,为规范项目设置,将赛跑距离由码制改为米制。初为职业选手的表演项目,后逐渐扩展到业余运动员。

2. 中距离跑

中距离跑(Middle Distance Running)简称中跑。最初项目是 880 码和 1 英里,从 19 世纪中叶开始,880 码和 1 英里跑项目逐渐被 800 米和 1500 米项目所替代。有的学者认为,中跑项目最早的正式比赛是 1847 年 11 月 1 日在英国伦敦举行的比赛。原为职业选手的表演项目,后逐渐扩展到业余运动员。

3. 长距离跑

长距离跑(Long Distance Running)简称长跑。最初项目为 3 英里、6 英里,从 19 世纪中叶开始,逐渐被 5000 米和 10000 米项目所替代。据记载,现代最早的正式长跑比赛是 1847 年 4 月 5 日在英国伦敦举行的职业比赛。

4. 跨栏跑

跨栏跑(Hurdle)起源于英国。由牧羊人跨越羊圈栅栏的游戏演变而来。跨栏跑最早使用的栏架是掩埋在地面上的木支架或栅栏,1900 年出现可移动的倒 T 形栏架。1935 年有人将 T 形栏架改成 L 形栏架,L 形栏架支脚的另一端朝向运动员的跑进方向,稍加阻力即可向前翻倒,减轻了运动员过栏时的恐惧心理。奥运会比赛项目分男子 110 米跨栏、男子 400 米跨栏、女子 100 米跨栏、女子 400 米跨栏。比赛时,运动员必须跨越 10 个栏架,除故意用手推或用脚踢倒栏架外,身体其他部位碰倒栏架不算犯规。

5. 接力跑

拉力跑(Relay Race)是田径运动中唯一的集体项目。以队为单位,每队 4 人,每人跑相同距离。其起源有多种说法,有的认为起源于古代奥运会祭祀仪式中的火炬传递,有的认为与非洲盛行的"搬运木料"或"搬运水坛"游戏有关,也有的认为是从传递信件文书的邮驿演变而来。

奥运会比赛项目分男、女 4×100 米接力和 4×400 米接力。1908 年第 4 届奥运会首次设立接力项目,但 4 名运动员所跑距离不等。1912 年第 5 届奥运会改设 4×100 米接力和 4×400 米接力。女子 4×100 米接力和 4×400 米接力分别于 1928 年、1972 年被列入奥运会比赛项目。接力跑运动员必须持棒跑完各自规定的距离,并且必须在 20 米的接力区内完成传接棒。

6. 障碍跑

障碍跑(Steeplechase)19 世纪在英国兴起。最初在野外进行,跨越的障碍是树枝、河沟,各障碍间的距离也长短不一,19 世纪中叶开始在跑道上进行。有研究报告提出,19 世纪时障碍跑的距离不统一,具有很大的随意性,短的 440 码,长的可达 3 英里。

1900 年第 2 届奥运会首次设立障碍跑,分 2500 米和 4000 米两个项目。从 1904 年第 3 届奥运会起将障碍跑的距离确定为 3000 米,并沿用至今。女子障碍跑开展较晚,国际田联 1997 年才开始推广。全程必须跨越 35 次障碍,其中包括 7 次水池。障碍架高 91.1～91.7 厘米,宽 3.96 米,重 80～100 公斤。400 米的跑道可摆放 5 个障碍架,各障碍架的间距为 80 米。运动员可跨越障碍架,也可踏上障碍架再跳下,或用手撑越。

7. 马拉松

马拉松(Marathon)原为希腊的一个地名。公元前 490 年,希腊军队在马拉松平原击退波斯军队的入侵。传令兵菲迪皮德斯(Pheidippides)从马拉松跑到雅典城,在报告胜利的消息后,因体力衰竭倒地而亡。1896 年举行首届奥运会时,顾拜旦采纳了历史学家布莱尔(Michel Breal)以这一史事设立一个比赛项目的建议,并定名为"马拉松"。比赛沿用当年菲迪皮德斯所跑的路线,距离约为 40 千米。此后十几年,马拉松跑的距离一直保持在40 千米左右。1908 年第 4 届奥运会在伦敦举行时,为方便英国王室人员观看马拉松比赛,特意将起点设在温莎宫的阳台下,终点设在奥林匹克运动场内,起点到终点的距离为 26 英里 385 码,折合成 42.195 千米。国际田联后来将该距离确定为马拉松跑的标准距离。女子马拉松开展较晚,1984 年才被列入第 23 届奥运会。

1896 年首届奥运会后,马拉松比赛在世界各地广泛举行,美国从 1897 年起举行波士顿马拉松赛,至 2000 年已举办了 104 届,成为世界上历史最悠久的马拉松比赛。马拉松在公路上举行,可采用起、终点在同一地点的往返路线或起、终点不在同一地点的单程路线。比赛时,沿途必须摆放标有已跑距离的公里牌,并每隔 5 千米设一个饮料站提供饮料,两个饮料站之间设一个用水站,提供饮水或用水。赛前需经身体健康检查,合格者方可报名参加比赛。因比赛路线、条件差异较大,故国际田联不设世界纪录,只公布世界最好成绩。

8. 竞走

竞走(Heel and Toe Walking Race)起源于英国。19 世纪初,英国出现步行比赛的活动。19 世纪末,部分欧洲国家盛行从一个城市到另一个城市走行旅行。1866 年英国业余体育俱乐部举行首次冠军赛,距离为 7 英里。竞走分场地竞走和公路竞走两种。场地竞走设世界纪录;公路竞走因路面起伏等不可控因素较多,成绩可比性差,故仅设世界最好成绩。运动员行进时,两脚必须与地面保持不间断接触,不准同时腾空,着地的支撑腿膝关节应有一瞬间的伸直,不得弯曲。比赛时,运动员出现腾空或膝关节弯曲,均给予严重警告,受 3 次严重警告即取消比赛资格。1908 年首次进入奥运会,当时的距离是 3500 米和 10 英里。此后几届奥运会距离有所不同,有过 3000 米、10 千米等,从 1956 年奥运会起定为 20 千米(1956 年列入)、50 千米(1932 年列入)。女子竞走于 1992 年才被列入奥运会,距离为 10 千米,2000 年奥运会改为 20 千米。

9. 跳高

跳高(High Jump)起源于古代人类在生活和劳动中越过垂直障碍的活动。现代跳高始于欧洲。18 世纪末苏格兰已有跳高比赛,19 世纪 60 年代开始流行于欧美国家。1827 年 9 月 26 日在英国圣罗兰·博德尔俱乐部举行的首届职业田径比赛中,威尔逊(Adam Wilson)屈膝团身越过 1.575 米,这是第一个有记载的世界跳高成绩。跳高有跨越式、剪式、俯卧式、背越式等过杆技术,现绝大多数运动员都采用背越式。跳高横杆可用玻璃纤维、金属或其他适宜材料制成,长 3.98~4.02 米,最大重量 2 公斤。比赛时,运动员必须用单脚起跳,可以在规定的任一起跳高度上试跳,但第一高度只有 3 次试跳机会。男、女跳高分别于 1896 年、1928 年被列为奥运会比赛项目。

10. 撑竿跳高

撑竿跳高(Pole Vault)起源于古代人类利用木棍、长矛等撑越障碍的活动。据记载,公元 554 年爱尔兰就有撑越过河的游戏。撑竿跳高原为体操项目,流行于德国学校。

1789 年德国的布施跳过 1.83 米,这是目前世界上有据可查的最早成绩。撑竿跳高的横杆可用玻璃纤维、金属或其他适宜材料制成,长 4.48～4.52 米,最大重量 2.25 公斤。撑竿的长度和直径不限,但表面必须光滑。运动员一般都自带撑竿参加比赛。比赛时,运动员必须将撑竿插在插斗内起跳;起跳离地后,握竿的手不得向上移动;可以在规定的任一起跳高度上试跳,但每一高度只有 3 次试跳机会。男、女撑竿跳高分别于 1896 年和 2000 年被列为奥运会比赛项目。

11. 跳远

跳远(Long Jump)源于人类猎取或逃避野兽时跨越河沟等活动,后成为军事训练的手段。为公元前 708 年古代奥运会五项全能项目之一。现代跳远运动始于英国,1827 年 9 月 26 日在英国圣罗兰·博德尔俱乐部举行的第一次职业田径比赛中,威尔逊越过 5.41 米的远度,这是第一个有记载的世界跳远成绩。跳远的腾空动作有蹲距式、挺身式和走步式。最初运动员是在地面起跳,1886 年开始采用起跳板。起跳板前有起跳线,起跳线前有用于判断运动员起跳是否犯规的橡皮泥显示板或沙台。运动员必须在起跳线后起跳。比赛时,如运动员不足 8 人,每人可试跳 6 次,超过 8 人,则先试跳 3 次,8 名成绩最好的运动员再试跳 3 次。以运动员 6 次试跳的最好成绩排列名次。男、女跳远分别于 1896 年和 1948 年被列为奥运会比赛项目。

12. 三级跳远

三级跳远(Triple Jump)起源于 18 世纪中叶的苏格兰和爱尔兰,两者跳法不同。苏格兰采用单足跳、跨步跳、跳跃,而爱尔兰用的是单足跳、跳跃。现规定必须使用苏格兰跳法。最早的正式比赛可以追溯到 1826 年 3 月 17 日首次举行的苏格兰地区运动会,比蒂(Andre Beattie)创造了 12.95 米的第一个纪录。比赛时,运动员助跑后应连续作 3 次不同形式的跳跃,第一跳为单足跳,用起跳腿落地;第二跳为跨步跳,用摆动腿落地;第三跳为跳跃,必须用双脚落入沙坑。男子三级跳远于 1896 年被列为首届奥运会比赛项目,女子三级跳远于 20 世纪 80 年代初逐渐广泛开展,1992 年被列为奥运会比赛项目。

13. 推铅球

推铅球(Shot Put)起源于古代人类用石块猎取禽兽或防御攻击的活动。现代推铅球运动始于 14 世纪 40 年代欧洲炮兵闲暇期间推掷炮弹的游戏和比赛,后逐渐形成体育运动项目。铅球的制作经历了用铁、铅以及外铁内铅的过程。正式比赛男子铅球的重量为 7.26 公斤,直径 11～13 厘米;女子铅球的重量为 4 公斤,直径为 9.5～11 厘米。早期推铅球没有固定的方式,可以原地推,也可以助跑推;可以单手推,也可以双手推;还出现过按体重分级别的比赛。比赛时,运动员应在直径 2.135 米的圈内,用单手将球从肩上推出,铅球必须落在落地区角度线以内方为有效。男、女铅球分别于 1896 年和 1948 年被列为奥运会比赛项目。

14. 铁饼

铁饼(Discus Throw)起源于公元前 12 世纪至公元前 8 世纪希腊人投掷石片的活动。公元前 708 年第 18 届现代奥运会被列为五项全能项目之一。铁饼最初为盘形石块,后逐渐采用铜、铁等金属制作。现代奥运会史上,曾有过双手掷铁饼的比赛项目(左手＋右手)。掷铁饼技术经历过原地投、侧向原地投、侧向旋转投、背向旋转投几个发展过程。铁饼可用木料或其他适宜材料制作,男子铁饼重 2 公斤,直径 22 厘米;女子铁饼重 1 公斤,直径 18.1 厘米。比赛时,运动员应该在直径 2.50 米的圈内将饼掷出,铁饼必须落在 40°的角度线内方为有效。男、女铁饼分别于 1896 年和 1928 年被列为奥运会比赛项目。

15. 链球

链球(Hammer Throw)起源于中世纪苏格兰矿工在劳动之余用带木柄的铁锤进行的掷远比赛,后逐渐在英国流行。链球的英语词意即铁锤。19 世纪后期,成为英国牛津大学和剑桥大学运动会的比赛项目。当时使用的器械是带木柄的铁球,后为便于投掷,将木柄改为钢链,链球由此而来。掷链球最初采用原地投,后逐渐改进为侧向投,旋转一圈投、旋转两圈投、旋转三圈投,现运动员多采用旋转四圈投。男子链球重 7.26 公斤,总长 117.5～121.5 厘米,女子链球重 4 公斤,总长 116.0～119.5 厘米。比赛时,运动员必须在直径 2.135 米的圈内用双手将球掷出,链球必须落在 40°的角度线内方为有效。圈外有 U 形护笼,确保投掷安全。男子链球于 1900 年被列为奥运会比赛项目,女子链球于 2000 年列入奥运会比赛项目。

16. 标枪

标枪(Javelin Throw)起源于古代人类用长矛猎取野兽的活动,后长矛又发展成为作战的兵器。公元前 708 年被列为第 18 届古代奥运会五项全能之一。现代标枪运动始于 19 世纪的瑞典、希腊、匈牙利和芬兰等欧洲国家。1792 年瑞典的法隆开始举行标枪比赛。最初运动员使用的木制标枪前后一样粗,20 世纪 50 年代初,美国标枪运动员赫尔德(Franklin Held)研制出两端细、中间粗的木制标枪,延长了标枪在空中飞行的时间,因而被称为"滑翔标枪"。60 年代瑞典制造出金属标枪,使标枪的滑翔性能更强,大幅度提高了运动成绩。1984 年民主德国运动员霍恩(Uwe Hohn)以 104.80 米的成绩打破世界纪录。国际田联为保证看台观众的安全,1986 年将男子标枪重心向枪尖方向前移 4 厘米,以降低飞行性能,1999 年又将女子标枪重心向枪尖方向前移 3 厘米。标枪可用金属或其他适宜的材料制作。男子标枪重 800 克,长 260～270 厘米;女子标枪重 600 克,长 220～230 厘米。比赛时,运动员必须单手将标枪从肩上方掷出,枪尖必须落在投掷区角度线内方为有效。男、女标枪分别于 1908 年和 1932 年被列为奥运会比赛项目。

17. 全能

全能(Combined Events)起源于希腊,早在公元前 708 年第 18 届古代奥运会上便设有五项全能,由赛跑、跳远、铁饼、标枪和摔跤项目组成。现代全能运动始于欧洲。女子全能运动 1923 年始于苏联,1948 年得到国际田联的认可,1964 年奥运会将五项全能列为比赛项目,1984 年奥运会改为七项全能。比赛按规定的项目顺序分两天进行。1924 年第八届奥运会取消了男子五项全能,保留了男子十项全能的比赛,并沿用至今。男子十项全能第一天为 100 米、跳远、铅球、跳高、400 米,第二天为 110 米跨栏、铁饼、撑竿跳高、标枪和 1500 米。女子七项全能第一天为 100 米跨栏、跳高、铅球、200 米,第二天为跳远、标枪和 800 米。根据各单项成绩查国际田联制定的全能评分表,以累加总分计算名次。运动员必须参加所有项目的比赛,如某个项目弃权,则不能参加后续项目的比赛,也不计算总分,但如果某个项目因成绩太低或失败,没有得分,仍可计算总分。

四、球类运动

球类运动是以球作为基础的游戏或运动。

有许多流行的游戏,涉及某些类型的球。这些游戏可从他们的总目标分类,表明一个共同的起源或其基本思路:使用球棒,如棒球、高尔夫球及板球等;双个球门,如篮球、足球、曲棍等;空中击球,如排球及网球;击中指定目标,如保龄球。

世界上流行的球类运动包括:棒球、乒乓球、保龄球、冰球、台球、垒球、手球、排球、沙滩排球、曲棍球、马上曲棍球、板球、橄榄球、水球、篮球、网球、羽毛球、足球等。其中,足球、板球、曲棍球、篮球、网球、排球、乒乓球、棒球、高尔夫、美式橄榄球被列为世界十大球类运动。

五、体育运动会的组织与策划

体育运动会的组织与策划是一项复杂而又系统的工作,下面主要以学校举办的田径运动会为例,介绍体育运动竞赛的组织工作。

(一)举办田径运动会的意义和要求

学校通过举办田径运动会,能够推动全校田径运动的开展,吸引广大学生积极参加到田径运动的活动中来;能够检阅学生参加田径运动锻炼和训练的效果,促使田径运动的普及和提高;能够丰富学校的课余生活,向学生进行思想品德教育,振奋精神,加强团结,使学校教育朝气蓬勃,奋发向上。举办学校运动会,属于群众体育比赛的性质,其要求如下。

第一,田径运动会要有学校自身的特点,要坚持以"团结、奋进、文明、育人"为宗旨。

第二,在制定运动会方案和竞赛规程时,应考虑吸收更多的学生参加比赛,让他们在运动会中当运动员,而不是当观众。

第三,在项目设置上,要从学校和广大学生的体质与体育水平的实际情况出发,把一些《体育教学大纲》和《国家体育锻炼标准》规定的项目作为主要的比赛项目。另外,也可设置一些集体项目和表演项目。

第四,在分组上,要尽量考虑学生年龄和身体发育情况的差异,中学举行运动会时,最好按年级分组进行比赛。

第五,在比赛规则上,也应从学生实际情况出发,适当降低比赛规则的要求,制定符合学生实际并能调动学生参加比赛积极性的规则。

第六,学校运动会的时间,一般以一天到一天半为宜,以使运动会起到积极性休息的作用,不应给学生造成过度疲劳。

总之,学校举办运动会应有学校自身的特点,要使运动会开得简朴、隆重,有节日气氛,使学生积极参与,从而收到良好的教育效果。

(二)田径运动会的筹备工作

学校举办田径运动会,应成立一个领导小组,负责领导运动会的筹备工作。领导小组讨论决定运动会的组织方案、竞赛规程、组织机构等。

1．组织方案

组织方案由运动会筹备领导小组根据实际情况制定,它是筹备召开运动会工作的依据。组织方案通常包括以下内容:运动会的名称和目的任务、运动会的日期和地点、运动会的规模(主要应包括参加单位、参加人数、竞赛组别和项目等)、运动会的组织机构(包括组织形式、各工作部门的分工及负责人名单、各工作部门的工作人员名额等内容)、运动会的经费预算、工作步骤等。

2．竞赛规程

竞赛规程是进行竞赛工作的依据,通常包括以下内容。

(1)运动会的名称、目的任务与要求,主办单位、比赛日期及地点,参加单位及组别等,根据运动会的组织方案拟订上述内容。

(2)比赛项目。根据运动会的性质、规模、参加组别、运动员的水平拟定。基层单位举办田径运动会,比赛项目设置一定要注意具有群众性和广泛性。

(3)参加比赛办法。包括每单位可参加多少人,每人可报几项,每项限报几人,接力项目参加办法以及参加者的资格规定等。

(4)报名办法。说明报名表格填写方法,规定报名开始和截止日期,报名条件以及身体检查规定等。

(5)记分及奖励办法。说明各项录取的名额,个人和集体、全能和破纪录以及团体总分的计算与奖励办法等。

(6)比赛规则。说明采用中国田径协会审定的某年田径竞赛规则和补充规定等。

(7)参加单位应注意事项。包括对各单位准备比赛和参加比赛的要求等。

3．组织机构

机构的形式和规模应根据实际需要决定。通常设三组开展工作。

(1)宣传组。负责宣传教育、会场布置、开幕式与闭幕式、奖名奖状发放等项工作。

(2)竞赛组。负责编印次序册、配备与培训裁判员以及竞赛裁判等项工作。

(3)后勤组。负责场地与器材、奖品奖状、饮水供给和医务人员配备等工作。

(三)田径运动会次序册的编排步骤及注意事项

田径运动会次序册,是举办运动会的关键。科学、合理的比赛次序,能保证运动会的顺利进行,有利于运动员提高成绩,使裁判员和其他工作人员有条不紊地进行工作,还能起保持会场观众高昂情绪的作用。为了编好次序册,编排和记录公告组成员在编排前必须认真学习竞赛规程和比赛规则,了解运动会每单元可安排的比赛时间、组别和项目、参加办法、计分和奖励办法、场地器材条件和裁判员人数与水平等情况,然后进行编排。编排的具体步骤与方法如下。

1．审查报名表

按照竞赛规程规定的参加办法,对各单位的报名表进行审查。如发现超人、超项等问题,应立即与当事单位联系,及时解决。

2．编排运动员姓名、号码对照表

在报名单"会编号码"栏中编排运动员号码,然后编写运动员姓名、号码对照表。学校运动会的编号,可与年级、班级对应起来,号码以四位数组成,第一位数代表年级,第二数代表班级,第三、第四位数是运动员的顺序号。

3. 统计各项目参加比赛人数

为了掌握情况,为分组和编排工作做好准备,需要统计各项目参加比赛的人数,然后填入"各项参加比赛人数统计表"以及运动员兼项统计表。

4. 编排各项竞赛分组

由于参加运动会的运动员较多,应按照项目不同,编排各项竞赛分组。

5. 编排竞赛日程

竞赛日程是运动会一切项目比赛的时间依据,它直接影响整个比赛的进行、运动员水平的发挥和赛场的气氛。因此,必须认真细致地做好竞赛日程的编排。

6. 编印秩序册

为了使运动会竞赛和各方面工作协调配合顺利地进行,并使全体与会人员行动有所遵循,需要印发秩序册。田径运动会的次序册一般包括开幕式、闭幕式程序;大会主席团、筹备委员会、工作人员、仲裁委员会、裁判员名单;各代表队名单;各代表队运动员、工作人员人数统计表;田径运动最高纪录;竞赛场地平面图等。

(四)田径运动会的其他工作

为了保证运动会的顺利进行,在运动会的组织筹备和进行期间,除了制定好竞赛规程、组织好报名、编排好次序册和做好竞赛裁判工作外,各组应根据职责与分工,责成专人,在运动会召开前,进行中和结束后,做好下列工作。

1. 运动会召开前的工作

召开领队、教练员会议;组织裁判员学习;准备场地器材;布置好会场等。

2. 运动会进行中的工作

组织好入场和开幕式;根据比赛要求,做好场地布置及器材供应和回收工作;公告组要登记好比赛成绩,及时公布;统计好团体总分名次和破纪录情况;做好比赛成绩宣告与发奖和大会宣传、教育、鼓励工作;加强安全措施,维持好场内、外次序,做好医务工作;根据比赛进程,在必要时调整比赛秩序;组织好闭幕式等。

(五)运动会结束后的工作

运动会结束后,要整理好运动成绩和记录等资料,有条件和有必要时编印成绩册,清理好场地、器材和各种用具,做好运动会工作总结等。

任务三　趣味运动会组织与策划

一、趣味运动会概述

(一)趣味运动会的起源

趣味运动会是运动会的延伸,在传统的运动会项目中,一般以竞技体育项目为主,对参与者的体能和技巧的要求特别高,需要长时间的训练,才能掌握一定的技巧。这只能适合少数从事体育运动者,而不适合全民运动。

　　为更好地开展全民健身活动,更有针对性地在企业内部开展员工体育活动,在 20 世纪 90 年代初,由广东省人民政府授权广州体育学院对传统的体育运动项目进行研发和改良,通过修改规则,降低运动项目的体能、竞技要求,以达到锻炼身体、娱乐身心,营造气氛的效果,从而变成趣味运动项目。后来,在项目设置上融入大量的户外拓展培训项目元素,使项目更能体现团队间沟通、合作性;在比赛模式上,以田径运动会的形式操作,使活动更具整体性,现场气氛更热烈。

　　(二)举办趣味运动会的意义

　　随着越来越多的人对趣味运动会的了解,很多企事业单位把它当成内部员工锻炼身体,增进感情,建立企业文化的一种手段或者途径。

　　对企业来说,趣味运动会是近几年来企业新兴的一种企业文化活动。企业趣味运动会把员工从日常繁重的工作中解脱出来,让员工彻底抛开工作中的压力,让快乐不再压抑,让信心从此增强,把力量悄悄凝聚。企业趣味运动会兼顾了趣味性与团队性,即竞技、娱乐、健身等综合于一体的全新趣味训练活动,激发员工团队协作、敢于拼搏、永争第一的精神,运动中享受快乐,欢乐中得到收获。

二、趣味运动会的特点

　　(一)高度安全性

　　传统竞技体育比赛项目一般竞技性比较强,危险系数比较大,而且在日常活动中,一般的参赛者都是非专业人士,没有经过专业的指导,对器械的安全使用知识缺少了解,再加上自己的动作不规范,参赛过程中很容易造成运动意外事故的发生。而参加趣味运动会则不需要有这样的考虑,趣味运动项目一般都比较简单易学,不需要经过专门的训练,比赛过程中的器材大部分都是充气类、布质类、木质类器材,危险性较低,并且对选手的专业技能也没有特别要求,比赛规则也简单易懂,比赛筹备的时候又充分考虑到了组织安全问题,会有医务人员跟随在侧,从而能够保证每个参赛者的安全。

　　(二)全面参与性

　　由于传统竞技体育比赛一般都是单纯强调技能、速度等,比较单调、乏味,很多人都不愿意参加。运动会的举办就起不到组织者想要的效果,既浪费人力物力,又会使员工产生厌烦抵触心理。而趣味运动会则不然,由于组织趣味运动会的目的就是以趣味为中心,把参与者对运动快乐的体验作为首要的理念,在充分考虑员工运动的业余性基础之上设计而成,所以可以吸引更多没有体育基础的员工参与。

　　(三)丰富互动性

　　传统竞技体育比赛追求的是更高、更快、更强,是对人类运动极限的挑战。在比赛现场只能看到运动员在赛场上奋力拼搏,观众在场下呐喊助威,虽然一直倡导观众和运动员互动,却很难实现。这样就没有让观众真正参与进来达不到完美的现场效果。而趣味运动会的比赛项目可以弥补这一点,由于它的比赛规则简单和比赛的安全性,加上我们倡导快乐体育的理念,在比赛过程中参赛者和观众可以进行真正的互动,让他们也真正参与其中,为自己的代表队加油呐喊,让参赛者在大家的鼓励中取得更好的成绩,同时活动的啦啦队,也增强了集体荣誉感。

(四)观赏共融性

传统竞技体育比赛项目中也具有观赏性的项目,如篮球、足球、网球比赛等,但还是吸引不了那些对篮球和足球不感兴趣的人。中国的体育是举国体制,虽然中国在很多竞技体育项目上是体育强国,但中国的大众体育运动的开展非常薄弱是不争的事实,因此达不到真正意义上的全民健身。而趣味运动项目新颖,观众不仅能观赏趣味项目比赛,还可以融入他们当中去,既是运动员又是观众。参赛者在比赛过程中"洋相"尽出,整个赛场到处都洋溢着他们愉悦的笑声。

(五)组织便利性

传统体育比赛的发展相对来说比较完善,对场地的要求,对裁判水平的高低,以及比赛规则要求都非常严格,而趣味运动会比赛项目对这方面的要求则非常灵活,对场地的要求,运动员的要求,以及裁判水平都要求不高,甚至企业员工自己都可以做裁判,组织比较便利。

三、常见趣味运动会项目

项目一:动感五环

【参赛人数】每队 5 名队员,3 男 2 女。

【比赛器材】充气五环,全套护具。

【比赛方法】比赛开始前,比赛器材置于起跑线后。1 名队员立于比赛器材内,4 名队员在外掌控方向,扶住比赛器材。裁判发令后,5 名队员通过协调配合使比赛器材在跑道上行进,赛程为 60 米。以各参赛队所用比赛器材触及终点线所在垂直平面为计时停止,用时少者名次列前。

项目二:疯毛毛虫竞速

【参赛人数】每队 4 人,2 男 2 女。

【比赛器材】填充毛毛虫用具。

【比赛方法】比赛开始前,4 名队员骑在比赛器材上,双手把住固定把手立于起跑线后。裁判发令后,4 名队员通过协调配合使比赛器材在跑道上行进,赛程 60 米。以各参赛队所用比赛器材触及终点线所在垂直平面为计时停止,用时少者名次列前。

项目三:流水作业

【参赛人数】每队 4 名队员,2 男 2 女。

【比赛器材】运球架,球,球筐。

【比赛方法】每队 4 名队员,0 号队员为递球手和捡球手,1、2、3 号队员为运球手。比赛开始前,0、1 号队员站在起跑线后,2、3 号队员分别站在距起点 15 米线和 30 米线处,终点放置一个空球筐。裁判发令后,0 号队员将球放到 1 号队员运球架上,1 号队员迅速行进至 15 米线处,将球传递到 2 号队员运球架上,2 号队员用同样的方法传递给 30 米线处的 3 号队员,3 号队员将球传递至终点球筐内。在这期间已完成传递的队员应迅速返回相应起点再接球,再行进,再传球,以此类推。以最后一球落筐为计时停止,用时少者名次列前。

项目四：车轮滚滚(财源滚滚)

【参赛人数】每队 4 人,2 男 2 女。

【比赛器材】战车履带。

【比赛方法】比赛开始前,4 名队员双脚分别跨于比赛器材两边外侧立于起跑线后。裁判发令后,4 名队员通过协调配合拨动比赛器材向前行进,赛程 60 米。以各参赛队所用比赛器材触及终点线所在垂直平面为计时停止,用时少者名次列前。

项目五：运转乾坤

【参赛人数】每队 4 名队员。

【比赛器材】乾坤球。

【比赛方法】比赛开始前,4 名队员托举比赛器材过肩立于起跑线后。裁判发令后,4 名队员通过协调配合使比赛器材在跑道上行进,赛程为 100 米。以各参赛队中的任一队员的身体任意部位触及终点线所在垂直平面为计时停止,用时少者名次列前。

项目六：环环相扣(贪吃蛇)

【参赛人数】每队 4～8 名队员。

【比赛器材】环环相扣。

【比赛方法】比赛开始前,参赛队员分别系上腰带立于跑道两端的起跑线后。裁判发令后,A 端第 1 名队员首先出发,行进至 B 端,B 端第 1 名队员用快挂连接到该队员的腰带上。连接好后,两名队员共同向 A 端行进与 A 端第 2 名队员连接,连接好后共同向 B 端行进……以此类推。赛程为 N 米(根据场地大小而定)。待全部队员连接成功后,以各参赛队中的所有队员全部通过 A 端终点线所在垂直平面为计时停止,用时少者名次列前。

项目七：雷霆战鼓

【参赛人数】每队 4 名队员。

【比赛器材】雷霆鼓,活力球。

【比赛方法】比赛开始前,4 名队员分别持雷霆鼓的四个把手(雷霆鼓上放置一活力球)立于起跑线后。裁判发令后,4 名队员通过协作使活力球跳动起来,并向终点行进,赛程为 60 米。以各参赛队中的任一队员的身体触及终点线所在垂直平面为计时停止,用时少者名次列前。

项目八：脚踏实地

【参赛人数】每队 1 名队员。

【比赛器材】专业鞋、大脚垫。

【比赛方法】比赛开始前,队员穿好鞋在起跑线后做好准备,裁判发令后,队员用穿好的鞋去粘取跑道上其他的大脚,以粘取跑道上所有的大脚并顺利通过终点线为计时结束,用时少者名次列前。

项目九:袋鼠运瓜

【参赛人数】每队 4 名队员。

【比赛器材】袋鼠服,西瓜球。

【比赛方法】每队 4 名队员,裁判发令后,A 端 1 号队员抱球跳向 B 点,将球交给 B 点 2 号队员后返回起点取球;2 号队员抱球跳向 C 点,将球交给 C 点的 3 号队员后返回 B 点接球;3 号队员抱球跳向 D 点,将球交给 D 点的 4 号队员后返回 C 点接球;4 号队员抱球跳向终点,将球放进球筐后返回 D 点接球。赛程为 60 米,以最后一球落筐为计时停止,用时少者名次列前。

项目十:快乐偶人

【参赛人数】每队 1 名队员。

【比赛器材】木屐。

【比赛方法】比赛开始前参赛队员站在木屐上,立于起跑线后。裁判发令后,参赛队员提着木屐向前行进,赛程为 40 米。参赛队员到达终点时,以队员身体任一部位触及终点线所在垂直平面为计时停止,用时少者名次列前。

项目十一:协力竞走

【参赛人数】每队 4 名队员。

【比赛器材】协力竞走器。

【比赛方法】比赛开始前,4 名队员双脚固定在比赛器材上立于起跑线后(第 1 名队员握住安全把手,后面的队员将手依次扶在前方队员的肩部)。裁判发令后,参赛队员通过协调配合在跑道上共同行进,赛程 60 米。以各参赛队所用比赛器材触及终点线所在垂直平面为计时停止,用时少者名次列前。

项目十二:众星捧月

【参赛人数】每队 10 名队员。

【比赛器材】雷霆鼓,活力球。

【比赛方法】比赛开始前,10 名队员分别拉住雷霆鼓的 10 个延长把手,另有 1 名队员负责放置活力球。裁判发令后,开始原地颠球,在规定的时间内,颠球次数多者名次列前。

项目十三:摸石过河

【参赛人数】每队 1 名队员。

【比赛器材】过河石。

【比赛方法】比赛开始前,参赛队员立于起跑线后的第 1、第 2 块河石上,手拿第 3 块河石。裁判发令后,队员依次将河石踩在脚下交替向前行进。赛程为 N 米(根据场地大小而定)。以参赛队员的任一脚踩在越过终点线所在垂直平面的河石上为计时停止,用时少者名次列前。

四、趣味运动会策划方案实例

案例 3

××公司趣味运动会策划方案

一、活动主题：团结，拼搏，感恩，快乐

二、活动组织机构

主办单位：××公司

承办单位：××企业管理（南京）公司

三、活动举办时间和地点

时间：暂定 6 月

地点：南京奥体中心体育馆

四、活动目的

为了加强公司企业文化建设，培养公司员工的团队向心力，同时也为了丰富大家的文化生活，加强各支行员工之间的交流，公司领导特倡议举办此次趣味运动会。

五、参赛对象和报名办法

参赛对象：中国银行江苏省分行的全体员工

报名办法：以支行为单位报名参加

六、奖励办法

单项奖：按每个单项成绩排名予以奖励，取前三名。

团体奖项：按每个代表队的积分成绩予以奖励，取前三名。

七、开幕式

1. 领导嘉宾就座

2. 各代表队入场

3. 升国旗奏国歌

4. 领导致开幕词

5. 宣布运动会开幕

八、趣味运动会比赛项目

1. 车轮滚滚

比赛方法：每队需要队员 5 人。比赛开始前，5 名队员双脚分别跨于比赛器材两边外侧立于起跑线后。裁判发令后，5 名队员通过协调配合拨动比赛器材向前行进，赛程 40 米。以各参赛队所用比赛器材触及终点线所在垂直平面为计时停止，用时少者名次列前。

规则重点：一定要整个车轮通过终点线才能停下来，选手必须通过手的传递让车轮前行，如果出现拖动向前，视为犯规。

注意事项：把体力最好的选手放在最后面，比赛过程中选手脚步要慢，手要快，保持一定的距离，以免四个人都挤在最前面。

2. 袋鼠运瓜

比赛方法：每队需要队员 3 人，3 队同时进行。裁判发令后，1 号队员抱球跳向 B 点，将球交给 B 点的 2 号队员后返回起点取球；2 号队员抱球跳向 C 点，将球交给 C 点的 3 号队员后返回 B 点接球；3 号队员抱球跳向终点，将球放进球筐后返回 C 点接球。赛程为 36 米，以最后一球落筐为计时停止，用时少者名次列前。

规则重点：选手只能在自己所属的距离内运瓜，瓜落地需自己捡起，同时不许干扰其他人比赛。

注意事项：比赛前袋鼠服一定要穿好，有的衣服可能大，需要及时调整。跳跃过程中一定要两脚并拢，以免摔倒受伤。

3. 背球接力

比赛方法：每队需要 6 名队员，两人为一小组进行接力，3 队同时进行。比赛开始后，两名队员用背部夹住 1 个气球，从起点出发绕过终点的标枪再回到起点，然后把球传给下一小组的队员，3 小组轮换后，最快的一组为获胜队。

规则重点：在运球的过程，不能用双手抱球，球从中间滑落后必须原地捡起继续比赛，同时捡球的过程不能影响其他人比赛；比赛过程中用手扶球和拿球跑均视为犯规，所取得的成绩将被判为无效。

注意事项：参赛选手最好双手被扣，这样更利于侧行而不至于背后的球掉地。

4. 协力竞走

比赛方法：比赛开始前，器材置于起跑线后，参赛队员双脚固定在行走器上，第一名队员握住安全把手，后面的队员将手依次扶持在前方队员的肩部。裁判发令后，参赛队员通过协作配合在跑道上共同行进，赛程为 35 米，以比赛器材的前端触及终点线所在垂直平面为计时停止，用时少者名次列前。

规则重点：每组选手必须在自己的跑道内前行，如果进入另一组跑道影响其比赛，视为犯规。

注意事项：比赛前一定要把脚牢牢固定在协力器上面，比赛进行中，每组后面的选手不要用力推前面的队友，以防摔倒。

5. 拔河比赛

九、闭幕式

1. 各代表队集合

2. 领导讲话

3. 宣布比赛成绩

4. 颁奖

5. 运动会结束

十、所需器材

开幕式器材：彩虹门 5 个；氢气球 16 个；充气柱 8 个；航架 2 个；喷绘 30 张；条幅 16 条；音响设备 2 套。

比赛器材：车轮滚滚器 10 套；袋鼠运瓜服 12 套；接力球 6 个；协力竞走器 4 套；拔河绳 2 根。

辅助器材:秒表 10 块;风机 6 台;积分表 3 份;喇叭 5 个;哨子若干;画线车 1 台。

十一、人员配备

检录员 6 名;法令员 2 名;计时员 10 名;记分员 6 名;后勤员 5 名;各队负责人 1 名。

资料来源:根据网络有关资料改编

任务四 拓展活动策划

一、拓展活动概述

拓展训练(Outward Development)又称外展训练(Outward Bound),原意为一艘小船驶离平静的港湾,义无反顾地投向未知的旅程,去迎接挑战和战胜困难。拓展训练通常利用崇山峻岭、瀚海大川等自然环境,通过精心设计的活动达到磨炼意志、陶冶情操、完善人格、熔炼团队的培训目的。

拓展训练起源于第二次世界大战。当时,盟军在大西洋的船队屡遭德国纳粹潜艇的袭击。在船只被击沉后,大部分水手葬身海底,只有极少数人得以生还。英国的救生专家对生还者进行了统计和分析研究,他们惊奇地发现,这些生还者并不是他们想象中的那些年轻力壮的水手,而是意志坚定懂得互相支持的中年人。经过一段时间的调查研究,专家们终于找到了这个问题的答案:这些人之所以能活下来,关键在于这些人有良好的心理素质。于是,提出了"成功并非依靠充沛的体能,而是强大的意志力"这一理念。当时德国人库尔特·汉恩提议,利用一些自然条件和人工设施,让那些年轻的海员做一些具有心理挑战的活动和项目,以训练和提高他们的心理素质。1942 年,库尔特·汉恩的好友劳伦斯成立了一所阿德伯威海上训练学校,以年轻海员为训练对象,这是拓展训练最早的雏形。

第二次世界大战以后,在英国出现了一种叫作 Outward Bound 的管理培训,这种训练利用户外活动的形式,模拟真实管理情境,对管理者和企业家进行心理和管理两方面的培训。

由于拓展训练这种非常新颖的培训形式和良好的培训效果,很快就风靡整个欧洲,并在其后的半个世纪中发展到全世界。训练对象也由最初的海员扩大到军人、学生、工商业人员等各类群体,训练目标也由单纯的体能、生存训练扩展到心理训练、人格训练、管理训练等。

二、拓展训练在中国的发展

1970 年,中国香港地区成立了香港外展训练学校,这是中国第一个加入 Outward Bound 国际组织的专业培训机构。1994 年,内地第一所专业的体验式培训机构——北京拓展训练学校创办,并将其体验式培训产品命名为拓展训练。拓展训练以独特的培训模式和新颖的培训项目,给国内的培训领域带来了前所未有的震撼。经过一段时间的发展,培训机构犹如雨后春笋般的增长。目前,在国内比较正规且形成规模的拓展培训机构已有数百家,而参与组织拓展训练或"类拓展训练"的机构,包括户外运动俱乐部、管理咨询公司等已超过千余家。1999 年,拓展训练和学校教育有了第一次亲密接触。北京大学、清华大学的 EMBA 学员也把拓展训练纳入课程体系之中,让学生到拓展培训公司参加拓展活动。目前,国内院校纷纷把拓展训练作为指定课程内容。

三、拓展训练的特点和作用

拓展训练是一种体验式培训,其着眼于团队精神的熔炼,考验个人意志,个人以及组织可以从中获得多方面的收益。拓展训练作为现代教育的一种新的表现形式,注重从心理发展、人格形成角度等方面对学员进行培训。通过体验式拓展课程,学员可以建立自信、勇气、创造力、积极的人生观等品质,培养领导才能、自我管理、互助合作、战胜困难、与人和谐相处的能力。拓展训练主要具有以下特点。

投入为先:拓展训练的所有项目都以体能活动为引导,引发出认知活动、情感活动、意志活动和交往活动,有明确的操作过程,要求学员全情投入才能获得最大价值。

挑战自我:拓展训练的项目都具有一定的难度,表现在心理素质的考验上,需要学员向自己的能力极限挑战,跨越心理极限。

熔炼团队:体验团队的力量,增强团队成员的责任心与参与意识,树立相互配合,相互支持的团队精神和群体合作意识。

高峰体验:在克服困难,顺利完成训练项目要求以后,学员能够体会到发自内心的胜利感和自豪感,获得人生难得的高峰体验。

自我教育:培训师只会在训练前把课程的内容、目的、要求以及必要的安全注意事项向学员讲清楚,活动中一般不进行讲述,也不参与讨论,充分尊重学员的主体地位和主观能动性。

通过拓展训练,参训者在以下方面有显著的提高:认识自身潜能,增强自信心,改善自身形象;克服心理惰性,磨炼战胜困难的毅力;启发想象力与创造力,提高解决问题的能力;认识群体的作用,增进对集体的参与意识与责任心;改善人际关系,学会关心,更为融洽地与群体合作等。

四、拓展训练项目与课程

拓展训练的课程主要由陆、海、空三类课程组成。陆地课程利用各种训练设施(如高架绳网等)开展各种团队组合课程及攀岩、跳越等心理训练活动;水上课程包括游泳、跳水、扎筏、划艇等;野外课程包括远足露营、登山攀岩、野外定向、伞翼滑翔、野外生存技能等活动。下面列举几种常见的拓展训练项目和课程。

(一)拓展训练项目

1. 毕业墙
项目简介:所有人通过合作,翻越一面 4 米高的墙。

目的和意义：计划性，明确的分工，沟通与合作。

2. 蜘蛛网

项目简介：每人均需穿越一张大小不一的蜘蛛网。

目的和意义：计划性，明确的分工，信任与合作。

3. 大脚板

项目简介：团队所有成员一起利用两条长板从起点走到终点。

目的和意义：平衡感、沟通与协调。

4. 过河抽板

项目简介：团队所有成员利用若干油桶和木板从起点走到终点。

目的和意义：团队责任及执行力。

5. 泰山绳

项目简介：团队所有成员在规定的区域内转移到指定的另一区域。

目的和意义：尝试与挑战，信任伙伴，合作与支持。

6. 生化危机

项目简介：团队所有成员在规定的时间内安全将"核弹"转移到指定的另一区域。

目的和意义：尝试与挑战，信任伙伴，合作与支持。

7. 拆炸弹

项目简介：团队在规定的时间内将炸弹安全拆除。

目的和意义：团队协调与分工。

8. 孤岛生存

项目简介：珍珠岛的队员在规定的时间内将另外两个岛的队员成功转移到珍珠岛。

目的和意义：角色互换，相互理解。

9. 信任倒

项目简介：每一队员站在离地 1.8 米高的平台，合起双手，向后直倒下去，下面会有同伴们的手臂将你接住。

目的和意义：信任、承诺，克服恐惧，团体对个人的支持。

10. 生死电网

项目简介：所有队员在规定时间内利用一根竹子成功翻越一张网。

目的和意义：计划性，信任与合作。

11. 同心石

项目简介：所有队员站在一个非常小的平台坚持一段时间。

目的和意义：打破思维定式，团队协作。

12. 怪兽过河

项目简介：团队所有队员创造出一个怪兽并造成一个整体，从 A 点到 B 点。

目的和意义：打破常规思维，领导与配合。

(二) 拓展训练课程

1. 新老员工融入团队课程

课程目标：减少新老员工之间不必要的矛盾和磨合成本，有效处理新老员工之间的冲突,加强新老员工之间的信任度与沟通,认识团队合作的重要性,树立团队概念。

培训对象:企业或组织中的新老员工团队。

项目设置:地面项目＋室内项目。

2. 应届毕业生新入职场训练

课程目标:提高应届毕业生岗前培训质量,帮助毕业生度过"现实震荡期",有效解决应届毕业生就业流失率高的问题。

培训对象:高校应届毕业生

项目设置:

A 组合:高空项目＋地面项目＋水上项目＋室内项目

B 组合:高空项目＋地面项目＋室内项目

C 组合:地面项目＋室内项目＋水上项目

D 组合:地面项目＋水上项目

E 组合:地面项目＋室内项目

F 组合:地面项目

3. 领导力才能拓展训练营

课程目标:提高领导者的能力,增加团队中的管理层人员在非工作状态下的有效沟通,形成积极协调的组织氛围;树立互相配合、互相支持的团队精神和整体意识;提高时间与任务管理技巧以及分析解决问题的能力;提高领导和协调事务的能力。

课程内容:罐头鞋、盲人方阵、孤岛生存、空中单杠、野战项目等。

4. 团队凝聚力拓展训练课程

课程目标:提高团队凝聚力,加强团队合作。

培训对象:公司员工、院校学生等。

课程内容:野战项目(丛林夺旗战、斩首行动组、歼灭战等)、信任背摔、毕业墙等。

五、拓展训练方案策划实例

案 例 4

×× 公 司 团 队 体 验 式 拓 展 训 练 企 划 书

(一)前言

企业飞速发展离不开团队管理的理念,特别是在新的形势下如何把公司的核心理念带给每一位员工显得尤为重要。共同的价值观和理想、共同的团队精神、共同的公司使命,都是成就成功事业的基石。相反,缺乏团队协作意识、缺乏核心理念,团队就如一盘散沙,不能把事业做强做大,同时还会造成人员的流失,整体成本的增加。那么,在此种情况下,如何加强信任,建立沟通渠道,达成共识,创造团队凝聚力以满足现在企业发展的需要显得尤为重要。

受 ×× 公司的委托,太鼎企管特别设计了这套培训课程,希望能够帮助公司点燃员工心中的激情,学会运用团队合作的方法和心态,创造佳绩。

（二）课程设计思路

训练对象：公司的员工及部分干部。

训练主题：熔铸激情团队，创造事业辉煌。

训练目标：

（1）培养积极向上、奋发进取的心态。

（2）重新思考与同事的关系，学会站在对方的角度看问题。

（3）培养执行力和纪律性，服从团队统一安排，遵守共同的承诺与约定。

（4）学会独立思考，发挥潜能以促进个人能力的突破，创造激情团队，迎接艰巨挑战。

训练时间：一天一夜

特别安排：如有可能，请老总参加，并在结束时做一次动员演讲，可起到画龙点睛的作用，将训练成效引入高峰。

（三）课程设计架构

第一篇　团队建设篇

（1）破冰活动：认识你真好

（2）团队领袖竞选：如何展示领袖魅力，让人倾力拥戴？领导者应具有何种素质，才能带领团队达到目标？

（3）团队组建

确定队名，"师出有名，战无不胜"。

设计团队标识、口号和队歌，打造精神符号。

确定队规，构建团队规则。

设计"代号"，放下过去，融入现在。

搭建精神象征，展示团队风采。

第二篇　团队行动篇

你能否真正认识团队？如何使你的团队成为训练有素的高效作战团队？团队的成功取决于有强烈荣誉感、责任感并敢承担责任，战胜自我，善于合作与共赢的人。

1. 团队信任关——信任背摔

五尺高台折射出心中隐而未现的世界，透视到内心隐而未现的心智模式，让你体验到未曾意识和思索到的对自己和他人的认识和理解。信任是一个永恒的主题，充分的沟通与交流是建立信任的平台，而信任是合作的基础。

2. 团队融合关——过沼泽

团队成员如何沟通、交流与合作，亲密无间、同舟共济为达到目标而努力？在热烈、紧张的氛围中，你和你的团队在不知不觉中成为紧密的整体，彼此之间默契融合，亲密靠近，也包括你们的心。要能够接纳别人，让团队成为紧密的整体。

3. 团队组织关——穿越封锁线

面对纵横交错、充满"危险"的"电网"，你和你的团队可能要经历"生命"的考验和无数的挫折，面对看似不可能完成的任务，如何计划与决策？如何共同探讨做事观念和方法，如何调配现有资源？团队中需要不同的角色；任何缺乏组织的行为都可能导致团队任务失败。

4. 团队执行关——有轨电车

一人不动则全队不动,一令不统则步调不齐,作为团队领袖你要思考团队的执行力如何体现?如何创造行动迅速、整齐划一的团队?

5. 团队勇气关——空中抓杠

站在摇摇晃晃的 7 米圆台,面对前方"遥不可及"的目标,是信心、意志和勇气的较量,是心灵的震荡和感悟。每个人都应能够站在不同角色认识自己,理解他人,并从挑战自我中获得心灵的震荡和感悟。"一个终生向着目标前进的人,整个世界都会为他让路。"

6. 团队共赢与奋进篇——毕业墙

在面临困境时如何求得生存和胜利,使团队中的每一个人都能突出险境?要完成任务,你一个人做不到,而团队可以做到。为达成团队目标,每个人都应奋勇争先,相互支持与合作,共同成功与共赢。没有完美的个人,只有完美的团队。

第三篇　团队心声篇

(1)拓展奥斯卡盛典:在拓展训练活动后,将举行隆重的结业典礼。经历了一天一夜的洗礼,体会真心英雄的感觉。

(2)中国结:所谓学习是指我们忽然之间明白了原本就知道的道理,只不过是以一种新的方式。在中国结上记下你的感悟,留下你永恒的记忆。

(3)手语舞:感恩的心,人需要有一颗感恩的心。不知道感恩就不能长久,不懂得感恩就不能快乐。以互相感恩为主题,以特别的方式传达激动人心,激荡心灵的效果,让学员久久回忆,不能忘怀。

(四)训练流程安排(略)

(五)训练保证

训练保证包括训练公司的专业能力、教练队伍、训练安全保证、训练基地环境等方面。

资料来源:根据网络有关资料改编

知识链接

智力运动与世界智力运动会

世界智力运动会是由国际智力运动联盟(IMSA)发起,旨在扩大包括桥牌、围棋、国际象棋、国际跳棋、象棋等棋牌类智力运动项目在世界范围内普及和影响的国际性体育赛事。第一届世界智力运动会 2008 年 10 月在中国北京举行。

智力运动是智慧与艺术的结合,也是文化交融的纽带,看似轻松的对局却蕴含着无穷的变化和人类文化的精髓。在保持竞技体育精彩对抗的同时,智力运动使"体育"的含义变得更加丰富、完整,增添了无尽的魅力。

智力运动伴随着人类文明的出现和发展演化成一种高级的文化资产,成为人类智慧的精彩演绎和完美结晶。纵观人类文明发展趋势,智力运动可以说是人类综合竞技运动的最高形态。从角斗场的残酷,运动场的碰撞,直到当今智力盛会的博弈,智力运动在保持竞技体育精彩对抗的激情下,使人类终于超越了体能的界限,共同走进智力运动殿堂。

世界智力运动会是人类历史上第一次将桥牌、国际象棋、围棋、国际跳棋以及象棋这五个在世界范围内，历史最为悠久、传播最为广泛、影响最为巨大的智力运动项目整合在一起举办的综合性运动会，这不仅在体育界是一次创造性的盛会，同时也是一次内涵丰富、规模宏大的人类传统文化与心灵智慧的交流。世界智力运动会的成功举办，必将推动智力运动在世界范围内的进一步发展，吸引更多的人了解、喜爱并投身智力运动，启迪智慧、陶冶情操，追求身心和谐的完美意境。

智力运动作为一种娱乐休闲活动，在世界各国都有其深厚的历史渊源。《孟子·告子上》记载，战国时期就有："弈秋，通国之善弈者也。"可见两千多年前，智力运动在中国已经相当普及。而随着现代竞技体育事业的迅速发展，人们逐步认识到，无论体力运动还是智力运动，二者的关系不是对立的，而是相辅相成的。就像运动员在进行体力运动时需要智力的指导和支持一样，在进行智力运动时同样也需要有良好的体力作保障。如今桥牌、国际象棋都是拥有上百国家或地区会员的国际单项组织，象棋、围棋的爱好者以亿计数，市场开发成熟，大赛奖金可与其他著名的商业运动赛事媲美。通过世界智力运动会的举办，象棋、国际跳棋等项目跨越了地区的"屏障"，进一步走上世界的舞台。此外还有扑克、麻将、象棋等智力运动也拥有广泛的群众基础，很可能成为将来智力运动发展的新空间。

由于东西方文化的差异，这五项智力运动展现的文化各具特色，各有千秋，像围棋、象棋更多地体现的是东方的文化和哲学，而国际象棋、跳棋、桥牌等则更多地体现的是西方的文化。正如首届智力运动会所弘扬的理念"文明有源，智慧无界"，任何文明可以找到它的发源地，但智慧不分种族、不分肤色、不分国界，它可以碰撞交融，促进整个世界的整合。

国际智力运动联盟成立于 2005 年 4 月，时任世界桥牌联合会主席的法国人乔斯·达米亚尼担任联盟首届主席，联盟设执行委员会负责目的与决策。

为充实奥林匹克大家庭，乔斯·达米亚尼主席提出了举办智力奥运会的初步设想，国际奥委会对这一设想表示支持，希望先行举办世界级的智力运动赛事，弥补智力运动没有国际性综合赛事的空缺。为此，经国际智力联盟倡导，于 2006 年正式提出并积极运作的一项国际赛事，将与奥运会在同一年份在奥运会举办城市举行，每 4 年一届。

第一届世界智力运动会选择在中国举行是因为：首先，象棋、围棋这些智力活动有史以来在中国就有着相当的群众基础。其次，由于中国政府的重视和推动。近些年，国际象棋、国际跳棋、桥牌等在西方比较盛行的活动在中国的发展也非常迅速。最后，与其他国家不同，中国对于各项智力运动实行的是统一管理，这也从组织管理方面促成了首届世界智力运动会在中国的举行。

资料来源：节选自百度百科．http://baike.baidu.com/view/877161.htm

复习题

1. 简述文体活动的主要分类。
2. 谈谈现代奥运会的起源、性质和意义。

3. 田径运动主要有哪些项目?

4. 趣味运动会有哪些特点? 举办趣味运动会有何意义?

5. 结合实例,谈谈拓展活动的主要功能。

实 训 项 目

成立项目组,策划一个简单的文体活动方案。

参 考 文 献

1. 刘嘉龙. 休闲活动策划与管理. 上海:格致出版社,2011

2. 百度百科. 奥林匹克运动会. http://baike. baidu. com/view/5020. htm? fromId＝1251,2013-03-06

3. 钱永健. 拓展. 北京:高等教育出版社,2009

4. 轩特拓展训练. 上海轩特拓展训练. http://xtteam. b2b. qieta. com/

学习目标与要求：

　　了解高尔夫、海钓、游艇、邮轮等高端休闲活动的基本特点，掌握高尔夫、海钓、游艇、邮轮等高端休闲活动策划的基本要领，能够集体或者单独策划一个简单的高端休闲活动方案。

任务一　高尔夫赛事活动策划

一、高尔夫概述

　　"高尔夫"是荷兰文 Kolf 的音译，意思是"在绿地和新鲜氧气中的美好生活"。高尔夫球是一种以棒击球入穴的球类运动。如今，高尔夫球运动已经成为贵族运动的代名词，它是一种把享受大自然乐趣、体育锻炼和游戏集于一身的运动。

　　高尔夫球俗称小白球，用橡胶制成的实心球，表面包一层胶皮线，涂上一层白漆。球的直径 42.67 毫米，重 46 克。高尔夫运动是一种室外体育运动。个人或团体球员以不同的高尔夫球杆将一颗小球打进果岭的洞内。大部分的比赛有 18 洞，杆数最少的为优胜者。英国公开赛、美国公开赛、美国大师赛和美国职业高尔夫球协会锦标赛是高尔夫球界的四大满贯赛事。

　　高尔夫球普遍被视为苏格兰人的发明，今日的高尔夫球 18 洞制度亦由苏格兰制定，当地亦有全球历史最悠久的高球会，被视作苏格兰国粹。

二、高尔夫球场与装备

（一）高尔夫球场

　　高尔夫球场一般设在风景优美的草坪上，中间需要有一些天然或人工设置的障碍，如高地、沙地、树木、灌丛、水坑、小溪等。球场的形状没有统一的标准。高尔夫球场包括会馆、标准球场、练习场及一些附属设施,球场的主要规格有 9 洞和 18 洞,需根据场地和球会要求决定。正规 18 洞球场划分为 18 个大小不一、形状各异的场地,每块场地均由发球台(开球台)、球道、果岭和球洞组成。标准球场的总长为 5943～6400m,宽度不定,球场四周应有界线,关键地段设有界桩。

1. 会馆

会馆也称高尔夫俱乐部,多设于球场的入口处,是为球员提供休息、更衣、餐饮的场所。会馆前设有停车场,并且一般常设置可供球员登高远望的观景点,也是为满足上层社会进行社交、娱乐、运动、旅游等需求的场所。

2. 发球台

发球台是每个球道击球的开始,一个球道常包括 3 个远近不同的发球区,分别为女发球区(比男发球区接近果岭 20%)、男发球区及比赛发球区(位于开球区后离果岭最远处),有时也将 3 个发球场合并成一个大的发球区。发球区应高于四周地势,以利于雨天排水。

3. 球道

球道是球场中面积最大的部分,是从发球区到果岭所经过的路段,球道两侧是起伏的地形或树丛,使球道和球道相分离。球道为宽阔的草坪,球员一般能够在发球区看到果岭。根据运动员的击球距离,常在落球区和果岭周围有计划地设置沙坑、水塘、小溪等障碍物,用于惩罚运动员不正确的击球,并提高比赛的刺激性和激烈程度。

4. 果岭

果岭是每个球道的核心,是球洞所在地,球被打入球洞后,也就是该球道的结束。果岭的面积为 111～2545 平方米,形状有圆形、椭圆形等,高度比四周地势高 30～100 厘米。

5. 练习场

练习场是供初学者学习打球的地方,可以设在城市中或高尔夫球场附近。

模拟高尔夫是现代高科技在休闲娱乐领域的一个成功应用项目。它利用计算机图形图像处理技术将国际标准高尔夫球场资料装入系统静态存储器中。当系统运行时,计算机便自动将该球场资料输入系统内部动态存储器,并通过超大屏幕投影仪将球场景观逼真地投射到打球者前面的耐撞击银幕上,使打球者有一种身临球场的感受。打球者根据计算机球童的建议,选择合适的球杆,像在球场上一样,把球打向果岭区的旗杆。球飞出后,测量系统立即将球飞出的速度、角度、旋转方向及转速等数据传递给系统主机,计算机便可计算出球飞行的距离、弹道及落点,并在银幕上将球飞行的轨迹显示出来,然后将画面推进到落点处,让打球者在落点处继续打下一杆,直到将球推入球洞。目前国内最大、最专业的厂商是北京鹰搏蓝天科技有限公司,生产研发、销售以及售后服务已有 10 年的历史。

（二）球童

如果以对打球者的辅助作用为标准判断,球童应该是高尔夫运动中最重要的"装备",尤其对业余高尔夫爱好者来说。球童是高尔夫球场上运动员成绩的记录者、球员的陪同和辅助以及球场的即时维护者。合格的职业球童要经过严格的培训和考核,内容包括:掌握高尔夫运动的技巧和规则,熟悉场地上每一个球洞的长度、通道上障碍区的特点、果岭的地形地势以及当地的天气、风速等。球童需要帮助来到一片陌生场地的球员尽快地熟悉场地,为球员参谋制订打法和战术,为球员每一杆的决定提出最合理的意见。

（三）球具

高尔夫球具主要包括球杆、球、球杆袋、球鞋、球帽、手套和服装等。最重要的首推球杆。同时高尔夫球具还包含球包。

1. 球杆

球杆由杆头、杆身与握把三部分组成,其长度为 0.91～1.29 米。有 14 种球杆,这 14 种球杆分为:4 根木杆、9 根铁杆和 1 根推杆。

（1）木杆多以柿木制成。依照其长度和杆夹斜面的角度可分为不同的号。号数越小,长度越长,球也打得更高、更远。木杆多在发球区使用,最常用的有 1、3、4、5 号杆,对初学者而言,3 号木杆较为适用。

（2）铁杆以软铁制作杆头,比木杆稍薄、小。它主要是用来控制短距离打击,铁杆可粗略分为长、中、短三类。长铁杆易于方向性的把握;中铁杆容易挥动,易于上手,适合初学者;短铁杆适用于在困难位置击球。

（3）推杆杆头也是由软铁制成,主要用来推球入洞。推杆可分为 T 形、L 形和 D 形,杆面平直是它们共有的特色。

（4）一套球杆由 3 支木杆(1、3、5 号)、9 支铁杆(3、4、5、6、7、8、9、P、S)和推杆组成。铁杆一般的情况下 3 号190 码、4 号180 码、5 号170 码……以此类推。标准的套杆一般都是 13 支,没有 3 号、4 号铁杆。

2. 球、球杆袋和球鞋

19 世纪初的球是用羽毛做芯,皮革做外壳缝制而成,不仅工艺难度大,而且正品率低。19 世纪 50 年代末出现了"橡胶球",这种球是用类似橡胶的杜仲胶制成。初为实心,后以固体物质或液体做芯。现代高尔夫球多用液体做芯,橡胶做外壳制成。白色的橡胶球表面有许多规则排列的"酒窝"式凹陷,以利于飞行和提高准确性。橡胶高尔夫球主要分为英式和美式两种。球的最大重量不超过 50.38 克。美式球的最小直径为 4.26 厘米,供美国国内使用。英式球的最小直径为 4.11 厘米,供英国、加拿大以及国际高尔夫球赛使用。

球杆袋多为皮制,口径约为 8 英寸,好的球杆袋应具有置杆平稳、质感平滑、整体骨架牢固等特点。但目前球包种类增加了多个种类:有 PU、PVC、尼龙布、仿尼龙布、真皮等材质。

球鞋的鞋底有 12 个左右的鞋底钉,可防止滑动,帮助选手挥杆时保持身体平衡。

3. 手套

在高尔夫球运动中,为改善握把效果,球手通常会戴上手套击球,通常右手型选手戴在左手上,左手型选手戴在右手上,而女球手一般左右手都戴。

高尔夫手套首先出现在美国。不过,初期手套并没有被高尔夫球手所接受,他们一直认为佩戴手套是一件画蛇添足的事情,甚至会影响手感。直到英国高尔夫名将亨利·科顿戴上高尔夫手套参加比赛,并3次获得英国公开赛的冠军,人们才开始认识到,高尔夫手套可以起到稳定握把的作用,由此开始了戴高尔夫手套的风潮。

高尔夫手套的材质基本上分三类:真皮、PU材质和布类。其中,真皮又分为:绵羊皮、山羊皮和其他皮。实际生产中可能同时利用几种材料。

真皮手套的手感好,可以提供最佳的握杆击球感觉,是高水平选手的选择,缺点是易损耗、难打理,而且价格最贵。PU材质手套的优点是价格便宜,但透气性和质感稍差。但一些高档PU具有部分真皮的性能,它们的柔软性和手感都非常好,部分专利产品的透气性也相当高,甚至可以透过水蒸气。当然这些产品的价格也已直逼真皮类的手套了。无纺布(超细纤维料)和超纤布的手套是最耐磨的,一般价格介于前两种手套之间。其缺点是穿戴时间长了,手套会变形。

三、高尔夫比赛规则

高尔夫球运动看重绅士风度的展现,对基本规则的认识更不能等闲视之。下面就高尔夫球基本规则、比杆赛与比洞赛的差异、对各种击球产生的状况进行正确判断和处理以及参加比赛注意事项等加以说明。

高尔夫是一项需要集中精神、强调技术控制能力的户外运动,选手以14个高尔夫球棍击球入洞,18洞为一轮,杆数最少者为胜。高尔夫与其他球类项目不同,很少固定比赛的场地,每个球洞的难易级别取决于它的距离。比赛的标准杆数往往是72,这也是我们所说的一轮比赛。通过4天4轮的比赛来决出胜者。

四、高尔夫运动在中国

相传在明朝,皇室有一种类似高尔夫运动的游戏,叫"捶丸",明朝时期所绘的"宣宗行乐图"也印证了此观点。它被描述为在走路的过程中用棍子击球的运动。这也是高尔夫起源于中国的唯一证据。

高尔夫运动在中国的发展起步虽晚,发展却相当迅速。高尔夫首次传入中国是在1916年,在1917年,上海虹桥高尔夫总会开始投入运营,这家球场是一个九洞的球场,不过后来很长时间这项运动在中国内地无声无息了。到了20世纪80年代中期,高尔夫再次在中国内地兴起,并以惊人的速度发展起来,现在中国内地已成为世界高尔夫球运动最具潜力和活力的地方。

1985年5月24日,中国高尔夫协会正式在北京成立,这是一家全国性的群众体育组织,其职能是宣传、组织广大群众积极参加高尔夫球运动;组织举办国际性比赛,促进国际交流;组织全国性的各类、各级竞赛和训练工作;拟定有关管理制度、竞赛制度和运动员、教练员、裁判员技术等级制度;组织教练员、裁判员、运动员的培训工作;选拔和推荐国家队教练员、运动员;负责组织国家队集中和参加比赛;组织科学研究工作等。

据不完全统计,目前中国现有约 600 个 18 洞高尔夫球场和数以千计的高尔夫练习场,而且,球场的数量每年以约 30% 的速度增长。中国山东南山国际高尔夫球场以 15 个球场,279 洞的规模,成为目前世界上单个球会球洞数量最多的球场;中国深圳观澜湖高尔夫球会,以 10 个球场,180 洞的球场和酒店、地产等综合投资近 50 亿元人民币的投资,成为目前世界单个高尔夫球会投资最大的球会;东方集团目前在国内各地已投资建设了 16 个 18 洞的高尔夫球场,成为中国最大的连锁型高尔夫球场的投资、建设和运行公司。

我国现在参与高尔夫球运动的人有 300 多万人,业余运动员 3000 余人,职业运动员 400 余人。但参与者、职业选手、业余运动员、教练员、裁判员、经理人和球童等专业人员在过去两年中以 40%～50% 的速度猛增。

高尔夫赛事方面,中高协主办和举办的国际国内正规比赛近 2 年已超过 120 次。其中包括汇丰冠军赛和沃尔沃职业巡回赛,欧米茄高尔夫世界杯等欧巡、美巡赛,同一亚洲巡回赛,韩巡赛,LET 欧洲女子巡回赛,LPGA 巡回赛,2012 年宝马大师赛等。汇丰冠军锦标赛和欧米茄世界杯赛的奖金数目前位居亚洲之首,这还不包括各个省、市、区体育部门和地方高尔夫协会等举办的各种类型的大、小比赛和活动。世界排名前 10 位的高尔夫球运动员多数都到中国参加过比赛。

促进高尔夫球运动衍生而来的产业链逐步形成。包括高尔夫媒体、教育、赛事活动,高尔夫博览会,高尔夫球具、用品,以及与高尔夫球运动相关的设备和制造业等。据有关资料表明,全球近 80% 左右的中、低端球具、球包、球服、球等高尔夫用品的产地在中国。最大类型的高尔夫博览会每年将由中高协主导在北京和广州等地举办。

五、国际著名的高尔夫赛事

世界高尔夫球竞赛大约分为三大体系,即男子职业高尔夫球巡回赛(PGA)、女子职业高尔夫球巡回赛(LPGA)及区域对抗赛的莱德杯和总统杯。男子职业巡回赛按规模、奖金和影响力可排序为:美国巡回赛、欧洲巡回赛、日本巡回赛、南非巡回赛、澳大利亚巡回赛和亚洲巡回赛。

(一)高尔夫球巡回赛

美巡赛是六个巡回赛中最有影响力的比赛,每年在美国大约要举行 45 个常规赛,每站比赛的总奖金在 500 万～530 万美元之间,美巡赛奖金排在前 125 位的选手才有资格报名参赛。而欧巡赛每年的赛事最多,大约有 50 多个,总奖金在 100 万～200 万美元之间,举办地遍布世界各地。日巡赛每年大约有 30 个比赛,每站总奖金在 100 万美元左右,比赛只在本地进行。南巡赛和澳巡赛规模相对较小,每年各有 10 站左右的比赛,每站比赛的总奖金也不低于 100 万美元。亚巡赛比赛数量更少,但近几年发展迅速,奖金数额也在不断提升,如与欧巡赛、澳巡赛、南巡赛挂钩的汇丰冠军赛,总奖金已达 500 万美元,而宝马、VOLOV 等公开赛总奖金也超过了 200 万美元。

(二)四大满贯赛

在所有职业比赛中,级别最高、影响力最大、人气最旺的比赛即美国名人赛、美国公开赛、英国公开赛和美国 PGA 锦标赛,该四项赛事被称为四大满贯。

美国大师赛(名人赛):1934 年创立,每年在佐治亚州的奥古斯塔球场(Augusta National Golf Club) 举行。美国名人赛可谓是世界高尔夫球比赛的最高水平。它具有特殊的参赛规定,其总奖金和冠军奖金是四大赛中最高的,它是四大赛中唯一场地固定的比赛。

美国公开赛:1895 年创立,由美国高尔夫球协会所主办,是高球界最具权威且最难获胜的赛会,职业与业余球员皆可参加。美国公开赛的全称是美国公开锦标赛,由美国高尔夫协会(USGA)主办。每年 6 月在美国的不同球场进行比赛。

英国公开赛:1860 年由英国高尔夫球协会开办,世上历史最悠久的高尔夫球比赛,每年 8 月举行,英国公开赛的全称是英国公开锦标赛,由皇家古代高尔夫俱乐部主办,比赛为分四天进行的比杆赛,共打 72 洞。

美国 PGA(美国职业高尔夫球锦标赛)锦标赛:由美国职业高尔夫球协会所主办,非会员无资格参加。PGA 锦标赛在四大赛中奖金总额第二位,每年 8 月举行。

（三）区域对抗赛

在世界区域团体对抗赛中,最具规模和影响力的比赛即每年一次的莱德杯和总统杯两大赛事。莱德杯赛是欧洲选手和美国选手的团体对抗,每次欧洲球队由欧巡赛奖金和世界积分排名最靠前的 10 位选手和队长指定的 2 名选手组成;而美国队则由单独的"莱德杯排名体系"确定 10 名选手和队长指定的 2 名选手组成。总统杯是除了欧洲选手以外的世界一流选手与美国队的对抗赛,其世界队和美国队的选拔方式与莱德杯相同,比赛的赛制也相同。

（四）世界女子巡回赛

世界女子高尔夫球巡回赛,主要由美巡赛、欧巡赛、亚巡赛、日巡赛和韩巡赛组成,美国女子巡回赛仍是影响力最大的比赛,全年在世界各地总共进行 30 站左右。每站奖金在 100 万～200 万美元之间。亚洲女子高尔夫球巡回赛共四站,分别是中国澳门、中国香港、中国内地、泰国。

六、高尔夫赛事策划实例

案 例 1

中国大学生高尔夫邀请赛方案

承办单位:珠海卓越高尔夫文化发展有限公司

竞赛时间:2010 年 1 月 5～8 日

竞赛地点:东方(厦门)高尔夫乡村俱乐部

竞赛项目:男子团体、女子团体、男子个人、女子个人

参加办法:

(1) 中国内地、香港、澳门和台湾地区可各派 2 支队伍参赛。每支队伍由 1 名领队、

1 名教练、4 名男运动员和 3 名女运动员组成。

（2）参赛运动员必须是各地在读的大专院校学生，年龄不超过 28 周岁且必须符合
R&A 规则有限公司颁布的 2008 版《业余身份规则》中关于业余身份的界定。

竞赛规则：比赛采用 R&A 规则有限公司颁布的 2008 年版《高尔夫球规则》以及竞赛
委员会制定的"比赛条件"和"当地规则"。

赛制：男、女 2 轮 36 洞比杆赛

团体比赛：每轮比赛中，各队成绩最好的三名男子运动员的成绩之和，成绩最好的
2 名女子运动员的成绩之和为该队在这一轮的成绩，以两轮成绩之和确定男、女团体名
次。如前三名的成绩出现并列，则先比较这些队最后一轮的成绩，总杆数少者名次在前；
若仍相同，则比较这些队最后一轮后 9 洞的成绩，总杆数少者名次在前；若再相同，则从这
些队最后一轮最后一洞开始，采取倒计数方式决定名次。

个人比赛：第一名出现并列时，采取逐洞延长赛的方式决定名次。如前三名（第一名
除外）的成绩出现并列时，则首先比较其最后一轮的成绩，杆数少者名次在前；若仍相同，
则比较其最后一轮后 9 洞的成绩，杆数少者名次在前；若再相同，则从最后一轮最后一洞
开始，采取倒计数方式决定名次。

奖励：

（1）对男、女团体前三名给予奖励。

（2）对男、女个人前三名给予奖励。

裁判员：

裁判员由组委会统一选派。香港、澳门和台湾地区各选派一名裁判员。该裁判员必
须通过 R&A 规则有限公司举办的 Rules School 或 Referee School 考试，并在报到时，出
具相关证书。该裁判员的食宿费用由组委会承担。

报名：各参赛单位须于 2009 年 12 月 5 日 18:00 前用 E-mail 方式进行报名至组委
会。报名表可以在 www.eiegolf.com 或 www.golfbox.cn 下载。

报到：

各参赛队须于 2010 年 1 月 5 日 17:00 前在福建省厦门市美都环岛酒店报到。

酒店地址：福建省厦门市莲前东路 711 号　电话：86-592-5928888

报到时需出具参赛运动员身份证明原件并缴纳报名费，每支参赛队报名费为 500 美元。

经费：

各参赛队编内人员在抵达比赛城市后的食宿费用由组委会承担。组委会为所有编
内参赛人员办理比赛期间的人身意外伤害保险（需各参赛代表队提供有效身份证明材
料）。

超编人员的食宿费用自理。组委会可以为其预约酒店。

一组球员被计时后，即使随后赶上前组或回到规定时间之内，该组球员已有的"延时"
记录仍然继续有效。

违反条件的处罚：

一次延时：裁判员对其进行口头警告。

二次延时：罚 1 杆。

三次延时：罚2杆。

四次延时：取消比赛资格。

注释：

（1）球员被计时前不会得到裁判员的提醒或警告。

（2）当裁判员认为已到球员击球顺序，计时即开始。

（3）如裁判员认为必要，可以给某个球员单独计时。

关于本赛事的其他信息，可以登录 www.eiegolf.com 或 www.golfbox.cn 进行查询。

本规程的解释权属本次赛事组委会，未尽事宜另行通知。

资料来源：根据网络有关资料改编

任务二　海钓活动策划

一、海钓

海钓是依据海洋中各种鱼类生活的海域环境形态、生活习性、栖移状况、季节与气候因素、觅食习性等情况，以钓具和饵料诱钓的钓鱼方法。海钓在欧美发达国家已有上百年的历史，与高尔夫、马术和网球被共同列入四大贵族运动而备受青睐。

我国海岸线绵延1800多千米，海鱼品种众多，常见的有70多种，主要钓品有黄鱼、鲈鱼、鳕鱼、海鲶、带鱼、石斑鱼、鳗鱼、黑鲷等。海水鱼类比淡水鱼类更凶猛，见饵即咬，因此比淡水钓更易收获。海洋面积广大，垂钓对象有暖水性、温水性和冷水性三种；按水体深浅，可分为上、中、下三层，鱼类多样，垂钓更具刺激性和乐趣。

海钓既是休闲也是运动。一名优秀的海钓选手，不仅要具备丰富的海钓知识，同时还要熟练掌握攀岩、登山、航海、游泳等技能，还要有负重行走的能力和吃苦耐劳的精神。

按照方式的不同，海钓可分为海洋底钓、海洋浮钓和海洋戏钓。

海洋底钓就是使用组钩，在钓组的尾部挂上铅坠，将钩、饵料直接坠入水底的一种钓法，多用于垂钓底层鱼类。

浮钓就是选用重量合适的铅坠，与浮漂的浮力合理配比，能使钩、饵恰好悬浮于水中的钓法。浮钓适宜垂钓中上层鱼类，如竹鱼、金色小沙丁鱼等。若风浪较大，宜选择偏重的铅坠，以免钓饵随波逐流。

戏钓如淡水戏钓一样，不必用浮漂与鱼坠，仅用海竿配以饵料或活的小鱼虾，由鱼线拖拉在水面迅速掠动，吸引游速较快的表层海鱼前来捕食。

二、海钓的技法特点

（一）海钓的海洋自然环境

海洋与淡水自然环境差别较大，首先是海洋有暖流、寒流，许多海鱼都有随季节流游动的习性，季节流还会带来大量有机物质和浮游生物，尤其寒暖流相遇之处，更是海鱼觅食的最佳场所。其次,海洋有潮汐的涨落。海水涨潮会把大量的有机物质和鱼带到岸边,此时更有利于垂钓;落潮后,则一般不宜垂钓。另外,早、晚海面相对平静,适宜垂钓。海上白天易起大风浪,甚至会危及垂钓者的安全,不宜垂钓。

潮汐对海钓的影响较大,一般涨潮及落潮期间,海水处于运动状态,此时的海鱼也在四处觅食,所以涨潮和落潮是海钓的最佳时期。特别在涨潮期,鱼儿咬钩频率可增加数十倍。

海风对海钓的影响仅次于潮汐,有风比无风好,有风时,风力搅动潮水运动,也增加了海鱼觅食的频率。风力的大小以三四级为好,连续几天大风之后平息下来,是海钓的好时机,因为海鱼在大风中几天未进食,海风平静下来后会特别饥饿,进食上钩率会成倍提高。

(二)海钓工具的选择

竿的不同是海钓与淡水钓的主要区别之一。海钓竿不论何种质地,都应有较强的硬度,并且都需配备绕线轮。海钓鱼线应稍粗,直径都应在 0.5 毫米以上,线长 60～70 米,分母(主)线、子(脑)线。因海上风浪较大,浮漂的传递信息作用不大,海钓中可省去浮漂,凭手中的颤动感或视觉来直接判断。海钓的钓钩应准备多枚,以适应不同鱼种的需要。

海竿的坠大多为活动式的,鱼吞钩后线自由牵动竿梢,鱼坠宜偏重。海竿中也有用死坠,各式诱鱼器一般为死坠。

(三)海竿的抛投方法

海竿主要用于海钓,也可用于淡水钓。根据海竿的特点,有以下几种投抛方式。

(1)上投式:两脚分开,脚往前站,身体重心偏至左脚,左手握线、坠。以 40°～50°角度,右手挥竿,左手将线坠抛出。采用此法坠、线摆动幅度小,落点准确,简单易学。

(2)斜投式:左脚后退半步,左肩后偏,双手同时握住海竿,竿与水平面呈 45°角。左手食指压住鱼线,重心落在右脚,竿梢从右手方往前挥。鱼坠通过头顶时,放开鱼线,使钩坠自然落入水中。此法不易掌握,需多次反复练习,一旦熟练后则可投远,目标准确,操作方便,尤其适合海钓。

除此之外,还有侧投、单臂投、坐投、跪投等多种方式。

(四)海洋钓位的选择

选择好了钓场,还需确定具体的钓位。海洋自然环境更为复杂,考虑钓位应综合多种因素,但有几条普遍适用的原则。

第一,应尽量避免浅滩。浅滩上日光充足,大多数鱼儿都有避光性,一般只有夜间和早晚才在浅滩活动。

第二,在海湾垂钓应选择滞水区。内海中的滞水区,包括河流入海口、生活码头、防波堤等。这些地方水底淤泥或砂石较多,水流缓慢,饵料丰富,一般鱼儿较多。

第三,岩礁垂钓应选拔面向海潮冲击的一面,即通常所说的潮表。潮表带来丰富的浮游生物,与岩石撞击时又会产生丰富的氧分,所以潮表亦是理想的钓点。

（五）海水船钓的方式

海水船钓有定点钓、放流钓和拖曳钓几种常用方式。

若近海区有人工渔场、海藻区或礁石群等优良钓位，垂钓者可驱船至这些场所，将船抛锚进行定点钓。

定点钓即用一般的垂钓方法，对象主要为近海底栖鱼类，如石斑鱼、黄鱼、海鳗、乌贼、章鱼等。

放流钓就是垂钓者居于船上，任由船随波逐流，鱼饵、鱼钩也在水中漂流，引鱼上钩。主要对象有带鱼、小黄鱼、海鳗等。放流钓可不用钓竿，只用一木质绕线轮即可，鱼饵一般应用活饵，如小鱼、虾、泥鳅等。

拖曳钓适于垂钓游速很快的大型鱼类，如鲨鱼、金枪鱼、鲣鱼、旗鱼等。拖曳钓需速度很高的快艇载着垂钓者，辅以电动绕线轮进行。小艇高速行进时，由垂钓者握钓竿，拖着特制的钓组，粗线、大钩、"飞机"浮漂等，所以称为拖曳钓。

（六）海钓钓饵

活虾是最常用的海水钓饵料，它们形体小，生命力强，易采集和保存，是多种鱼类，尤其是名贵鱼种所喜爱的食物。常作为饵料的活虾有斑节虾、沙栖对虾、沙虾、白虾等，个体大小以 10 厘米以内为最佳。虾分布在沿海的浅滩上，捕获简单。

捕获活虾时应准备捞虾网，设于海岸边，其间撒上剩饭菜、烂肉渣作钓饵，这样一次可有较多活虾入网。

选用活鱼作钓饵，主要是体形小、体色呈银白色的鲻鱼、弹涂鱼等。它们大多易捕捞，易被大鱼发现，也是广大钓鱼爱好者常用的钓饵。

三、海钓产业

海钓作为一项新兴产业，所包容的内涵非常丰富，大致可以从三个方面表现出来。

第一，海钓作为一项旅游休闲项目来说，它倡导的是一种全新的时尚休闲方式。首先，它有别于一般陆上其他类型的游览、观光项目，更多追求的是一种状态与境界，所涵盖的主体追求、心境体验、消费档次、人本文化等不是其他旅游项目所能替代和与之比拟的。其次，海钓作为一项互动、高雅、刺激的海上竞技运动，它的影响力足可与高尔夫、骑马、网球等其他三大贵族运动媲美，广受社会各个层面的推崇。再者，海洋游钓满足了人们渴望了解海洋、保护海洋、亲近海洋、体验海洋的心态，是岛屿旅游向海洋旅游扩展、观光型旅游向体验型、竞技型旅游转变的转型方式，它正引领着一种时代消费的新时尚。

第二，海钓正在成为海洋资源型旅游城市的一个经济增长新热点。它伴随的是整个地区性的海洋产业革命，世界性的海洋开发已经被提到各国的国家战略高度。在海洋游钓、潜水、游艇三大海洋休闲高端产品中，海钓最受热捧。海洋游钓摆脱了传统意义上的游玩，形成了"吃、住、行、游、购、娱"六大要素综合消费、多种资源整合利用、逗留时间长、重复出入频率极高的旅游产业链，对沿海城市的海洋旅游产品进一步调整结构、拉动产业链、完善产品体系等起着重要的影响作用。

第三,海钓成为沿海资源型城市一个很好的宣传平台和旅游产品的新亮点。海钓业的发展必定带来旅游和其他各个经济领域的开放,对目的地城市的经济、技术、文化交流将产生一定的影响力。从我国目前大连、舟山、象山、宁德、厦门、珠海等城市争抢各类海钓节庆赛事的举办权来看已足以证明了这一点。当然,海钓作为活动,还具有较强的聚焦功能,是宣传沿海资源型城市旅游产品和城市形象的有效手段。

四、我国海钓产业发展现状和特点

(一)我国海钓产业发展现状

海钓产业是风靡世界的休闲渔业,即集渔业、休闲游钓、旅游观光为一体的产业。在美国,受海钓带动的旅馆、餐饮、钓鱼、娱乐服务业等行业十分兴旺。而在中国,海钓产业刚刚起步,蕴含着巨大的市场潜力。

据不完全统计,中国有9000万人的钓鱼大军。按保守估计,大部分人每年钓鱼1~4次,人均消费约为100元,全年活动总消费达90亿元人民币。

我国海钓的产业化虽然时间不长,但在这十年不到的产业孕育过程中,已经经历了三个不同的发展时期。

第一阶段是初始阶段。从20世纪90年代末开始,以2000年4月底中钓协在广东珠海举办的国内有史以来首次"海钓产业发展研讨会"为标志,吹响了珠海市发展海钓经济的第一声号角,也掀开了中国海钓产业艰难起步的第一页。会议的直接结果是珠海成立了全国第一家海洋游钓俱乐部,并于2001年由珠海市政府承接了第一次在中国内地举办的亚洲矶钓友好大会。

第二阶段是初期发育阶段。2004年4月,由亚钓联中国理事王者兴先生发起,在浙江舟山举行了海峡两岸四地"海钓产业推进研讨会",针对我国海钓产业现行存在的体制与机制问题,掀起了全国性的企业与机构的艰难磨合,它的直接成果是促成了"2005亚细亚国际友好矶钓大会"在舟山的举办,并且把海钓俱乐部的经营机制直接推向了游钓市场。

第三阶段是发展阶段。2008年10月,在大连市长海县举行的第11届大连(长海)国际海钓节上,召开了我国海钓产业化提升的第三次论坛会议,确立了我国近阶段海钓产业化发展的基调,赋予了我国海钓产业现阶段新的内涵。会议认为,规范化、规模化的海钓基地建设将是推动海钓产业化发展的重要平台,产业经济由行业联合将逐步走向区域合作和利益集团化,从而指明了当前海钓产业发展的方向。

(二)我国海钓产业化发展基本特征

我国海钓业的基本产业特征主要表现在以下四个方面。

第一,海钓由早先的体育活动转化为目前的旅游体验形式,并把它提升到作为我国新时期倡导的一种全新生活方式的高度,这是一个重大的观念突破,也是作为产业基础的需求市场发育变化的一次根本性的转折。

第二,由单纯的钓鱼人个人行为提高到地方政府的产业行为高度,打造成城市品牌,延伸地方海洋旅游经济产业链。像舟山市提出的"舟山群岛——海钓天堂"、宁波市象山县推出的"中国渔山——海钓圣地"、长海县小长山乡打造的"黄海第一钓岛"等,海钓品牌城市形象初见成效。

第三,区域合作特征更加明显。由过去以行政区划为代表的岛屿一地服务,逐步走向以健全服务体系为重点的区域合作,以特定钓鱼资源为核心的区域服务网络布局正在形成。比如东海区的舟山与象山在同一区域统一对外的功能分工,环渤海大连与威海的不同定位等等。

第四,海钓业经营主体和服务对象发生重大变化。由以前的钓具店自然人招徕和散客的自发行为转向由旅游中介、休闲船队、海钓俱乐部等法人主体为主参与、并共同招徕和接待的一体化综合服务;参与活动的对象也由过去的特定爱好者逐步向旅游体验者扩展;经营主体的利益倾向也由利益主体更多地转向主体利益,企业抗风险能力增强。

五、海钓比赛方案策划实例

案例 2

2012 年全国海钓锦标赛(万宁站)方案

为确保 2012 年全国海钓锦标赛(万宁站)暨第三届海南万宁国际海钓精英邀请赛活动顺利进行,向世界展示万宁市独特的海岛海洋资源和美丽的自然风光,使海钓成为万宁的品牌赛事,结合万宁市实际,制订本方案。

一、比赛时间、地点

比赛时间:2012 年 12 月 15～16 日

比赛地点:港北港附近海域

二、办赛单位

主办单位:国家体育总局社会体育指导中心、中国钓鱼运动协会、海南省文化广电出版体育厅、万宁市人民政府

承办单位:省体育赛事中心、市文化广电出版体育局

三、活动主题:拥抱蓝色海洋,享受海钓激情

四、比赛项目:拖钓

五、参赛单位

以各省、自治区、直辖市、计划单列市及行业体协为单位组队参赛,港澳台地区亦可组队参赛,每队 4 人(含领队)。

六、奖项设置及奖金

奖金总额 30 万元,其中船长奖金额 5 万元。

(一)团体奖。奖励办法:奖励前八名。

(二)单尾重奖。奖励办法:两天渔获,最重一条鱼,奖金 1 万元。

(三)船长奖。奖励前八名。奖励办法:由运动队投票及两天渔获量总重排名产生。

(四)体育道德风尚奖。奖励办法:根据各代表队表现,评选六支队伍颁发体育道德风尚奖。

七、组织机构与分工

（一）组委会。下设综合协调组、竞赛组、策划宣传组、后勤保障组、安保卫生组、环境整治组，具体人员安排名单略。

（二）仲裁委员会（具体人员安排名单略）。

（三）资格审查委员会（具体人员安排名单略）。

（四）裁判委员会（具体人员安排名单略）。

八、主要工作安排

（一）新闻发布会。12月5日在神州半岛科芙沙滩俱乐部召开新闻发布会。

（二）比赛需钓船30艘，备用船8艘，12月12日前要按照比赛要求的规格与渔民签订船只租赁合同，并做好渔船改造工作。

（三）12月13日前完成对安全员、裁判助理的培训。

（四）12月14日前完成港北港及周边环境的整治。

（五）12月14日前完成比赛场地、重点路段沿途的氛围营造。

（六）于12月14日在万宁喜来登酒店召开全国海钓研讨会，联系人为肖××，方案另行制订。

（七）12月14日晚在兴隆景天剧场举行开幕式暨文艺晚会。

（八）12月16日晚在兴隆银湖假日酒店举行颁奖仪式暨答谢晚宴。

九、有关要求

（一）统一思想，加强领导。把本次海钓比赛作为当前推进海南国际旅游岛建设、提高万宁国际知名度和推介万宁旅游资源的大事来抓。各工作组和有关单位的领导要做到认识到位、工作到位、落实到位。

（二）明确任务，各负其责。各工作组和有关单位要明确工作任务，制订具体实施方案，切实抓实抓细各项工作。

（三）加大宣传，营造气氛。宣传部门要加大对海钓比赛的宣传力度。一是通过国内外相关媒体大力宣传万宁举办海钓比赛的优势、意义和相关新闻；二是通过多种形式在全市进行广泛宣传，让广大人民群众了解、支持和积极参与海钓相关活动。

案例 3

舟山东极休闲海钓基地策划方案

一、策划背景

东极是舟山群岛东端岛屿，同时也是中国海洋最东端的边境岛屿。东极诸岛远离舟山本岛，距沈家门45.5千米，陆域面积为11.7平方千米，拥有大小28个岛屿和108个岩礁。全镇现有在册人口6468人，下辖庙子湖、青浜、黄兴、东福山四个乡。庙子湖是东极政治、经济、文化中心，更宜体现文化、景点、综合甚至人居的"综合岛"发展定位。建设成为海岛特色的现代化综合性生态旅游新城镇，以发展休闲、旅游、观光等第三产业为主，集休闲、娱乐于一体的高品位港湾，是建立海钓、游艇水上活动和休闲渔业的理想基地。东极岛的海钓旅游资源经过几年挖掘，已相当成熟。

二、指导思想

（1）立足现在，着眼未来。按照东极岛的现有条件和发展趋势，先做现成、先做局部、先做精品，实施以小见大的战略。

（2）生态环保，持续发展。生态环保是海钓项目规划的永恒主题，海钓旅游开发尽量在不破坏景区、景物原生态的前提下进行，执行持续发展战略。

（3）突出特色，体现差异。实施产品的特色和差异化战略，创建属于自己的独特性的产品。

（4）以人为本，打造精品。设计精致产品、强化教育训练、严格管理行为，在实施各项工作规范化的同时，更多地倾注人文关怀，在细节上体现完美和品位。

三、海钓旅游开发优劣势分析

1. 优势

区域旅游环境优越。舟山地处长江口杭州湾外缘的东海洋面上，背靠以上海为龙头的长三角城市群，具有明显的区位优势。

鱼类资源类型丰富。东极镇同时地处中街山列岛东部，是舟山渔场的中心。舟山渔场是我国最大的渔场，素有"东海鱼仓"和"中国渔都"之称。附近海域有经济鱼类 100 多种，虾、蟹类 40 多种，贝类 32 种，藻类 25 种，其中可钓鱼类品种有黑鲷、真鲷、鲈鱼、虎头鱼、石斑鱼、白姑鱼等 20 多种。东极原生条件优良，岛礁海蚀地貌独特，是营造海钓度假旅游基地的理想条件。

基础设施较齐全。岛上水电、通信、有线电视、客运码头一应俱全，与舟山本岛享受同等基础设施条件，开发建设成本相对较低。已经局部开通了直升机航线。

海水条件。常年水清，一年具有 10 个月以上清澈的海水。

2. 劣势

东极海钓开发的制约突出反映在交通状况和可到达性上。每天只有一条运输船往返接送游客和居民，一次承载能力只有几百人，并且旅程时间过长，直接制约着东极海钓旅游的发展。东极岛一部分现有的旅游资源与其他岛屿具有雷同性，缺乏本身的独特性，需要整合周边区域知名度较高的旅游景区或项目，才能找到独特的市场卖点和突破口。

3. 机遇

以京津唐、长三角和珠三角为中心的沿海发达地区的休闲度假旅游市场发育相对成熟，海钓旅游已经成为目前国内旅游市场的新热点。作为整体全方位开发海钓项目，结合亚洲最佳海钓资源，东极岛已被列入市政府近、中期城市旅游规划中推出的第一批计划开发的岛屿之一。

4. 挑战

海岛旅游产品竞争日益激烈。本市享有盛名的桃花岛、秀山岛、蚂蚁岛等是东极岛最直接的现实竞争对手；此外，本省的象山、玉环、宁海等城市正在进行的大手笔海岛旅游开发，也将成为东极岛潜在的竞争对手，面对现实、面向未来是东极岛唯一的选择。当今，休闲度假旅游需求日益趋向多样化，游客消费也日趋理性化，旅游者对休闲、度假的环境、设施、节目、服务等方面要求也越来越高。

四、近期东极海钓项目开发定位

总体定位：海钓基地，度假天堂，综合度假岛——高品质的度假社区。

功能定位：海钓、度假、休闲、美食、娱乐

目标定位：

特色 1：国际海钓基地，庙子湖岛属于远离大陆的中街山列岛，水质清澈，渔业资源丰富，据称是亚洲最好的海钓场所之一，岩线长度及基质全国第一，定位为国际海钓基地。

特色 2："极地"度假，岛上空气清新，风光秀美，几乎没有工业污染，随着舟山岛屿旅游的发展，外海岛屿将以更为自然独特的形象提供给游人一个全新的感觉，由于其面积较大，因此完全有可能成为综合性休闲度假的理想之地，在此基础上可以突出"运动"（健康）概念、疗养概念、会所概念。

特色 3：渔家风情，结合海岛原住民的人文遗迹并经适当改造，可以从多角度体现目前已不多的海岛生活原生态。

五、海钓总体布局与空间分区

分区策划：主要由"原油库附近钓区、财伯公东侧钓区、机场下侧钓区、达直岙钓区、后岙钓区"五条精品线路构成东极岛的总体休闲海钓旅游格局（具体略）。

六、海钓景观功能组织分区设计（略）

七、海钓文化营造策划（略）

八、近期海钓建设项目（略）

资料来源：节选自东极休闲海钓启动策划方案．东极旅游网，http://www.dongjidao.com/Travel/News/n03091414.shtml，2010-03-09

任务三　游艇俱乐部的管理与设计

一、游艇概述

游艇是一种水上高级耐用消费品，它集航海、运动、娱乐、休闲等功能于一体，满足个人及家庭享受生活的需要。在发达国家，游艇像轿车一样多为私人拥有；而在发展中国家，游艇多作为公园、旅游景点的经营项目供人们消费，少量也作为港监、公安、边防的工作手段。游艇是一种娱乐工具这一本质特征，使它区别于作为运输工具的高速船和旅游客船。

按照游艇的功能，游艇可分为运动型游艇、休闲艇、钓鱼艇、商务艇、缉私艇、公安巡逻艇、港监艇等种类。严格地讲，后三种与游艇的性质相悖，但从建造规模、技术上讲与游艇相同，因此，有人也把它们归入游艇类。

运动型游艇一般为小型游艇，此类游艇一般设计时以速度作为卖点，而且价格较低，所以在年轻人中间非常有市场。

休闲型游艇大多为家庭购买，作为家庭度假所用。一般以 30 英尺到 45 英尺的游艇为主，设计时也是考虑到家庭使用的方便性，装潢时也以烘托家庭氛围为卖点，市场上游艇的种类也是以此类为主。

商务游艇一般都是大尺寸的游艇，里面装潢豪华，也可以说是豪华游艇，大多被用于商务会议、公司聚会、小型晚会等。

按照档次分,游艇有高档豪华游艇、家庭型豪华游艇、中档普通游艇及廉价游艇等。高档豪华游艇,艇长在 35 米以上,艇上装备有最现代化的通信和导航等系统。

二、游艇产业

随着经济的发展和居民生活水平的提高,游艇正在成为人们娱乐休闲的新消费品。特别是在发达国家,如美国、意大利、法国和英国等,各式各样的游艇需求越来越大,与此同时,这些国家又是游艇的主要产地。

从全球游艇市场总体看,美国、意大利、法国和英国等欧美国家主导着市场。从生产量看,美国每年建造休闲游艇 2 万艘左右,居世界第一位。2007 年仅美国国内,休闲游艇的建造生产企业就达 1100 家,与之配套的船用动力主机生产企业有 50 多家,休闲游艇生产建造企业及配套企业的就业人员达 50 多万人,生产企业和就业人员列居世界榜首。

目前中国内地共有游艇制造企业 320 家左右,主要分布在广东、浙江、福建、江苏、山东、湖北等沿海、沿江省份。产值超过 1000 万元的企业有 30 多家。有能力出口的有 200 多家。生产各种玻璃钢船艇制造者约有 280 家。游艇俱乐部有 54 家。目前,我国出口中型游艇价格在 200 万元人民币/艘,小型游艇从几十万元到 200 万元之间,50～60 尺的豪华游艇在 100 万美元以上。

游艇业作为新兴产业受到很多地方的高度重视,纷纷对游艇业的发展寄予厚望,把它作为城市品牌。辽宁、河北、山东、江苏、上海、浙江、福建、广东、海南等沿海和内陆水上旅游资源丰富且经济相对发达的省市游艇业已有所发展,其中以深圳、上海、青岛、日照等地发展较快。

2007—2008 年,全国各地的游艇界出现了三个热潮:第一个热潮是游艇产业规划热。很多城市做游艇产业规划,做水系景观规划。第二个热潮是游艇俱乐部建设热。过去很多游艇业更多的是在制造游艇,对游艇消费市场这块大蛋糕还没有足够的重视。从 2006 年开始,全国有很多地方开始建设游艇俱乐部或者规划游艇俱乐部。第三个热潮是游艇商务活动热。游艇作为一个高端的载体已经越来越被商务人士所接受,已经不是一个运动产品,而是一个休闲产品,也是一个商务公务的载体。所以,各地出现了游艇商务活动。

2009—2010 年世界休闲游艇市场仍保持着年均 7% 的增长率。到 2010 年时,世界休闲游艇市场的年需求将达到 332 亿美元。与发达国家平均每 171 人拥有一艘游艇相比,中国游艇的人均占有量仍有巨大提升空间。可以预计,随着经济的进一步发展,人们生活观念的逐步转变,游艇业将会在中国得到迅猛发展。

三、游艇俱乐部的创建

(一)游艇俱乐部概述

游艇俱乐部兴起于 18 世纪的英国,早期是为达官显贵中的船舶爱好者提供的一个船只停泊、修缮、补给的小船坞。随着工业文明的发展,小船坞的规模不断扩大,逐渐演变成一个社会上层人士的聚集地。原有的简单功能已经不能满足他们日益增长的娱乐、社交、商务等多方面的需要。于是,一个集餐饮、娱乐、住宿、商务、船只停泊、维修保养、补给、驾驶训练等多功能于一体的游艇俱乐部雏形应运而生。游艇俱乐部于"二战"后在西方发达国家蓬勃发展起来。

（二）游艇俱乐部的种类

1. 运动娱乐型游艇俱乐部

运动娱乐型游艇俱乐部的游艇多为中小型游艇,这类游艇以速度作为卖点,而且价格较低,主要满足运动娱乐的需要,因此对年轻人很有吸引力。俱乐部的经营以团体包租、按时收费为模式,中国台湾地区许多的游艇俱乐部就是这样,通过吸引会员加入组织度假、娱乐休闲服务活动开展业务,提供的活动包括水上训练、游艇驾照培训、公司年会、生日派对、朋友聚会等。

2. 休闲型游艇俱乐部

面向家庭市场,为家庭度假、聚会、垂钓休闲等提供服务。游艇长度一般以 30 英尺到45 英尺左右为主,俱乐部以烘托家庭氛围为卖点。由于许多家庭拥有自己的游艇,所以其服务模式以提供配套服务作为主要内容,如泊车务、代为管理游艇泊位、加油、海面救援、办理船舶证照、游艇翻新和修理等。在中国香港地区,许多游艇俱乐部船主兼会员,平时雇用长期看顾船的水手,或者聘用船长代为驾船并负责日常维修、保养、联络工作。每到假日,全家大小、呼朋唤友上游艇到外海休闲,选择平静水域停船下锚,放下小艇、摩托艇,或是戏水,或是上岸游玩用餐。

3. 商务型游艇俱乐部

商务型游艇俱乐部主要面向公司法人、高层白领、社会显贵阶层服务,一般提供综合性较强的娱乐休闲设施,包括豪华酒店、会议包租、高尔夫球场、健身、温泉等。绝大多数的豪华游艇俱乐部只对会员开放,而要想成为会员,需要先缴纳会费。俱乐部提供专业船长、日常保养、高档餐饮、娱乐等服务。这类游艇一般都是大尺寸的游艇,艇内装潢豪华、设施考究、服务精细,属于豪华档次游艇,一般为中上阶层人士、企业集团董事、富豪购买或租用,满足商务、会议、谈判、高层聚会、小型派对等需要。

（三）创办游艇俱乐部的条件

一是便利的区位条件。游艇俱乐部选址方面,要求具有便利的交通条件。一般来说,距离城市中心的车程最好在 1～2 小时之内。其地点多在海岸线、港湾、湖滨,那些拥有国际航线和进出口岸通道的港口,更方便周围城市的游艇爱好者进出。

二是较好的环境条件。游艇俱乐部要求周围的环境十分优美,既要求俱乐部内部有幽美的环境,也要求周围的风景绿化、景观配置、休闲氛围达到极佳水准。所以,海湾屏蔽、海面平静度、海潮区域、风力等条件适宜与否是建立游艇俱乐部的重要因素。

三是上佳的水体条件。水缓浪低,水质清澈,上佳的水位条件,在风浪、海浪较大的地方要求筑有防波堤。防波堤内要求港池平静,水域宽阔。

四是设施条件。基本设施:海上设施包括码头泊位、防波堤(甚至包含邮轮和客班轮停靠码头）、各式游艇、帆船和娱乐船等。游艇泊位基地要求能为出入基地的游艇提供加油、海面救援、办理船舶证照等多方位的服务。陆上设施多为配套服务所用。配套设施：陆上配套设施包括会所大楼、酒店大楼、酒店别墅、口岸联检楼、干船舱、游艇维修仓、露天游泳池、壁球、室内高尔夫球馆和网球运动场所、船舶驾驶操作培训基地、停车场等。

因此，游艇俱乐部提供的功能多种多样，大致包括：会所功能、餐饮—会议—健身功能、娱乐功能、水上运动培训功能、游艇停泊维护保养功能、休闲度假功能、商务功能、星级酒店功能，甚至还包括团体（或个体）旅游活动策划功能、水上生活功能、口岸联检功能等等，具体的配套项目及其提供的服务功能，往往要根据俱乐部本身的市场定位（会员对象、种类、经营特色等）进行确定。

（四）创办游艇俱乐部的流程

步骤一：基地选择与开发可行性研究。首先根据所在地的水域、陆域等条件确定游艇俱乐部的基地；然后调查当地社会高档消费群体的经济收入、休闲娱乐需求状况，进行项目开发的可行性研究，形成可行性分析报告。

步骤二：游艇码头规划与设计。咨询码头规划设计专家，就可行性报告的内容，着手游艇码头的规划设计，确定码头的结构样式、泊位数量、各类设施的功能布局以及投入资金数量、来源等。

步骤三：政府相关手续办理。通过公安部、交通部、海关等政府部门的批准，国际游艇俱乐部要求会所内设公安、海关、边检等窗口直接为游艇会员办理通关手续。

步骤四：工程施工的核算与计量。待码头规划设计完毕并通过政府批准审定，即进入工程施工与建造阶段。通过工程与施工的具体核算，确保码头按照预期投资匡算和规划所要求达到的功能、质量以及效果进行建造。

步骤五：游艇码头的经营与管理。码头工程施工完成并交付验收后，方可进入营运阶段。

四、游艇俱乐部的经营与管理

游艇俱乐部的经营模式较为普遍的是通过会员制手段吸引会员加入，以维持正常稳定的消费群体，主要涉及以下事项。

第一，确定游艇俱乐部所属的经营类型。俱乐部主要面向哪一类人群服务，一般有游艇爱好者俱乐部、商务型俱乐部、家庭休闲型俱乐部等类型。

第二，确定俱乐部营运的范围：俱乐部可以拥有多种多样的综合服务设施，从度假村、豪华商务会议酒店、游艇驾照培训到健身馆、高尔夫球场等，产生收入的来源很多。具体根据俱乐部的经营宗旨、市场定位而定。

第三，确定俱乐部如何开展活动：俱乐部可以举办各种各样的娱乐活动、大型国际赛事，根据季节、活动内容、活动空间等设计不同的航程和线路。

要做好游艇俱乐部的管理，应该做好以下几个方面的工作。

第一,制定本俱乐部会员章程,明确申请入会条件、会员享受的福利、会员类型等内容。

第二,确定收费标准、可以享受的服务内容。

第三,设立管理部门的运行架构,包括建立人力资源部、市场部、工程部、发展部、财务部、船务部、会员部、会所、酒店、运动休闲娱乐管理等部门,并明确各部门的职责、权限等。

第四,俱乐部营运期间有关营销、公司发展等管理措施。

五、游艇俱乐部的设计

1. 码头选址

码头的选址应该根据码头停泊的船型、地形、地质、地震、水文、水域、陆域条件等综合情况进行全盘的考虑。码头适宜选择在地质条件好、岸坡稳定的河段、滨江或滨海地带;水域水流平顺、有足够水深;陆域有足够的岸线长度与纵深,留有足够空间以布置前方作业区域,包括干仓(游艇陆上停放仓库)道路、会所功能区、维修和保养场地等。码头一般不宜选在桥头或河岸嘴下游易发淤积的区域,以免抬高项目投资费用,造成通航不便。

2. 码头结构

较大型的游艇码头需要固定桩柱、支撑设施、引桥及护岸。码头一般采用玻璃纤维增强塑料整体成型,按图纸要求组合各种形状,再用槽钢串联固定。对于水位变化不大的水域,可用浮码头结构设计,使之随水位涨落而升降,码头前沿的泊位甲板与水面间的距离基本保持不变。码头采用的设备包括系船设备(如系船柱、系船环),防冲设备(如护木、橡胶防冲设备),安全设备(备用装置、消防用品、应急物质),水电供应装置等。常用的泊船码头形式有驳岸式、伸出式、浮船式等。

3. 建设规模

游艇俱乐部的建设规模主要通过泊位数目和占地面积来确定。游艇泊位的数目,一般根据码头的专业性质、航线及设计船型(游艇、快艇、帆船、双体船、房船等)进行核算;占地规模主要涉及会所功能区面积、干仓维修和保养场面积、游艇上下水的吊装或拖车斜坡道面积,油料供应仓库面积等。40英尺(12米)以下的为小型游艇,介于40~60英尺(12~18米)的为中型游艇,60~80英尺(18~24米)的为大型游艇,而超过80英尺(24米)的就是超级游艇,或称豪华游艇。

4. 锚地的选择与布置

锚地的选择需考虑以下因素。

锚地底质:以泥质及泥砂质为宜,不宜选在走砂、淤砂严重的河段。

锚地水域:水流平缓、风浪小,适宜水深。

锚地位置:应尽量靠近游艇码头区,但不应占用主航道或影响船舶作业,锚地与桥梁、闸坝、水底过江管线应保持一定的距离。

5. 功能设施

游艇俱乐部提供的功能多种多样,一般包含餐饮、会议、健身功能、娱乐功能、水上运动培训功能、游艇停泊维护保养功能、休闲度假功能、商务功能、星级酒店功能以及团体旅游活动策划功能、水上生活功能、口岸联检功能等,具体的配套项目及其提供的服务功能,往往要根据俱乐部本身的市场定位加以确定。

　6. 防波堤

　　为确保游艇停靠区安全,有效抵御风浪侵袭,在游艇俱乐部的外围一般要建造半包围式防护堤,同时预留进出口航道。防波堤的主要建造材料为乱石或水泥预制件,按梯形截面斜角投放成型,高度一般为测得最高水位加 1.5～3 米。

任务四　邮轮旅游与邮轮中心建设

一、邮轮和邮轮旅游

　　古代邮轮是邮政部门专用的运输邮件的交通工具之一,并且同样运送旅客,但一般的邮轮均具有游览性质。

　　在邮递服务的初期,洲际的邮递服务都是依靠邮务轮船将信件和包裹由此岸送到彼岸,这些英国轮船往往需要悬挂英国皇家邮政的信号旗。1850 年以后,英国皇家邮政允许私营船务公司以合约形式,帮助其运输信件和包裹。这个转变,令一些原本只是载客船务公司旗下的载客远洋轮船,摇身一变成为悬挂信号旗的载客远洋邮务轮船,"远洋邮轮"一词便因此诞生。

　　由于后来喷气式民航客机的出现,远洋邮轮渐渐丧失了它的载客、载货的功能和竞争力;远洋邮轮的角色,亦由邮轮演变为只供游乐的游轮。所以严格来说,现在一些旅程或长或短的玩乐式邮轮,由于丧失了运输信件和包裹的功能,只能称之为游轮,而不是邮轮。

　　跟远洋邮轮不同的是,游轮通常不会横渡海洋,而是以最普遍的绕圈方式行驶,起点和终点港口通常是同一港口,旅程通常较短,少则 1～2 天,多则 1～2 星期。游轮旅游已成为国际旅游业的一个重要部分,每年全球的总载客量数以百万计。

　　现代邮轮是旅游性质的,就像是流动型的大酒店。船上娱乐设施应有尽有,是旅游目的地。这个行业目前在欧美规模庞大,有 300～400 艘邮轮,每天带着大量游客航行于加勒比海、巴哈马、百慕大、阿拉斯加、夏威夷、墨西哥湾、地中海和北欧等 100 多个国家和地区。

二、邮轮旅游的优势和特点

(一)时间成本优势

　　邮轮旅游非常便利,游客在旅游目的地之间旅游时,无须担心赶下一趟航班的问题、收拾行李的问题以及晚餐或夜总会预订的问题。邮轮就是漂浮于海上的度假胜地,能提供一切可以想象到的舒适、方便的感受和设施。一般在邮轮旅行的过程中,白天上岸观光,晚上起航,在游客休息的时间,邮轮就完成了地点的变换,同时航行的过程也是享受邮轮娱乐设施的过程,所以相对其他旅游而言,邮轮的时间成本优势巨大。

（二）服务品质的可控性

传统的旅行方式由交通、酒店、地接服务等多种服务内容和单位组合而成，服务品质参差不齐。邮轮是一站式服务，一条邮轮就涵盖了整个旅行过程中的方方面面，服务品质可控。邮轮一般都有非常丰富的娱乐活动，影剧院、卡拉 OK 厅、酒吧、商店、游泳池、餐厅、篮球场、阅览室等。随游客所需，船上还会安排各种让人应接不暇的活动，如歌舞表演或者派对等。况且，邮轮生活并非永不停歇，在沿途风景美丽的所在，船会靠岸，供游客上岸尽情玩乐一番，完全自由自在。

（三）超高性价比

邮轮旅游费用包括了餐费、住宿费、船上活动费、娱乐费和港口之间的交通费。家人、朋友、伴侣、单身者和度蜜月者都可以在梦幻般的假期中起航，并且无须受到假期计划的困扰。邮轮旅游作为独具魅力的海上航行，可以轻轻松松畅游各地，尽情享受高档设施，体验丰富的娱乐项目，达到松弛身心、感受尊贵、高品位生活的目的。

（四）悠闲的慢生活

邮轮是一个相对的封闭空间，可以避免外界干扰，完全放松。邮轮特殊的节奏加上公海上时常没有手机信号，使人处于一种专属自我的空间，此时，与同学、亲朋聚会，或是踏着邮轮迎向海风，如此的"慢生活"才是邮轮游的魅力所在。

三、我国邮轮产业的发展

邮轮旅游作为旅游业的中高端形式，在全球发展已经有多年的历史。据统计，一般游客在一个城市玩一天，大概花费 700 元；如果邮轮旅客上岸玩一天，平均的消费是 1371 元，大致是普通游客的一倍。

我国对邮轮新兴产业十分重视。2008 年 6 月，国家发改委下发了经国务院同意的《关于促进我国邮轮经济发展的指导意见》。2009 年 3 月，国务院常务会议首次提出"促进和规范邮轮产业发展"；同年 4 月，国务院同意内地公民从中国香港地区乘坐邮轮赴台湾地区旅游。2009 年 11 月国务院下发的《关于加快发展旅游业的意见》指出，支持有条件的地区发展邮轮、游艇旅游。2010 年 6 月，国家旅游局发布的《国际邮轮口岸旅游服务规范》开始实施，这是亚洲第一个邮轮专业行业标准。2011 年我国内地全年共接待国际邮轮 262 航次，接待邮轮出入境游客 50 万人次。目前，我国一共建成天津、厦门、上海和三亚四个邮轮母港，建设总投入达 45 亿元。

目前，我国大陆的邮轮经营大体可以划分为 4 个层次：①远洋豪华邮轮，主要是国际大型邮轮公司开辟的航线挂靠我国部分港口城市；②近洋邮轮和国内沿海邮轮，这方面近年来一直在进行尝试，运营的有上海—济州岛—长崎的歌诗达公司"爱兰歌娜号"（Costa Allegra）邮轮，海口（北海）至越南的"海洋公主号"邮轮，以及上海至普陀山的"假日号"邮轮；③内河游轮，其典型代表是长江的游船，经营以长江三峡游为代表的沿江旅游；④内河、湖泊内的较小型的游船。

邮轮经济分成上游和下游，邮轮的下游产业有港口的服务及旅游。例如，在"世界邮轮之都"迈阿密，每年有 4 万个就业岗位是为邮轮服务的。我国目前还停留在邮轮产业链条的下端，如餐饮服务、酒店用品服务和物流。邮轮产业中最赚钱的是上游的邮轮制造业，我国目前在运营的邮轮只有 274 艘，但每一艘都价格不菲，从 4 亿美元到 17 亿美元不等。目前，全球能够建造邮轮的只有四个国家，分别是挪威、意大利、芬兰和德国。

我国邮轮经济发展只有短短几年，已走过以国际邮轮入境接待为主的起步发展阶段，进入国际邮轮出入境旅游并举的快速发展阶段，邮轮度假、邮轮旅游日益成为中国游客可接受的新兴出游方式。在 2013 年 2 月出台的《国民旅游休闲发展纲要》中，我国已经将邮轮旅游、邮轮度假列入重点培育的旅游新产业。从 2013 年开始，国家旅游局将主办一年一度的中国邮轮产业发展大会暨国际邮轮博览会，还将启动编制《中国邮轮旅游经济发展总体规划》、确定我国邮轮旅游发展试点城市、建立邮轮旅游人才培训体系等多项基础工作。

四、邮轮中心规划与建设

邮轮产业链可以划分为邮轮的设计和建造、邮轮的经营、码头及配套设施的建设经营三个主要环节。由于邮轮所蕴含的西方贵族文化特征，目前的邮轮设计建造基本被欧洲国家垄断，而大型邮轮公司主要在北美、欧洲，亚洲只有丽星邮轮公司，其业务中心在新加坡，行政中心在马来西亚。对我国来讲，比较现实的是进行邮轮码头及配套设施的建设，同时在邮轮经营方面也有较大的发展空间。

如果把邮轮靠泊所需设施概括为邮轮中心，其内容应包括以下设施：专业的邮轮码头及附属设施；配套的餐饮、酒店、商店、银行、写字楼、休闲娱乐等服务设施；便捷的综合交通设施；物资供应及维修保障设施。

（一）邮轮中心的建设模式

国际上，通常邮轮中心的建设有如下两种模式。

一是政府投资、企业经营模式。政府作为基础设施进行邮轮码头建设，建成后由港务部门管理，并提供海关、安检等相关设施和服务。码头的经营由企业进行，可以是船公司、旅游企业等，实行租赁经营。在邮轮市场培育期，租金较低，待市场逐步成熟后，再调整租金，码头经营企业的风险较小，如美国奥兰多邮轮码头、旧金山邮轮码头等均采用这种方式。这种方式往往适合广义的邮轮中心模式，港口区域功能比较单一。

二是企业综合开发模式。由于政府资金有限或者政府不愿进行经营设施的建设，为了提高企业建设邮轮码头的积极性，并使码头经营企业在财务上具有一定的盈利能力和偿债能力，可以把码头及周边区域统一开发建设，以其他设施的收益补充码头收益的不足。新加坡邮轮中心就是非常成功的案例，政府将邮轮码头、部分后方设施统一由私人公司开发经营。同时，考虑到邮轮码头初期收益较低，将市场成熟、效益较好的渡轮码头放在邮轮城内,统一经营。另外,还有店铺的租金和盈利提成等多种措施保证邮轮码头的正常经营。

（二）邮轮中心规划设计要素

1.满足邮轮进出、靠泊的港口设施

虽然邮轮有大型化的趋势,但其吃水并不是很大,因此港口水域应尽量满足邮轮全天候进出港。另外。邮轮干舷以上部分很高。邮轮中心选址应保证具有足够的净空。

邮轮对码头结构本身没有特别要求,但需要设置便捷的上下船设施。多数邮轮码头都采用舷梯的形式,为适应潮位变化和舱门位置的不同,登船梯可以实现水平移动和竖直方向上的调节,使舷梯登船口和邮轮舱门保持对接。登船舷梯后方一般设置登船廊道,廊道上有多个登船口,后方与客运设施相连,可以形成便捷的上下船通道以及实现客运设施的封闭管理。

2.满足游客短暂停留、快速通过的客运设施

客运站是邮轮中心的必备设施,客运站内可以实现旅客的候船休息、行李取送、验票、安检、通关、上下船等。邮轮乘客一般携带行李较多。在管理方式上,旅客和行李一般是分离的,这和机场管理比较相似,不同之处在于机场行李是由旅客进行托运,邮轮上则需要由服务人员将行李送至旅客的房间。

3.便捷的对外交通联系

对外交通联系存在广义和狭义之分。

狭义的对外交通联系指具体的邮轮中心的对外交通联系,具体方式包括公路、城市铁路等,交通工具包括大型巴士、出租车、地铁等。对于广义的邮轮中心,邮轮码头只是旅客上下船的节点,只需通过交通工具实现到市区的快速集散即可,一般采用巴士或自驾车等;对于狭义的邮轮中心,除邮轮乘客外,往往还承担部分城市功能,需要考虑其他旅客以及市民的交通需求,因而在交通规划上需要综合考虑各种交通方式的便捷衔接,形成交通枢纽。

广义的对外交通联系指邮轮中心所在城市的对外交通设置,具体包括公路、铁路、航空、水运等,特别是对于邮轮母港,由于邮轮乘客来源广泛,往往对航空运输要求较高,单艘邮轮的载客量可以达到大型客机近10倍,邮轮中心的形成需要机场充足便捷的航班保障以及邮轮中心与机场之间交通、管理、票务方面的无缝隙衔接。

4.满足邮轮需求的配套设施

配套设施的设置应侧重人员服务和物资供应两个方面:对于邮轮公司、旅客需提供办公、金融、保险、交通、住宿、餐饮、娱乐等方面的综合服务,对于邮轮需提供食物、饮料、燃料、船上设施、维修保养等方面的综合服务。这是一个比较完整的系统,管理、服务、设施的布置应综合考虑。

5.需要考虑邮轮中心设施的综合利用

邮轮设施应考虑综合利用。邮轮发展初期,为满足邮轮靠泊需求,推动邮轮产业发展,需要建设一定的设施,而这些设施在初期往往利用率较低,经济效益较差,为了既满足国际邮轮靠泊要求,又兼顾经济效益,邮轮设施的综合利用是比较可行的办法,具体措施

可以考虑国际邮轮和国内客运兼顾,把邮轮中心打造成城市景点以吸引其他游客、本地市民,借以发展商业、娱乐设施等。通过这种综合开发的方式,使邮轮中心在满足邮轮产业发展的同时,在经济上具有生命力,实现邮轮中心的独立、健康发展。

五、邮轮旅游航线实例

案例 4

日本福冈、韩国釜山之旅

线路特色:

全球十大邮轮之一、亚洲最大邮轮"海洋航行者号",带你玩转亚洲。"海洋航行者号"游轮上的超大空间睥睨世界其他所有邮轮,船上设有各色餐厅、酒吧、精品店、图书馆、青少年活动中心、健身房、游泳池、真冰溜冰场、运动场和大剧院等,还有一条挑空四层的海上购物大街——皇家大道。2009 年 5 月翻修一新的"海洋航行者号",更是以其独有的冰上表演,溜冰场等多元化的娱乐,让您玩转快乐,放松心情。此外,"海洋航行者号"还与世界顶级动画电影制片巨头——梦工厂合作,共同打造全新的"海上娱乐王国"。

行程详情:

第 1 天

用餐:晚餐　住宿:Royalcaribbean LG 邮轮

起航时间:18:00 天津

于天津集中办理登船手续,搭乘 13.8 万吨最大豪华邮轮"海洋航行者号"从中国母港出发,开始令人难忘的海上旅程。上船后自由参观各项设施并参加游轮安全救生演习,随后开始您精彩的豪华邮轮日、韩之旅。

第 2 天

用餐:早、中、晚　住宿:Royalcaribbean LG 邮轮

海上巡游:盛大的宴会将在海上举行,从早晨之外到午夜连续不断供应的各式美味大餐,让您享尽口福。船上除了酒、烟要自行购买之外,其他的食物及正餐时的非酒精饮料都免费供应,让您吃饱、吃好。您还可以尽情体验先进的邮轮设施,想要感受全身舒畅,不妨到水疗按摩浴池享受具有镇静作用的按摩;当您想好好安静片刻时,也有许多气氛融洽的地方可供选择。例如,玩扑克牌与各种桌上游戏,也可以去图书馆沉浸在书海中,还可以体验各种大型娱乐活动、水下逃生表演等。孩子们也不会寂寞,从早到晚有专业人员督导的各式休闲活动,并依孩童的年龄从 3~17 岁分为五个等级,让您的孩子也可充分享受旅游的乐趣。这一切,都将成为您人生中的美好回忆!

第 3 天

用餐:早、中、晚　住宿:Royalcaribbean LG 邮轮　目的地:日本福冈

抵港时间:13:00　离港时间:21:00

福冈市有众多名胜古迹供您游览,有 8000 块热反射玻璃镶嵌成的,高达 234 米,从123 米高的瞭望室可以纵览福冈街市与博多湾的福冈塔。太宰府天满宫,是日本最著名

的神社之一,供奉着被视为"学问之神"的10世纪学者菅原道真,是求学祈祷的必到之地,还有"梅枝饼"等著名特产。枥田神社还有千年历史的古银杏树供您观赏。

第4天

用餐:早、中、晚　住宿:Royalcaribbean LG 邮轮　目的地:韩国釜山

抵港时间:07:00　离港时间:16:00

当地时间早上8点,游轮抵达韩国的第二大城市——釜山。釜山港是韩国第一大港口,以天然良港而闻名,釜山以具有国际水准的海滨公园而自豪,近郊有古寺、温泉。您可以自费参加岸上观光游,自己亲身感受一下釜山的魅力所在。16:00游轮继续起航。

第5天

用餐:早、中、晚　住宿:Royalcaribbean LG 邮轮

海上巡游:两天的上岸观光,您一定感到十分疲惫了。当天的海上巡游,您可以睡个懒觉,回忆一下旅途中的美好时光。"海洋航行者号"的娱乐设施相当齐全,一定会令你满意。盛大的宴会将在海上举行,从早晨到午夜,会连续不断供应各式美味大餐,还可以体验各种大型娱乐活动。

第6天

用餐:早、中、晚　住宿:Royalcaribbean LG 邮轮

天津靠岸时间:06:00

早上6点抵达天津,9:00开始下船后各自返回温馨的家,结束浪漫的邮轮旅行。

案例5

MSC 辉煌号欧洲4国浪漫之旅

线路特色:

1. 排水量13.8万吨的豪华邮轮"辉煌号",2009年7月13日投入服务,装修豪华设施齐全。

2. 海上八天七夜航行,在灿烂的阳光下轻松惬意地享受地中海美景。

3. 意大利最大的港口城市热那亚起航。

4. 西班牙加泰罗尼亚地区首府巴塞罗那。

5. 一天海上巡游,充分体验邮轮休闲生活。

6. 西班牙名城瓦伦西亚,世界文化遗产丝绸市场。

7. 法国马赛圣母守望院。

8. 意大利名城巴勒莫。

9. "永恒之城"——罗马。

10. 特别赠送米兰市区观光。

行程详情:

第1天

用餐:住宿(米兰)

北京—米兰

机场集合,搭乘航班起飞,到莫斯科中转到米兰(含飞机餐)。

中午抵达米兰,下午安排游览米兰的象征、世界第三大的米兰大教堂,参观厄玛努埃尔拱廊,然后回酒店休息。

第 2 天

用餐:邮轮美食　　住宿:邮轮

热那亚　18:00 起航

专车送往热那亚,办理登船手续,登上豪华邮轮,上船后,您可享用丰盛的午餐,随后参观豪华邮轮的各项设施并参加邮轮常规演习,在众人欢呼声中,这艘海上"巨无霸"开始起航。

第 3 天

用餐:邮轮美食　　住宿:邮轮

马赛/普罗旺斯(土伦),法国(靠岸 8:00　离岸 18:00)

普罗旺斯(Provence)位于法国东南部,毗邻地中海和意大利,从地中海沿岸延伸到内陆的丘陵地区,灿烂的阳光、蔚蓝的天空和迷人的地中海,令世人惊艳。随后会看到圣母守望院,圣母院是马赛的制高点,可以俯瞰整个市貌,之后到达 Longchamp Palace,一座极具历史纪念意义的堡垒,周围装饰着宏伟的喷泉、瀑布和花园,在此作短暂停留拍照。最后于旧港靠岸,您可俯瞰到整个壮丽的圣让堡垒和尼科拉堡垒的景色,守卫着码头的入口,以及市政府和马赛交通最繁忙的商业大道——加尼毕耶大道。

第 4 天

用餐:邮轮美食　　住宿:邮轮

巴塞罗那—西班牙　9:00 抵达　18:00 离港

没有了 Morning Call 的烦恼,享受完丰盛的早餐,您可凭栏远眺地中海的迷人风光或去参观为您安排的岸上观光景点:西班牙广场、翡翠山、奥林匹克运动场、科伦坡广场、贝尔港和哥特式大教堂等。回到邮轮上,享用丰富的晚餐后,您可以去豪华剧院观看免费的大型演出,或去赌场试试手气。

第 5 天

用餐:邮轮美食　　住宿:邮轮

瓦伦西亚(西班牙)　靠岸 9:00　离岸 18:00

瓦伦西亚是西班牙第三大城市,第二大港口,位于西班牙东南部,东临大海,背靠广阔平原,四季常青,气候宜人,被誉为地中海西岸的一颗明珠,市区人口 81 万,周边市镇 158 万。我们将参观瓦伦西亚的主要景点,外观瓦伦西亚大教堂、丝绸市场等。

第 6 天

用餐:邮轮美食　　住宿:邮轮

海上巡游

当日展开海上巡游。蓝色的大海向您敞开温暖的怀抱,观迎您的来访。您会在豪华巨轮上轻松愉快地发现人生喜悦,为您精心安排的节目,更让您不虚此行。盛大的宴会将在海上举行,从早晨到午夜连续不断供应的各式美味大餐,让您尽享口福,船上除了酒、烟要自行购买外,其他的食物及正餐时的大部分非酒精饮料都免费供应,让您吃饱、吃好。希望您永远不会忘记地中海海上的精美膳食,也不会忘记地中海晶莹清透的海水。

第 7 天

用餐：邮轮美食　　住宿：邮轮

巴勒莫　靠岸 8:00　离岸 17:00

巴勒莫宛如坐落在天然的圆形剧场"黄金谷"中，古代的罗马人、阿拉伯人、拜占庭人和诺曼人都曾在此留下足迹，整座城市融合了东西方文化，散发出独特而迷人的风情。主要参观融合诺曼式、哥特式、巴洛克式风格的巴勒莫大教堂、金碧辉煌的帕拉丁圣堂、精致的喷泉广场，处处彰显首府的典雅风华。

第 8 天

用餐：邮轮美食　　住宿：邮轮

罗马(奇维塔韦基亚)—意大利　9:00 靠岸　19:00 离港

乘坐专车途经著名的古罗马遗址，到梵蒂冈市与导游会合，参观圣彼得大教堂、罗马斗兽场、威尼斯广场等景点。

第 9 天

用餐：含船上早餐，午餐自理，含晚餐　　住宿：飞机上

热那亚　靠岸 9:00

抵达热那亚后，安排游览"水上城市"—威尼斯，前往威尼斯本岛，参观祥鸽群集的圣马可广场和集拜占庭建筑之大成的圣马可教堂、道奇宫、叹息桥，参观闻名古今的水晶玻璃工厂。乘坐威尼斯最具特色的交通工具——贡多拉。闲余时间您可以在岛上自由活动，悠闲地体会威尼斯多姿多彩的浪漫情调，然后前往机场搭乘豪华班机回国。

第 10 天

凌晨您将抵达北京，带着难忘的地中海豪华邮轮之旅回到您温馨的家。

资料来源：根据网络有关资料改编

知识链接

世界顶级游艇俱乐部联手海阳 组建太平洋帆船联盟

近日，海阳国际帆船俱乐部与美国底特律游艇俱乐部、欧申里弗俱乐部正式签约缔结为姊妹港和互访联盟，并举办峰会交流分享各自经营帆船游艇业的经验，探讨帆船游艇俱乐部未来的发展以及帆船游艇业的消费趋势。

之前，海阳国际帆船俱乐部已与美国的旧金山游艇俱乐部、圣法兰西游艇俱乐部达成相同协议，同时签署发表《太平洋母港计划》联合宣言。而作为宣言的延续，此次《太平洋母港计划》的规模发展到世界五家顶级的帆船俱乐部。

尽管烟台及海阳的帆船游艇产业正方兴未艾，海阳国际帆船俱乐部也仅处于建设阶段，但起步之初便与国际顶级俱乐部成功联手。

据悉，通过《太平洋母港计划》的实施，海阳俱乐部不但可以让国内外游艇爱好者都能够分享全球化的滨海度假资源及互惠服务，还可以在与国际顶级俱乐部的交流与学习中，为国内外的帆船游艇爱好者提供泊位使用、船艇配置、离岸、航行、船艇养护等便捷优质的服务，从而推动当地相关产业加速发展。

此后,海阳还将聚合包括中国、北美、欧洲、澳大利亚、东南亚等在内的最优秀的俱乐部资源,推进在全球范围内建立休闲姊妹港和互访联盟,把《太平洋母港计划》发展壮大。

事实上,海阳发展帆船游艇产业的优势远不止如此。中国内地海岸线虽然长达1.8万千米,但是真正适合滨海度假的仅500千米,并集中在山东半岛南线和海南三亚一线。而海阳恰好位于山东半岛滨海度假中心,并且港池拥有规模和水域优势,实现了60英尺帆船和150英尺游艇的通航。不仅能够满足国际国内大型帆船赛事需要,更具备停靠环球邮轮和水上飞机的条件。

此外,现代帆船运动被引入中国后,就在山东半岛生根发芽,百姓对帆船更加熟悉、更乐于参与,拥有这么一批坚实的群众基础,在海阳发展帆船运动也颇有优势。从海阳周边机场坐飞机一小时内能到达国内的京津沪,在拥有"1小时飞行生活圈"的同时,青烟威荣城际铁路的建成又使胶东半岛实现"1小时生活圈",这为海阳发展帆船产业提供了更广泛的群众基础。

世界顶级俱乐部

海阳国际帆船俱乐部位于海阳旅游度假区、第三届亚洲沙滩运动会举办区域内,东北紧临海阳市政府和中央商业区,经海青跨海大桥至青岛市中心,仅需50分钟车程。海阳国际帆船俱乐部致力为航海爱好者和度假人士提供船艇生活、家庭度假、航海学校、赛事组织等世界级全服务港居生活。

底特律游艇俱乐部成立于1868年,是北美最古老、最著名的私人俱乐部之一,并已被列入美国"国家史迹名录"。当前的俱乐部会所位于底特律贝尔岛公园河岸旁的一个私人岛屿上。建筑为地中海风格,竣工于1922年。

欧申里弗俱乐部位于美国迈阿密机场东南方向,陆地距离50英里。该俱乐部位于2000英亩(约809万平方米)的热带植被地区内,三面环水,从陆地、海上和空中均能到达,被誉为美国最高级的俱乐部社区之一。

旧金山游艇俱乐部是北美洲太平洋沿岸最古老的俱乐部,成立于1869年。俱乐部认为航海是帆船游艇俱乐部的灵魂,因而重视发展各种水上运动及青少年帆船运动员的培养,在帆船、动力艇和赛艇等各项水上运动方面成绩卓著。

圣法兰西游艇俱乐部成立于1927年,位于美国旧金山湾畔,最初由21位旧金山航海玩家发起。俱乐部每年举办超过40场赛事,包括每年9月举行的年度大帆船系列赛。俱乐部船员在美洲杯帆船赛等知名帆船赛中屡获佳绩,并曾夺得奥运会奖牌。

资料来源:水母网.世界顶级游艇俱乐部联手海阳 组建太平洋帆船联盟.http://news.shm.com.cn/2012-07/29/content_3832569.htm,2012-07-30

世界著名邮轮公司

嘉年华邮轮公司

嘉年华邮轮公司成立于1972年,公司的创始人是Ted Arison,当时他用1美元买下一艘名为Mardi Gras的邮轮,同时也承担起它所有的债务。不过,日后这条船却成为嘉年华船队的功勋邮轮。公司旗下拥有荷美邮轮公司、歌诗达邮轮公司、Seabourn邮轮公司、Cunard和Windstar邮轮公司,它们都作为公司的一个个品牌独立经营。嘉年华邮轮公司已经发展成为全球第一的超豪华邮轮公司,除"假日号"和"庆祝号"这两艘在20世纪80年代投入运营的船,其余30条均是7万吨以上的豪华邮轮。嘉年华的船有80%以上全年航行于加勒比地区,对热爱明媚阳光的人来讲无疑是极好的度假选择。嘉年华邮轮想要带给游客的真正含义是"快乐之舟"。它的服务对象主要是年轻的乘客和嘉年华邮轮公司的会员。

皇家加勒比邮轮公司

美国皇家加勒比国际邮轮公司是世界第二大邮轮公司,成立于1969年。在1970年投入了第一条邮轮"挪威歌曲号"。20世纪80年代末之前公司的市场主要是加勒比地区,现在除继续在百慕大、墨西哥、夏威夷等地区航行外,阿拉斯加和欧洲也列入了其拓展范围。皇家加勒比的客户群主要定位在中产阶级。每年的营业额高达40亿美元,共有28艘豪华邮轮,在全球65000个地方都有邮轮的停泊港。公司2004年下水的"海洋珠宝号",流线型外形和精巧富有艺术气质的装潢,极其夺人眼目。船上配有溜冰场和高尔夫运动设施,并且专门为不同年龄段儿童设计了船上和船下活动。每年4～11月航行在欧洲地区。

丽星邮轮公司

丽星邮轮集团为世界第三大联盟邮轮公司,连同旗下挪威邮轮、NCL美国、东方邮轮及邮轮客运,共有20艘邮轮。航线遍及亚太区、南北美洲、夏威夷、加勒比海、阿拉斯加、欧洲、地中海、百慕大及南极。丽星的总部在新加坡,其亚太区霸主的地位不容撼动。丽星邮轮最大的优点就是提供的饮食多元化,船上的演出很丰富,不论是语言沟通还是文化交流都能得到东方客人的认同。所以,对于第一次搭邮轮游玩的人来说是很适合的。此外,发展海上会议服务也是丽星积极开拓的业务项目。它能够提供世界级的饮食及娱乐设施、各式各样的会议室,可满足不同团体举行商务会议的需要。

公主邮轮公司

公主邮轮公司始创于1965年,由一家最初专门经营墨西哥水域航线的邮轮公司,发展成为今天国际知名、每年多达80多万人次选乘的公主邮轮公司。公主邮轮提供灵活及切合个人需要的餐饮服务及娱乐设施。在满载2000多名乘客的邮轮上,游客不会感到迷失或拥挤,因为公主邮轮公司的船在具备大船的设施和气派之余,更保留了小船的温馨及亲切气氛,极适合全家度假和新人举办浪漫的海上婚礼。另外,个人化选择的哲学也在航程中尽显,公主邮轮提供150多款由7天至72天不等的行程选择,航程遍及七大洲,遨游全球260多个港口,探索每个城市不同的历史文化及风土人情。

荷美邮轮公司

荷美邮轮公司成立于1989年,总部设在美国的西雅图。荷美邮轮最初属于荷美汽轮公司,船舶当时主要运载横渡大西洋的乘客和海上货物。由于是荷兰到美国的直达海上航线,所以很快出名了。1989年被嘉年华公司收购,但是荷美邮轮和嘉年华邮轮公司的定位完全不同,公司瞄准的客户群主要是达官显贵和政界商要。公司为这些客户提供最周到、最时尚的服务;对老年人来说,荷美邮轮也是最佳选择——娱乐节目富有文化气息,平时船上气氛也较为宁静。荷美邮轮最重要的航线是在阿拉斯加,同时也为游客提供真正的周游世界的航线,这和嘉年华邮轮提供的航线主要是在加勒比海域也是不同的。上一年公司特别加强了欧洲航线,推出 17 天地中海—黑海—北极圈—挪威湾航线,这对向往极地那份纯净与神秘的游客无疑是一个好消息。

挪威邮轮公司

挪威邮轮公司成立于 1966 年,公司的创始人是挪威奥斯陆的 Klosters Rederi A/S 先生,挪威邮轮的主要竞争者是公主邮轮,皇家加勒比和荷美邮轮。邮轮的服务对象主要是中产阶级游客。挪威邮轮的船队以高档次的餐饮著称,有着海上餐饮最大的自由度。

Klosters Rederi A/S 先生从第一艘邮轮(M/S Sunward)开始起步,到 1971 年的时候公司增加到四艘邮轮。到 1979 年已成为最大的邮轮公司。1998 年挪威邮轮开辟了针对亚洲的东方航线,同时它也是唯一可以提供全年夏威夷旅游服务的邮轮公司。

目前,挪威邮轮公司拥有 14 艘五星级豪华邮轮,航线主要遍及北美、北欧、南美和亚洲。“挪威明珠”和“挪威珠宝号”也于 2007 年交付使用。

领导七海邮轮公司

领导七海邮轮公司是瑞迪生(Radisson)邮轮公司的新名字。领导七海邮轮是世界顶级豪华邮轮。领导七海邮轮的服务对象是有文化品位,追求高质量豪华生活的高端客户群。

领导七海邮轮公司倡导为游客订制个性化优质服务,可以为游客提供一种与家人团聚的亲密气氛。瑞迪生七海邮轮公司成立于 1994 年,公司成立时有 2 艘邮轮,分别是 Radisson 邮轮和七海邮轮。从 20 世纪 90 年代末期随着旅游业在全球的复苏,领导七海邮轮也发生了快速的变化,1997 年增加了 Paul Gauguin 邮轮,1999 年公司增加了“七海导航员”,2001 年公司又增加了“七海水手号”。2003 年 4 月投入运营的“七海航海者号”可以搭载 700 名游客。“南极洲探险家 2”也已投入运营。

世界著名的豪华邮轮

海洋绿洲号(Oasis of the Seas)

美国皇家加勒比邮轮公司最大的邮轮,也是世界上最大的邮轮——“海洋绿洲号”豪华游轮,拥有 16 层甲板和 2000 个客舱,可乘载 6000 名乘客,船上还拥有一座大型购物商场、众多酒吧饭店,一座足球场大小的户外圆形剧场以及攀岩墙等体育设施。

“海洋绿洲号”于 2009 年 11 月下海进行处女航,当它在海上航行时,就像是一座“旅行的城市”。“海洋绿洲号”耗资 14 亿美元,吨位达 22.5 万吨,吃水 9.1 米、长度 361.8 米、水线宽度 47 米、最宽处 63.4 米、高 72 米,航速为 22.6 节,要比“泰坦尼克号”大 3 倍多,比次之的邮轮“海洋自由号”重 6 万吨。

海洋自由号(Freedom of the Seas)

“海洋自由号”是由皇家加勒比邮轮公司持有并运营的一艘邮轮。整艘船的吨位约为 15.8 万吨,18 层的甲板共能为由 1360 名船员服务的 4370 名游客提供 1800 个房间。

它有 339 米（1112 英尺）长，最大巡航速率可达到 21.6 节（40km/h 或 24.85mph）。2006 年至 2009 年期间，"海洋自由号"是世界上最大的客轮，后被"海洋绿洲号"取代。

整艘邮轮就像是一个互动的海上公园，有着一个供水上运动项目使用的游泳池，以及从船两侧延伸开来的旋转泳池，船上还有可出售书籍的咖啡店、索伦托（Sorrento）比萨饼店以及本杰里（Ben and Jerry）冰激凌店。除此之外，还有攀岩墙、溜冰场等娱乐设施。船上的 Wi-Fi 无线网络可覆盖全船，在特等舱中都装有平板电视，在船上亦可使用移动电话进行通信。

海上冒险家号（Adventure of the Seas）

"海上冒险家号"是皇家加勒比游览线路五艘航海者邮轮之一。它由芬兰 Kvaerner Masa Masa-Yards 造船厂建造。总吨位为 13.8 万吨，包括一个壮观的三层餐厅。除演播室之外，还有一个容纳 900 个座位的竞技场，包括滑冰场以及拥有 1350 个座位的剧院。体育设施包括一个户外运动舱板，一个高尔夫球场和一个大型体育馆，里面有篮球、保龄球和排球馆，还有攀岩设施。邮轮上甚至还有一个婚礼教堂。另外，还有一个拥有超过 400 台老虎机的赌博娱乐场所。

海上领航员号（Navigator of the Seas）

"海上领航员号"是皇家加勒比游览线路五艘航海者邮轮之一。它由芬兰造船厂建造，总吨位为 13.8 万吨。可以容纳乘客 3807 位，船舱容量是 1557 间，乘员组容量是 1213 间，乘员组客舱的数量是 690 间。另包括 19 台个人计算机、图书馆、大篷车钢琴酒吧、夜总会、2 个主游泳池以及 1 个可容纳 1359 个座位的大都会剧院。其他服务设备还包括鸡尾酒休息室、世界性俱乐部、爵士乐俱乐部、高尔夫球酒吧、游戏室、溜冰场和一个壮观的三层餐厅。

海上水手号（Mariner of the Seas）

"海上水手号"是皇家加勒比游览线路五艘航海者邮轮之一。它建造于 2003 年，共有 12 层舱板，总吨位为 13.8 万吨。服务设施包括有能坐 400 个客人的会议中心、容纳 1320 个客人的大剧院、互联网休息室、图书馆、美丽的水族馆酒吧、滑冰以及赛跑竞技场所。其他服务设备还包括健身中心、日光浴室、拥有 300 台老虎机的赌博娱乐场所、主餐厅能容纳 1900 个人，另外邮轮上还建有医院、旅馆商店和洗衣店。

钻石公主号（Diamond Princess）

"钻石公主号"是驰名世界的邮轮品牌"公主号"系列船队中体积最庞大、设施最完善的世界顶级豪华邮轮之一，如一座海上的五星级酒店。该邮轮共有客舱 1337 间，其中有 748 间客舱带有私人露天阳台，游客不出客房，就可直接凭栏观赏海上美景。

远远望去，"钻石公主号"邮轮恰似一座足有十多层楼房高的小山，乳白色的船身在阳光的直射下，显得十分明艳。邮轮有四个大小不等的游泳池，有可容纳 700 多人的公主剧院，还有各式酒吧、夜总会、豪华赌场、免税商店、健身中心及美容 SPA、图书馆等，拥有海上最大的网吧，还有浪漫的结婚礼堂，堪称一座移动的海上五星级酒店。

嘉年华征服号（Carnival Conquest）

"嘉年华征服号"是世界上最大的邮轮之一，船比三个橄榄球场还长，可以容纳 3700 名游客和 1200 名官员和职员,拥有大约 2100 间客舱(其中 1488 间为观景客舱),以私有阳台和 22 个酒吧及休息室为特色。

邮轮共有甲板楼层 13 层,安置四个游泳池、健身中心、互联网咖啡馆、四家餐馆、商店和精品店大道。另包括会议中心、篮球和排球场、舞蹈俱乐部、赌博娱乐场、寿司店等设施。

星光公主号(Star Princess)

"星光公主号"承造厂是意大利 Fincantieri Cantieri Navali Italiani 公司。首航 2002 年 2 月,总吨位为 10.9 万吨。船籍为百慕大。此邮轮耗资约 5 亿美元建造,排水量近 11 万吨,船身约 294 公尺长。

"星光公主号"的服务设施包括:豪华赌场、免税商店、健身中心及美容 SPA、运动甲板、结婚礼堂、青少年活动中心、迪斯科舞厅、观景厅、9 洞迷你高尔夫球练习场、图书馆、网络咖啡厅、艺廊、运动场及 3 个主餐厅、3 个主要剧场。

嘉年华胜利号(Carnival Victory)

"嘉年华胜利号"是荷美邮轮公司所属。于 2000 年修造,它的排水量为 10 万吨,是著名的"泰坦尼克号"豪华邮轮的两倍。邮轮拥有上千间不同级别的客房,可供 3000 多名游客住宿,"嘉年华胜利号"不仅是个 6 星级标准的酒店,还是一个巨大的游乐场。乘客服务设施包括自助餐厅、西餐厅、酒廊、雪茄吧、泳池、赌场、健身房、儿童乐园、网吧、商店、医务室、舞厅以及可以容纳 2500 人的豪华剧场。

海上探测者号(Explorer of the Seas)

"海上探测者号"总吨位为 13.8 万吨,长 311 米,宽 38 米,吃水线以上高度为 47 米,由芬兰造船厂修造,船东为皇家加勒比邮轮公司。海洋探测者号可容纳 3114 位客人。它可为船上的每个客人提供更多的空间,并提高特等舱水平,多样的饮食选择和丰富的娱乐设施。该邮轮有一个能容纳 400 个客人的大会议中心、水族馆大厅酒吧、皇家俱乐部,还有一个婚礼教堂。

◆ **复习题**

1. 概述我国高尔夫运动和高尔夫产业的发展状况。
2. 谈谈我国海钓产业的发展状况。
3. 谈谈我国游艇产业的发展状况。
4. 谈谈我国邮轮产业的发展状况。

实训项目

成立项目组,策划一个简单的高端休闲活动方案。

参考文献

1. 中高协. 中国高尔夫球运动现状. http://sports. sohu. com/20120509/n342743051. shtml,2012-05-19

2. 王依欣. 谈我国海钓业的产业化推进问题. 舟山渔业,2009(6)

3. 程爵浩. 游艇俱乐部的设计与运营模式研究. 企业经济,2006(3)

4. 钱立明,张志明,王海霞. 邮轮中心建设中的若干问题探讨. 水运工程,2006(10)

5. 佚名. 中国的国际邮轮母港 海南邮轮经济崛起. 海口晚报,2011-06-29

项目六

旅游演艺活动策划

学习目标与要求：

了解旅游演艺的概念与分类、我国旅游演艺产业发展的现状，掌握旅游演出活动策划的原则、方法，能够策划一个简单的旅游演艺活动方案。

任务一　认识旅游演艺

一、旅游演艺概述

演艺是指通过人的演唱、演奏或人的肢体动作、面部表情等来塑造形象、传达情感从而表现生活的一门艺术。旅游演艺则是在旅游目的地以及其他场所内进行的，以表现该地区历史文化或民俗风情为主要内容，以旅游者为主要欣赏者的主题商业表演活动。

随着旅游业的不断发展，演艺产品规模和影响力的扩大，演艺业与旅游业相互渗透形成了旅游演艺市场，出现了"旅游演出"、"旅游表演"、"旅游演艺"等用法，而"旅游演艺"的用法比较普遍，似乎有了约定俗成的意味。

新时期以来，特别是随着近年来我国文化体制改革的深化、民营资本进军演出市场解缚、旅游市场进入文化生态产业开发层次等环境因素的改善，我国旅游演艺业异军突起。短短数年之内，旅游演艺已经发展成为当代中国文化一道自然人文新景观，成为旅游业、演艺业可持续发展的强劲助力，演变成为一个具有竞争力的"新兴产业"，一批优秀的旅游演艺品牌剧目，以其清新独特的艺术魅力，以一种新的艺术表现形态与营销方式，成为深受旅游者欢迎的文化精品，在中国演艺业市场的传统格局中，拓展出一片新天地。截至2011年年底，中国共有旅游演艺项目约 230 台，其中剧场表演类的旅游演出项目最多，有 179 台，占 77.8％；实景旅游演出有 32 台；主题公园旅游演出有 19 台。2011 年，中国演出总场数约为 133.8 万场，其中旅游演出 72391 场。演出市场的直接票房收入达到

120.9 元,旅游演出收入 27.8 亿元,占到演出市场总收入的 23%。

二、旅游演艺的特点

旅游演艺并非简单的文艺演出,与传统演出相比,旅游演艺具有如下特点。

从演出场所、时间来看,旅游演艺可根据剧情需要以自然造化为实景舞台,也可在剧院的舞台上,演出时间基本是在晚间游客休闲时段。

从演出内容来看,旅游演艺的内容大多为旅游目的地的地域特色文化和民族文化,旅游演艺的打造重视当地物质文化遗产和非物质文化遗产的传承挖掘,注重在民族化、地方化、民俗化的引导下扩大文化产业的技术含量,增加游客的参与性,使其成为持久不衰的吸引旅游者的手段。

从表现特点来看,旅游演艺产品十分重视对艺术的表现,但它对观赏性、时尚性、商业性演出目标的追求,与传统表演艺术产品以演员个人艺术创造作为第一追求已有较大区别,旅游演艺产品大多采用诗歌类、章节型的大型歌舞综合表演方式,当然也有时装表演式、剧目式、音乐会式等。

从运作和经营模式来看,旅游演艺以驻场演出为主,特别是实景演出,易受天时地利因素的影响,而非实景演出则以驻场为主,辅以有选择的城市巡演活动。

从观赏对象和方式来看,游客就是观众,同时也是旅游演艺的参与者,尤其是一些实景演出已经改变了传统的被动观赏方式,而是更多地让观众置身于演出环境之中,去寻求某种体验式感觉。

从营销方式来看,旅游演艺往往与旅游产品本身捆绑在一起,共同打造品牌效应,其目的是改变旅游消费者"白天看庙,晚上睡觉"的被动状态和单调感觉,使自然山水与人文风情在旅游过程中相得益彰,增加旅游活动的魅力,也使之成为吸引旅游消费成为"回头客"的重要因素。

从产品角度来看,旅游演艺由以下几部分组成:地域性的文艺演出;相匹配的多功能综合型娱乐剧场(剧院);以演出为核心产品之一的主题公园;项目周边的旅游休闲综合配套区,这是产业链延伸部分;围绕演艺项目构建历史文明的话语体系,属于营销和推广部分;产权质押和股权交易,为融资和流转部分。

三、旅游演艺的分类

(一)大型山水实景演出

山水实景表演以自然山水为舞台和背景,突破了传统舞台的空间限制,将真实的自然环境转化为演出的有机组成部分,演出内容具有明显的地域性特征。通常这种演艺产品的投资成本很大,常借助于高科技手法对当地的民风民俗、神话传说、历史传奇等人文资源进行展示和表演。旅游者置身于自然环境中,愉悦地观赏山水美景,积累人文知识,并在声、光、色等的配合中增强了审美体验。2003 年 10 月桂林阳朔推出的《印象·刘三姐》是我国第一部山水实景旅游演艺产品,国内此类型演艺产品比较成功的还有《印象·丽江》、湖北的《盛世峡江》、西安的《长恨歌》、杭州《印象·西湖》、南京的《夜泊秦淮》、江苏的《四季周庄》、登封的《禅宗少林》、海口的《印象·海南岛》等。

（二）综合性歌舞表演

综合性歌舞表演类旅游演艺产品主要是指在景区或主题公园内进行的歌舞、杂技、武术、曲艺等综合性表演的大型旅游演艺节目，采用传统的舞台表演艺术形式，通常对舞台硬件设施和舞美设计有着很高的要求。节目内容主要包括地方文化、民俗风情、历史典故、神话传说等，演出的节目一般都有较高的艺术水准，且场面宏大，演员多，演出时间和地点比较固定，形式新颖、独具特色。此类旅游演艺产品的成功案例是杭州宋城景区的全景式立体歌舞表演《宋城千古情》，另外，还有山东曲阜的《杏坛圣梦》、郑州的《风中少林》、西安的《梦回大唐》、北京的《龙舞京城》、山西的《盛世佛韵》、河北承德的《紫塞风华》、海南三亚的《浪漫天涯》等。

（三）原生态民俗风情表演

原生态民俗风情表演类演艺产品多集中在我国西南、西北等少数民族聚集的地区，如云南、贵州、广西等省区，这些地区民族旅游资源丰富，原生态文化资源保存完好，地域民族风情浓郁。在节目的编排上，无论是演出的内容还是表演的艺术形式都力求原汁原味，民族文化的多元与丰富切合了现代社会人们追求自然、回归传统和渴望真实的精神消费需求。原真性的舞蹈与音乐元素、土生土长的本土演员和极具民俗情韵的道具服装为观众带来了更多的新奇和震撼体验。此类型演艺产品主要有：丽江的《丽水金沙》、昆明的《云南映象》、九寨沟的《藏王宴舞》、张家界的《土风苗韵》、贵州的《多彩贵州风》、大理的《蝴蝶之梦》、云南的《香巴拉印象》、西双版纳的《勐巴拉娜西》、沈阳的《满风神韵》、九寨沟的《藏谜》等。

（四）戏曲、马戏、音乐剧等表演

除了上述三种类型外，还有戏曲、马戏、多媒体剧、音乐剧等类型的旅游演艺产品。如广州长隆的大型实景式主题马戏《森林密码》、上海的超级多媒体梦幻剧《时空之旅》、广州的大型多媒体蒙太奇梦幻剧《时空魅影》、成都的大型音乐剧《金沙》等，都是国内比较成功的大型旅游演艺产品。

四、旅游演艺对旅游业发展的影响

随着人们对高层次、具有丰富文化内涵的旅游产品需求的增加，旅游演艺已经逐步成为旅游业发展的助推器，对旅游业的影响日益明显，并成为旅游产品不可缺少的一部分。

（一）促进旅游业和文化产业的融合

旅游演艺挖掘、整理、开发丰富而零散的文化资源，并进行产业化组合，建立大旅游产业结构体系，即可发挥其独特的旅游吸引功能。旅游与演艺文化的交融提升了旅游产品的品位，展现出文化旅游的巨大魅力，形成其独特的文化个性和具有垄断性的吸引力，增加了旅游产品的竞争能力，为旅游增添了新的活力。文化产业带动了旅游产品的创新，可以拓展市场空间,强化产品差异,从而增强旅游吸引力。

（二）提升旅游目的地的形象和知名度

在旅游决策过程中,旅游者一般会选择和考虑具有强烈鲜明形象的旅游目的地。由于旅游演艺产品能够以现代科技手段和精巧的构思策划,鲜明地展现景区和旅游地的特色文化,生动地演绎景区主题,从而成为展示景区和旅游地形象的立体名片。例如,张艺谋执导的《印象·刘三姐》,不仅为"山水甲天下"的桂林旅游形象增添了浪漫的人文气息,也使阳朔的知名度有了更大提升;登封嵩山景区推出的由梅帅元策划的《禅宗少林·音乐大典》,以禅宗音乐丰富了嵩山景区的文化底蕴,也改变了许多人"只知少林寺,不知登封"的情形,登封终于引起世人关注,知名度迅速提高。

（三）促进旅游及其相关产业的发展

对旅游目的地来说,旅游演艺相对于其他静态展示和动态机械类娱乐项目有更大的挖掘、发展和创新空间,因而演艺产品成为旅游产品创新的重要切入点。旅游目的地每推出一项演艺产品,特别是大型的演艺产品,就有可能吸引大批游客的到来,从而成为景区新的经济增长点,有效拉动旅游、酒店、餐饮、房地产等产业链的迅速扩张。

五、我国旅游演艺的发展历程

中国最早的旅游演艺可以追溯到 20 世纪 80 年代,当时中国正处于接待型旅游市场阶段。旅游演艺这种旅游产品以"无心插柳柳成荫"的方式在我国迅速发展壮大,大体经历了以下四个阶段。

第一阶段:1982 年陕西省歌舞剧院精心打造的《仿唐乐舞》和《唐·长安乐舞》等旅游演艺产品,成为我国最早的文化遗产演绎型旅游演艺品牌。此类表演大多是餐宴表演,最初接触的人群范围很小,主要是国外来访领导人、高级官员以及国内相关部门的陪同和翻译人员,类型单一,内容主题不突出,适用范围窄。

第二阶段:1995 年深圳华侨城世界之窗主题公园以《创世纪》为代表的主题公园演艺节目。华侨城集团为开发文化旅游主题园区、增加文化魅力,推出了在旅游园区内上演的大型驻场演艺节目,其观众主要是购票入园的游客,从完全意义上将旅游文化和演艺产业结合在一起,形成新型的旅游项目,开创了旅游演艺的先河。这一创新模式获得了游客的热烈欢迎,演艺节目的高水平更成为华侨城文化旅游产品的竞争力要素。

第三阶段:2005 年上海《ERA——时空之旅》开辟了旅游演艺产品脱离旅游景区景点的先河,旅游演艺产品从最初的单纯的歌舞表演走向了多元化。

第四阶段:2004 年以桂林大型山水实景演出《印象·刘三姐》实景公演为标志,旅游演艺进入概念创意商业演艺阶段。随后,以印象系列的实景演艺为龙头的大型演艺项目风起云涌,成为旅游产业的新亮点。

之后,国内旅游景区旅游演艺如雨后春笋般蓬勃发展,如杭州的"宋城千古情"、湖北的"盛世峡江"、丽江的"丽水金沙"及昆明的"云南映象"等,至此中国旅游演艺项目进入到多元化演绎的阶段,改变了之前单一、规模小的局面,带动了中国旅游经济的持续发展并激活了旅游市场的新热潮。

六、中国旅游演艺现状

随着旅游休闲业的迅猛发展,我国旅游演艺项目日趋丰富,市场规模稳步扩大。精心挖掘、提炼、创作、包装能够真正体现当地文化特色的旅游演艺项目,吸引有兴趣的旅游者,展示本地文化特色,借以带动整个旅游业的发展,带来综合性效益,同时极好地宣传本地,扩大影响,已成为不少景区和地方发展的共识(见表6-1)。

表6-1　国内知名旅游演艺项目一览表

名　称	演出地点	类　型	内容与特色
印象·刘三姐	桂林阳朔	大型山水实景演出	以真实的山水景观为舞台,以大自然为剧场,综合运用色彩与光的配合,大写意地将刘三姐的经典山歌、广西少数民族风情、漓江渔火等元素创新组合,不着痕迹地融入山水,还原于自然,成功诠释了人与自然的和谐关系,创造出天人合一的境界,被誉为"与上帝合作的杰作"
印象·西湖	杭州西湖	大型山水实景演出	紧紧围绕"水"字,以水来体现西湖的精髓与韵味,运用高科技手段来展现雨中西湖和西湖之雨的景象,从一个侧面反映西湖的神奇和自然;挖掘杭州的古老民间传说、神话,依托实景剧场反映当地传统文化,体现杭州的自然特色、历史底蕴和民间文化沉淀
宋城千古情	杭州宋城	室内立体全景式大型歌舞	以杭州的历史典故、神话传说为基点,融合歌舞、杂技艺术于一体,应用现代高科技手段营造如梦如幻的艺术效果,以多种表演艺术元素诠释了杭州的人文历史,创造出华丽而高雅的节目,再现了一个缠绵迷离的美丽传说,一段气贯长虹的悲壮故事,一场盛况空前的皇宫庆典,一派欢天喜地的繁荣景象
印象·丽江	丽江	大型山水实景演出	全剧分为上、中、下三篇,上篇为《印象·丽江》雪山篇;中篇为人与自然的对话,下篇为《印象·丽江》古城篇,在丽江古城的夜间演出。以玉龙雪山的自然风光为天然背景,以纳西民族为主的当地民俗民风构成了演出场景,力图表现散居丽江的十个少数民族的基本生活形态
丽水金沙	丽江	旅游歌舞晚会	通过择取其中8个民族最具代表性的文化意象,全方位展示了丽江独特的民族文化和民族精神。通过优美的舞蹈语汇、扣人心弦的音乐曲调、丰富多彩的民族服饰、立体恢弘的舞蹈场面、出神入化的灯光效果,强化、提升民族歌舞的表现力,开创了民族歌舞新的表现形式
云南映象	昆明	大型原生态歌舞集	一部没有用故事作为结构却包容了所有故事内涵的大型原生态歌舞作品。全剧囊括了天地自然、人文情怀,以及对生命起源的追溯、生命过程的礼赞和生命永恒的期盼
蝴蝶之梦	大理	大型梦幻风情歌舞	以大理"蝴蝶"文化内涵通串全场,整个氛围在梦幻中演绎,给人以强烈的视觉冲击与艺术震撼。全剧分为序、洱海明珠、三塔香云、苍山叠翠、蝴蝶泉边五场

续表

名　称	演出地点	类　型	内容与特色
香巴拉映象	香格里拉	情景歌舞剧	歌舞、音乐元素取自于生活在滇藏文化带上的藏族、纳西族、彝族、傈僳族、白族、汉族等民族原汁原味的生活元素。以"天人合一、人神合一、万物合一"的创作主体思想构建和谐与自然、天、地之大美，展示香巴拉民俗、民族传统文化精髓，推崇大香格里拉文化品牌概念
风中少林	郑州歌舞剧院	大型原创功夫舞剧	讲述一名少林武僧的传奇故事，上演了一场正义与邪恶的生死较量和一出包蕴东方隐忍之美的爱情悲剧。既有精湛的少林功夫展示和恢弘的战争场面，又有如歌的人间情爱和如诗的中原风情，给人以强烈的视听震撼和全新的艺术享受
禅宗少林·音乐大典	登封	大型实景音乐剧	禅宗与少林，是演出的两大主题，演出以禅宗理念引领少林功夫，使它得到一种精神的提升。它是中国禅宗文化在其发祥地向世界文化的一次召唤，是对佛与人、艺术与宗教、生命本源、人类精神归宿等终极问题的审美探求
ERA—时空之旅	上海	超级多媒体梦幻剧	深入挖掘和利用中国特别是江南特有的民族艺术元素，综合杂技、音乐、现场乐队、舞蹈、武术等，以时空交错为表现手法，艺术地展现昨天、今天、明天，展示中华民族的悠久历史、灿烂文明，展示迈向伟大复兴之路的中华民族精神风貌，展示上海人民全力推进小康社会建设的都市风情
创世纪	深圳世界之窗	大型史诗音乐舞蹈晚会	国内技术最先进的演出，舞台华丽、服饰精美、演员阵容强大。演出主要表现世界古文明的精髓，如希腊神话的木马传说、汉楚之争时的霸王别姬、一千零一夜之阿里巴巴等

任务二　旅游演艺项目策划

一、旅游演艺的策划原则

（一）突出地方文化特色原则

文化是旅游的灵魂。成功的旅游演艺产品十分重视对地方文化资源与内涵的挖掘，力图依托文化资源与演艺手段有机融合，展示地方文化，形成自己的特色，让游客感到耳目一新，享受到美好的体验，同时还能让游客回味无穷，口碑相传。旅游演艺产品的特色包括民族特色、地域特色、人文特色、品牌特色等，这些特色必须是其他地方难以简单抄袭或复制的。例如，九寨沟的歌舞宴《藏王宴舞》以吐蕃藏王松赞干布迎娶唐朝文成公主，藏汉联姻为故事背景，融入了男女声独唱、舞蹈、民族弹唱等具有典型藏族特色的表演，在讲述历史的同时向游客们展现了地方民族文化的精髓。又如《印象·刘三姐》在策划初期，广泛邀请多学科专家对民族文化、旅游资源和旅游市场进行调查与研究，旅游演艺把桂林的山水文化,侗、壮、苗等少数民族文化相结合,突出了桂林独特的地方文化。

（二）观赏与体验相结合原则

旅游演艺是为旅游者提供的休闲娱乐的精神文化产品,所以在保证艺术性的前提下,更要注重娱乐性,让游客达到愉悦身心的目的。在形式上,要突破传统的演艺模式,综合运用多种艺术表现手法,如舞蹈、杂技、武术、魔术等,演出要欢快、热闹、幽默,做到雅俗共赏,使观众喜闻乐见。技术上,在充分利用声光电等现代高科技手段、强化视听效果的基础上,将环幕立体投影系统、CAVE沉浸式投影系统、操纵杆、触觉、虚拟行走系统等技术融入演艺产品中,让游客在感受震撼场面的同时,成为其中的一个角色,全然体验演艺所带来的视觉、触觉的盛情飨宴。在环境上,除了要对硬性环境,如舞台环境、观众席环境以及周边环境的色彩、气氛进行营造外,还要注重软性环境的营造,即演员、观众、服务人员之间的互动。

例如桂林乐满地主题公园的《好莱坞特技影视秀》节目中,对所处的美国西部小镇的背景营造,从环境的色彩到道具的运用都展现得非常真实。在表演过程中,强盗会冲向观众席、警察会隐藏在观众中等互动表演,以及服务人员在表演过程中对枪声、马蹄声、惊恐声的反应带动游客的现场气氛,让游客体验别样的感情诉求。又如《梦回延安保卫战》,不但运用现代高科技手段营造出真枪实弹的战争场面,而且突出了台上与台下的互动。演出后期在表现军民欢庆胜利的场面时,演员将花生、红枣等"胜利果实"送到每一位观众的手里,那份喜悦让许多人不由自主地加入到欢庆队伍中,扭起秧歌唱起来。

（三）演艺主题与景区主题一致原则

旅游景区特别是主题公园,一般都有着比较鲜明的主题形象。主题是景区的核心和灵魂,是景区成功与否的关键。创立主题的根本目的就是为了避免或减少重叠性的市场竞争,实现有序的、细致的市场分割。好的主题需要好的内容、好的产品来表现。旅游演艺作为生动展现景区形象的重要手段,要在市场分析、了解游客需求的前提下,设计出能从不同方面表现、深化景区主题形象的产品。也就是说,景区的演艺活动可以形式各异,但在内容上要与景区主题相一致。

（四）以大众需求为出发点不断创新原则

随着高科技的发展和人们生活理念的提升,旅游者的消费需求不断发生变化,对娱乐体验的要求越来越高。面对日益激烈的旅游竞争市场以及人们不断提高的欣赏水平,如何有效延续旅游演艺的生命,使其长盛不衰,是旅游经营者不断追求和探索的目标。创新能够创造奇迹,任何旅游产品要想永久性占据市场,就必须以大众需求为出发点,保持常变常新。旅游演艺是伴随着旅游与演艺市场的繁荣及大众欣赏水平的提高而迅速发展起来的,这种以新奇、刺激吸引眼球的产品,创新是必备利器。因此,在旅游演艺的策划中,我们更应该注重演艺产品的附加价值,让游客在观看或参与旅游演艺的过程中,体验到更多的额外价值与感受,这样才能保持旅游演艺产品的生命力和延续力。

（五）价值和利润的最大化原则

一项好的产品，追求的目标是达到价值的最大化和利润的最大化，让供求双方在达成交易的时候产生共鸣，实现产品的全部价值。同样，一台好的旅游演艺节目，追求的是旅游者与演艺方之间达成的共鸣。成功的景区表演，从游客购买本产品开始，就让游客有"遭遇感"，表演内容的设计源于历史和现实，但非简单的模仿，不仅将静态的文化价值用动态的方式进行展示，而且注重结合现代的技术与游客关注的着眼点进行创新，以此来达到彼此之间的共鸣。例如，"宋城千古情"以杭州的历史典故、神话传说为基点，用世界最先进的舞台表现手法来表述千年的文化，让游客感到震撼、共鸣、有身临其境的感觉。

二、旅游演艺开发模式

（一）主题公园演艺产品开发模式

主题公园演出是在主题公园内固定时间段、固定演员团体上演的固定节目。在一些重大的东、西方节庆主题公园还会推出极具节日气氛的特色节目。开发主题公园演艺产品要遵循以下两点。

（1）主题明确。公园的演出要紧扣主题，通过节目安排、舞台设计、服装道具突出演出主题，渲染主题文化。由于我国 20 世纪 90 年代刮起了一阵兴建主题公园的强风，各地都有森林公园、影视城、游乐园等。现在市场上也有很多能够承接、提供主题公园演出服务的文化创意公司或是演出公司。

（2）参与体验。随着人均收入的增加，人们已经不满足观光游、休闲游。简单地通过点线式的走马观花，一个个景点接一个的购物店，所谓"上车睡觉、景点拍照、回来什么都不知道"。这不仅给生态造成一定的影响，同时对地方文化也有一定的影响。随着休假制度的实施，人们开始享受生活，参与体验地方民风民俗的旅游应运而生。旅游活动的主体是旅游者，随着市场的发展，旅游者并不仅满足于被动的静坐观看表演，而越来越需要融入演艺活动中，希望通过参与体验以提升愉悦感。因此，主题公园内的表演活动应尽量调动游客的参与互动性。

（二）实景演出产品开发模式

（1）当地文化结合自然山水。《印象·刘三姐》实景演出的成功在全国起到示范作用，各地方纷纷仿效。文化、旅游、经济的结合，使旅游文化资源成功转化成经济效益。无论《印象·刘三姐》是漓江自然美景和广西少数民族文化的结合，还是《印象·丽江》《印象·西湖》《印象·大红袍》等实景演出，都是以地方文化为主的民俗民风（如纳西族）、历史文化（如杭州）、中国非物质文化遗产（如大红袍的加工制作工艺），结合实景玉龙雪山、西湖美景、武夷山等而成。以景说文化，以文化带动景色的发展。

（2）当地村民结合专业演员。突破了传统室内演出形式的实景演出占地面积较大，舞台与实际山水融为一体，演出队伍人员较多。例如，《禅宗少林·音乐大典》占地 600 亩，演员阵容 700 人、《印象·丽江》占地 3000 亩，演员 600 人。以当地村民结合专业演员的阵容既能向游客展示当地文化纯朴、真实的一面,又可以节约成本,解决了演职人员的食宿、交通等问题。

(三)少数民族文化演艺开发模式

(1)原汁原味原生态。《云南映象》的演员共有90余人,其中70%是来自云南各村寨的少数民族演员。他们血液中本来就流淌着原始的舞蹈基因。这些演员最小的7岁,最大的20多岁。著名舞蹈家杨丽萍曾说,民间演员在生活中从小就唱那些歌、跳那些舞,其歌舞充满了生命的勃发,这是专业演员不具有的,排练时只需指导他们如何习惯舞台表演。全剧共七场,展现了云南少数民族对自然的崇拜、对生命的热爱。整出表演全是真人真唱,演出服装全部是少数民族生活着装的原型。

(2)巡回演出走向世界。演艺产业和其他产业一样,需要形成国内与国际两大市场,才可以完成自己的最高产值。尤其带有传统文化元素的产品,其国际市场带来的产值有时远远高于国内市场。《多彩贵州风》除在贵阳大剧院表演外,还在国内外进行巡回演出,足迹踏遍了北京、长春、沈阳、哈尔滨、太原、常州、上海、南京、杭州、温州、厦门、广州、东莞、深圳、成都、泸州、兰州17个城市,在英国、俄罗斯等国刮起了强劲的中国风,使世界了解了中国,中国走向世界。

(四)强强联合的开发模式

在同一地域内有着同样文化气息和较高观赏度的节目相互助演,互为进一步阐释相关文化内涵起推动作用。如2011年7月,河南卫视拳头节目《武林风》走进了《禅宗少林·音乐大典》。《武林风》是我国传统功夫展现的一个平台,各路武林高手和武打新星通过这个舞台向世人展示了中国武术的博大精深,其文化底蕴恰好与《禅宗少林·音乐大典》的文化气质相一致。《武林风》在与《禅宗少林·音乐大典》合演时,一改传统的出场方式,有的队员在少林棍阵中出现,有的队员在木鱼合奏中出现,有的选手在牧羊女的清唱中出现,还有古筝弹奏、浣女戏水、太极表演等,都充满禅宗文化气息和少林特色,体现了中原文化。

三、旅游演艺的打造流程

从经营角度来看,旅游演艺的打造可以分为以下几步。

第一步,制作方先建立独立的子公司,其突出的两块业务是主题公园开发经营和实业投资。由这个新成立的子公司独立策划、制作、运营具体的旅游演艺项目。

第二步,启动主题公园开发。例如,泰安千古情旅游演艺有限公司于2011年9月5日以12611.38万元通过竞拍方式,取得泰安市位于旅游经济开发区环湖西路以东、大陡河以北、天平湖以西、大陡山村土地以南的国有土地使用权。

第三步,启动周边旅游休闲综合配套区建设,地方政府提供项目周边用地以及公共设施使用权。例如,云南玉龙县政府无偿向"印象·丽江"项目提供周边107.1亩市政绿化用地,用作公园和游客休闲空间。

第四步,制作方与合作景区进行股权交易,"标的"是独立研发和运行演出的文化公司。旅游演艺的直接收益远远大于普通的文艺演出,一台普通演出,其直接收益主要是广告赞助费和门票收入,但旅游演艺的直接收益则是综合型的。普通的娱乐演出以产品形态为主,其次是无形资产(知识产权);而旅游演艺则以资产形态为主,其次才是产品形态。普通的娱乐演出主要面向消费市场,而旅游演艺则兼顾消费市场和资本市场。

四、旅游演艺策划的注意事项

(一)准确的市场定位

一个旅游演艺产品能否成功,与当地旅游市场接轨至关重要。与旅游市场接轨,就意味着要了解当地旅游市场的主要客源结构及市场需要,在此基础上进行旅游演艺产品的市场定位,准确了解市场发展的潜力和方向,并合理开发、规划和设计。

(二)大众化的创编理念

旅游演艺产品的创编必须与时代的脉搏合拍,做到雅俗共赏,符合旅游者的大众口味,强调娱乐性和休闲性,而不是单纯的文化性和艺术性。因为旅游者大多数不是专业人士,他们观看演出的主要目的是开阔眼界、放松身心和体验当地文化,而不是研究艺术,脱离群众艺术欣赏层面的演艺产品势必会被淘汰。

(三)突出地域文化的开发思路

旅游演艺产品的开发要与本地社会、历史、民族和民俗文化接轨,力求特色鲜明、创意新颖。将一个地域的地理文化背景的基本特征把握好,包括对自然条件、地理环境、文化氛围、文化传统和社会人文背景等因素进行筛选,考虑该文化资源的优势是否可以在较长的历史时期内保持稳定性,然后把那些与其他地方相比更能突出当地文化特征的优势资源提炼出来,进行开发和设计创新。

(四)有效的政府引导

对于旅游演艺产品的开发,地方政府应给予高度重视,特别是在营造宽松的政策环境、前期启动经费的支持、建立多元投资机制吸纳社会民间资本参与、旅游演艺项目的宣传促销、旅游演艺人才培养等方面应发挥积极主导作用。

(五)市场化的运作模式

完善的市场化运作应包括:良好的投资机制、精细的管理运行、有效的营销机制、出色的市场推广和求变的创新理念。通过成熟的市场运作,将文化产业与旅游产业最大化地结合起来,创造出成功的旅游演艺产品。同时,还要加大旅游演艺产品的宣传力度,拓宽宣传途径,组织精兵强将进行策划、设计、宣传和营销。此外,要想使一个旅游演艺产品品牌独树一帜、经久不衰,还离不开持续性的创新发展。旅游演艺产品只有不断改进创新,顺应时代潮流,才能避免审美疲劳,保持永久的生命力。

任务三   旅游演艺策划实例

一、大型立体全景式歌舞《宋城千古情》

（一）杭州宋城旅游发展股份有限公司概况

杭州宋城旅游发展股份有限公司是中国文化企业 30 强之一，以"主题公园＋旅游文化演艺"为主营模式，成功打造了"宋城"、"千古情"品牌。公司下辖宋城旅游管理分公司、杭州乐园有限公司、宋城艺术团有限公司、杭州宋城产业营销有限公司、三亚千古情旅游演艺有限公司、泰安千古情旅游演艺有限公司等子公司。宋城股份所属旅游业和文化产业，以主题公园和文化演艺为核心竞争力，经过多年发展，在主题公园的设计运营、旅游文化演艺作品的创作和大型主题文化活动的策划上奠定了行业领先地位。2010 年 12 月 9 日宋城股份成功登陆创业板，成为中国旅游演艺第一股。

《宋城千古情》是杭州宋城旅游发展股份有限公司倾力打造的一台立体全景式大型歌舞。2009 年获得国家"五个一工程奖"、舞蹈最高奖——荷花奖。该剧以杭州的历史典故、神话传说为基点，融合世界歌舞、杂技艺术于一体，运用了现代高科技手段营造如梦似幻的意境，给人以强烈的视觉震撼。大型歌舞《宋城千古情》推出至今累计演出 11000 余场，接待观众 2800 万人次，每年有 300 万名游客争相观看；是目前世界上年演出场次最多和观众接待量最大的剧场演出，被海外媒体誉为与拉斯维加斯"Q"秀、法国"红磨坊"比肩的"世界三大名秀"之一。

（二）《宋城千古情》分幕介绍

序   《良渚之光》。早在 8000 年前到 5000 年前新石器时代，"断发文身"的先民们就已在吴越大地上创造了无比灿烂的史前文明。序中的太阳之祭、原始的献祭舞、采摘舞、插秧舞、狩猎舞，见证了文明演进的足迹，让我们仿佛看到历史的脚步正款款走来。

第一场   《宋宫宴舞》。"山外青山楼外楼，西湖歌舞几时休。"南宋时期的杭州是四方辐辏、万物所聚的著名大都市。这一天，位于凤凰山麓的南宋皇宫内正在举行宋皇寿宴，各种歌舞、杂技此起彼伏，笙歌管弦，热闹非凡，一派国泰民安，歌舞升平的景象。

第二场   《金戈铁马》。公元 1127 年正月，金兵攻入汴京，俘徽、钦二帝，史称"靖康之难"，宋室被迫南渡。宋徽宗的第九个儿子康王赵构，史称宋高宗，建立南宋王朝，最后定都杭州。宋高宗继位后，推行了一条屈从金国的投降政策。从此，黄河两岸、江淮之间的人民纷纷起兵反抗，掀起了波澜壮阔的民族战争的巨浪。岳飞就是这时涌现出来的民族英雄。岳飞一生曾四次从军，一直奋战沙场，精忠报国，他率领的岳家军身经百战，收复了建康和中原的大片土地，直抵汴京。

第三场   《西子传说》。"江南好，风景旧曾谙。日出江花红胜火，春来江水绿如蓝，能不忆江南！"荷花仙子舞翩跹、断桥相会、梁祝化蝶……这是一幅幅流动的画面，这是一首首动人的歌，这是一个个美丽的传说……"欲把西湖比西子，淡妆浓抹总相宜。""忆江南，最忆是杭州。"

第四场　《千古传情》。走过千山,跨越万水,不为风月,只为今天的美丽约定;霓裳羽衣,轻舞长袖,不为盛典,只为迎接你的再次到来;由宋城艺术团打造的《宋城千古情》充满地域文化特色,在中国秀美的名胜之地上演,继续书写千古情的华彩篇章。

（三）《宋城千古情》的成功因素

（1）扎根民族文化沃土,融汇艺术精华。没有历史文脉的剧目,就没有根;没有人文积淀的剧目,就少了魂。《宋城千古情》由《良渚之光》、《宋宫艳舞》、《金戈铁马》、《西子传说》、《千古传情》几个板块组成,白蛇与许仙、梁山伯与祝英台的爱情传说、悲壮豪迈的岳飞抗金故事等众多杭州典故、传说与西湖的自然人文景观在舞台上交相辉映,这些家喻户晓的题材唤起了人们对杭州的神往,让游客深切体验到"给我一天,还你千年"的历史厚重。

在表现形式上,《宋城千古情》借鉴了国外最优秀的歌舞形式来进行包装,集舞蹈、杂技、时装表演等多种表演艺术元素为一体,并采用了当今世界最先进的灯光、音响、舞美、服装等表现手段。在服装设计上,《宋城千古情》旨在突出中华民族源远流长的服饰文化,同时又融入国际上最新的设计理念,大胆想象,夸张表现,使古典的美丽与现代的风韵在每一件演出服里完美融合,别具一格。例如,在粉红的荷花演出服上配以三朵同色调争奇斗艳的荷花装饰灯,和谐自然,又凸显江南水乡的清新脱俗,令人耳目一新,这正是在内容上扎根于民族文化,形式上融汇其他艺术的精华。

（2）演员能进能出的选人、育人、用人机制。为了把《宋城千古情》打造成一台高水平的文化演出,1996年宋城成立了宋城艺术团。目前,艺术团已拥有自聘的专业舞蹈、杂技、模特、演员400多位,成为目前国内最大的民营剧团。

不少艺术院团,尤其是国办艺术院团,由于人员只进不出,自身负担越来越重,这也是文化体制改革的难题之一。宋城艺术团在选人、育人、用人上实行优胜劣汰、能进能出的机制。一方面,艺术团每年都要对演员进行考核,考核与奖金挂钩,并实行末位淘汰制;另一方面,为了能留住优秀演员,集团不惜成本,与浙江大学等联合,多方位培训艺术团演员,培养演员艺术素质和修养,提高演员对角色的理解和感悟能力。同时,从演员职业生涯考虑,教他们学习文化知识,多掌握一门技艺,还可以到别的岗位就业。此外,艺术团还给演员进行艺术等级评定,与薪酬、待遇挂钩。400多名演员中有10%是一级演员,他们的底薪达到每月5000元以上。由于事业留人、待遇留人、感情留人,极大地激发了演员的积极性。

（3）找准市场定位,填补"夜游"消费空白。《宋城千古情》赢得市场的重要原因就在于找准了市场定位,把握住了市场脉搏。首先,演出依托宋城景区,采用购票即可看戏的配套营销理念,提高了景区游览的附加值;其次,集团营销中心、艺术团针对目标消费群开展市场调研,细分市场,根据观众群及审美需求的不同,及时对节目进行适当调整。

"白天看庙,晚上睡觉。"尽管杭州是全国著名的旅游城市,但在《宋城千古情》问世之前,夜间旅游消费却非常贫乏。看到"夜游"这一巨大的市场空白,宋城景区决定在白天演出的基础上,增加夜间演出,使该表演增加到了每天5场左右。于是,来杭州的游客白天在各景点能感受到静态的历史人文积淀,到了晚上,《宋城千古情》又能以新颖生动的形式如梦如幻地加以表现,给人以强烈的艺术视听享受。

依托杭州庞大旅游市场规模,《宋城千古情》彻底改变了杭州夜游市场的格局,带动了300万名游客量的杭州夜游市场消费,创造直接经济效益15亿元,还拉动了相关服务行业的产生。

二、大型山水实景演出《印象·刘三姐》

（一）概述

大型桂林山水实景演出《印象·刘三姐》是"中国·漓江山水剧场"的核心工程,由桂林广维文华旅游文化产业有限公司投资建设,著名导演张艺谋、王潮歌、樊跃出任总导演,国家一级编剧梅帅元任总策划、制作人,历时五年半努力制作完成。它集漓江山水、广西少数民族文化及中国精英艺术家创作之大成,是全国第一部全新概念的山水实景演出。演出集唯一性、艺术性、震撼性、民族性、视觉性于一身,是一次演出的革命、一次视觉的革命。

这部作品于2004年3月正式公演。世界旅游组织官员看过演出后如是评价:"这是全世界其他地方看不到的演出,从地球上任何地方买张机票来看,再飞回去都值得。"其被评为世界旅游组织目的地最佳休闲度假推荐景区;2004年11月以《印象·刘三姐》为核心项目的"中国·漓江山水剧场"(原刘三姐歌圩)荣获国家首批文化产业示范基地;2005年7月,《印象·刘三姐》荣获"中国十大演出盛世奖"。

在阳朔方圆两千米、风光美丽的漓江水域上,以十二座山峰为背景,广袤无际的天穹,构成了迄今为止世界上最大的山水剧场。演出以"印象·刘三姐"为总题,在红色、白色、银色、黄色四个主题色彩的系列里,大意地将刘三姐的经典山歌、民族风情、漓江渔火等元素创新组合,不着痕迹地融入山水,还原于自然,成功诠释了人与自然的和谐关系,创造出天人合一的境界,被称为"与上帝合作之杰作"。演出立足于广西,与广西的音乐资源、自然风光、民俗风情完美地结合,看演出的同时,也体验了漓江人的生活。

由于是山水实景演出,支撑这个超级实景舞台最直观的是灯光。《印象·刘三姐》体现了一种淋漓尽致的豪华气派,利用目前国内最大规模的环境艺术灯光工程及独特的烟雾效果工程,创造出如诗如梦的视觉效果。

（二）《印象·刘三姐》的成功因素

作为一部开创世界和中国山水实景演出先河的原创性文化精品,《印象·刘三姐》从2004年3月在桂林阳朔漓江书童山下公演至今,已经成为桂林一张亮丽的新名片,多年保持"全国演出业中观众最多、影响力最大、年营业额最高"的演出地位,堪称我国文化产业的成功范本。

（1）独创的大型实景演出模式。大型实景演出,是一个以真山真水为演出舞台、以当地文化和民俗为主要内容、融合演艺界及商业界大师为创作团队的独特的文化模式,是中国人的独创,是中国旅游业向人文旅游、文化旅游转型下的特殊产物。张艺谋执导的《印象·刘三姐》拉开了大型山水实景演出的帷幕,引发了印象系列和大型实景演出热潮,如《印象·西湖》、《印象·海南岛》、《印象·丽江》、《印象·武隆》、《印象·华清池》、《印象·贵州平塘》、《印象·武夷山》、《印象·吐鲁番》、《印象·三峡》等。据不完全统计,截至2009年6月,国内已经推出近二十部大型实景演出。

(2) 三个世界知名品牌的组合。三个不可替代的世界知名品牌组合,注定了《印象·刘三姐》将成为一个长期具有较强市场号召力的高端文化品牌和令社会各界关注的文化现象。事实证明,《印象·刘三姐》将世界知名的名胜风景——桂林山水风光、世界知名的民族文化品牌——《刘三姐》、世界知名导演——张艺谋三个品牌组合在一起,在美丽的漓江畔演绎了一个旅游与文化产业充分融合的传奇。《印象·刘三姐》以漓江水域为舞台,以12座山峰和广袤的天穹为背景,将壮族歌仙刘三姐的山歌、广西少数民族风情、漓江渔火等多种元素创新组合,融入桂林山水之中,诠释了人与自然的和谐关系。它突破了“一个舞台三面墙”的传统剧场结构,赋予观众全新的视听感受。全场演出约70分钟,演出人员约700人,整个演出如梦如诗、气势恢弘。

(3) 市场化运作树起创新大旗。包括张艺谋、王潮歌和樊跃等导演在内,《印象·刘三姐》整个剧目有67名中外艺术家加盟创作,演出方案修改了19次,投资近1亿元人民币,历经5年零5个月完成。该剧从“十月怀胎”到“一朝分娩”,自始至终都贯穿着创新。

在资本运作上,除了广西壮族自治区政府在项目初期给予20万元启动经费外,其他近1亿元投资都是由项目总策划人梅帅元完全按照企业化运作,吸纳国家政策性扶持资金、民营公司自有资金、银行贷款和品牌无形资产等进行多元投资经营的。

在营销策略上,《印象·刘三姐》从立项时就确立了“整体营销”的思路。公司引入了日本理光公司桂林销售总监任票务销售总管,联络各大旅行社,把文化与旅游产业捆绑在一起,形成利益共同体,把票务市场做大,形成“多赢”。

此外,整个《印象·刘三姐》及其园区工程由清华大学建筑学院设计,遵循绿色艺术、环保先行的理念,特别强调保护漓江江岸和水面的原生状态,打造园区环保的品牌。在园区周边建设道路、绿化、停车场、餐饮、足浴、桑拿等配套项目,加上桂林阳朔丰富的休闲旅游方式,如骑自行车、登山、攀崖、泥浴、看演出、民俗游、逛东街、游西街等,形成了一条多环节联动的产业链,保证了项目的可持续发展。

(4) 成熟的旅游目的地和独特的民族文化。实景演出需要特定的环境氛围、特定的地域特色、特定的文化底蕴,这不是任何一个地方都能具有的资源禀赋,尤其好的演出必须拥有国际知名度。桂林刘三姐的传说早已通过电影的方式深入国内外游客的内心,而该实景演出的成功正是契合了大众寻找刘三姐的心理需求。反观现在部分实景演出地并没有知名度如此高的文化现象可以引起国内外市场的高度关注。一场实景演出的门票少则几百元,多则一两万元,需要广阔的市场前景和源源不断的观众支持。桂林在2005年推出《印象·刘三姐》演出时,其旅游接待人数已经超过1000万,其中入境游客接近100万人(2004年年底数据)。

此外,舒适宜人的气候条件能够降低因气候变迁引发的旅游淡旺季差别,延长实景演出时间,提高旅游收益。桂林地处低纬,属中亚热带湿润季风气候,气候温和,光照充足,条件十分优越。因此,适宜打造永不谢幕的演出。

（5）可持续发展的产业模式。《印象·刘三姐》的演员2/3是附近农村的渔民。他们白天劳作，晚上划着渔舟演出，既真实地展现了漓江儿女古朴的生产生活方式，又增加了收入。

此外，作为产业后续发展，项目组还建立了"张艺谋漓江艺术学校"，以教学—实践—就业一条龙为办学模式。学校毕业生部分考入专业艺术高校和文艺团队，部分被《印象·刘三姐》的演出机构录用为演职员，既发掘了艺术人才，也保证了演出队伍的稳定和质量。

《印象·刘三姐》成为一个常年演出、可持续发展的文化产业，带动了当地经济的发展、人们生活水平和当地知名度的提高。其形成的经济、社会、文化、生态等多方面良好的综合效益，反过来又让《印象·刘三姐》这个文化品牌叫得更响。

案例1

宁夏沙坡头《大漠风·长城魂·黄河情》旅游节庆活动主题演出策划方案

一、策划理念定位

以沙坡头独特的旅游资源为载体，依据"发生学"的原则，建造360°三维空间天然化表演舞台，成为世界上独一无二的垄断性表演方式。借天、借地、借山、借河。长城、黄河、大漠都是舞台的场地和背景，在主表演区举行大场面、360°全景式的演出和副表演区的沙雕、水上表演、空中表演、沙地表演、草原表演、山岳长城表演、大型视屏展示等，构筑起多视角、多方位的立体表演场景，歌颂、传扬"中华民族精神家园"的神韵，铺洒、叙述中华民族大融合、大团结及人类和平与发展的主题。

二、主题表演内容

表演内容可从"纵向、横向"上构思，将节目分成几大板块。纵向以回溯中华民族几千年的文明史和展望美好未来为主线，横向以中华各民族的地域风情、民族特色表演为脉络。表演形式以歌舞、杂技、曲艺、戏剧、民歌等多种艺术形式为载体。表演采取以主表演区和副表演区交替表演，互相呼应的方式。最终以磅礴的气势完美阐释了"中华民族大融合、大团结"，人类和平与发展的主题。

主题表演分四大板块：香山之巅——边关烽火、关城内外——民族融合、黄河河道——运载千秋、黄河北岸——和平发展。

1. 香山之巅——边关烽火。香山位于黄河南岸，山上有秦代的长城，节庆日烽火台上燃狼烟，众多"秦代士兵"摇旗呐喊。

2. 关城内外——民族融合。在香山北侧至黄河的半山坡上，修建一座废弃的关城，黄河南岸边上修建一座荒芜的广场，以香山的长城烽火和关城为大背景，进行"九州方圆"民族融合的主题表演。主要内容有：开天辟地、逐鹿中原、武王伐纣、六国归一、苏武牧羊、昭君出塞、汉藏和亲、丝路花雨、边塞烽火、弯弓射雕、宝船远航、满汉融合、锦绣中华。

3. 黄河河道——运载千秋。在黄河河道中进行从远古至今各种水上交通工具的大漂流，尤其凸显本地使用的羊皮筏子。以交通工具来展现人类发展的历史进程，也为游客选用各种交通工具做了充分的准备。

4. 黄河北岸——和平发展。黄河北岸是三北防护林带的一部分，岸上是进行草格固沙的腾格里沙漠和火车经常鸣笛而过的包兰铁路，展示了和平与发展的景象。

副表演区还有:县城黄河广场"饮水思源——黄河母亲大型西北民歌竞赛晚会";大漠北侧的通湖草原"弯弓射雕——成吉思汗大军骑兵军阵表演"和"那达慕大会";香山南部的寺口子"壮志凌云——攀岩大赛";北部大漠"飞沙走石——沙漠机动车越野大赛";包兰铁路两侧"绿化家园——防风固沙草方格铺设大赛";黄河黑山峡"浪遏飞舟——黄河激流漂流大赛"。主、副表演区之间设立电视转播和大型车载电视屏幕相互联系。主表演区和副表演区同时表演,以大型电视屏幕交替展现各表演区的演出场面,沙坡头一带、黄河、长城、丝路、大漠的壮丽景色,包兰铁路、宁兰公路车辆往来如梭,道路两侧草格固沙和治沙林带郁郁葱葱的画面,总体打造和平与发展这个人类历史永恒的主题。

资源来源:根据网络有关资料改编

✦ 知识链接

《印象》系列作品概述

印象之一《印象·刘三姐》

在全球最大的山水实景剧场,进行世界最大的全新概念的山水实景演出,被著名音乐家谭盾称为"21世纪最前卫的作品,走到了世界潮流的前端",这就是由张艺谋、王潮歌、樊跃任总导演,梅帅元任总策划、制作人,有67位中外著名艺术家加盟创作,600多名演职人员参与演出,109次修改演出方案,投资近1亿元人民币,历经5年零5个月后诞生的桂林山水实景演出——《印象·刘三姐》。

印象之二《印象·丽江》

《印象·丽江》是继《印象·刘三姐》之后推出的又一部大型实景演出,总投资达2.5亿元,上篇为"雪山印象",下篇为"古城印象",主创人员由《印象·刘三姐》的原班人马组成。《印象·雪山》以玉龙雪山为背景,汲天地之灵气,取自然之大成,以民俗文化为载体,用大手笔的写意,在海拔3100米的世界上最高的演出场地,让生命的真实与震撼如此贴近每一个人。

印象之三《印象·西湖》

《印象·西湖》以西湖浓厚的历史人文和秀丽的自然风光为创作源泉,深入挖掘杭州的古老民间传说、神话,将西湖人文历史的代表性元素得以重现,同时借助高科技手法再造"西湖雨",从一个侧面反映雨中西湖和西湖之雨的自然神韵。

印象之四《印象·海南岛》

大型实景演出《印象·海南岛》是著名导演张艺谋以及他的"印象·铁三角"团队继奥运会开幕式后的最新力作。演出将时尚、休闲、浪漫的元素带给游客,通过新颖的艺术形式和丰富的艺术元素演绎出海南岛真正的海岛风情、休闲文化和浪漫椰城,将大家带入一种新型的旅游文化体验之旅。

印象之五《印象·大红袍》

《印象·大红袍》是目前全世界唯一在23个世界自然文化双遗产胜地创作的"印象"作品。茶既是很高雅的文化,同时又是一种生活必需品,老百姓离不开"柴、米、油、盐、酱、醋、茶"。《印象·大红袍》也从这两个角度入手表现茶文化,时而雅,时而俗。

"筛茶"的场景尤其漂亮,看上去就像是一场"茶神的狂欢"。

印象之六《印象·普陀》

《印象·普陀》是一台以观音文化为主轴,结合普陀佛教文化和海洋民俗文化,集参与性与观赏性于一体的实景演出。它能让广大游客在礼佛观光的同时,了解观音文化的内涵所在,并在呈现视听美感的同时,传达与人为善、营造和谐的主题。《印象·普陀》延续印象系列的一贯风格,将丰富的舞台元素与壮阔的表演形式紧密结合,完美融入声、光、电等高科技视听手段,倾力打造海天佛国的悠扬气象。

此外,作为张艺谋大片《满城尽带黄金甲》的外景地,重庆市武隆景区尝到了电影拉动旅游的甜头,又邀请张艺谋全力打造大型山水实景演出《印象·武隆》。

法国巴黎红磨坊

红磨坊是位于城北蒙马特高地脚下白色广场附近的法国式夜总会。红磨坊的历史上,出现过多位有名的艺人,如古吕、摩姆·弗罗玛茨、珍妮·阿弗里尔。而今,红磨坊已成为与卢浮宫齐名的著名的旅游景点,更是窥视法国民族文化艺术的一个重要窗口。每一位走进红磨坊的观众,在充满现代气息的大厅中,仍会感受到它百年的坎坷与历史的厚重。

印象派大师奥古斯特·雷诺阿的名作《红磨坊》使这个歌舞厅蜚声世界。还有两部电影以红磨坊为主题,一部是法国导演让·雷诺阿的《法国康康舞》,另一部是巴兹·鲁赫曼导演的《红磨坊》。后者是风格华丽的好莱坞影片,由妮可·基德曼主演,影片讲述1900年前后发生在红磨坊的一段凄美的爱情故事。此片在法国公映后,曾引起人们对红磨坊历史和现状的回顾与关注。

红磨坊的历史可以追溯到19世纪下半叶。那时候,来自世界各地的流浪艺术家,在蒙马特高地作画卖艺,使那一带充满艺术气氛,成为巴黎最别致、最多姿多彩的城区之一。由于艺术活动丰富,蒙马特高地街区那弯弯曲曲的卵石坡路的两侧,小咖啡馆、小酒吧生意兴隆。后来,这些小咖啡馆、小酒店里来了一些舞女,她们穿着镶有复杂花边的长裙,伴着狂热的音乐节奏,扭动着臀部,把大腿抬得高高的,伸向挂着吊灯的屋顶。

红磨坊的历史上,出现过多位有名的艺人,如古吕、珍妮·阿弗里尔。其中,最有名的要数古吕,她身材丰满,风姿绰约,绿色的缎子拖裙系在臀后,每次走过蒙马特街区,都会引起一阵骚动,整整几十年间,她成为红磨坊的代称。除了舞女,红磨坊还有一些很出名的男艺人,如伊韦特·吉尔贝,以说笑出名,糅合着诙谐和优雅的说笑风格使他成为法国"名嘴"。第二次世界大战德军占领期间,红磨坊仍然歌舞升平。战后,因为这段不光彩的历史,红磨坊受到严厉批评。

而今,红磨坊已成为一家大型的歌舞表演厅,是巴黎的一个旅游景点。如果说它仍保持着百年前某些特点,那就是舞者的装饰大致不变,上身裸露,披挂着华丽的羽毛服饰或金属片,但是观众与旧日看客完全不能同日而语,观众是现代文明的观众,怀着发现巴黎的心情来看演出,演员把演出作为一种光明正大的演艺事业,不像百年前的舞女,为取悦某些客人而强作欢颜。

现在的红磨坊有 40 名女演员、20 名男演员,他们来自世界各地,主要是澳大利亚、俄罗斯、英国。女演员必须受过芭蕾舞训练,身高需达到 1.72 米,年龄在 16 岁至 25 岁之间。容貌姣好,笑容灿烂,腿要修长,鼻子要俏皮。许多在红磨坊跳过舞的女孩,后来都成功进入影视界。

红磨坊是法国娱乐业中一家效益良好的企业。其观众 55% 是外国人,45% 为法国外省人。

柬埔寨大型歌舞史诗演出《吴哥的微笑》

《吴哥的微笑》是一台以吴哥窟的历史、风情为主题,具有国际水准、反映柬埔寨特色的大型文化盛宴和精品旅游景观。由柬埔寨文化部和 2008 年中国奥运会闭幕式创作团队相关人员联袂创作,是云南文投集团实施走出去战略的文化力作,弥补了柬埔寨高投入、高品位旅游演艺市场的空白。该演出为柬埔寨旅游部 2011 年推荐旅游项目。

《吴哥的微笑》是第一部全方位展示吴哥王朝的大型歌舞史诗,全剧选取吴哥文化瑰宝中最具代表性的文化意象,结合现代手法加以表现。从建国到盛世,从传说到风情,从过去到现今,那些藏在石雕、壁画后亘古绝丽的韵味让演出表现得畅快淋漓。这台演艺气势恢弘、美轮美奂,用梦幻般的舞美科技和新颖的艺术手法,重现了柬埔寨伟大的苏耶跋摩二世真腊王朝,令人耳目一新,为之震撼。《吴哥的微笑》不仅包含了高棉传统歌舞,还融合了杂技、高棉武术、长柄琴弹唱等许多柬埔寨特色表演。

《吴哥的微笑》自 2011 年 11 月 27 日开演以来共投资了近 4000 万元人民币,共演出 440 多场,接待来自全球的观众 40 万余人,仅 2011 年就实现收入近 2000 万元人民币。柬埔寨国家旅游部部长、文化部、暹粒省等当地政府要员先后观看了演出,并接待了亚洲政党会议的参会代表团和参加东盟旅游论坛的代表团,来自世界各地的参会代表观看了演出,给予了高度评价。其观众主要来自美国、加拿大、英国、法国、德国、意大利、丹麦、俄罗斯、澳大利亚、新加坡、印度、马来西亚、泰国、越南、韩国等柬埔寨旅游市场主要客源国以及柬埔寨当地。

柬埔寨旅游、文化等部门领导认为,这是一场展示吴哥辉煌文化的演出,柬埔寨需要这样一台演出来宣传辉煌的吴哥文明,丰富游客的游览活动,让游客通过新的方式和角度了解吴哥文化,演出将对促进暹粒旅游发展起到了积极作用。演员中 90% 是柬埔寨的演员。

复习题

1. 与传统演艺活动相比,旅游演艺有哪些特点?
2. 简述旅游演艺的分类。
3. 旅游演艺对旅游业发展有哪些影响?
4. 结合具体实例,谈谈旅游演艺策划的基本原则和注意事项。

实 训 项 目

为你熟悉的旅游目的地策划一个简单的旅游演艺活动方案。

参 考 文 献

1. 张蕾．旅游目的地演艺项目开发模式探讨．中国旅游报,2008.4(18)
2. 刘艳兰．旅游演艺的发展历程及其对旅游业的影响．科技广场,2009(8)
3. 宋云．旅游演艺:一种旅游营销的新范式．江西社会科学,2011(12)
4. 薛奕妹．论我国旅游演艺产品开发模式．出国与就业,2011(22)
5. 潘剑凯.《宋城千古情》为何长演不衰．光明日报,2006-12-13

婚庆活动策划

学习目标与要求：

了解婚礼、婚庆、婚庆产业的含义和特点，熟悉婚庆产业的发展现状，掌握中式婚礼、西式婚礼和常见特色主题婚礼策划的基本技能和方法，能够运用相关知识策划一个主题婚礼。

任务一　认识婚庆活动

一、婚礼与婚庆

婚礼是一种宗教仪式或法律公证仪式，其意义在于获取社会对婚姻的承认和祝福，并帮助新婚夫妇适应新的社会角色和要求，准备承担社会责任。婚礼也是一个人一生中重要的里程碑，属于一种生命礼仪。

所有国家和民族都有传统的婚礼仪式，是其民俗文化的继承途径，也是本民族文化教育的仪式。世界上最古老、延续时间最长、影响最广的婚礼是儒教婚礼、印度教婚礼、基督教婚礼，即三大文明圈的婚礼。

在我国法律中，公民结婚并没有太多的程序，只需到地方政府民政部门进行结婚登记即可生效。但几千年延续下来的传统婚制影响犹在，男女两家订婚、互送聘礼嫁妆、迎亲、宴请亲朋好友、举行结婚仪式等传统习俗依然沿袭下来。

婚庆即婚礼庆典，一般指根据每位新人的不同爱好和诉求点量身定做的结婚庆典活动，涵盖各种婚礼形式及其组合体。

按照婚庆活动的不同主题，可以将婚庆活动划分为传统中式婚礼、西式婚礼（教堂婚礼）以及主题创意婚礼（如草坪婚礼、烟花婚礼、假面狂欢婚礼、烛光婚礼、水上婚礼等）。

二、婚庆产业

（一）婚庆产业概述

婚庆产业又叫婚庆消费产业，是为新婚阶段的人群提供系列产品和全面服务的各种行业的集合，是传统意义上仅注重婚庆典礼的婚庆行业的延伸与扩充。婚庆产业的核心活动是新建家庭，其产业链主要是围绕着婚前准备、婚礼庆典及婚后蜜月三个不同阶段形成。

婚庆产业链是在一定的地理区域内，以新人消费需求为导向，所有企业部分或完全围绕新婚消费主题，以产品、服务为纽带结成的一种具有价值增值功能的战略关系网。婚庆产业链属于以产品与服务结合的需求拉动型产业链，而且有多种产品与服务。

在婚庆产业快速发展的过程中，相关企业也越来越注重品牌服务和规模经营，婚庆的高层次服务也在增多，整个行业都在为满足当代青年多元化、时尚化、个性化、追求浪漫服务的需求而努力，婚庆产业的产业链正在逐步形成。随着我国国民经济的快速增长，城乡居民生活水平的日益提高，以及人们对现代社会的时尚追求，中国婚庆文化走向更个性化和时尚化，这已成为当今社会的又一流行趋势。

（二）我国婚庆产业发展现状

我国婚庆产业正逐渐成长为一个新的朝阳产业，婚庆消费市场的婚纱礼服、婚纱摄影、婚礼服务、婚宴、珠宝首饰等行业的发展日趋成熟，并与新婚消费的其他行业如家电、家具、床上用品、室内装修、房地产、汽车、银行保险等40多个关联行业，逐步形成令人瞩目的婚庆产业链，充满了巨大潜在商机。

据2010年民政部相关资料统计，中国每年大约有1000万对新人喜结良缘，仅城镇新人在婚礼上的消费就达4183亿元人民币。2011年婚礼当日产生的消费接近3000亿元，预计到2013年将上升到5000亿元。20世纪80年代中后期是新中国成立以来最大的生育高峰期，该时期出生的人群于2012年左右进入婚龄期。预计婚庆消费额有望在此基础上再翻一番。毫无疑问，婚庆经济，已成为中国经济最引人注目的增长点，中国的婚庆产业将迎来一个前所未有的市场高峰期。

1. 婚礼服务

婚礼服务包括婚礼咨询、婚礼策划、婚礼化妆、MV设计拍摄、婚车出租等方面，并日益从简单的服务向注重服务的多样性、个性化和深文化层次发展。近年来，我国大中城市的婚庆公司如雨后春笋般涌现。不过，我国目前的婚礼服务行业缺少行业规范，行业整体还处于起步阶段。

2. 婚纱摄影

随着我国经济的快速增长，居民生活水平的不断提高，婚纱摄影也越来越得到广大青年的普遍关注和热忱参与。据统计，婚纱摄影在整个婚庆支出的比例约为15%。

全国结婚产业调查中心2011年3月发布的《中国结婚产业发展调查报告》显示，中国约有45万家婚纱影楼、摄影公司、图片社和摄影工作室，相关行业的人员近600万名，年营业额 900 多亿元,中国婚纱摄影业已成为当今最具前景的产业之一。与婚宴、喜糖等婚庆项目相比,婚纱摄影的利润空间比较大,利润率大在 30%～40%。据商务部披露的最新统计,2011 年全国大型婚纱摄影企业的营业额在 2000 万元以上,中型企业为 800～2000 万元。

3. 婚纱礼服

在 20 世纪 90 年代以前,婚纱礼服价格昂贵,婚纱消费基本都以租借为主,近年来随着婚纱售价的下调以及对婚纱卫生和个性化的要求,引发了买婚纱的热潮,婚纱礼服的消费量猛增。

世界 80% 以上的婚纱品牌都是在中国国内加工贴牌的。目前中国婚纱礼服业已经具有一定规模,国内从事婚纱礼服生产销售的经营体超过 1500 家,从业人员超过 3 万人。从事婚纱礼服生产的企业主要集中在广东潮州、中山、深圳、广州、江苏苏州、福建厦门和泉州等地,婚纱批发市场已形成广州和苏州两大集散地。

4. 婚宴服务

近年来,结婚的高峰年引发了婚宴市场的火爆。根据媒体报道,从 2010 年以来,北京、上海、广州、深圳等城市各大饭店的全年婚宴大多提前排满。目前我国已经形成了"五一"、"十一"两个大的婚宴市场消费旺季。婚宴利润相对比较高,即使酒店免费提供一系列新人蜜月套房、喜庆蛋糕、鲜花等优惠,婚宴的利润率也达 30%～40%。

但总的来说,中国婚庆产业品牌成长还处在蹒跚学步阶段。婚庆行业要把握好市场脉搏,提升文化内涵,开发出符合市场的商品。对于日益壮大的婚庆市场,相关部门应加强管理,如对婚庆公司从审批注册到管理,从等级到价位,都应该有一套相应的规定和措施,并且严格把关,规范运作。要树立品牌意识,增强整个产业链的吸引力,树立行业整体信誉形象。

案例 1

中国婚庆产业化明显　品牌待开发

中国首家婚礼会馆日前落户成都家园国际酒店。婚庆服务正成为一个新的消费热点。

据成都婚庆行业协会日前发布的《2010 年新人消费指数》,2010 年,成都有 11 万对新人结婚,平均每对新人在婚庆方面的花费在 8 万元人民币左右。

报告指出,2010 年成都新人消费主要包括婚礼服务、婚车、婚宴、婚戒及珠宝、烟酒糖、婚纱和礼服、婚纱照以及新房布置八个方面,其中婚礼服务就包括了场景布置、婚庆用品、策划、音控等。其中花费最高的当属婚宴,统计以每对新人结婚请客 35 桌计算,每桌婚宴的平均价格为 950 元人民币。

成都婚庆行业协会会长蒙汀介绍,由于"80 后"普遍到了适婚年龄,近两年来,成都平均每个周末约有 2000 对新人举行婚礼。据统计,去年成都婚庆市场的产值超过 88 亿元人民币。

中国正进入新的婚育高峰。数据显示,中国每年大约有 1000 万对新人结婚,平均每对新婚夫妇为结婚花费 12 万元人民币左右(不包含房子和汽车消费)。

《中国经济周刊》早前报道指出,中国的婚庆服务机构从传统的简单服务开始向重视婚礼文化层面、注重婚礼策划方向转变。通过专业婚庆服务机构操办婚礼成为趋势。

报道称,由于现代都市生活节奏紧张,新人对从提供婚车、司仪、婚礼摄像到喜糖、喜烟,再到婚宴、蜜月旅行等"一条龙"全方位的婚庆服务更为青睐。

同时,婚礼奢侈之风也在中国各地愈演愈烈。统计发现,成都专业婚礼主持人每次出场费均在 500~5000 元人民币不等,一些"业界名嘴"光公司发放的年薪就高达 12 万元人民币左右。

另外,香港特区政府统计处的资料显示,香港每年注册结婚的人数呈下降趋势,从 1981 年超过 5 万对下降到 2002 年的 3.2 万对。由于内地婚庆市场潜力巨大,香港裕宝婚礼统筹公司等婚庆公司也有意进军内地市场。业内人士分析,中国香港、台湾地区的婚庆企业有望加快进入内地步伐。

目前,进入中国婚庆市场的有日本、韩国、美国等国家的婚庆企业,它们主要争夺中国大城市的婚庆高端市场。

世界唯一婚庆上市公司——日本华德培婚礼服务公司于 2004 年 11 月开始了中国首项综合性婚礼服务,它包括交换戒指和宣誓仪式在内,喜筵上的各种情景均采用日本"结婚式"的做法,可谓日式婚礼的一次全进口。所需费用约十几万元人民币。尽管如此,却有很多新人预约。

婚庆业者分析,从总体上看,中国婚庆服务虽然市场旺盛,但整个行业仍旧处于起步阶段,公司很多但标准混乱,区域性强,缺乏上规模的专业婚庆服务公司和有市场影响力的知名品牌。很难与强大的市场需求相匹配。

开发适合市场需求的婚庆系列产品,将大有文章可做。

据了解,成都已在 2011 年 4 月成立了婚庆礼仪协会,计划引入竞争机制,根据行业发展需要,适度突破"一业一会"的模式,允许行业协会(商会)根据产业发展需要吸收异地同行会员。

摘自:王蓉. 联合早报网成都频道. http://chengdu. zaobao. com/pages1/chengdu110525f. shtml, 2011-05-25

三、婚礼策划

婚礼策划是指为新人量身打造婚礼而进行的策划,涵盖各种婚礼形式和各种婚礼形式的组合体。婚礼策划师根据每位新人的不同爱好、追求或诉求点为新人量身定做的婚礼,并非简单的流程组合加会场布置,而是依据新人的兴趣和要求,整个婚礼围绕一个至两个主题或两个至三个侧重点进行。

婚礼策划包括婚礼的风格、婚礼的流程、会场布置、灯光、音乐、道具、舞台节目、主持人、主持词等内容。婚礼策划着重点在于婚礼本身,婚礼大于会场布置。一场好的婚礼,会场布置是为婚礼服务的,它是为了更好地表达婚礼而设置的一个元素,如果一场婚礼把重点放在会场布置上,那结果是使更多的人注意到现场布置,而忽略了婚礼本身带给人的感觉。

四、婚礼策划师

(一)婚礼策划师的含义

婚礼策划师是根据新人和婚礼服务公司的要求,能独立策划婚礼方案,并能准确地监督策划方案实施全过程的策划者。婚礼策划师的主要工作是根据客户的具体情况做出个性化的婚礼安排,策划实施婚礼方案并对整场婚礼进行现场监督。

婚礼策划师如同婚礼的"总导演"。在婚礼前期,婚礼策划师会帮新人一起挑选吉日、挑选酒店、挑选婚礼服装、寻找婚礼场地、场景布置以及确定背景音乐和喜烟喜糖,并为新人设计一套适合他们个性的婚礼方案。同时,还要负责组织婚礼当天的各项工作,安排好结婚现场的灯光、舞美、音乐和礼仪主持人。

(二)婚礼策划师的职责

(1)负责与客户沟通,策划客户满意的婚庆策划方案、婚期方案、婚期行程方案、婚礼仪式方案等。

(2)执行婚前代办事务,如代订酒席、代为租车、代发请柬、代为联系外景公园等,具体项目可与新人协商制定。

(3)提供婚礼用品的设计和采购。

(4)负责婚庆摄像、摄影全过程及后期制作。

(5)负责婚礼当天的统筹安排和整体协调。

(6)负责同行业市场信息的收集整理并与团队共享。

(三)婚礼策划师的职业素质

要成为一名优秀的婚礼策划师,首先必须具备深厚的传统文化知识,熟知有关婚礼的各种习俗。其次要对婚礼文化以及行业具有深刻的认识和理解,要有很强的敬业精神,有一定的人格魅力与亲和力。另外,还必须具备较强的沟通能力、想象能力和策划能力以及组织能力,善于用热情感染宾客,善于准确理解和掌握新人的要求,与客户达成合作意向。

(四)婚礼策划师的职业等级

婚礼策划师在国外是一个有专业认证的职业,而国内却是近年才兴起。欧美具有其专业系统的认证体系。近年来,亚洲地区开始出现非官方的婚礼策划师行业协作机构,开始与国际合作进行国内权威的专业认证。

国际婚礼策划师协会是亚洲各国各地区,尤其是日、韩、新加坡、中国台湾地区等最具权威性的行业认证机构,是婚礼策划职业实力测定和婚礼策划师专业人士认证的机构,共有亚洲各国各地区婚礼策划、婚纱摄影、婚礼用品、婚礼咨询、婚礼杂志、婚礼场地设计、婚礼灯光舞美、婚礼网站、演艺等上万家公司和机构的成员。其总部设在美国。国际婚礼策划师协会对婚礼策划师的认证资格证书以其职业执行标准、国际职业认证、国际考核认证和新人评价体系综合给予评定。国际婚礼策划师分为 S、A、B、C 四个等级,其中 S 级是最高级别。

目前,中国的北京、香港、上海、厦门、武汉和广州等地设有国际婚礼策划师协会的办事机构,认证等级按照国际婚礼策划师协会的标准执行,由总部统一颁发资格证书。证书具有国际认证的通用性、权威性和有效性。

另外,经国际婚礼策划师协会对国内的婚礼场地设计师、花艺师和主持人等进行官方权威认证,可取得国际通用职业证书。

任务二　中式婚礼策划

一、中式婚礼概述

相传中国最早的婚姻关系和婚礼仪式从伏羲氏制嫁娶、女娲立媒约开始。《通鉴外纪》载:"上古男女无别,太昊始设嫁娶,以俪皮为礼。"从此,俪皮(成双的鹿皮)就成了经典的婚礼聘礼之一。之后,除了"俪皮之礼"之外,还得"必告父母";到了夏商,又出现了"亲迎于庭"、"亲迎于堂"的礼仪。

周代是礼仪的集大成时代,彼时逐渐形成一套完整的婚姻礼仪。《仪礼》中有详细规制,整套仪式合为"六礼",合礼合法的婚姻,必须通过如下"六礼"程序来完成,即纳采(男方请媒人向女方提亲)、问名(男方请媒人问女子名字、生辰等,并卜于祖庙以定凶吉)、纳吉(卜得吉兆后即与女方订婚)、纳征(又称纳币,男方送聘礼到女方家)、请期(男方携礼至女方家商订婚期)、亲迎(婚期之日男方迎娶女子至家)。六礼婚制从此成为华夏传统婚礼的模板,流传至今。

中式婚礼是我国传统文化的象征和代表,近年来的复古风也让中式婚礼重新成为新人关注的热点。随着时间的推移和沉淀,追溯文化根源、重现传统民俗已经成为现代人的新时尚。当前,中国流行的婚礼仪式主要是 20 世纪 90 年代由中国台湾地区的婚庆公司带入的一套操作流程模板。该模板兼容中西婚礼仪式,满足了当代中国年轻人的口味,并将传统婚礼的喜庆热闹发扬到极致。这套婚礼模板与以往任何时期、任何国家婚礼仪式最大的不同在于,婚礼主导者由男女双方家庭变为婚庆公司,并将西式婚礼中十分简单的拍摄婚纱照仪式变成了昂贵复杂、需要长期筹备的项目。

二、传统中式婚礼的主要习俗

中国传统婚礼可分为三个阶段:一是婚前礼,即"订婚";二是正婚礼,即"结婚"或"成婚"的礼仪;三是婚后礼,即"成妻"、"成妇"或"成婿"之礼,表示男女结婚后需扮演的角色。其中婚前礼和正婚礼是主要程序。

(一)说媒提亲

中国古时的婚姻讲究明媒正娶,遵从父母之命,媒妁之言。若结婚不经媒人从中牵线,就会于礼不合。即使男女双方两情相悦,也会假以媒人之口登门说媒。媒人在提亲、订婚、结婚等环节中起着中间人的作用,并从中收取媒人费。

（二）订婚下礼

订婚又称婚约。依照我国民间习俗,通常结婚前先有订婚仪式,具体包括订立婚书、交换礼物、立媒妁人等。完婚前,男家需向女家送彩礼,彩礼的数量品质主要视家境的贫富而定。依照我国现行法律,订婚并不是结婚前必备的程序,不经订婚之婚姻,不失其婚姻之效力。

（三）准备嫁妆

嫁妆是女子出嫁时,从娘家带到丈夫家去的衣被、家具及其他用品的统称。各地、各民族的风俗习惯不同,所备的嫁妆也不同。彩礼、聘礼是给女方家人的,女方父母有可能将男方的聘礼也作为嫁妆给女儿。

旧俗在婚期前一天,除了床上用品、衣裤鞋履、首饰、被褥以及女红用品等细软物件在迎亲时随花轿发送外,其余的嫁妆,大至床铺,小至线板、纺锤,都由挑夫送往男家,由伴娘为之铺陈,俗称“铺床”。

人们常用“良田千亩,十里红妆”来形容嫁妆的丰厚。富足人家发嫁妆时,床桌、器具、箱笼、被褥一应俱全,日常生活用品无所不包。蜿蜒数里的红妆队伍经常从女家一直延伸到夫家,浩浩荡荡,仿佛是一条披着红袍的金龙,洋溢着吉祥喜庆,炫耀家产的富足,故称“十里红妆”。

（四）花轿迎亲

花轿迎亲有许多相关的民俗仪式。从新娘娘家起轿到新郎家下轿,由此衍生出上轿、起轿、喝轿、宿亲、翻镜(颠轿)、落轿等一系列繁文缛礼,把整个送嫁迎娶活动的喜庆气氛推向高潮,但具体情况则因不同地域而不同。

（五）跨火盆和射箭

新娘喜轿迎到男方家院子里,要从预先摆好的炭火盆上慢慢跨过,意思是烧去一切不吉利的东西,日后夫妻会越过越红火。在下轿之前,新郎还得拉弓朝轿门射出 3 支红箭,用来驱除新娘一路可能沾染的邪气。

（六）哭嫁送亲

“哭嫁”亦称“哭出嫁”、“哭嫁囡”、“哭轿”等,即新娘出嫁时的哭唱仪式,是汉族、土家族、藏族、彝族、壮族等民族的传统婚姻习俗。

土家族的哭嫁一般从新娘出嫁的前 3 天或前 7 天开始,也有的前半个月、一个月甚至三个月就已揭开了哭唱的序幕。不过,开始时都是断断续续进行的,可以自由地哭。亲族乡邻前来送礼看望,谁来就哭谁,作道谢之礼节。喜期的前一天晚上到第二天上轿时,哭嫁达到高潮。

（七）喜宴拜堂

婚宴也称"吃喜酒"，是婚礼当天答谢宾客举办的隆重筵席。如果说婚礼把整个婚嫁活动推向了高潮，那么婚宴则是高潮的顶峰。婚宴礼仪繁琐而讲究，从入席到上菜，从菜品组成到进餐礼节，乃至席桌的布置、菜品的摆放等，各地都有一整套规矩。

拜堂又名拜天地，是婚礼过程中最重要的礼节。因古代婚礼中的交拜礼都是在堂室举行，故称拜堂。古人认为，男女相交是从结婚开始，才有人伦之义，所以要拜天地；从结婚开始，女子才成为男家家族的一员，所以要拜列祖列宗；从结婚开始，才把男女的个体合成一体，所以新婚夫妇一定要交拜，以示郑重其事。

（八）喝合卺酒

合卺酒即古人的"交杯酒"。卺是一种瓠瓜，俗称苦葫芦，多用来做瓢，古代人们结婚时用它作为盛酒器。合卺始于周朝，为旧时夫妻结婚的一种仪式。仪式中把一个匏瓜剖成两个瓢，而又以线连柄，新郎新娘各拿一瓢饮酒，同饮一卺，象征婚姻将两人连为一体。现代婚礼上，人们已不再用卺来盛酒，但采用以线连着的交杯酒，保留了夫妻"合二为一"的含义。

（九）喜闹洞房

闹洞房又称"逗媳妇"、"吵房"，在迎亲的当天晚上进行。闹洞房是传统婚礼中不可缺少的一个环节，各地都有闹洞房的习俗。闹洞房除逗乐之外，还有其他意义。传说洞房中常有狐狸、鬼魅作祟，闹洞房能驱逐阴气，增强人的阳气，因此有俗语"人不闹鬼闹"。从积极的意义上说，闹洞房能增添热闹气氛，驱除冷清之感，因而有的地方又称为"暖房"。此外，闹洞房还能使亲友彼此熟识，显示家族的兴旺发达，增进亲友间的感情。

（十）新人回门

新人回门即成婚后三、六、七、九、十日或满月，女婿携礼品随新娘返回娘家，拜谒妻子的父母及亲属。这是一种必不可少的礼节。

三、中式婚礼的主要道具

花轿。花轿作为传统婚礼最重要的道具，是从南宋开始流行的。它分四人抬、八人抬两种，又有龙轿、凤轿之分。轿身红幔翠盖，上面插龙凤呈祥，四角挂着丝穗。有钱人家娶亲为五乘轿，花轿三乘，娶亲去的路上女迎亲者坐一乘，其余二乘由压轿男童坐；迎亲回来时新娘、迎亲、送亲者各坐一乘，另有二乘蓝轿，用蓝呢子围盖，上面插铜顶，由新郎、伴郎各坐一乘。

旗锣伞扇。位于迎亲队伍之中、花轿之前，可令整个迎亲仪式热闹、壮观。

鞭炮。迎亲礼车在行进途中，应一路燃放鞭炮表示庆贺。

凤冠霞帔。嫁女儿的人家无论贫富，对嫁衣都十分讲究。新娘出嫁时，通常都是内穿红袄,足登绣履,腰系流苏飘带,下着一条绣花彩裙,头戴用绒球、明珠、玉石丝坠等装饰物连缀编织成的"凤冠",肩上披一条绣有各种吉祥图纹的锦缎——"霞帔"。

盖头。古时新娘身着凤冠霞帔的同时都用红布盖头,以遮羞避邪,红色取吉祥之意。

马鞍。"鞍"与"安"同音,取其"平安"长久之意。多放于洞房的门槛上,表示新娘跨马鞍,一世保平安。当新娘前脚迈入门槛,后脚抬起还没有落下的时候,这时由上有父母、下有子女的人把马鞍抽掉,正好符合了"烈女不嫁二夫,好马不配双鞍"的意思。

火盆。它是放置于大门口的一盆火,让新娘迈过去,寓意婚后的日子红红火火。

天地桌。多置于院中,桌上放大斗、尺子、剪子、镜子、算盘和秤,称为"六证"。意思是可知家里粮食有多少、布有多少、衣服好坏、容颜怎样、账目清否、东西轻重等。民间常有只有"三媒(媒人)六证"俱全,才表示新婚合理合法的说法。

秤杆。入洞房后,新郎用秤杆挑去新娘的红盖头,取意"称心如意"。

花烛。在婚礼仪式中使用大红色的成对蜡烛,点燃于厅堂及洞房之内。因其上多有金银龙彩饰,故称为"花烛"。

四、中国当代婚俗的变迁

(一)恋爱方式的变迁

"自由恋爱"在当代成为主流的恋爱方式。其主要源于新中国成立初期的舆论宣传和政治法律的介入。新中国成立初期,国内大小报纸以及《中国青年》、《中国妇女》等杂志,都大力宣传新《婚姻法》,号召全国青年抵制并反对旧式、包办、买卖婚姻,实行自主、自由婚恋,"自己找婆家"成为当时广大女青年的时尚。多数青年"把结婚的基础建立在互敬互爱、互相帮助、和睦团结、劳动生产的基础之上,为家庭幸福和社会主义建设而努力"。

改革开放以后,经济迅速发展,人们思想得到解放,广大青年真正有了自由恋爱的土壤。男女青年恋爱交往的方式多样,亲密程度、自由程度提高,出现了拥抱、接吻等现象,称呼也越来越亲密。

(二)彩礼内容的变迁

当代中国订婚仪式变化很大,最明显的当属订婚彩礼,彩礼的名目、数量和金额都发生了质的变化。

改革开放以来,不再把订婚要彩礼看成是一种婚姻买卖。20世纪80年代,彩礼一般是人们常说的"老四大件",即自行车、缝纫机、手表和收音机,有的还包括衣服、家具、日常用品、新房。20世纪90年代,彩礼发展为"新四大件",即冰箱、彩电、洗衣机、摩托车。此外还会相应地加上一定数额的彩礼钱,几万元、十几万元不等,一些富裕地区还兴起了买车子和房子。进入21世纪,随着人民生活水平不断提高,彩礼名目数量更是与日俱增。

(三)婚礼方式的变迁

1. 迎亲方式的变化

新中国成立初期,城市青年男女结婚特别简单,迎亲方式以简单节约为宗旨。距离近的就走到婆家去。距离远的开始流行用自行车迎亲,某些地方还出现了人力车、三轮车迎亲。"文革"时期,出现"革命化的婚姻",用自行车去接新娘,或新娘自己骑车来婆家。

20 世纪 80 年代,一些大中城市开始兴起使用轿车迎亲。20 世纪 90 年代,城市里普遍使用轿车迎亲,租用的轿车也越来越豪华,数量也由起初的几辆变成了十几辆。20 世纪 90 年代末至今,迎亲车队的规模越来越大,车辆档次越来越高。

迎亲方式中除交通工具变化较大外,迎亲程序也变得繁琐,这主要体现在城市青年的结婚上。农村的程序依然很传统,只是在个别事项上加入了现代的元素。

2. 婚礼仪式的变化

新中国成立后,兴起简朴办婚事的潮流。青年人在进行一段时间的交往后订婚,到了适婚年龄领取结婚证书,选定时间举办婚礼。20 世纪 80 年代,旅行结婚兴起。城里人住进了楼房,但不适于举办婚礼,酒店婚礼渐被广大青年接受,在婚礼的整合与发展中逐渐形成新的基本程序和仪式。20 世纪 90 年代,随着人们思想观念的变化和生活水平的提高,在酒店举办婚礼成为大众化趋势。此外,还出现了草坪婚礼、舞会婚礼、广场婚礼、教堂婚礼、水下婚礼、空中婚礼、大型集体婚礼等多种婚礼形式。

3. "随礼"内容的演变

在婚礼进行中,前来道贺的亲朋邻里都会备份贺礼,这就是人们通常说的"随礼",农村一般称为"随份子"。当代中国随礼的方式和数量都发生了明显的变化。20 世纪五六十年代,多数青年结婚举办简单的结婚仪式,不摆酒席,不收礼钱,但有些地方、个别人存在随礼现象。"文革"时期,城里人仍然简朴办婚礼,但在农村还是会摆上几桌,亲朋邻里前来道喜。一种是送贺礼,贺礼主要是四大件,即脸盆、暖瓶、毛巾和被面,很多地方还要送毛主席石膏像;第二种方式是"随份子",最少两毛钱,最多二元钱。改革开放以来,由于青年人结婚开始大办宴席,随礼现象也便不可避免,通常都是送"红包"的形式。"红包"的数额随着生活水平的提高逐渐增多。

(四)结婚消费风俗的变迁

提及当代中国结婚消费风俗,有一句顺口溜"50 年代一张床,60 年代一包糖,70 年代红宝书,80 年代三转一响,90 年代星级宾馆讲排场,21 世纪特色婚礼个性张扬",较鲜明形象地反映了当代中国婚姻消费风俗的变迁。特别是近年来,随着经济的发展,人们生活水平的提高,全国婚礼消费整体呈上升趋势。

五、中式婚礼策划要点

(一)婚前策划

1. 请帖

中式婚礼请帖的设计最重要是要选定主题和概念,图案方面当然有众多的吉祥图纹可以选用,但龙凤图案一定要选用特别的版本与传统的中式相区别。水墨画的笔触有着夸张的韵味,剪纸不妨用镂刻的形式来制作。

2. 婚礼选址

传统的中式婚礼仪式,一般早晨女方家里要办"出嫁酒",而中午男方家里操办喜筵。不过如今越来越多的新人即使采用中式仪式也会在饭店摆喜筵。

3. 婚宴场地布置

现代中式婚礼应该有着东方特有的诗情画意和文化内涵,选择传统的吉祥器物以及中国特有的图纹作为素材,以简约、精炼、大胆的现代手法演绎,运用高科技的材料和工艺。这样一场婚礼有着现代大气的时尚场面,让每个来宾都能体会团圆美满的吉祥氛围。

4. 新人着装

新郎可以穿长袍,新娘披戴凤冠霞帔。凤冠是饰有银质或其他质地的凤凰模型,霞帔则是红色的披肩,一般来说,新娘穿红绸袄裤,绣花鞋,上绣鸳鸯、梅花、莲花等吉祥图案。

中式的服装可以去礼服店定做或租借,在影楼拍婚纱照时也可以预订中式服装,有些影楼会在拍摄套系中免费借用婚礼当天的服装。

5. 婚礼司仪

婚礼司仪是结婚典礼的主持人。在婚礼中,婚礼司仪主要掌控现场,调动、营造气氛,把握主题,推进流程;以爱情、亲情、友情为主线,突出烘托新人,展现新人爱情的闪光点,运用语言把婚礼各环节串联起来,引导新人、家长、证婚人及来宾共同完成婚礼仪式。婚礼司仪近似于相声演员,有时又超过一般的相声演员,是文艺节目主持、演说、表演和朗诵诸多艺术的综合。优秀的婚庆司仪应具有专业的舞台风范,较强的逻辑思维能力,良好的表达能力和较强的表演能力。婚礼司仪是礼仪学的重要组成部分,反映了具有独特风格,植根于群众沃土中的婚俗文化。

（二）中式婚礼的主要流程

现代中式婚礼的主要流程主要包括喜庆开场、新人入场、证婚、拜花堂、挑盖头、贺婚人贺婚、敬茶改口、双方父母寄语、燃亮花烛、许愿、交换信物、喝合卺酒、行结发礼、尝三品（子孙饺、长寿面、福禄喜寿饼）、主持人宣布礼成等。

任务三　教堂婚礼策划

一、教堂婚礼概述

教堂婚礼是西方文化的产物,不过现在这种庄重、圣洁的婚礼仪式已经成为追求浪漫的年轻新人的选择,从而让教堂婚礼在中国成为一种新的流行趋势。

教堂婚礼适合信仰天主教和基督教,或崇尚教堂这种神圣婚礼的新人。新人想在教堂举行西式的婚礼,首先应了解一些教会的规矩。一般来说,要在教堂举行婚礼,双方应有一方已经加入教会,但有些教堂对这些规定没有这么严格,新人应提前去教堂联系,了解清楚。在教堂举行婚礼,必须要先去民政局领取结婚证书,然后去教堂与负责的牧师或者神父确定日期。

二、西式婚礼的传统习俗

（一）钻石订婚戒

钻石是人类目前所知硬度最高的物质。在古代，人们并没有切割钻石的工具和技术。钻石因此自然成为永恒不渝的爱情的象征，孕育钻石的热能就代表着炽热的爱。

钻石订婚戒的传统始于 15 世纪，当时奥地利大公麦西米伦以钻戒向玛丽许下海誓山盟。当时，他的亲信呈文献言："殿下，在订婚时，您必须送一枚有钻石的戒指。"麦西米伦纳言。这个仪式从此流传至今，已有数世纪之久。

（二）新娘要戴手套

手套是爱的信物。在中古世纪，许多绅士送手套给意中人表示求婚。如果对方在星期日上教堂时戴着那副手套，就表示她已答应他的求婚。

（三）婚戒要戴在左手无名指上

古人认为左手无名指的血管直通心脏。中古世纪的新郎把婚戒轮流戴在新娘的三个手指上，以象征圣父、圣子和圣灵三位一体，最后就把戒指套在无名指上。于是左手的无名指就作为所有英语系国家传统戴婚戒的手指。

（四）新娘要戴面纱

最初，新娘的面纱象征着青春和纯洁。基督徒的新娘或戴白色面纱以表示清纯和欢庆，或戴蓝色面纱以示如圣女玛丽亚般纯洁。据说，当年美国首位第一夫人玛莎·华盛顿的孙女妮莉·华莱士在结婚时别出心裁地披着白色的围巾，掀起一种风尚。这就是今天新娘戴白面纱习俗的由来。

（五）新娘穿白色礼服

自罗马时代开始，白色就象征着欢庆。在 1850 年到 1900 年的维多利亚女皇时代，白色也是富裕、快乐的象征。后来则加强了圣洁和忠贞的意义，形成了纯白婚纱的崇高地位。而再婚的女性，可以用白色以外的其他颜色，如粉红或湖蓝等，以示与初婚区别。

（六）结婚典礼时新娘总是站在新郎的左边

古时候，盎格鲁—撒克逊的新郎必须常常挺身而出，以保护新娘不被别人抢走。在结婚典礼上，新郎让新娘站在自己的左边，一旦情敌出现，就可以立即拔出佩剑，击退敌人。

（七）结婚蛋糕特别定制

自罗马时代开始，蛋糕就是节庆仪式中不可或缺的一部分。在那个时代，婚礼结束时，人们会在新娘头上折断一条面包。制造面包的材料——小麦，象征着生育能力，而面包屑则代表着幸运,宾客无不争着捡拾。依照中古时代的传统习俗,新娘和新郎要隔着蛋糕接吻。后来,想象力丰富的烘焙师傅在蛋糕上饰以糖霜,也就成为今天美丽可口的结婚蛋糕。

(八) 度蜜月

"蜜月"(Honeymoon)一词起源于古欧洲的习俗。新婚夫妇婚后的30天内,或直到月缺时,每天都要喝由蜂蜜发酵制成的饮料,以增进生活的和谐。古时候,蜂蜜是生命、健康和生育能力的象征。"蜜月"是新婚夫妇在恢复日常生活前,单独相处的甜蜜时光。

相传,爱尔兰岛自古为克尔特部落所居。那里有一种民族风俗,新婚男女新婚之夜,由本部落族内的首领举行赐酒仪式。酒是以蜂蜜为主要原料酿制成的。由于蜜蜂勤劳、团结,用于象征民族的特征;而蜂蜜甘美甜润,又象征新婚男女今后生活美满幸福。新婚之夜喝了长辈赐给的蜂蜜酒后,还应继续喝一种用蜂蜜制成的饮料,连续不断喝满30天,这恰巧是一个月的时间,因而叫作"蜜月"。

三、教堂婚礼的基本流程

(1) 来宾入席;
(2) 奏乐、点蜡烛;
(3) 牧师领唱进场;
(4) 牧师或神父宣布婚礼开始;
(5) 伴郎、伴娘、新郎陆续进场;
(6) 女方家长执新娘进场;
(7) 女方家长入席;
(8) 吟唱圣歌;
(9) 祷告、献诗;
(10) 牧师或神父证婚;
(11) 新郎、新娘签字;
(12) 新郎新娘互戴戒指,宣誓;
(13) 揭纱;
(14) 献诗;
(15) 谢恩;
(16) 礼成、晚宴。

四、教堂婚礼的特别环节

(一) 站立位置

在踏上地毯走进通道时,新娘一般站在左边,新郎站在右边,面对神父。主伴郎站在新郎的旁边,戒童和伴郎们站在主伴郎的右边。主伴娘站在新娘子旁边,其他的伴娘团成员和花童站在主伴娘的左边。

（二）退场顺序

在仪式结束时，新人率先退场，身后是戒童和花童。伴娘团成员和伴郎团各成一队，两两一对。伴娘要先走，走在伴郎的右手边。如果人数不相同，一位伴郎要护送两名伴娘团成员离开；多出来一名伴郎便单独走，两名便组成一对同时行进。当队伍走到门口或仪式现场的后面时，指定的伴郎要回到里面护送新人的母亲、祖母和一些尊贵的客人退场。

（三）选择音乐

西式婚礼仪式音乐严格地分为 3 种：序曲、入场曲和退场曲。序曲可以在仪式前45 分钟奏响，用一些古典、经典的曲目供宾客们欣赏。歌唱家的现场演唱适合安排在入场曲响起之前。

人们入场的队伍排好的时候就是入场曲奏响之时了。人们踏着适中的节奏神圣庄严地走上地毯。虽然不是必需的，但一些新人仍希望在仪式上听到优美舒缓的音乐。接下来，便是退场曲了，新人退场时响起退场曲，那将是欢快的、让人精神振奋的一刻。音乐是服务的一种，所以是要付费的，应事先讨论和安排好付费给演奏者的相关事宜。

（四）宣读和祈祷

这个特别的环节可以把本是极为苛刻的宗教婚礼仪式变得个性化。新人所能选择的程度依赖于神父的要求，在选择时要和神父进行商讨。对于一个非常严格的宗教婚礼来说，祈祷内容应该选择圣经中的经典段落。没那么传统和正规的仪式可以选择一首能很好地表达对婚姻情感的诗。新人还可以把不同的精选段落分给亲朋好友来朗读。

（五）互许誓言

新人结婚的誓言可以写到什么程度，这也要根据神父的要求来定。但是就算是最传统的婚礼，誓言也可以加进自己个性化的现代词语，以使誓言和心愿相契合。

誓言是表达婚姻仪式的庄重和独特的一种方式。新人可以选择在仪式上背诵誓言，如果怕因为紧张忘词，也可以选择朗读，或是肯定地答复神父提出的问题。

任务四　创意主题婚礼策划

一、烛光婚礼策划

烛光婚礼是所有婚礼主题中最浪漫的一种，忽明忽暗的烛光为婚礼披上了一层朦胧和梦幻，让人觉得既温馨又感动。不过想要举办一场浪漫唯美的烛光婚礼，一定要有一个完善的烛光婚礼策划方案。

（一）烛光婚礼策划要点

1. 挑选蜡烛

需要提前准备相应的蜡烛，大致包括烛台和漂蜡两种。烛台分为多种造型，有风帆形、心形、S形等，一般由婚庆公司提供。

漂蜡可以放在路引上，也可以放在客人们的桌上，放多少漂蜡，买多少漂蜡，新人可以自己决定。但漂蜡的质量一定要好，这点十分重要。有的婚礼上的漂蜡只能燃烧5分钟，婚礼还没有完，蜡烛就灭了，这样就失去了应有的气氛。

具有强烈装饰效果的彩色玻璃蜡杯与鲜花搭配使用，外加亚麻质地的桌布，能为餐桌增添亮色，营造完美的视觉效果。带电池的锥形、枝状、小型蜡烛虽然亮度不如真正的烛光，价钱也比普通蜡烛昂贵，但在禁燃明火的宴会场地，只有它们能发挥作用。

2. 场地布置

举办婚礼的大厅应该是一个全封闭的大厅，最好是不透光的。因为一些婚礼仪式是在烛光下进行，大厅的灯光要关掉，只显露出烛光才能显示出烛光的效果。

3. 来宾席烛台

以立式单层半球形鲜花或绢花做成的烛台，花以白色的玫瑰和百合为主，辅以绿叶，配以少量的中色调的粉红色玫瑰和白色玫瑰，置放在酒席台转台中心。

4. 现场灯光

举办婚礼的大厅的全部灯光要有可控性，不能一部分关了，一部分关不了，那样就没有烛光的效果了。在婚礼殿堂入口处各配一台投影追光灯。在烛光婚礼仪式开始时，新人入场时启用，这时整个婚礼宴会厅灯光转暗，当新娘新郎入场后，投影追光灯对着新人。

5. 背景烟雾

在整个烛光婚礼过程中，新人入场时和婚礼特定的情节可以使用背景烟雾做渲染。如新人首次入场、交换信物、开香槟、再次入场、点燃烛台等。

6. 泡泡机

为了渲染婚礼的浪漫气氛，还可以准备两台泡泡机。例如，在点燃主体台的时候透明的气泡飘逸而出，在迷幻的灯光下，折射出五彩缤纷的光芒。泡泡机应在婚礼仪式程序中每一个高潮的时候使用，千万不要一直开着，因为泡泡落到地面很滑，新人和客人上台时会有滑倒的危险。

7. 荧光棒

荧光棒分很多种，有普通的也有带声响的。可以根据客人的数量购买，最好购买带掌声的那种，这样来宾挥动起来才热烈，否则来宾挥动时手被荧光棒占住了，没有了掌声，会场的气氛会显得比较冷清。

8. 现场配合

婚礼的现场大厅要能够提供电源，供烛光灯、泡泡机、造雾机、投影仪等电器使用，要事先与饭店沟通，婚礼的当天离不开他们的配合。

9. 背景音乐

用音响设备直接播放是比较经济的方法，但是一定要请一位十分了解婚礼程序的专业人员来控制。也可以选择乐队组合来演奏现场音乐,这样会为婚礼增色不少,在烛光婚礼进行中,乐曲始终伴以浪漫、优雅、动人抒情的旋律来烘托新人,在婚礼司仪督导下,整个婚礼隆重、浪漫而神圣。

10. 冷烟花

想要办特色婚礼的新人需要注意,对于冷烟花的使用,4 星或 5 星的饭店一般都不会允许。因为怕烧坏地毯,也怕冷烟花的热度引起防火安全系统启动。如果一定要使用,一定要事先和饭店沟通好,以免出现索赔的问题。

(二)烛光婚礼流程

第一乐章　入场仪式

烛光婚礼的入场方式有以下三种。

第一种,新郎新娘同时缓缓地步入婚礼现场,室内的礼花洒在他们身上。

第二种,新娘由父兄手挽手入场,走到鲜花拱门,然后长辈再把新娘的手递给新郎。

第三种,新娘一人款款走进婚礼现场,伴娘跟随其后,两个花童也随着她们一同走向舞台,新郎在舞台等候,然后双双面向宾客鞠躬。

在婚礼司仪的督导下,进入婚礼殿堂的新人需要经过下列流程完成第一个仪式。

(1) 司仪向宾客介绍新人的父母。

(2) 司仪站在台下(婚礼现场专门设置一个讲台)听从督导引领。

(3) 请证婚人讲话(时间大约 3 分钟)。

(4) 在婚礼的音乐声中,新人宣读爱的誓言。第一段新娘朗读,第二段新郎朗读,第三段新郎新娘合读。

(5) 双方家长代表发言。

(6) 蛋糕放在舞台的左边,高度一般是三层或五层,上面再放一对新人模型。代表新生活的第一步。

(7) 新郎新娘倒大号香槟塔。香槟塔放在舞台右边。喻示让爱源源不断。

(8) 新郎新娘喝交杯酒。

(9) 婚宴开始,先向双方父母敬酒,表达感谢养育之恩。

(10) 新人双双退场,等新娘换好礼服,新郎换好燕尾服再重新步入婚礼现场。

第二乐章　烛光仪式

当新人完成第一乐章离场后换上第一套礼服,再度来到婚礼殿堂准备入场时,婚礼的第二乐章——烛光仪式奏响。

婚礼正式开始时,室内的灯光渐暗,静光灯打开,全场准备好的婚礼音乐响起。烛光婚礼上还有一位特别的人物是督导,他穿深色的西装,戴白手套。婚礼上所有的内容都听从督导的引领,仪式在 30 分钟内完成。

蜡烛与蜡烛台是由新人准备的。蜡烛摆在这一对新人面前。中间那根蜡烛称为"婚姻之烛"或"合一之烛",这根蜡烛比旁边两根"家庭之烛"大些。

在点燃蜡烛之时,可以演奏一段音乐,或是由个人献诗,或者是全体唱诗歌。

婚礼程序中,点燃蜡烛的程序分成两部分:第一部分是点燃家庭之烛;第二部分点燃中间的婚姻之烛。第二部分是在完成誓约及婚姻宣告后才点燃的。

　　第一部分点燃蜡烛的程序可以在这时候进行,也可以早一点开始。例如,在新人的母亲坐下前就可以点燃。通常新人的母亲是最后坐下,婚礼才开始的,可以在母亲坐下的时候,点燃蜡烛。

二、草坪婚礼策划

(一) 主题策划

主题:尊贵、时尚、浪漫、圣洁。
主色:红色、白色、紫色。
主要装饰品:红色地毯、白色/粉色/金色缎带、紫色纱缦、绢花、铁艺拱门等。
创意简约说明:

白色象征着婚礼的纯洁和神圣,是西式婚礼的不二选择。采用局部紫色调布置更添高贵、浪漫,使气氛中增添了独特的梦境感,意喻二人幸福的梦想终于在这一天成为现实;粉色轻盈飘逸、暖意柔和、浪漫唯美,与新娘的气质相互辉映,十分符合女士天马行空、喜爱幻想的特质;运用彩色花瓣及白色羽毛作为除了礼服之外的婚礼布置,在婚礼中并不常见,是大胆的创意之一。为达到理想的效果,对羽毛的色泽、材质和造型都有一定的考究。

红色是传统中国婚礼中运用最广泛的颜色,象征着喜庆、热烈,还意味着爱情如火如荼。西式婚礼的圣洁添加中式喜宴的红火,再渗入欧式风味的饰品作点缀,打造另类温馨庆典。金色是永恒的流行色,不仅标榜了时尚,也继承了传统的富贵之气。在红与白这两个对比鲜明的色彩中间以金色进行调和,成为二者的过渡与点睛之笔。

缎带、蝴蝶结是女性的最爱,光泽饱和的缎带立体感强烈,视觉效果好且成本也较低;而流光溢彩的蜡烛也可以体现同样效果,将所有宾客置身于烛光晚餐的浪漫情调中。飘荡的缎带和跳动的烛火,使会场整体布置灵动起来,有了生机。

(二) 服装及化妆

　　新娘礼服以简洁风格为宜,长裙后摆略长于前部,可露肩,可配白色手套。应准备两套礼服,在宴会中间需更换礼服。第二套礼服可选中式,按新娘个人喜好选择。新娘的服装主要以白色亮片或羽毛及红色缎带作为点缀,佩戴白色羽毛面具,耳环可选珍珠,项链、手环可用缎带及羽毛制作,鞋子选择珠光白色中高跟鞋。第二套礼服鞋子选择红色绣花鞋。妆容应以浪漫淡雅为主风格。

　　新郎礼服选择奶白色,搭配珠光粉缎质细领带,鞋子主体为白色,可带点米色等同色系色彩,选择系鞋带的皮鞋能给整体服饰加分,皮带可选金色或银色系。双方家长、司仪及其他相关婚礼主要人员胸花用粉色或珊瑚色波斯菊配满天星扎制。

(三) 草坪婚礼主要仪式

(1) 开场音乐、司仪道开场白,并代表新人感谢嘉宾。
(2) 鼓乐邀请家长证婚、主婚、就座观礼。

（3）请出新人。

（4）新郎手捧玫瑰出场至小平台期盼新娘。

（5）新娘在伴娘簇拥中出场。

（6）新郎给新娘献花并亲吻玉手。

（7）新郎牵起新娘的手在傧相簇拥下从花廊穿过走近来宾。

（8）新人正式就位。

（9）花童为新人戴花环，新人亲吻花童。

（10）新郎致答谢词并介绍新娘。

（11）新娘致答谢词。

（12）证婚人监督新人婚誓及许愿仪式。

（13）新人签字。

（14）红娘致辞、新人拜谢红娘。

（15）拜高堂长亲、合影。

（16）新人互戴戒指。

（17）交换礼物、新婚赠言。

（18）夫妻对拜。

（19）新人鞠躬感谢领导、亲友、来宾光临婚礼。

（20）新人同开香槟并斟满杯塔。

（21）新人亲友共举金杯恭贺新婚，婚礼结束。

（四）草坪婚礼注意事项

婚礼日期：5～10 月。

场地选择：度假村、别墅花园、高尔夫球场等。

婚宴形式：建议选择西式自助餐，也可户外仪式后，餐厅内举行婚宴。

婚纱礼服：着装建议浅色调，款式上最好能选择齐地婚纱。

天气因素：准备备用方案，如遇到雨天，事前查询可否临时转入室内等。

婚礼布置：选择清淡的色彩，如白色、浅紫色等。

交通因素：最好能租一辆大巴让亲朋好友一同前往，以免宾客找不到目的地。

季节特点和特殊情况：做好防蚊防虫措施，了解哪些宾客有花粉过敏症等。

环境保护：垃圾、废弃物、残余食品等要及时放进垃圾袋，举行绿色、文明的婚礼。

🔆 知识链接

结 婚 纪 念 日 别 称

一周年称纸婚，最初结合薄如纸。二周年称杨婚，像杨树叶子一样飘动。

三周年称皮婚，像皮革一样有点韧性。四周年称丝婚，紧紧地缠在一起。

五周年称木婚，已经如同木质样坚硬。六周年称铁婚，夫妻感情牢固如铁。

七周年称铜婚，比铁坚韧且不易生锈。八周年称陶婚，如陶瓷一样坚硬美丽。

九周年称柳婚,如垂柳一样摇摆不折。十周年称锡婚,像锡器柔韧不易破碎。
十一周年称钢婚,像钢一样坚硬不锈。十二周年称链婚,像铁链一样扣在一起。
十三周年称花边婚,不但坚韧而且美丽。十四周年称象牙婚,时间越久越晶透美丽。
十五周年称水晶婚,透明清激光彩夺目。二十周年称搪瓷婚,光滑无瑕但需防跌。
二十五周年称银婚,婚姻恒久第一大庆。三十周年称珍珠婚,美丽珍贵使人艳美。
三十五周年称珊瑚婚,嫣红而宝贵。四十周年称红宝石婚,更名贵难得。
五十周年称金婚,婚姻恒久第二大庆。五十五周年称翡翠婚,如同无价之宝。
六十周年称钻石婚,人生难得最隆重庆典。

复习题

1. 什么是婚庆活动?婚庆活动包括哪些类型?
2. 试分析我国婚庆产业发展现状。
3. 传统中式婚礼有哪些习俗?
4. 西式婚礼有哪些习俗?

实 训 项 目

策划一份创意主题婚礼方案。

参 考 文 献

1. 张春艳,李凤英. 中国当代婚姻仪式及消费习俗的变迁. 文化学刊,2006(6)
2. 王蓉. 中国婚庆产业化明显品牌待开发. 联合早报,2011-05-25
3. 徐春茂. 中式婚礼 VS 西式婚礼. 中国地名,2008(10)

项目八

休闲活动项目管理

学习目标与要求：

　　熟悉项目以及项目管理的内涵与特征，掌握主题公园、户外休闲活动等项目的选择、策划、开发与管理基本要领，能够编制简单的项目可行性研究报告。

任务一　认识项目管理

一、项目

（一）项目的定义

　　关于项目，学术界至今尚无统一的定义。项目是指在一定的约束条件下（主要是限定时间、限定资源），具有明确目标的一次性任务。美国项目管理协会（Project Management Institute，PMI）认为项目是一种被承办的旨在创造某种独特产品或服务的临时性努力。一般来说，项目具有明确的目标和独特的性质，每一个项目都是唯一的、不可重复的，具有不可确定性、资源成本的约束性。以下活动都可以称为一个项目：建造一栋建筑物；开发一项新产品；计划举行一项大型活动（如策划组织婚礼、大型国际会议等）；策划一次自驾游；ERP 的咨询、开发、实施与培训等。

　　项目的定义包含三层含义：项目是一项有待完成的任务，且有特定的环境与要求；在一定的组织机构内，利用有限资源（人力、物力、财力等）在规定的时间内完成任务；任务要满足一定性能、质量、数量、技术指标等要求。这三层含义对应项目的三重约束：时间、费用和性能。项目的目标就是满足客户、管理层和供应商在时间、费用和性能（质量）上的不同要求。

（二）项目的特征

　　一般来说，项目具有以下的基本特征。

（1）明确的目标。每个项目都有自己明确的目标，为了在一定的约束条件下达到目标，项目经理在项目实施以前必须进行周密的计划，事实上，项目实施过程中的各项工作都是为项目的预定目标而进行的。

（2）独特的性质。每个项目都有自己的特点，每个项目都不同于其他的项目。项目所产生的产品、服务或完成的任务与已有的相似产品、服务或任务在某些方面有明显的差别。项目自身有具体的时间期限、费用和性能质量等方面的要求。

（3）资源成本的约束性。每一个项目都需要运用各种资源来实施，而资源是有限的。

（4）项目实施的一次性。这是项目与日常运作的最大区别。项目有明确的开始时间和结束时间，项目在此之前从来没有发生过，而且将来也不会在同样的条件下再发生，而日常运作是无休止或重复的活动。

（5）项目的确定性。项目必有确定的终点，在项目的具体实施中，外部和内部因素总是会发生一些变化，当项目目标发生实质性变动时，它不再是原来的项目了，而是一个新的项目，因此说项目的目标是确定性的。

（6）特定的委托人。它既是项目结果的需求者，也是项目实施的资金提供者。

（7）结果的不可逆转性。不论结果如何，项目结束了，结果也就确定了。

（8）危险性。项目管理与日常运营管理不同，项目的危险性即二者不同的关键所在。在项目开展过程中，项目所需的各种条件和所处环境会有所变化，同时人们认识问题也存在着一定的局限性，从而会使项目的实际情况与预期目标产生一定的偏差，这样就造成了投入与回报的不确定性。一个项目就是一次独一无二的冒险。

（9）创新性。因为项目具有独特性，这就需要项目要进行不同程度的创新，而在创新过程中肯定会包含一定的不确定性，这样就会造成项目的危险性。

（三）项目的功能

第一，项目是解决社会供需矛盾的主要手段。需求与供给的矛盾是社会与经济发展的动力，而解决这一矛盾的策略之一是扩大需求，如商家促销、政府鼓励个人贷款消费、鼓励社会投资、加大政府投资等都属于扩大需求，这类策略是我国目前为促进社会发展而采取的主要策略；另一策略就是改善供给，改善供给需要企业不断推陈出新，推出个性化服务和产品，降低产品价格，提高产品功能，而这类策略的采用，就要求政府和企业不断启动、完成新项目来实现，这也向项目管理提出了新的要求和挑战。

第二，项目是知识转化为生产力的重要途径，是知识经济的一个主要业务手段。知识经济可以理解为把知识转化为效益的经济。知识产生新的创意，形成新的科研成果，新的科研成果需要通过一个项目的启动、策划、实施、经营才能最终变为财富，否则，知识永远是躺在书本上的白纸黑字。因此，从知识到效益的转化要依赖于项目来实现，企业买专利最终都需要通过项目实现利润。

第三，项目是实现企业发展战略的载体。企业的使命、企业的愿景、企业的战略目标都需要通过一个一个成功的项目来具体实现。成功的项目不仅能够实现企业的发展目标和利润、扩大企业的规模，而且能强化企业的品牌效应，锻炼企业的研发团队，留住企业的人才。

第四,项目是项目经理社会价值的体现。大部分工程技术人员的人生是由一个个项目堆积而成的,技术人员和项目管理人员的价值只能透过项目的成果来反映。参与有重大影响的项目本身就是工程技术和项目管理人员莫大的荣誉。

二、项目管理

(一)项目管理的定义

项目管理(Project Management)是美国最早的曼哈顿计划开始的名称,后由华罗庚教授在 20 世纪 50 年代引进中国。项目管理作为管理学分支的学科,指在项目活动中运用专门的知识、技能、工具和方法,使项目能够在有限资源限定条件下,实现或超过设定的需求和期望。项目管理是对一些与成功地达成一系列目标相关的活动(譬如任务)进行有效的管理,包括对策划、进度计划和维护组成项目的活动的进展进行控制。

20 世纪 80 年代,项目管理仅限于建筑、国防、航天等行业,今天已迅速发展到计算机、电子通信、金融业、服务业、行政管理等众多领域。目前在国内,对项目管理认识较深,并要求项目管理人员拥有相应资格认证的主要是大的跨国公司、IT 公司等与国际接轨的企业。

(二)项目管理的特征

(1)普遍性。项目本身具有普遍性,所以项目管理也具有普遍性。

(2)目的性。满足或超越项目相关单位对项目提出的要求。

(3)独特性。项目管理不同于常规的政府行政管理,也不同于一般的企业生产运营管理。

(4)集成性。在项目管理中,不能孤立地开展项目各个专项或专业的独立管理,必须根据各个具体项目中的各专业之间或各要素的配置关系做好集成性的管理。

(三)项目管理的内容

(1)项目范围管理。为了实现项目的目标,对项目的工作内容进行控制的管理过程,包括范围的界定、范围的规划、范围的调整等。

(2)项目时间管理。为了确保项目最终能按时完成的一系列管理过程,包括具体活动界定,活动排序、时间估计、进度安排及时间控制等。

(3)项目成本管理。为了保证完成项目的实际成本、费用不超过预算成本、费用的管理过程,包括资源的配置,成本、费用的预算以及费用的控制等。

(4)项目质量管理。为了确保项目达到客户所规定的质量要求所实施的一系列管理过程,包括质量规划、质量控制和质量保证等。

(5)人力资源管理。为了保证所有项目关系人的能力和积极性都得到最有效的发挥和利用所做的一系列管理措施,包括组织的规划、团队的建设、人员的选聘和项目班子的建设等。

(6)项目沟通管理。为了确保项目信息的合理收集和传输所需要实施的一系列措施,包括沟通规划、信息传输和进度报告等。

(7) 项目风险管理。涉及项目可能遇到的各种不确定因素,包括风险识别、风险量化、制定对策和风险控制等。

(8) 项目采购管理。为了从项目实施组织之外获得所需资源或服务所采取的一系列管理措施,包括采购计划、采购与征购、资源的选择以及合同的管理等。

(9) 项目集成管理。为确保项目各项工作能够有机地协调和配合所展开的综合性和全局性的项目管理工作和过程,包括项目集成计划的制订、项目集成计划的实施、项目变动的总体控制等。

任务二　休闲活动项目的选择与开发

一、项目选择的原则

(一) 符合发展战略

战略是通过项目来实施的,每一个项目都应和组织的发展战略有明确的联系,将所有项目和组织的战略方向联系起来是组织成功的关键。项目的选择必须围绕企业发展战略开展,每个项目都应对企业的发展战略作出贡献。

(二) 考虑资源约束

项目建议来源于各种需求的变化和解决现存问题的动机,很多组织都有超过可利用资源所允许数量的项目建议,日常运作对资源的需求及可用资源的改变、项目依时间的资源消耗等资源约束。

(三) 优化项目组合

项目选择是对一个复杂的系统进行综合分析与判断的决策过程,其影响因素很多。在选择项目时,应综合考虑各项目的收益与风险、项目间的联系、组织的战略目标和可利用资源等多种因素,选择最适合的项目组合,使项目组合的整体绩效和价值最大化。

二、项目选择的基本程序

(一) 判断项目的必须性

在很特殊的条件下,有些项目"必须"被选中,否则,企业会失败或遭受严重的后果。例如,必须实施的环保项目、消除重大隐患的安全项目、企业的危机管理项目等。如果99%的项目评价者认为某一项目必须被实施,则将该项目置于"必须"的类别,对"必须"类项目也需要研究,提出若干种可选择的方案,再从中选择最优方案。

（二）研究项目的可行性

对于非"必须"类项目需要进行可行性研究,研究内容为 SWOT 分析以及技术、经济、财务、社会和环境、组织机构的可行性论证等,从而确定组织当前的战略与其特定的优势与劣势之间的相关程度,以及组织处理和应对外部变化的能力。

（三）评定项目的优先级

企业中总是存在经可行性研究合格,但又超过可用资源所允许数量的项目建议。因此,企业需从众多项目中精选项目,以识别出哪些项目具有最大的附加值,这就是需要一种结构化的项目选择过程。项目选择的关键是建立与发展战略有机联系的、科学可行的项目优先级评价标准,并为组织的所有成员所认知和使用。

（四）选定项目

领导和专家综合考虑各个体项目被评价的优先级、企业可用资源、项目风险、项目之间的依赖性等因素,决定企业接受或拒绝哪些项目建议。在资源严重受限,项目建议的权重排序彼此类似的少有情况中,应谨慎选择对资源要求较少的项目,对每个被选中的项目进行排序,并公布结果,以保证每个人保持对组织目标的关注。

三、主题公园项目的选择与开发

主题公园是为了满足旅游者多样化休闲娱乐需求和选择而建造的一种具有创意性活动方式的现代休闲场所。它是根据特定的主题创意,主要以文化复制、文化移植、文化陈列以及高新技术等手段,以虚拟环境塑造与园林环境为载体来迎合消费者的好奇心,以主题情节贯穿整个游乐项目的休闲娱乐活动空间。

（一）影响主题公园项目开发的要素

1. 主题公园的主题选择与定位

主题公园是依靠创意来推动的旅游产品,因此,主题公园的主题选择就显得尤为重要。世界上成功的主题公园,都是个性鲜明、各有千秋,给人留下难忘的印象。反观中国的主题公园,大多是主题重复、缺乏个性,以照搬照抄、模拟仿效居多,内容相差无几,缺乏科学性、真实性、艺术性和趣味性,缺乏认真的市场分析和真正的创意,为造景观建造景观,结果当然是惨淡经营或仓促收场,并且造成财力、人力、物力的浪费。

主题公园的主题选择是一个主观判断与理性市场分析相结合的决策过程。主题公园是发展商修养、学识和创新能力的反映,它要求发展商具有敏锐的市场感觉以捕捉潜在的市场机会,并运用娴熟的商业运作经验,组织专业人员对主题进行提炼、包装和设计。同时主题公园的主题选择还依赖有关专业人员所作的市场调查结果。市场调查可以帮助主题公园的主题主动迎合或引导消费者的需求,从而跳脱简单抄袭、模仿的阴影。

目前,我国主题公园的主题定位主要有三种。一是以中国的历史文化为主题,这是我们的优势和强项,也是外国人最喜欢的;二是休闲度假型的主题公园;三是集知识性、趣味性和参与性为一体,表现科技的主题公园。对主题公园来说,只有主题独特、个性鲜明,才会对游客产生强烈的吸引力。每一个成功的主题公园都具有强烈的个性,也就是旅游业常说的"特色",有的甚至具有不可模仿的独特性。总之,主题的独特性是主题公园成功的基石。

2. 主题公园的区位选择

选址好坏是影响主题公园成功与否的重要因素。主题公园园址的确定必须基于对周边客源市场的详尽分析和实地考察,而绝对不能凭空想象,轻率拍板。建设一个好的主题公园,应充分重视市场分析定位和市场占有,对文化内涵做出正确的商业价值判断,提高重游率和投资收益比,并通过旅游乘数效应带动当地其他行业的发展。

首先,主题公园客源市场与周边地区常住人口和流动人口数量紧密相关。一般来说,主题公园周围 1 小时车程内的地区是其主打市场区位,这些地区人口数至少要达到200 万人;2～3 小时车程内的地区为次要市场区位,人口也要超过 200 万人;除此之外,第三市场区位和远距离游客则主要依赖主题公园的品牌影响力和便利快捷的交通系统来导入。

其次,主题公园客源市场深受腹地社会经济的影响。在主题公园选址时,第一,要考虑经济发达的地区。第二,同类主题公园的区域分布状态也是主题公园选址决策的重要参考依据。同一区域内相同主题的主题公园呈密集性分布,势必会引起客源不足导致企业恶性竞争。第三,主题公园园址选择还需充分考虑园址所在地区的交通条件,以方便客流自由出入。主题公园所在地区要求有比较健全的立体交通系统,特别是在主题公园附近至少要有一条能容纳大交通量、并有良好交汇地点的主要道路,以及一条辅助性可作为紧急出入口的次要道路。主题公园发展商应积极创造良好外部条件,主动引导和迅速输送客源。

一般来说,大型主题游乐园要求有较独立的客流来源,因此比较倾向于定位在大都市的中心或近邻地区,或者选择建在地方都市及其近邻,以方便包容预定客源市场所需的绝对人口数量。这也是基于我国绝大部分游客仍主要依赖大众交通工具而不似欧美国家居民一般皆有汽车这一原因的考虑,因此主题公园一般选择在经济较发达、旅游人数较多的大城市周边或交通基础设施便利、有公共交通系统连接的地区。

小型主题公园的客流吸引力较弱,需要利用园址所在地区已有的旅游资源和市场知名度带来客源,因此它们一般设在大型主题公园主要市场附近,或设在避暑和旅游观光胜地,又或者多个小型的不同主题的主题公园组合聚集在一起,为游客提供多样化的服务。孤零零偏处一隅的小型主题公园一般很难吸引到足够客源。

在假设主题公园的主题、投资规模、项目内容已经确定的前提下,市场因素、投资环境、自然因素、文化因素是主题公园选址的关键影响因素。

(1) 市场因素主要包括客源市场状况和竞争市场状况两个方面。

客源市场不仅要有充足的"量",而且要有一定的"质"。客源市场的"量"是由主题公园所在地的常住人口数量和流动人口数量决定的。客源市场的"质"是由目标客源的消费能力和消费习惯决定的。竞争市场状况是指在同一空间区域内,竞争对手的积聚程度和竞争状况。集聚经济指出多个竞争个体在一定空间上的集聚,会提高整体的竞争力,同时过分的集聚,则会引起恶性的竞争。因此主题公园在选址过程中,既要考察依托地的竞争对手的数量,是不是具有集聚效应,又要注意是不是竞争过于激烈,没有发展空间。

(2)投资环境主要是对投资依托地的软硬件及其投资成本进行分析,考察是否适宜投资。

投资环境主要包括以下指标:法律制度、基础设施、交通状况、土地价格、劳动力成本等。法律制度是投资的软环境,是进行投资的制度保障。基础设施主要是该依托地的通信、服务、银行等基础设施以及与旅游业相关的一些辅助服务设施,如餐饮、住宿、中介组织等设施和组织。交通状况有外部交通和内部交通两种,外部交通主要是衡量该依托地的可进入性;内部交通主要是依托地内部的交通网络与主题公园区位选址的影响。土地价格直接决定着主题公园的投资成本和经营成本,在选择土地时价格因素是主要考虑的因素之一,另外还有土地的面积等相关因素。劳动力成本是主题公园选址过程中要加以考虑的问题,劳动力成本将影响到主题公园的经营成本。

(3)自然因素主要是指气候状况和地理特征等。气候条件主要是指那些气候季节差异较大,影响主题公园的经营状况;地理特征的不同,主要体现在依托地的地貌、地形状况,这些因素将会影响到主题公园的前期建设成本。

(4)文化因素主要体现在三个方面:既有的区域形象、社区居民的文化观念和地方政府的政策制度。

(二)主题公园主题产品的开发与更新

旅游市场竞争的结果是名牌旅游产品最终吸引、招徕更多的客源,一个主题公园要在市场中占有一定的份额,必须实现旅游产品的品牌化,并努力提高品牌的知名度与美誉度,从而形成旅游品牌,树立起名牌形象。

由于国际上大的传媒企业也洞悉了主题产品的盈利潜力,因此加入到大力开发主题产品的行列中,并且主题产品的取材并不仅限于主题公园。

随着科技的发展,传统上的主题公园和传媒、玩具业之间的单向合作关系已经被改变了,电影及电视制作人占主导地位的局面已经被替代了。许多商家将儿童熟悉的玩具重新包装,作为游戏元素编入计算机游戏从而进入多媒体,并将它变为故事性的影视节目播放,然后再在建设主题公园的时候汲取其元素,形成一种互动效应,促进主题公园、影视的互动交融发展。

如"智谋天下"影视城——世界谋略乐园项目,通过深度挖掘项目地历史文化资源,通过文化运作,启动拍摄了一部影视作品,形成一座以"智谋文化"为核心的《智谋天下》影视城,拍摄结束后成为一个永久性的影视拍摄基地和旅游景区,以全面的曹操人物主线和谋略主题区别于国内其他影视基地,并通过不断发展带动形成一座世界谋略乐园,两者既相互独立又彼此互补,影视城侧重观光,谋略乐园侧重体验。在产品定位方面力争做到传统与时尚、经典与潮流、静态与动感、观赏与参与的水乳交融。在影视基地展示曹操谋略文化基础上,以古代军事文化为设计内涵,以"智谋文化"为旅游活动的设计原则进行差异化设计旅游产品,糅合历史、文化、生态、时尚、动感等元素,让游客不仅满足观赏的基本需求,而且可以满足其深层的心理诉求,并营造生动的智谋文化项目和休闲、运动、健身、娱乐、美食等参与性产品,有效延长了游客的滞留时间,增加了非门票收入。

(三) 主题公园文化的营销策略选择

1. 如何提高重游率

如何提高主题公园的重游率,是现代主题公园发展亟须解决的问题之一,也是主题公园持续发展的主要途径。有效客源半径内的潜在消费者是最有条件和最有可能进行再次游览消费的群体,有效客源市场半径一般指在主题公园周边 200～300 公里的范围内。主题公园发展商需要针对有效客源半径市场采用灵活的营销策略,可以通过以下三种途径改变营销策略。

第一,发展商必须将主题公园新的旅游内容通过有效的传播手段,及时传递给潜在消费者,提高主题公园的曝光率,加深其在潜在消费者心中的印象;或通过在主题公园内拍摄影视作品的方法激发潜在消费者的好奇心,通过影视拍摄等方式扩展其知名度,从而达到拉动消费的效果。总之,发展商应重视将主题公园的各种正面信息向市场传送,以保持对消费者的持久吸引力。

第二,发展商需要针对主题公园所在地的经济消费水平和客流的淡旺季波动情况,除了进行灵活定价以外,最重要的是园内的游乐项目的设置,让游客留恋忘返,以提高本地市场的重游率。

第三,我国的主题公园客源市场定位一般比较广泛,随着市场竞争的加剧,一些发展商开始面对特定市场量身设计制作主题公园,在营销上全力争取细分市场客源。与此同时,一些大的主题公园发展商为防止新兴建的主题公园分流客源,在新主题公园的主题选择、旅游项目设计上也有意识地加强了客源市场的针对性。

2. 如何打造完整的产业链

世界上成功的主题公园主要盈利点是娱乐、餐饮、住宿等设施项目,门票收入只作为日常维护费用。主题公园的收入结构中,门票收入占 20%～30%,主要靠不断提升品牌知名度吸引游客,在获得门票收入的同时,通过出售具备知识产权特点的旅游纪念品获得二次盈利,又由于旅游纪念品的发售进一步扩大品牌的影响力,这一盈利模式具备一种顽强的生命力。因此重新规划盈利模式才能成功转型并获得出路。

主题公园的另一个成功盈利模式是"主题公园产业化发展",即打造主题公园产业链,把主题旅游与主题房地产结合起来,再加上主题商业,突破了单一的旅游或房地产的概念,把关联产业相联合,互为依托,相互促进。地产、商业和公园的景观可以互为借用,三者的规划互为呼应,成为一个融居住、娱乐、商业等要素于一体的比较完善的人居系统。此外,还推动了度假设施及旅行社、歌舞演艺、策划设计、动画、网游、主题消费品等与主题公园相关联的其他产业的综合发展,以发挥整体效益。

虽然目前我国的主题公园产业在各种因素的影响下,处于喜忧参半的局面,但我们有理由相信,经过精心规划和设计、不断推陈出新并且管理严格的主题公园必将拥有光明的发展前景。

案例 1

东京迪士尼乐园成功开发的经验

迪士尼乐园于 1955 年开幕,此后,在美国和海外又陆续开了 5 家。截至 2010 年 3 月,美国加利福尼亚州、佛罗里达州,法国巴黎,日本东京和中国香港 5 处地方建有迪士尼乐园,另有上海迪士尼乐园正在建造中。

1982 年,在日本东京千叶县浦安市舞滨,建成了引起全球性话题和注目的世界性主题公园——东京迪士尼乐园。东京迪士尼乐园是由美国迪士尼公司和日本梓设计公司合作建造的。建成后,日本曾一度出现过"迪士尼热现象",比方说,迪士尼服装热、迪士尼游乐热等,成功的"迪士尼热现象"同时也扩大了美国迪士尼公司的实力。

被誉为亚洲第一游乐园的东京迪士尼乐园,依照美国迪士尼乐园而修建。乐园从 1983 年 4 月 15 日开放以来已成为男女老少各享其乐的旅游胜地。建造这座乐园,耗资 1500 亿日元,从 1983 年春天开始营业以来,已接待游客 2.6 亿人次,创下了数倍于投资的巨额利润。东京迪士尼乐园 2000 年接待的游客人数为 1730 万人次。

东京迪士尼乐园主要分为世界市集、探险乐园、西部乐园、新生物区、梦幻乐园、卡通城及未来乐园 7 个区,园内的舞台以及广场上定时会有丰富多彩的化装表演和富有趣味性的游行活动。其成功经验主要包括以下两点。

一是"一切都是动态的"。东京迪士尼乐园有五个主题乐园:维多利亚王朝时代式街景的世界市集,冒险和传奇的探险乐园,西部开拓时代的西部乐园,梦境和童话的梦幻乐园,未来、科学和宇宙的未来乐园。这五大主题乐园中共有 35 项精彩的表演,其共同特征是一切都是活动的、有声有色的。奇怪、新颖、惊险、激烈的情景和人物,会使游客忘掉现实,进入另一个世界。而使之成为可能的,是日本自己研制出来的"电子音响动作装置"。在这种装置的驱动下,全园总数在 2000 个以上的人偶和动物个个惟妙惟肖,达到以假乱真的程度,使人如身临其境。

二是"永远建不完的迪士尼乐园"。从开园到现在,东京迪士尼乐园就实行了以不断增添新的游乐场所和器具及服务方式来吸引游客和让来过的游客重新再来的经营策略。该乐园原建设投资为 1500 亿日元(约 10 亿美元)。18 年来,该乐园为建设超级音响设备和 35 个游乐场所又先后投资了 1200 亿日元。据悉,今后五年内为建设新项目,该乐园准备再投资 650 亿日元。这样,就可以使游客不断有新的乐趣和新的体验,从而使迪士尼乐园不断保持巨大的魅力。

案例 2

深圳世界之窗的成功之道

深圳世界之窗是由香港中旅集团和华侨城集团共同投资建设的大型文化旅游景区,1994 年 6 月 18 日开园。世界之窗坐落于深圳湾畔,占地 48 万平方米,景区按世界地域结构和游览活动内容分为世界广场、亚洲区、大洋洲区、欧洲区、非洲区、美洲区、世界雕塑园和国际街八大区域,荟萃了世界几千年人类文明的精华,有历史遗迹、名胜、自然风光、世界奇观、民居、雕塑等 130 多个景点,其中包括园林艺术、民俗风情、民间歌舞、大型演出以及高科技参与性娱乐项目等。世界之窗以其丰富的文化内涵,雍容恢宏的规划设计,精美绝伦的景观项目、不同凡响的艺术演出,动感刺激的娱乐项目,为中外游客再现了一个美妙精彩的世界。

文化铸就灵魂创新引领发展

深圳世界之窗能够在竞争激烈的主题公园市场持续稳定地发展,成为国内效益最好的旅游景区,其核心就是正确把握市场脉搏,以不断地创新发展形成景区新的核心竞争力,并牢牢把握住了景区生存的灵魂——文化品质。如果说要探究世界之窗的成功奥秘,无疑是对景区开发的成功定位。开业至今,世界之窗始终不渝地将弘扬世界文化作为自己经营的核心理念,无论在新产品开发,还是景区的更新改造,无一不注入文化的基因,始终注重文化品质和文化内涵的不断提升。

参与性娱乐项目凸显景区文化魅力

1999 年 7 月,世界之窗创造性地利用景区现有资源,率先推出以主题文化包装的科罗拉多探险漂流。该项目一经问世,即大受游客欢迎,开放 20 个月,即收回全部投资。接着 2000 年 7 月,国内首创的大型室内真雪滑雪场——阿尔卑斯山滑雪场,又落户世界之窗。随后相继推出了国内第一个文化主题包装、世界最长的电动滑道亚马逊丛林穿梭、国内第一个柱面 240 度环幕 4D 数码高科技影院、世界先进亚洲一流的全景式环球舞台、高科技仿真技术的侏罗纪恐龙世界、具有特效场景的格陵兰岛地心探险以及探寻南美古文明的印加迷城。几年间,世界之窗迅速实现了景区由单纯静态观赏型向动态参与、观赏娱乐复合型的转变。

艺术表演铸就景区之魂

深圳世界之窗以文化作为第一营销力,以文化铸就景区成功之魂,是其有别于其他同类景区、对游客形成强大吸引力的魅力所在。每晚在世界广场上演出的大型晚会,是世界之窗的核心产品和最具吸引力、竞争力的产品,大气恢宏的演出不仅形成自己独特的品牌,而且还引领着国内娱乐文化市场的潮流。开业至今,晚会的名字不断变化,从《狂欢世界》到《世界在这里相聚》,从《梦之旅》到《拥抱未来》,再从大型史诗音乐舞蹈《创世纪》、《跨世纪》,到 2005 年“十一”全力推出的大型音乐舞蹈史诗《千古风流》,世界之窗始终走的是文化精品创作路线,恢宏的舞美、袅娜的舞姿、绚烂的灯光、华美的服饰、动人的音乐,不仅让市场和社会见证了世界之窗艺术文化产品的创造实力,而且成为深圳市最吸引游客的文化产品。在美国举行的 IAAPA(国际主题公园协会)年会“2002 年国际主题公园表演大奖赛”中,世界之窗大型音乐舞蹈史诗《跨世纪》以恢弘的场景、精湛的表演、深邃的内涵,脱颖而出,喜获 IAAPA 最高国际大奖——最佳优胜奖。

特色主题节庆活动打造景区亮丽风景线

深圳世界之窗结合景区的发展和游客旅游需求的变化,利用景区深厚的文化内涵,把世界各地最具特色的民俗活动引进景区,已经培育了一些深受游客欢迎的主题文化节庆活动。如春节的世界歌舞节、暑期的国际啤酒节、国庆的流行音乐节等,并逐渐得到市场的认同。暑期的啤酒节将异国热舞、经典演出、摇滚音乐、啤酒狂欢融为一体,各类表演精彩纷呈,受到游客特别是周边许多常客的热捧。国庆黄金周的流行音乐节将本土原创音乐演出和社区市民文化展示有机结合,形成了游客与乐队的良好互动。同时,世界之窗还特别注重黄金周以外，与景区文化主题相吻合国外节日的活动策划，像圣诞节、复活节、情人节等，做到了洋味浓郁、逼真传神。由于各个节庆活动中，世界之窗有异国特色鲜明的主题活动和系列配套演出，赢得了良好的市场口碑，成为发展深圳文化建设的一大亮点。

　　资料来源：根据网络有关资料改编

四、户外休闲项目的选择与开发

（一）基本概念

　　从户外运动到户外休闲产业，形成了户外运动、户外运动比赛、户外运动休闲、泛户外运动休闲、户外休闲产业等不同的相关概念。

　　户外运动，是以自然环境为场地，带有探险性质或体验探险性质的体育活动项目群。早期的户外运动实质上是一种生存手段。第二次世界大战期间，英国特种部队开始利用自然屏障和绳网进行障碍训练，其目的是为了提高野外作战能力和团队合作能力。第二次世界大战后，户外运动成为人类娱乐、休闲和提升生活质量的一种新的生活方式。今天的户外运动，是有组织进行的活动，因为其无一例外地具有不同程度的挑战性和探险性，对身体、意志有较高的要求，因此，户外活动仍然是一个小众化的团体活动。

　　户外运动比赛，是竞技层面的有效提升，富有了示范性和观赏性，这使户外运动成为通过媒体传播吸引观众，大众通过观赏与娱乐，参与到比赛中来。

　　户外运动休闲，指以户外运动为基础开展的休闲活动，其目标为大众群体，因此，运动的内容相对技术要求较低、体能要求不高、运动量不大、探险性与挑战性不高，一般通过组织形成团队性活动。这个层面的体育属性模糊，旅游休闲属性更明确。

　　泛户外运动休闲，我们把相对脱离技术要求限制的户外运动、户外活动，以及由此形成的户外休闲的多种方式，称为泛户外运动，也因为泛户外运动休闲的发展，户外休闲已经成为一种时尚的生活方式。

　　户外休闲的高速发展已经形成了产业，即户外休闲产业。我们从三个角度来分类这一产业。第一，从社会"时尚"领域的角度来看，诸如耐克、李宁等运动休闲服装产业，是休闲装备产业的外延化产业，由于它的外延化形成了服装、运动装备等产业；第二，从体育人士的角度来看，户外运动产业是体育产业，该产业以媒体传播形成观赏效应，由赞助商支持，比如户外运动比赛，登山比赛，探险挑战极限的活动等；第三，以户外运动休闲方式形成的旅游休闲产业，这一产业是以旅游的模式进行运营的，包括滑雪、滑草、溜索、漂流等。

（二）户外休闲的大众化过程

　　传统的基于挑战性和探险性的户外运动是少数人才能参加的活动，因为活动的难度大、强度高，所以在年龄和心理上对参与者有特殊的要求。参与者必须具备健壮的身体、健康的心理素质，这就无形之中为户外运动大众化设了一道门槛，造成推广户外运动大众化产品具有一定难度。而泛户外运动是大众都能参与的活动，需要为大众提供参与的平台，与传统的户外运动相比要求在运动项目的难度和强度上要适当降低，以达到对大众的吸引力和安全性的要求。

户外运动休闲产业化的六条基本要求是适度运动、宽谱年龄、娱乐游乐性强、中等群体组织性、安全性高、相当舒适度。

户外运动休闲作为一种生活休闲方式,能否从小众比赛与活动,转化为大众化的消费活动,并以一定的规模形成产业,已经成为旅游业界关注的焦点。在此,我们提出一种户外运动休闲产业化的商业发展模式,为户外休闲产业的项目开发提供一些借鉴思路。

（三）户外休闲运动的分类

按照运动休闲在旅游开发和运营中的作用,我们初步分四类进行讨论:支撑类、提升类、营销类和服务类。

1．支撑类

可独立支撑运动休闲区或旅游区的运动休闲项目,如海滨浴场、滑雪场、高尔夫球场、自然流域漂流、游泳馆、射击场、野战阵地、溜冰场、滑沙场、滑草场、山地自行车、跑马场、骑术俱乐部、游艇俱乐部、滑翔伞俱乐部、山野运动基地等。

2．提升类

能够大幅度提升旅游区或者旅游区域的运动休闲内容,往往是一系列同类型或互相呼应的项目总和。如各类户外运动对山野景区的提升;各种水上游乐运动对滨海景区的提升;康体娱乐中心对酒店度假村的促进;高尔夫练习场等高档运动场所对高档旅游地产项目的提升等。在考虑该类内容的时候,需要把着眼点放在休闲和服务上。

3．营销类

通过该类运动休闲内容,可大幅度提升旅游区和旅游区域的知名度和美誉度,最终吸引庞大的客源。长期、稳定的营销活动本身也是一种有效的旅游盈利模式,如大型赛事的自主策划和承办、体育节庆类活动的策划等。奥运会、世界杯、NBA、F1赛车、环球帆船赛等世界知名的比赛,每次都能让举办地赚得盆满钵满,甚至留下的一些场馆也会成为后人最重要的游览点。

4．服务类

服务类主要指满足游客和居民运动休闲需要,以服务性为主的运动休闲内容,如目前国内常见的小区健身运动器械区,公园和城市绿地的健身场所和活动组织等。

（四）户外运动休闲项目的设计

（1）草原地区。适宜开展赛马及马术等相关活动;摔跤、射箭等蒙古、哈萨克等马背民族相关运动;那达慕等蒙古传统民俗体育节庆;以及滑草、草地摩托、草地滚球、高尔夫等现代时尚运动。

（2）森林地带。适宜开展森林野战、森林氧吧氧浴、森林探险、越野滑雪、丛林穿越、丛林溯溪、露营、骑马等运动休闲项目。

（3）沙漠戈壁。适宜开展徒步、滑沙、沙漠探险、沙漠摩托、沙漠赛车、沙浴、骑骆驼等相关运动休闲项目。

（4）海岸地区。适宜开展游泳、游艇、潜水、水上摩托艇、滑水、赛艇、帆船、帆板冲浪、皮划艇、滑沙入海、沙滩排球、深海潜水、帆伞、浮潜、水球、水上自行车等游乐性运动;出海打鱼、航海等体验类游玩运动;水上运动节、大型水上运动类赛事等赛事节庆活动;以及和当地民俗结合的民俗类水上运动和节庆活动。

(5)湖泊河流。和海岸地区类似,可以开展各类水上游乐和体育赛事、节庆类活动。此外,还可以和周围环境互动,开展漂流、溜索过河、溯溪、溪降等水上运动,以及赛龙舟、放竹筏等与民俗运动相关的节庆活动。

(6)峡谷岩洞。适宜开展探洞、峡谷探幽、徒步、攀岩,速降,定向越野等运动休闲项目。

(7)山川。适宜开展爬山、攀岩、定向越野、攀冰、滑雪等休闲运动项目。

(8)湿地地带。适宜开展观鸟、生态湿地观赏、划船、叉鱼、摸鱼等休闲运动项目。

(9)田野乡村。适宜开展农业采摘、高尔夫、露营等休闲运动项目以及一些民俗类的运动项目和节庆活动,如跳竹杠等。此外,都市运动项目在乡村田野开展,增加休闲化和生态化的内容,也有很好的市场前景。

(10)城市公园。适宜开展健身锻炼、太极拳等武术运动、球类活动、公园定向、滚轴、滑板、人工攀岩等运动休闲项目。

(11)室内。包括城市内和郊野的酒店度假村的室内,适宜开展台球、保龄球、沙狐球、壁球等室内球类运动;SPA、按摩操、瑜伽等有氧健身和无氧运动;太极等养生运动;室内攀岩、滚轴等极限运动。

案例 3

漂流旅游已经进入"大众时代"

在中国,漂流运动最早发生在 20 世纪 80 年代初期,长江、黄河的挑战性漂流,带有极强的民族情绪。随后自然流域激流回旋皮划艇运动项目,进入了国家体育运动范围。

漂流作为大众运动休闲项目的出现,还是近十年来的事情。目前的漂流旅游已经进入"大众时代"。据悉,国内已有各类从事或包含漂流项目的景区 400 余家,当前的漂流水准也已经得到较大幅度的提升,从 10 岁儿童到 60 岁的老人均可以参与,而且安全系数较高。这是致使景区漂流年游客量大幅提升,甚至达到年 10 万~30 万人次的主要原因,旺季时可出现排长队等候的壮观场景。

漂流项目之所以如此火爆,究其原因主要有两方面:其一是"亲水"的独特魅力;其二是漂流的刺激性。亲水运动项目是夏季旅游的最大卖点,可以达到凉爽、舒适的效果,而漂流的刺激性强度适中,迎合了大众化消费的口味。

桂林"五排河漂流部落"项目策划

项目背景:五排河位于桂林市资源县西部,具备世界级的漂流河道资源和河道条件,有河床窄、落差大、水流快、滩多潭深的特点。另外,自然、人文、民俗及物产资源丰富,又依托于桂林市场,潜力巨大。但目前,总体来说五排河的游客接待量少,各类软硬件设施需要尽快完善。在这一背景下,绿维创景接受了五排河漂流规划与设计的任务。经考察认为,五排河具备大众漂流的条件,并完全可以打造成为中国大众漂流旅游的龙头项目。

1. 漂流项目向漂流景区转化,是漂流旅游规模化发展的重要方向

绿维创景认为,不能只"漂好一条线",而要"漂好一大片",必须突破单一漂流项目"收

票放船"的运作模式,将周边村落纳入到整个漂流旅游开发的整体构架中来,形成漂流项目向漂流景区转化,打造五排河旅游景区。

2. 漂流部落的生活方式,是漂流运动与文化休闲结合的创新

绿维创景将五排河沿线五个村寨,包装打造成为漂野部落、漂瓶部落、漂木部落、漂苗部落和漂瑶部落等承载不同漂流文化特色及民俗特色的五大漂流部落,解决了旅游区接待容量小、游客停留时间短和除漂流外消费少等一系列问题,成为五排河进一步完善以漂流文化为核心、以漂流生活方式为卖点,以发展大众漂流旅游为目标的核心吸引力形成的有效支撑。

3. 延伸漂流链,打造适应广谱游客需求的"三段漂流结构"

五排河漂流河道长达 12 公里,因此,绿维创景将漂流产品进行细分,形成了三大段落的三种产品,即"五排河激情勇士漂"、"五排河浪漫奇石漂"、"五排河自助休闲漂";三种漂流,分别以激流刺激、奇石观赏、亲水悠游为卖点,形成了多样化产品,满足了不同人群的需求。

在本项目中,绿维创景提出了以大众漂流为核心、动感时尚的多元化漂流产品为载体、节庆活动为促进的点、线、面相结合的一体化开发战略。

资料来源:根据网络有关资料改编

任务三　休闲项目可行性研究

一、项目可行性研究的定义

项目可行性研究是确定建设项目前具有决定性意义的工作,是在投资决策之前,对拟建项目进行全面技术经济分析的科学论证。在投资管理中,可行性研究是指对拟建项目有关的自然、社会、经济、技术等进行调研、分析比较以及预测建成后的社会经济效益。在此基础上,综合论证项目建设的必要性、财务的盈利性、经济上的合理性、技术上的先进性和适应性以及建设条件的可行性,从而为投资决策提供科学依据。

可行性研究报告分为政府审批核准用可行性研究报告和融资用可行性研究报告。审批核准用的可行性研究报告侧重关注项目的社会经济效益和影响;融资用报告侧重关注项目在经济上是否可行。具体概括为:政府立项审批、产业扶持、银行贷款、融资投资、投资建设、境外投资、上市融资、中外合作、股份合作、组建公司、征用土地、申请高新技术企业等各类可行性报告。

二、项目可行性研究的内容

（一）投资必要性

投资必要性主要根据市场调查及预测的结果,以及有关的产业政策等因素,论证项目投资建设的必要性。

（二）技术可行性

技术可行性主要从项目实施的技术角度，合理设计技术方案，并进行比选和评价。

（三）财务可行性

财务可行性主要从项目及投资者的角度，设计合理的财务方案，从企业理财的角度进行资本预算，评价项目的财务盈利能力，进行投资决策，并从融资主体（企业）的角度评价股东投资收益、现金流量计划及债务清偿能力。

（四）组织可行性

组织可行性是制订合理的项目实施进度计划、设计合理的组织机构、选择经验丰富的管理人员、建立良好的协作关系、制订合适的培训计划等，保证项目顺利执行。

（五）经济可行性

经济可行性主要是从资源配置的角度衡量项目的价值，评价项目在实现区域经济发展目标、有效配置经济资源、增加供应、创造就业、改善环境、提高人民生活等方面的效益。

（六）社会可行性

社会可行性主要分析项目对社会的影响，包括政治体制、方针政策、经济结构、法律道德、宗教民族、妇女儿童及社会稳定性等方面。

三、项目可行性研究机构与流程

项目可行性研究一般属于工程咨询范畴，用于向上级项目审核部门阐述项目的可行性、优势、前景等，按资质从高到低，分别为国家甲级、国家乙级和国家丙级。

专业的项目可行性研究一般需要请专业的咨询机构完成。部分大型项目申报必须要加盖甲级资质编制机构的公章才能通过。

项目可行性研究总的原则是，谁批项目建议书，谁批可行性研究报告。大中型基本建设项目、限额以上更新改造项目、一些重要的小型和限额以下的生产经营性项目以及用市财力投资安排的重要项目，政府决策部门在批准项目可行性研究报告前，要先委托有资格的咨询评估机构对项目可行性研究报告进行全面、系统论证，以此作为项目决策的依据。

四、项目可行性分析报告的编制

一般的项目可行性分析报告包括如下内容。

（1）项目摘要。项目内容的摘要性说明，包括项目名称、建设单位、建设地点、建设年限、建设规模与产品方案、投资估算、运行费用与效益分析等。

（2）项目建设的必要性和可行性。

（3）市场（产品或服务）供求分析及预测（量化分析）。主要包括本项目区本行业（或主导产品）发展现状与前景分析、现有生产（业务）能力调查与分析、市场需求调查与预测等。

（4）项目承担单位的基本情况。包括人员状况、固定资产状况、现有建筑设施与配套仪器设备状况，专业技术水平和管理体制等。

（5）项目地点选择分析。具体内容包括项目具体地理位置（要有平面图）、项目占地范围、项目资源、交通、通信、运输以及水文地质、供水、供电、供热、供气等条件，其他公用设施情况，地点比较选择等。

（6）生产（操作、检测）等工艺技术方案分析。主要包括项目技术来源及技术水平、主要技术工艺流程与技术工艺参数、技术工艺和主要设备选型方案比较等。

（7）项目建设目标、任务、总体布局及总体规模。

（8）项目建设内容。项目建设内容主要包括土建工程、田间工程、配套仪器设备等。

（9）投资估算和资金筹措。依据建设内容及有关建设标准或规范，分类详细估算项目固定资产投资并汇总，明确投资筹措方案。

（10）建设期限和实施的进度安排。根据确定的建设工期和勘察设计、仪器设备采购（或研制）、工程施工、安装、试运行所需时间与进度要求，选择整个工程项目最佳实施计划方案和进度。

（11）环境保护。项目污染的无害化处理方案等。

（12）项目组织管理与运行。主要包括项目建设期组织管理机构与职能，项目建成后组织管理机构与职能、运行管理模式与运行机制、人员配置等。

（13）效益分析与风险评价。对项目建成后的经济、社会效益测算与分析。

（14）有关证明材料（承担单位法人证明、有关配套条件或技术成果证明等）。

案例 4

XX 度假村项目可行性研究报告（商业计划书）节选

第一章　总论

1.1　项目名称及建设单位概况

1.1.1　项目名称：北京天德神路养生养老度假村

1.1.2　建设单位

1.1.3　企业概况

1.1.4　项目建设地址

1.2　项目背景

十三陵坐落在北京昌平区境内的燕山山麓，距离北京约 50 公里。1961 年，十三陵被国务院公布为全国第一批重点文物保护单位，是世界上保存最完整，埋葬皇帝最多的墓葬群。十三陵风景区已被列为世界文化遗产，是我国主要的世界级旅游风景区。其影响和知名度不仅在国内而且在国际上也越来越大，吸引了众多的国内外游客。

北京作为我国的首都，每年都会吸引国内外数以百万计的游客和学者，尤其是成功举办了奥运会后，北京作为世界知名城市之一，它的吸引力将会越来越大。本公司的度假村第一期工程就置身在这个得天独厚的环境里不断地成长和发展。

第二章　项目开发条件

2.1　地理位置优越，交通便利

本项目实施地处在北京市昌平区十三陵水库，距神道四华里西侧，交通十分便利。另外，该区是北京去往八达岭的必经之地，对旅游来讲具有很强的区位优势。该区邮电局拥有现代化的通信投施，可为用户提供电话、传真、无线电、计算机分组交换、国际特快专递等服务。

2.2　自然资源优越

昌平区位于温榆河冲积平原和军都山的结合地带，在燕山脚下，长城环抱，上风上水，一年四季空气清新，地形地貌多样，自然风光优美，雨量充沛，四季分明，山峻、树绿、水清、天蓝、有"首都后花园"的美称。昌平属于暖温带季风大陆性气候，植被茂盛，多山，多水，多温泉。春季干旱多风，夏季炎热多雨，秋季凉爽，冬季寒冷干燥。这决定了昌平区旅游业季节性强的特点，4月月初到11月月初为旅游旺季。有丰富的地热资源，尤其是小汤山温泉尤为出名，这里有利于开展集旅游、度假和娱乐为一体的现代休闲产业。从地质上来讲，主要是花岗岩、白云质灰岩和片麻岩，土质为风化层，适于发展林果业。就旅游资源来讲，昌平地区具有典型构造和地质古迹。优越的地理位置和丰富的自然生态环境为昌平旅游发展造就了得天独厚的优势。

2.3　环境优势

昌平区内有列入"世界文化遗产"名录的明十三陵，"天下第一雄关"——居庸关；十三级浮屠的辽代银山塔林；拥有"亚洲之最"称誉的中国航空博物馆；中国坦克博物馆；迪士尼风格的九龙游乐园；全国最大的射击场——中国北方国际射击场；北方最大的国际级小汤山现代农业科技示范园；独具特色的十三陵国际高尔夫球场；空中滑伞俱乐部；风景秀丽的十三陵水库和蟒山、沟崖、虎谷、白羊沟、大杨山等自然风景区。全区有文物保护单位78处，其中世界文化遗产1处，国家级重点文物保护单位4处，市级重点文物保护单位5处。该区的旅游业已经形成规模和气候，其游览内容包括名胜古迹、自然景观、现代娱乐、康复疗养、科技博览、民俗风情、观光农业共七大系列，形成了吃、住、行、游、购、娱等功能齐全的现代旅游服务网络。该地区在中国的影响力很强，吸引着众多的国内外游客。

2.4　政策机遇

党中央在十六届四中全会上明确提出建立"以人为本，全面协调，可持续发展的和谐社会"的科学发展观。以人为本的重点是要促进人的全面发展，在国民素质中，健康素质是重中之重。昌平区政府确定把户外体育休闲旅游、文化创意产业和旅游发展业作为区域经济发展的引擎，这无疑为昌平户外休闲聚居区的发展提供了千载难逢的政策机遇。尤其是我国申奥成功后，北京的旅游等第三产业呈现了前所未有的大好趋势。

第三章　市场需求分析

3.1　必要性

十三陵风景区被列为世界文化遗产后，其影响力和知名度与日俱增，不仅在国内而且在国际上越来越引起旅游爱好者的关注。北京身为中国的首都，每年都吸引着国内、国际数以百万人计的旅游者,对所有置身于旅游事业的个人、单位来说,都是一个千载难逢的机会。凡是初来北京旅游的人,天安门、故宫,八达岭、十三陵都是向往已久、非去不可的景点。目前到北京来的旅游者已达每年800余万人。

3.2　市场前景

北京天德神路养生养老度假村第一期工程包含轻松、时尚的文化,以人为本的思想,崇尚创新的追求,强调满足人的心理需求,提供人性化的环境和服务,把物质享受和精神享受结合起来。随着人们生活水平的提高,度假村无疑是在都市闹中取静的幽雅环境。在市场化竞争和消费结构升级的新形势下,餐饮业将积极调整产业和产品结构,努力扩大餐饮消费热点,不断加强服务内涵的人性化发展,不断拓宽餐饮消费的空间和领域,以用诚信营造、用实力说话、用行动证明为宗旨,更加便民利民,大力提倡健康消费、安全消费、绿色消费、环保消费、科学消费、节约型消费,促进餐饮业可持续发展。随着农业技术进步、农村产业结构调整和社会经济发展的需要,这种兼顾生态、经济和社会效益协调发展的观光农业生态园模式将具有广阔的市场。综上所述,本项目迎合了市场的需求,发展前景非常广阔。

第四章　企业组织与劳动定员

4.1　企业组织

本项目的企业组织采用合资企业董事会领导下的总经理负责制,下设工程部、销售部、市场策划部、人力资源部、财务部等主要部门。

4.2　劳动定员

为适应本项目各项经营要求,管理层主要有职工20多人,园林维护30人左右,项目施工队由100余人组成,还有10名现场管理人员。项目所需人员需要培训方可上岗。

4.3　人员培训

公司全体人员都将在上岗前进行严格的培训,组织员工定期进行知识培训,组织听取专家学者的讲座,不断鼓励员工创新,同时提高各个环节的工作效率。

第五章　项目实施计划

5.1　项目规模(略)

5.2　资金来源:自筹资金。

5.3　项目功能

度假村项目功能分别为:客房、会议室、套房、住房、塔楼、儿童村、职工宿舍、职工餐厅、烧烤园、鹿园、值班室、仓库、画廊、画室、四合院、果园住房等。建设风格中西合璧、高雅别致、山、水、亭、榭、花草树木景色优美,可以使客人尽情感受大自然之美。

第六章　利润估算与还款计划

6.1　计划及评价方法的选择

本项目建设周期为一年。根据公司投资计划及战略规划制订详细的财务计划,包括投资预算及经济利润预算,并对公司经营财务状况进行财务评价,依据《方法与参数》中规定的方法计算新增效益与新增费用。

6.2　利润估算

包括餐厅、旅游纪念品、客房、娱乐项目、室外休闲等收入,具体估算方案略。

6.3　还款计划(略)

第八章　结论

综上所述,该项目的开发建设是可行的,是低风险高回报的项目。景区分期投入运营后,可通过边收益、边投入的方式,形成良性资本环链。项目实施单位不断加强宣传,提高园区知名度,同时积极争取纳入市级旅游规划,加强与周边景区的合作,共同开发壮大市场。总之,北京神路旅游发展有限公司建设"神路庄园"度假村是一项利国利民且对促进昌平区的旅游发展是一件好事,对促进十三陵镇的发展有积极作用,对改善当地的经济现状更加切实可行。

资料来源:根据网络有关资料改编

⬙ 知识链接

国内外特色主题公园一览

缩小版的世界——中国台湾桃园小人国主题公园

"小人国"坐落于中国台湾省桃源县龙潭乡高原村,成立于 1984 年 7 月 7 日,是中国台湾著名的主题游乐园。桃源县"小人国"有世界第二大"小人国"之称,面积 30 公顷,全区分为五大园区。景观部分,包括中国各地和各大洲景观区,概括了世界各国代表性建筑物的缩小版;游乐部分,包含各式各样刺激好玩的设施;餐饮部分,提供美味可口的饮食;百货部分,贩售各式的纪念品;乐园部分,有民俗技艺剧场、室内乐园、西部游乐区等。小人国的设备相当完备,且非常丰富。

中国台湾桃园小人国主题公园印第安历险区里包括摇滚船、飞飞机、跳星星、摩天草莓、大力士、欢乐嘟嘟车、采矿列车、美洲迷你景观区、太阳神饭馆、探索馆、塔罗牌神秘圣地印第安柱 11 个设施。

欧洲城堡乐园包括地心之旅、小小欧洲、狂飙幽浮、室内云霄飞车、碰碰车、荷兰风琴木马、欧洲迷你景观区、幼幼梦幻堡、益智电玩馆、城堡餐厅、风车比萨屋、小欢龙速食店、欢乐商品馆、城堡剧场 14 个设施。

尼罗河历险区包括大雷雨、宝贝船长、越野吉普车、霹雳滑艇(轰浪)、尼罗滩、法老王剧场、埃及商品馆、尼罗河 DIY 神殿 8 个设施。

亚洲之最包括台湾迷你景观区、中国迷你景观区、亚洲迷你景观区、独角仙生态区、台湾民俗剧场、小欢龙冰店、客家风味料理、涮涮锅、牛车商品馆、唐人街、环球号站前店、环球号小火车 12 个设施。

哆啦 A 梦乐园有哆啦 A 梦故事馆、哆啦 A 梦乐舞秀、哆啦 A 梦握手会、哆啦 A 梦躲猫猫、哆啦 A 梦专门店、小人国夏日烟火。

体验世上最陡峭过山车——瑞士里瑟本游乐园

里瑟本游乐园是瑞典最大的游乐园,位于瑞典哥德堡,自 1923 年成立以来,就没有沉闷的时候,这儿有世界上最陡峭的木质过山车,在游人众多的夏季,乐园里经常充斥着胆大的人们做自由落体运动时的惊叫声。鬼屋里的鬼都是由真人扮演,经常会出其不意地吓人一跳。

这里有传统的大型游乐设施,还有一座北欧最大的三维立体电影院。设施中最著名的是云霄飞车、鬼屋和动感电影,飞车绝对是最值得玩的项目。

这里常有酒会或茶会举行。乐园有自己的演出明星,如果运气好,可能会遇到像 Edith Piaf、Birgit Nilsson、ABBA、Marlene Dietrich、Sammy Davis Jr 或 Jimi Hendrix 这些明星的演出。音乐会、演出和戏剧是乐园的主要魅力之一,这儿的舞台从不拒绝任何形式的音乐,无论是重金属乐迷,还是歌剧爱好者,都能在它的节目单上找到对口味的演出。

丹麦乐高公园——积木堆积的梦幻童话世界

举世闻名的乐高公园(Lego)位于丹麦日德兰半岛东岸的小镇比隆,占地面积 25 公顷。自 1968 年创建以来,每年都有上百万游客前来参观游览。乐高公园是一个用 320 万块积木建成的"小人国",公园以其新颖独特的积木艺术吸引了世界各地的游客。

走进乐高公园,就宛如走入一个迷你世界,组成这个世界的分子就是那些不足小手指大小的塑料拼插积木,一共用了 4200 万块积木才建成这座新颖独特的"小人国"。走进乐高公园,扑面而来的是春天般的童话气息,耳边是欢声笑语,眼里是斑斓缤纷的色彩。最有特色的当然是形形色色、栩栩如生的积木艺术品,每件艺术品都以与实物 1∶20 的比例用塑料积木拼插而成。乐高玩具工作室里提供了成千上万的乐高积木,可以让大人孩子们一展身手,发挥自己的想象力和创造力,拼插出各种模型。工作室还有小型赛车跑道,孩子们可以用自己组装的汽车来参赛,看看谁的手艺最好。

这里有著名的哥本哈根港口、曲折蜿蜒的阿姆斯特丹运河、富丽堂皇的丹麦皇家阿美琳堡宫,也有希腊的巴提侬神庙、德国慕尼黑的新天鹅堡和美国的自由女神像。园中还有一座美国拉什莫尔峰石刻的复制品,用 150 万块积木拼插而成的美国总统华盛顿、杰弗逊、林肯和罗斯福的胸像几乎能以假乱真。飞机场上正在起飞的飞机、港口内缓缓进港的轮船、还有那骑上自行车去送信的小邮差更是惟妙惟肖,使人难以相信这一切竟全是用积木拼插成的。

回味安徒生童话——丹麦古老的蒂沃利公园

蒂沃利公园(Tivoli Gardens)位于丹麦首都哥本哈根闹市中心,占地 20 英亩,是丹麦著名的游乐园,有"童话之城"之称,每年 4 月 22 日至 9 月 19 日对外开放。兴建蒂沃利公园的是一名记者兼出版商乔治·卡斯滕森,他向当时丹麦国王克里斯蒂八世进言,表示"若人民耽于玩乐,便不会干涉政治",于是获准修建这座公园。公园于 1843 年 8 月 15 日起即开始接待当地居民和外来游客。最初公园只是群众集会、跳舞、看表演和听音乐的场所。后来几经改造,才逐渐形成为老少皆宜的游乐场所。

公园的正门颇似一座碉堡。由专家精心设计的园内建筑物错落有致地分布在自然景物之间,使整个公园兼有天然与人工之美。花卉展览是公园的一大特色,花展以种植在园地里的花簇组成五彩缤纷的图案来吸引观众。这里的水景更是令人叹为观止,水面上不仅有雕塑、喷泉,还有花舟游弋,水鸟翻飞。当夜幕降临,园内灯光灿烂、闪烁生辉。整个游乐园既像是在黑幕上画出一幅素描,又似一个玻璃世界。

树枝上的彩灯大小不一、明暗有致,衬托出通幽曲径、树影婆娑。水边的灯饰图案各有不同,色彩各异,在不同的水面上经过巧妙的安排和艺术的穿插,有如镜花水月,给人以朦胧迷幻之感。这里还有两座引人注目的中国式建筑——宝塔和戏台。塔分4层,飞檐凌空,槛楹通灵,一面倚山,三边临水。塔内设有餐厅,游客可一边品尝中国佳肴,一边饱览湖光山色。戏台建于1874年,在外形、大小、色泽、布局上仿照北京故宫戏台规格,台前屋檐下横悬一块木匾,上书孟子的名言"与民偕乐"4个大字。

蒂沃利公园自创建以来从未出现过赤字,之所以有这么好的收益除了其别致的景色以外,还得益于其悠久的历史和传统。公园内设有20多条惊险程度各异的历险路线,还可沿飞天干线重温一幕幕脍炙人口的安徒生童话故事。

如何写好创业商业计划书

创业之初,创业者制作商业计划书可以使创业者理清自己的创业思路。一个项目在脑海中酝酿时经常非常美妙,创业者会有抑制不住的创业冲动,在这时候,创业者可以尽情地把这个思想以商业计划书的形式写出来,然后使头脑冷静下来,把反面的理由也写进去,从正反两个角度反复进行推敲,就可以发现自己的创业理想是否真正切实可行,是否具有诱人的商业前景。通过商业计划书,创业者对自己的创业会有比较清晰的认识。商业计划书的写作应该遵照以下三大原则。

(1)开门见山,直切主题。要开门见山地切入主题,用真实、简洁的语言描述你的想法,不要浪费时间去讲与主题无关的内容。

(2)尽可能收集更多资料。要广泛收集有关市场现有的产品、现有竞争、潜在市场、潜在消费者等具体信息。

(3)评估商业计划书。站在一位审查者的角度来评估该商业计划书。

商业计划书主要包括以下内容。

(1)摘要。商业计划书摘要是为了吸引战略合伙人与风险投资人的注意,而将商业计划书的核心提炼出来制作而成的,它是整个商业计划书的核心和关键部分。

(2)创业者团队介绍。在制作商业计划书时,创业者也应重点介绍公司的管理团队。一个企业的成功与否,最终将取决于该企业是否拥有一个高效团结的管理队伍。

(3)核心竞争力介绍。这一部分是向战略合伙人或者风险投资人介绍创业者公司的基本情况和价值所在。创业者进行创业,最重要的是要具有市场前景的产品或者服务,因为这是公司利润的根源。

(4)市场及营销分析。市场分析包括已有的市场用户情况、新产品或者服务的市场前景预测。市场营销的好坏决定了一个企业的生存命运,在商业计划书中,创业者应建立明确的市场营销策略。

(5)财务管理。要列明各种固定成本与变动成本、直接成本与间接成本、销售数量与价格、营运成绩与利润、股东权益与盈余分配办法等。

创业者要花费时间和精力细心编写财务管理的计划。因为战略合伙人与风险投资人十分关心企业经营的财务损益状况。

(6)风险分析。在编写商业计划书时,要尽可能多地分析出企业可能面临的风险、风险程度的大小以及创业者将会采取何种措施来避免风险或者在风险降临时以何种方案来减轻损失。

复习题

1. 结合具体实例,谈谈什么是项目。

2. 结合具体实例,谈谈什么是项目管理。

3. 通过收集文献资料和实地调研,分析所在地区主题公园的开发和运营情况。

4. 通过收集文献资料和实地调研,分析所在地区户外休闲运动项目的开发和经营情况。

实 训 项 目

结合自己的实际情况,编写一份创业项目商业计划书(或创业项目可行性研究报告)。

参 考 文 献

1. 吴之明,卢有杰. 项目管理引论. 北京:清华大学出版社,2001

2. 刘乔,林峰,贾雅慧. 主题公园成功开发的六大要素. http://www.lwcj.com/Focus-Report091221010_1.htm,2009.12.21

3. 绿维创景. 户外运动休闲的产业化模式探索. http://www.lwcj.com/report090219001_1.htm,2009.02.19

项目九

休闲活动组织管理

学习目标与要求：

　　了解组织的概念、特点和基本类型，熟悉常见非营利性休闲组织机构、志愿者组织和我国志愿者组织发展的基本情况，掌握管理大型活动志愿者组织的管理理论和方法。

任务一　认识组织

一、组织的含义

（一）作名词的组织

　　从广义上说，组织是指由诸多要素按照一定方式相互联系起来的系统。系统论、控制论、信息论、协同论等，都是从不同侧面研究有组织的系统的。从这个角度来看，组织和系统是同等的概念。

　　从狭义上说，组织就是指人们为实现一定的目标，互相协作结合而成的集体或团体，如党团组织、工会组织、企业、军事组织等。狭义的组织专门指人群而言，运用于社会管理之中。在现代社会生活中，人们已普遍认识到组织是人们按照一定的目的、任务和形式编制起来的社会集团，组织不仅是社会的细胞、社会的基本单元，而且是社会的基础。

（二）作动词的组织

　　从动态方面看，组织指维持与变革组织结构，以完成组织目标的过程。通过组织机构的建立与变革，将生产经营活动的各个要素、各个环节，从时间上、空间上科学地组织起来，使每个成员都能接受领导、协调行动，从而产生新的、大于个人和小集体功能简单加总的整体职能。

　　法约尔将管理活动分为计划、组织、指挥、协调和控制五大管理职能，组织是管理活动的重要职能之一。

二、组织的性质

(一) 有明确的目标

没有目标就不是组织而仅是一个人群。目标是组织的愿望和外部环境结合的产物,所以组织的目的性不是无限的,而是受环境影响和制约的,这个环境包括物质环境及社会文化环境,有了目标后组织才能确定方向。就像引例中提到的,只有确立了目标和方向才能立起大旗,才能有号召力和吸引力去组建一支队伍。

(二) 拥有一定资源

这种资源主要包括五大类:人、财、物、信息和时间。

(1) 人的资源是组织最大的资源,是组织创造力的源泉。

(2) 财的资源主要是指资金,资金不同于资本,资本是要讲所有权的,而资金是流动中的货币,主要是使用权。

(3) 物的资源。货币是一种抽象的资源,只有转化成物资,才完成了从抽象到具体、从一般到特殊的过程,从而满足组织发展的特定需要。

(4) 信息资源。现代社会信息传输、交换、存储的手段已经非常发达,信息量激增,给管理带来了许多好处,同时也提出了挑战。

(5) 时间。时间是生命的尺度,具有不可重复性、不可再生性,而且是不可替代的。

(三) 保持一定的权责结构

这种权责结构表现为层次清晰,任务有明确的承担者,并且权力和责任是对等的。权力和责任一定对等是行使管理权的前提。如果哪个管理者要坐享其成,却努力逃避责任风险,那么被管理者就一定会站出来反对他。

三、组织的构成要素

组织环境、组织目的、管理主体和管理客体这几个基本要素相互结合、相互作用,共同构成一个完整的组织。

(一) 组织环境

组织环境是组织的必要构成要素。组织是一个开放系统,组织内部各层级、部门之间和组织与组织之间,每时每刻都在交流信息。任何组织都处于一定的环境中,并与环境发生着物质、能量或信息交换等关系,脱离一定环境的组织是不存在的。组织是在不断与外界交流信息的过程中,得到发展和壮大的。所有管理者都必须高度重视环境因素,必须在不同程度上考虑到外部环境,如经济的、技术的、社会的、政治的和伦理的等,使组织的内外要素互相协调。

（二）组织目的

所谓组织目的，就是组织所有者的共同愿望，是得到组织所有成员认同的。任何一个组织都有其存在的目的，建立一个组织，首先必须有目的，然后建立组织的目标，如果没有目的，组织就不可能建立。已有的组织如果失去了目的，这个组织也就名存实亡，而失去了存在的意义。

（三）管理主体和管理客体

组织组成要素应当是相互作用的，或者说是耦合的。在组织中，这两个相互作用的要素是管理主体和管理客体。管理主体是指具有一定管理能力，拥有相应的权威和责任，从事现实管理活动的人或机构，也就是通常所说的管理者。管理客体是管理过程中在组织中所能预测、协调和控制的对象。

在管理的过程中，管理主体领导管理客体，管理客体实现组织的目的，而管理客体对管理主体又有反作用，管理主体根据管理客体对组织目的的完成情况，调整管理主体的行为。它们通过这样的相互作用，形成了耦合系统，从而更好地实现组织的目的。

四、组织的类型

（一）按组织的规模程度，可分为小型组织、中型组织和大型组织

以组织规模划分组织类型是对组织现象的表面的认识。例如，同是企业组织，有小型企业、中型企业和大型企业；同是医院组织，有个人诊所、小型医院和大型医院；同是行政组织，有小单位、中等单位和大单位。按这个标准进行分类是具有普遍性的，不论何类组织都可以按此标准划分。

（二）按组织的社会职能，可分为文化性组织、经济性组织和政治性组织

文化性组织是一种人们之间相互沟通思想、联络感情，传递知识和文化的社会组织，如学校、研究机关、艺术团体、图书馆、艺术馆、博物馆、展览馆、纪念馆、媒体单位等。经济性组织是一种专门以追求社会物质财富的社会组织，如工厂、工商企业、银行、财团、保险公司等。政治性组织是一种为了某个阶级的政治利益而服务的社会组织，如国家立法机关、司法机关、行政机关、政党、监狱、军队等。

（三）按组织内部是否有正式分工关系分类，可分为正式组织和非正式组织

如果一个社会组织内部存在着正式的组织任务分工、组织人员分工和正式的组织制度，那么它就属于正式组织。政府机关、军队、学校、工商企业等都属于正式组织。正式组织是社会中主要的组织形式。如果一个社会组织的内部既没有确定的机构分工、任务分工和固定的成员，也没有正式的组织制度，这种组织就属于非正式组织。非正式组织可以是一个独立的团体，如学术沙龙、文化沙龙、业余俱乐部等，也可以是一种存在于正式组织之中的无名而有实的团体。在一个正式组织的管理活动中，应特别注意非

正式组织的影响作用。

（四）按组织是否以营利为目标,可分为营利组织与非营利组织

营利组织一般是指企业。非营利组织是指不是以营利为目的的组织,它的目标通常是支持或处理个人关心或者公众关注的议题或事件。非营利组织所涉及的领域非常广,包括艺术、慈善、教育、政治、宗教、学术、环保等。

任务二　非营利休闲组织管理

一、非营利组织的特性

非营利组织的运作并不是为了产生利益,这一点通常被视为这类组织的主要特性。

非营利组织和企业的最主要差异是:非营利组织受到法律或道德约束,不能将盈余分配给拥有者或股东。非营利组织有时也称为第三部门,与政府部门(第一部门)和企业部门(第二部门)形成三种影响社会的主要力量。非营利组织可以产生收益,以提供其活动的资金,但是其收入和支出都是受到限制的。非营利组织往往通过公、私部门捐赠来获得经费。

二、非营利组织的作用

（一）社会作用

非营利组织的社会作用表现在:为社会成员提供中介服务和直接服务;为政府与企业、政府与社会之间的沟通充当桥梁;对生产消费品做出公正的评价;调解社会成员之间的纠纷等。

（二）政治作用

非营利组织的社会作用表现在:政府合法的资源供给者;政府权力的监督者;民主价值观的培育者等。

三、非营利组织的分类

（一）动员资源型

非营利组织为了能够生存和发展,必须动员各种社会资源,包括慈善捐赠和志愿服务。随着这种社会功能日益发展和成熟,动员资源在少数非营利组织身上会逐渐专业化,出现一些以动员资源为核心功能的非营利组织,如专业筹款的基金会和社会团体、开展资助活动的基金会和社会团体、专业招募、培训和派遣志愿者的社会团体

和民办非企业单位等。

（二）公益服务型

非营利组织提供的公益服务遍及社会的各个方面,包括公益慈善、救灾救济、扶贫济困、环境保护、公共卫生、文化教育、科学研究、科技推广等许多领域。涵盖主要开展公益项目的基金会、社会团体和民办非企业单位,以及开展各种社区服务的基层组织等。这种类型的非营利组织数量巨大,分布广泛,它们与各级政府和相关各个领域的政府公共服务相辅相成,在很大程度上成为政府公共服务的有益补充。

（三）社会协调型

在社会转型期,各种形式的非营利组织越来越成为公民表达意愿、维护权益、协调关系、化解矛盾、实现价值的最为广泛和直接的形式,这是中国的非营利组织近年来在数量上急剧上升的重要原因之一。随着这种社会功能的发展,推动社会协调、参与社会治理成为一部分非营利组织的主要功能。从机制上看,大体上有以社区为基础的横向协调型和以社群为基础的纵向协调型两种不同类型,前者如各种社区群团组织,后者则包括各种形式的商会、行业协会、工会、联谊会、同学会、消费者协会等。

（四）政策倡导型

非营利组织不仅积极参与各级相关立法和公共政策的制定过程,以各种努力倡导和影响政策结果的公益性与普惠性,而且往往作为特定群体特别是弱势群体的代言人,表达其利益诉求和政策主张。随着这种社会功能的发展,政策倡导成为一些非营利组织的主要功能,其中一部分成为专门从事相关政策研究并积极影响政策过程的思想库,另一部分成为积极参与社会博弈的弱势群体的代言人或者利益集团的代言人,还有的发展成为对社会政治过程有影响的压力集团。它们的共同特点是有明确的政策主张,较多关注社会公正,并通过积极的倡导活动影响政策的决策过程。

四、常见非营利休闲业组织

（一）世界休闲组织

世界休闲组织（World Leisure Organization）成立于 1952 年,又称世界休闲与娱乐协会（World Leisure and Recreation Association）。它是一个具有联合国咨询地位的非官方机构,与联合国教科文组织和有关国家、地区的官方、非官方机构有着良好的合作关系。

为致力于发掘和创造各种有利条件,让休闲成为人类成长、发展与幸福的动力,1970 年,世界休闲组织的前身——国际娱乐协会通过了著名的《休闲宪章》。《休闲宪章》明文规定:休闲同健康、教育一样对人们的生活至关重要;任何人都享有从事休闲活动的权利;各国政府必须承认和保护公民的这项权利。1979 年,世界休闲组织对《休闲宪章》加以修改,并于 2000 年 7 月正式批准,作为机构活动的准则。

世界休闲组织理事会是机构的决策机构,每年召开一次会议。理事会由 20 名来自全球各地、不同行业的成员组成,下设三个常务理事会:执行理事会、财务理事会和发展理事会。世界休闲组织秘书处负责处理日常事务。与官方机构有着良好的合作关系。

世界休闲组织的主要活动包括:举办世界休闲大会和休闲专业类的展览、贸易促进活动;组织世界休闲大会等专题会议;出版世界休闲报、时事通讯、专论和建设网站、发行各种印刷品及电子媒体;提供教育、咨询、培训、研究、学生服务及讨论项目,包括研究及教学、研究生教育、专门委员会、留学生培养等;就某一课题、项目成立工作小组或委员会;与联合国和其他国际组织及有关国家、地区的官方、非官方机构、私人部门共同工作,以宪章、国际宣言、权威文件、观点报告及声明的形式,致力于各种内容广泛的研讨。

(二) 世界旅游组织

世界旅游组织(World Tourism Organization,WTO)是联合国系统的政府间国际组织,最早由国际官方旅游宣传组织联盟(IUOTPO)发展而来。其宗旨是促进和发展旅游事业,使之有利于经济发展、国际相互了解、和平与繁荣。

世界旅游组织是目前世界上唯一全面涉及国际旅游事务的全球性政府间机构,同时也是当今旅游领域中最具知名度并且最具影响力的国际性组织。主要负责收集和分析旅游数据,定期向成员国提供统计资料、研究报告,制定国际性旅游公约、宣言、规则、范本,研究全球旅游政策。它的前身是国际官方旅游联盟,1975 年改为现名,总部设在西班牙首都马德里。

该组织最早可追溯到 1898 年设立的旅游协会的国际联盟,1919 年改称国际旅游同盟,1925 年 5 月 4～9 日在荷兰海牙召开了国际官方旅游协会大会。1934 年在海牙正式成立国际官方旅游宣传组织联盟。1946 年 10 月 1～4 日在伦敦召开了首届国家旅游组织国际大会。1947 年 10 月在巴黎举行的第二届国家旅游组织国际大会上,决定正式成立官方旅游组织国际联盟,成为联合国附属机构,其总部设在伦敦,1951 年迁至日内瓦。1969 年联合国大会批准将其改为政府间组织,1975 年 1 月 2 日正式改用现名,总部设在西班牙马德里,2003 年 11 月成为联合国专门机构。

(三) 亚太旅游协会

亚太旅游协会(Pacific Asia Travel Association,PATA)成立于 1951 年,是世界三大旅游组织之一,总部设于泰国曼谷。多年来致力于支持、推动并引领亚太地区旅行及旅游业可持续发展。

PATA 以其独特的组织结构,成功促进了本地区旅游资源的融合。通过整合并宣传本地资源力量,PATA 领导了近 80 个国家或地区的政府旅游机构、省市一级旅游部门,40 家航空公司和邮轮公司,以及数百家旅游企业。此外,数千名旅游专业人士分属于PATA 在世界各地的 30 多个分会。

借助于会员的独特伙伴关系以及会员间的协作,PATA 不断推动往来于亚太地区及区域内旅游业的可持续增长、价值和品质的提升。PATA 会员应遵守《PATA 会员道德和行为准则》。

（四）国际休闲产业协会（ILIA）

国际休闲产业协会是由中国、中国香港、俄罗斯、马来西亚、新加坡、美国、加拿大、韩国、日本、澳大利亚十个国家和地区的休闲产业机构和精英人士在2002年共同发起的国际性休闲产业合作组织，以推动国际休闲产业的协调、合作与发展为己任，是相关成员方关于休闲产业政策的智慧支持机构，在加拿大和中国香港注册，在ILIA成员国家及地区备案，拥有合法有效手续。会址在加拿大温哥华，秘书处设在中国香港。

国际休闲产业协会定期举办各种学术交流活动，包括国际休闲产业区域性峰会、中国休闲经济发展论坛；授权评选国际最佳休闲城市和国际休闲产业示范基地奖项。国际休闲产业协会在中国的对接机构是中国人民大学中国休闲经济研究中心。

（五）亚太酒店协会

亚太酒店协会（Asia Pacific Hotel Association，APHA）是世界旅游组织成员机构，由亚太地区的著名跨国酒店集团、高星级酒店、知名餐饮企业联合发起，总部设在中国香港，是亚太地区酒店与餐饮企业沟通的桥梁和纽带。APHA的宗旨是号召亚太区酒店及餐饮业联合起来，共促行业发展，共建平等交流、互通信息、共享商机的高端平台。APHA将集合各地政府及民间的力量，不断推动亚太区饭店业的可持续增长、价值和品质的提升。

APHA的职能：专注于酒店与餐饮业的统计、分析和预测，深度研究行业发展、市场运行、技术进步、管理创新等方面的情况，并提供相关报告；运用市场营销和公关手段，为会员提供品牌宣传服务；举办各类大型活动（如区域内行业年会、峰会及论坛等），向特定的目标市场推广和渗透；根据会员的要求，整合政府及行业资源，组成专家特别工作小组，实地考察并提供咨询，为会员的日常运营、市场营销和可持续发展等提供专业性建议和指导等。

（六）中国旅游协会

中国旅游协会是由中国旅游行业的相关社团组织和企事业单位，在平等自愿的基础上组成的全国综合性旅游行业协会，具有独立的社团法人资格。它是1986年1月30日经国务院批准正式宣布成立的第一个旅游全行业组织，1999年3月24日经民政部核准重新登记。协会接受国家旅游局的领导、民政部的业务指导和监督管理。其英文名称为China Tourism Association（CTA）。

中国旅游协会遵照国家的宪法、法律、法规和有关政策，代表和维护全行业的共同利益和会员的合法权益，开展活动，为会员服务、为行业服务、为政府服务，在政府和会员之间发挥桥梁纽带作用，促进我国旅游业的持续、快速、健康发展。其主要任务是对旅游发展战略、旅游管理体制、国内外旅游市场的发展态势等进行调研；向国家旅游行政主管部门提出意见和建议；向业务主管部门反映会员的愿望和要求；向会员宣传政府的有关政策、法律、法规并协助贯彻执行；组织会员订立行规行约并监督遵守；维护旅游市场秩序；协助业务主管部门建立旅游信息网络，搞好质量管理工作，并接受委托开展规划咨询、职工培训,组织技术交流,举办展览、抽样调查、安全检查,以及对旅游专业协会进行业务指导;开展对外交流与合作;编辑出版有关资料、刊物,传播旅游信息和研究成果;承办业务主管部门委托的其他工作。

(七) 中国旅游协会休闲度假分会

中国旅游协会休闲度假分会(CTLA)是中国旅游协会的分支机构,是在国家旅游局和中国旅游协会的领导下,于 2009 年 6 月经民政部批准,于同年 12 月 29 日成立的社团组织。休闲度假分会现有会员单位 150 多家,首旅集团为会长单位,港中旅集团、华侨城集团、桂林旅游集团、携程旅行网、杭州宋城集团、中坤投资集团等为副会长单位。

中国旅游协会休闲度假分会的宗旨是:坚持中国特色与面向国际相结合,根据国家的宪法、法律、法规和有关政策,在平等互利、优势互补、资源共享、合作共赢的原则下,推广积极向上的休闲文化,树立健康休闲观念,提高大众休闲度假生活质量,促进业界沟通,推进休闲度假理论研究,制定和推广规范,提高休闲度假服务水平,拓展休闲度假消费领域,促进中国休闲度假业的可持续发展。

(八) 中国旅游饭店协会

中国旅游饭店协会(CTHA)成立于 1986 年 2 月 25 日,经中华人民共和国民政部登记注册,具有独立法人资格,其主管单位为中华人民共和国国家旅游局。中国旅游饭店协会是中国境内的饭店和地方饭店协会、饭店管理公司、饭店用品供应厂商等相关单位,按照平等自愿的原则结成的全国性的行业协会。

协会宗旨是遵守国家法律、法规,遵守社会道德风尚,代表中国旅游饭店业的共同利益,维护会员的合法权益,倡导诚信经营,引导行业自律,规范市场秩序。在主管单位的指导下,为会员服务,为行业服务,在政府与企业之间发挥桥梁和纽带作用,为促进中国旅游饭店业的健康发展做出积极贡献。

(九) 中国饭店协会

中国饭店协会(China Hotel Association,CHA)是经国家民政部批准的国家一级行业协会,是由从事宾馆和餐饮经营管理的企事业单位、团体和经营管理人员自愿组成的全国性的跨部门、跨所有制的、非营利性的行业性组织。中国饭店协会成立于 1994 年,隶属于国务院国有资产监督管理委员会,并接受商务部的业务指导。

协会坚持以人为本,树立全面协调可持续的发展观,提倡绿色饭店、绿色餐饮等新概念,为建设和谐社会积极努力,提升了协会在饭店行业中的美誉度和影响力。协会先后创建并形成中国美食节、绿色饭店、饭店业职业经理人、全国饭店业服务技能大赛、优秀企业家表彰等品牌项目,构建了政府事务服务、品牌服务、培训服务、信息服务、国际交流服务五大服务体系。

(十) 中国旅游景区协会

中国旅游景区协会是由全国旅游景区行业和与景区相关企事业单位,在平等自愿基础上组成的全国旅游景区行业协会，具有独立的社团法人资格。协会接受国家旅游局的领导、民政部的业务指导和监督管理，于 2010 年 10 月 24 日成立。

中国旅游景区协会遵照国家的宪法、法律、法规和有关政策，代表和维护景区行业的共同利益和会员的合法权益，按照协会章程的有关规定，积极开展调查研究、沟通协调、业务交流、岗位职务培训和市场开拓等活动，积极推进行业自律，努力提高景区行业服务水平和核心竞争力，竭诚为会员服务，为行业服务，为政府服务，在政府和会员之间发挥桥梁纽带作用，促进我国旅游景区行业的持续、快速、健康发展。

深圳华侨城为中国旅游景区协会会长单位，颐和园等 24 家单位为副会长单位。中国旅游景区协会是顺应我国各类旅游景区发展的必然产物，也顺应了我国深化政治、经济体制改革，进一步强化协会职能，促进旅游产业大发展的必然要求。

（十一）中国旅行社协会

中国旅行社协会（China Association of Travel Services，CATS）成立于 1997 年 10 月，是由中国境内的旅行社、各地区性旅行社协会或其他同类协会等单位，按照平等自愿的原则结成的全国旅行社行业的专业性协会，是经中华人民共和国民政部批准正式登记注册的全国性社团组织，具有独立的社团法人资格。协会接受国家旅游局的领导、民政部的监督管理和中国旅游协会的业务指导。协会会址设在中国首都——北京。

协会的宗旨是遵守国家的宪法、法律、法规和有关政策，遵守社会道德风尚，代表和维护旅行社行业的共同利益和会员的合法权益，努力为会员服务，为行业服务，在政府和会员之间发挥桥梁和纽带作用，为中国旅行社行业的健康发展做出积极贡献。

（十二）国际节庆协会

国际节庆协会（IFEA）是世界节日庆典暨特殊事件活动的行业组织机构，成立于 1955 年，总部在美国爱达荷州，目前有 50 多个国家的 3000 余名行业组织成为协会会员。其服务对象是全球范围内的各国分支机构下属的全体会员，包括节事行业中的各种大小活动、传统节日庆典、现代艺术节、运动竞技赛事、展览会。

（十三）国际展览业协会

国际展览业协会（UFI）是世界博览业最具代表性的协会，也是展览业界唯一的全球化组织，其前身为"国际博览会联盟"，2003 年 10 月改为现名。该组织于 1925 年 4 月 15 日在意大利米兰成立，总部现设在法国巴黎。现已拥有 256 家会员组织，其中包括 233 家组展者、展馆业主和展览行业合作组织、42 家展览协会。它们分布在五大洲 71 个国家的 156 个城市。

国际展览业协会代表展览会、博览会组织者的利益，维护展览会、博览会的质量标准，规范展览组织者的市场行为。主要职能包括：授予综合性和专业性贸易博览会以"国际"资格；采取一切必要措施协助会员在发展世界经济中更加有效地开展活动；对国际贸易博览会所共同关心的问题开展国际范围的研究；代表会员参加相应的其他国际组织；保护会员利益，并为此采取一切必要措施使有关国家的政府注意并同意这一点；在互相尊重对方利益的基础上,通过有关会员之间的对话,尽可能地协调获本联盟认可的博览会的日程安排;根据有关方面的要求成立仲裁委员会,解决会员之间的纠纷;努力寻求并使用一切合适的方法加强国际博览会联盟的国际地位,并为此目的开展宣传工作;为维护会员利益,对一切阻挠自由参加国际贸易博览会的不公平行为采取一切必要的行动;采取一切措施限制国际贸易博览会激增的趋势,即通过干预各国负责机构,使这些机构授予只有符合本章程第八条规定的贸易博览会和展览会国际资格;向贸易博览会组织者,尤其是发展中国家的组织者提供技术帮助。

（十四）中国展览馆协会

中国展览馆协会(简称中国展协)于1984年6月在国家民政部登记注册成立,是我国目前唯一的全国性展览行业组织,为国家一级社团,也是国际展览业协会(UFI)的国家级会员。业务主管单位是国务院国有资产监督管理委员会。中国展览馆协会主要由展览主办机构、展览场馆、展览中心、展览工程公司、展览运输公司、展览媒体、高等院校、展览科研机构以及与展览行业相关的且具有法人资格的企事业单位自愿参加组成。

中国展览馆协会遵照宪法、法律、法规和国家政策,以繁荣展览经济为中心,充分发挥"服务、代表、协调、自律"的功能,维护会员单位的合法权益,反映会员单位的愿望和要求,提高我国展览行业的整体水平和国际竞争力,为我国展览业的发展提供服务和沟通的平台。

任务三　志愿者组织管理

一、志愿者和志愿服务

志愿者(volunteer)也叫义工、义务工作者或志工,是指自愿参加相关团体组织,在自身条件许可的情况下,在不谋求任何物质、金钱及相关利益回报的前提下,合理运用社会现有的资源,志愿奉献个人可以奉献的东西,为帮助有一定需要的人士,开展力所能及的、切合实际的,具一定专业性、技能性、长期性服务活动的人。联合国将其定义为"不以利益、金钱、扬名为目的,而是为了近邻乃至世界进行贡献活动者"。

志愿服务(volunteer service)则是任何人自愿贡献时间和精力,在不为物质报酬的前提下为推动人类发展、社会进步和社会福利事业而提供的服务。

二、志愿服务的起源

志愿服务起源于19世纪初西方国家宗教性的慈善服务,志愿活动在世界上已经存在和发展了100多年。志愿服务最近几年越来越成为一种国际潮流。西方有学者指出,"如果说人类发展前500年是技术革命带动全球的经济发展,那么今天人类正处于一个十字路口,面临的问题越来越多。后500年社会学、社会服务将成为地球上生存的重点,人类也将开始重新调整自己"。

在国际社会,志愿服务源于对战争的人道主义援助,它为人类的解放事业作出了重要贡献。在和平年代,志愿服务在帮助弱者、消除贫困、保护环境、维护社会秩序和世界和平等方面做出了巨大努力,在沟通政府与民众的关系、弥补政府和市场的缺失等方面也发挥了重要作用。

1970年,联合国大会通过决议,组建"联合国志愿人员组织"。1985年12月17日,第四十届联合国大会通过决议,从1986年起,每年的12月5日为"国际促进经济和社会发展志愿人员日"(International Volunteer Day for Social and Economic Development,简称国际志愿人员日)。

1997年,第52届联合国大会把21世纪第一年——2001年确定为"国际志愿者年"。2001年12月5日,第56届联合国大会召开特别全体会议,专门讨论政府如何支持志愿服务发展。据一些发达国家统计,志愿服务所生产的价值已占到这些国家国内生产总值的8%～14%。

联合国志愿人员组织需要志愿服务的领域主要包括:环境保护、扶贫、社区服务、慈善活动、互助、维护社会治安和重大大型活动。

三、我国志愿者组织的发展历程与现状

改革开放以后,我国最早的志愿者来自联合国志愿人员组织。当时联合国志愿人员组织派遣了包括地理、环境、卫生、计算机和语言等领域的志愿者来中国工作。20世纪80年代后期,我国最早的志愿者产生于社区服务的层次上,并逐步建立起社区志愿者组织。90年代初期,另一支志愿者队伍在共青团系统中形成,并出现了全国性的青年志愿者组织。

广东是我国内地青年志愿者组织的发源地之一。1987年,广州市十多名热心的青少年服务工作者在广州团市委、市教育局的支持下,牵头建立"中学生热线服务",成为全国第一条志愿者组织热线。深圳市的青年志愿者在1990年6月16日以"深圳市义务工作者联合会"的名义在市民政局登记注册,成为我国内地第一个正式登记注册的志愿者组织。

1999年,广东省第九届人大常委会通过的《广东省青年志愿服务条例》,是我国内地第一部志愿者组织的地方性法规。2007年6月19日,全国首个地方性志愿者事业发展基金会——广东省志愿者事业发展基金会宣告成立。该基金会表明我国志愿服务事业和志愿者组织进入了全新的发展阶段。

当前,我国的志愿服务事业迅猛发展。首先,打造了一批如西部志愿者、研究生支教团、扶贫接力、环境保护、海外志愿者、红十字志愿者、应急救援志愿者、亚运志愿者、奥运志愿者、世博志愿者等精品项目,既发挥传统志愿服务项目的优势,又与时俱进,不断开拓志愿服务项目的新领域。其次,为适应志愿服务事业不断发展的需要,商务部、团中央和中国红十字会以及大多数省、市、自治区制定了志愿服务的条例、规定、办法,或者纳入了立法计划。最后,对志愿者组织的研究也如火如荼地开展。

与此同时,全社会对志愿服务的认知程度大大提高,社会对志愿服务的参与热情也越来越高。主要表现在:志愿者主体从职工和大学生延展到整个青年群体;志愿服务项目从临时活动逐渐形成有延续性接力机制的事业,从"人人能为"的普通服务逐渐转变为专业性、技术性越来越强的专业服务;志愿服务领域从过去单一的社区服务,已经逐步延伸到了农村扶贫开发、城市社区建设、国际交流、为大型赛会服务、应急救援、环境保护等领域;志愿服务区域由原来的城市社区已经发展到整个城市建设,并逐步向农村延伸,现在志愿者已经跨出国门。特别是西部计划、海外服务计划、扶贫接力计划、研究生支教团等一批优秀项目在全社会产生了广泛影响。

四、志愿活动的积极意义

对社会而言,志愿活动具有以下积极意义:一是传递爱心,传播文明。志愿者在把关怀带给社会的同时,也传递了爱心,传播了文明,这种"爱心"和"文明"从一个人身上传到另一个人身上,最终汇聚成一股强大的社会暖流。二是有助于建立和谐社会。志愿工作,提供了社交和互相帮助的机会,加强了人与人之间的交往及关怀,减低了彼此间的疏远感,促进了社会和谐。三是促进社会进步。社会的进步需要全社会的共同参与和努力。志愿工作正是鼓励越来越多的人参与到服务社会的行列中来,对促进社会进步有一定的积极作用。

对志愿者个人而言,志愿活动具有以下积极意义:一是奉献社会。志愿者通过参与志愿工作,有机会为社会出力,尽一份公民应尽的责任和义务。二是丰富生活体验。志愿者利用闲余时间,参与一些有意义的工作和活动,既可扩大自己的生活圈子,更可亲身体验社会的人和事,加深对社会的认识,这对志愿者自身的成长和提高是十分有益的。三是提供学习的机会。志愿者在参与志愿工作过程中,除了可以帮助需要帮助的人以外,还可以培养自己的组织及领导能力,学习新知识、增强自信心及学会与人相处。

对服务对象而言,志愿活动具有以下积极意义:一是接受个人化服务。志愿者服务,提供大量的人力资源的同时,更能发挥服务的人性化、个人化及全面化的功能,从而令服务对象受益。二是帮助融入社会,增强归属感。通过志愿者服务,能有效地帮助服务对象扩大社交圈子,增强他们对人、对社会的信心,同时,志愿者以亲切的关怀和鼓励,帮助服务对象减轻接受服务时的自卑感和疏远感,从而使其建立自尊心和自信心。

五、志愿者团队的创建与管理

(一)志愿者团队的创建

1. 做好志愿者团队的定位工作

为了顺利完成志愿服务任务和志愿团队的组织目标,首先,志愿者团队需要对自己进行准确的定位,只有在这个基础上谈组建志愿者团队,才能有的放矢。志愿者团队的目标就是服务社会,服务他人,这既是明确团队奋斗的目标,又给团队一个明确存在的理由和确定服务的具体内容。其次,志愿者团队还要清楚了解自身的志愿性、公益性、正规性、一定的独立性等特点。

2. 做好志愿者的招募、选拔、培训和激励工作

志愿者是志愿团队的重要资源,所以志愿团队必须切实提高自身的招募和管理水平。

首先,招募合适的志愿者是志愿团队实现组织目标的重要保证。在此环节需将志愿者的意愿和志愿的工作性质有机地结合起来,确保志愿岗位的资源配置效率最大化。

其次,选拔和筛选最优秀的志愿者是志愿团队完成服务对象要求的基本前提。这样既能使各有所长的志愿者充分发挥自身优势,又能满足志愿服务对象的不同要求。

再次,志愿者的培训是志愿团队确保完成服务任务的关键环节。志愿者的培训必须在给志愿者的具体任务正确定位的基础上进行,一方面要对志愿者工作、角色、任务给以明确的解答和说明;另一方面还要注意培训方式的创新,要因人、因岗位而异。

最后,对志愿者的激励是促使志愿者努力实现团队目标的有效措施。因为激励既是增强志愿者服务行为的外在动力,又是确保志愿者积极性的基础,要把志愿服务做好,就要不断调动志愿者的积极性,让其快乐地投入到志愿服务当中。

3. 做好志愿者团队的规划工作

凡事预则立,不预则废,制定科学合理的规划是志愿者团队长效发展的根本保证。作为志愿者团队首先要规划的是自身在服务期间如何高效有序地进行相关志愿服务、制定怎样的应急机制以应对可能的突发事件、志愿团队的中介协调作用如何发挥以及对服务需求的各项保障进行充分的调研。与此同时,还要规划好志愿者团队的可持续发展问题。只有把这些问题都纳入规划当中,一切后续问题才能顺利解决,志愿者团队才能更好地适应各种环境,提供各种志愿服务。

(二)志愿者团队的管理

1. 确保强有力的各类资源保障

首先,经费保障。只有资金到位,志愿团体才能正常运转,相关车辆调度、物质激励、医疗保险等后勤保障才能落实到位。目前我国志愿团体的经费主要是各级财政预算,所以普遍紧张,拓展资金来源渠道应当提上日程。

其次,政策支持,政府和各级单位应当为志愿者参与志愿服务活动给予支持,并提供必要的条件。

最后,多元化的社会网支持。诸如志愿团队管理中要协调好与地方党政部门的关系,积极推进社会志愿者、城市志愿者等工作;志愿团队管理工作还应做好志愿者的宣传工作,积极吸引媒体关注等。

2. 科学规范团队内部结构

组织设计的目的就是发挥整体大于部分之和的优势,使有限的人力资源形成最佳的综合效果。如2008年北京奥运会的志愿者团队的组织模式基本采用接近于矩阵式结构的组织类型,这种团队模式结构给管理带来了巨大便利,加强了不同部门之间的配合和信息交流,克服了传统直线职能式中各部门互相脱节和各自为政的现象,有效地提高了志愿者团队的工作效率。

3. 积极探索团队精神的凝练

团队精神是一个组织的内部文化,这种文化的软实力会从根本上优化志愿者团队的管理,主要体现在以下几个方面。①导向力,即团队精神能把志愿者的个人目标引导到团队目标上来,而且一旦团队精神得到凝练和贯彻,志愿者就会在潜移默化中接受共同的价值观念,从而给管理统一了思想。②约束力,即对每个志愿者的思想和行为具有约束和规范作用,更为关键的是,这不是一种强行的硬性约束,而是一种不成文的非正式约束,这给日常管理带来了规范作用。③凝聚力,即当一种团队精神的价值观被志愿者成员认同之后,它会成为一种黏合剂,从各方面把他们团结起来,形成巨大的向心力和凝聚力。④原动力,即这种团队精神使志愿者成员从内心深处产生一种情绪高昂、奋发进取的效应,人人把这种内化的精神理念外化为实际行动,并最终形成一种文化氛围。

(三)志愿者团队的考核

组织不仅要有目标,而且要将目标转化为具体的操作和考核标准。这是一项十分困难的工作。应该通过一套系统的方法,评估团队在一段时间内的工作表现和成效,对志愿者团队的服务绩效进行量化处理。

(1)分等评价法。这种方式是将志愿者团队的特质、工作与其他志愿服务绩效分为多方面的准则,在每一考核项目内给予不同等级的工作绩效价值,并在每个绩效价值项目内均加以简单的描述。分等评价法是一种简单实用的方法,设计起来比较容易,只需稍加指导便可应用。但是此方法也有缺陷,比如不同的考核者对志愿者团队的绩效考核存在差异,可信度较低,而且所设计的工作准则与实际工作会有出入,这都是我们在实际工作中需要注意的。

(2)实地评估法。此方法是指由志愿组织或相关的机构派出一些社会工作督导或管理专家到志愿者工作或服务的岗位上进行观察,并与其直接主管进行交谈,系统且较全面地去收集志愿者团队工作绩效的材料,然后撰写报告,并将报告内容报告给该志愿者的主管。实地评估法的优点在于客观公平且具权威性,缺点主要是考核的完成往往需要耗费很多时间,而且因为需要聘请专业人士参与,投入成本也较高。

> **案 例 1**

2008 年北京奥运会志愿者的选拔管理

北京奥运会志愿者是指在 2008 年北京奥运会筹备和举办的全过程中以自愿为原则,以志愿服务为基本形式,在奥运会志愿者行动项目体系内,服务他人、服务社会、服务奥运的各界人士。

(一)志愿者构成

奥运会赛会志愿者来源于遵守中国法律、法规、符合奥组委对志愿者年龄等方面的限制性规定、具备指定岗位要求的能力和素质、自愿为北京奥运会提供义务服务、接受北京奥组委领导和管理的各方面人士。赛会志愿者队伍以北京高校学生为主体,同时广泛吸纳北京市民、全国各地各民族群众、港澳台同胞、海外华侨华人和国际友人等各界人士。

志愿者按照岗位需求情况分为专业志愿者和非专业志愿者两类。北京奥组委将按照以下人员构成,设立奥运会赛会志愿者项目,按照项目管理的原则和方法,逐步推进招募、培训、定岗、赛会服务等一系列工作。

（二）运行计划

1. 宣传运行计划

在北京奥组委总体宣传计划的框架内，通过广播、电视、报刊、网络等媒体，分阶段、有重点地向公众宣传介绍奥运会赛会志愿者工作的重要意义、相关知识、工作规划、工作进展和需求信息等内容，扩大信息覆盖面，提高公众知晓率，凝聚社会力量，增强社会动员能力。

宣传运行计划分为四个阶段。2005年6月至2006年7月为前期宣传阶段，主要面向全社会普及奥林匹克知识、推广志愿服务理念，倡导奉献友爱精神，介绍奥运会志愿者工作的总体安排等。2006年8月至2008年4月为招募宣传阶段，主要宣传参与奥运会志愿服务的意义，介绍招募的方式方法、资格条件要求及服务的场所和领域，动员各界人士积极报名参加赛会志愿者项目。2008年4月至7月为赛前宣传阶段，主要宣传介绍志愿者工作的进展情况，提升社会对赛会志愿者的关注度。2008年8月至9月为赛时宣传阶段，主要宣传报道赛会志愿者的出色表现和优秀事迹。

2. 招募选拔运行计划

奥运会赛会志愿者招募的一般程序包括申请人报名、材料审核、工作预分配及面试、初步确定岗位、发出录用通知、志愿者接受任务、背景核实等步骤。

奥运会赛会志愿者的招募工作将主要采用定向招募与公开招募相结合、集体报名与个人报名相结合、网络申请与书面申请相结合的方式，建立高效便捷的招募机制，按照有关程序分阶段、分人群进行招募。

奥运会赛会志愿者原则上应具备以下条件：遵守中国法律、法规，热心公益事业，具有基本的体育运动常识，具备一定的外语交流能力，符合奥组委对于志愿者所申请岗位的资格要求和时间要求。其中，专业志愿者除满足以上基本要求外，还应具备特定岗位所要求的专业技术和专门技能。

3. 公益实践计划

旨在通过开展社会公益活动，把日常志愿服务与奥运会志愿服务有机结合起来，实现志愿服务的日常化，增加志愿者的服务经验和服务技能，满足奥运会对志愿者的素质要求。根据奥运会筹备进程，每年确立一个公益实践主题，在全市设立一批奥运会志愿者实践基地，围绕城市建设和社会发展，开展环保、科普、文化等志愿服务活动。

4. 培训运行计划

奥运会赛会志愿者的培训主要分为三类：通用培训、专业培训和岗位培训。培训工作应发挥北京的教育资源优势，争取多方支持。

通用培训的主要内容是介绍奥林匹克知识、国情市情、传统文化和礼仪规范，志愿者的权利义务，应对紧急情况等方面的知识，培养志愿者的大局意识、服务意识、形象意识和责任意识。奥组委将组织专家学者编写相关教材和多媒体教程课件，依托互联网远程教育或课堂教学方式进行培训。

专业培训的主要内容是根据服务岗位的具体要求，培训志愿者相关的专业知识和技能。专业培训将以面授为主，主要由奥组委及指定的培训机构来组织实施。

岗位培训的主要内容是介绍岗位的基本情况、工作任务、业务流程和工作场地的相关情况、紧急情况的处理措施和志愿者团队管理等方面的内容。

5. 激励保留运行计划

北京奥组委将通过表彰奖励和相关保障措施,确保志愿者队伍的相对稳定。志愿者的激励表彰以精神鼓励为主,激发志愿者的内在热情,保持志愿者较高的工作积极性,使志愿者获得有价值、令人愉快的工作经历。主要实施以服务时间和服务效果为基本依据的普遍激励。开设志愿者维权热线和心理热线,切实维护志愿者合法权益。对作出突出贡献、表现优异的志愿者集体、个人以及志愿服务项目给予特别奖励。奥运会结束后,开展志愿者评比表彰及纪念活动。

6. 岗位运行计划

根据赛时岗位的具体需求,结合赛会志愿者的服务意向、专业技能和在参与公益实践活动中的表现,为志愿者安排适当的固定工作岗位、分配相应的工作任务,指定固定的工作联系人,确保岗位清晰、职责明确,保证志愿者与工作岗位的准确对接,实现志愿者的转型定岗。岗位明确后,奥运会赛会志愿者应按照指定工作岗位的要求接受相关培训。

7. 赛会运行计划

赛会期间,北京奥组委负责赛会志愿者的指挥调配工作,建立工作指挥体系,转入场馆及区域、领域运行管理体系,逐级落实工作任务,切实做好志愿者的上岗、考勤、轮休、评价等管理工作,努力做到指挥有力、反应灵敏、行动迅速、信息顺畅、配合默契、保障有力。各需求场馆和部门应指定专门联络员,按照自身职责,及时提供准确的志愿者需求信息,建立有效的人岗对接机制,落实调配任务。

资料来源:摘自百科名片《北京奥运会志愿者》. http://baike. baidu. com/view/1088583. htm

案例 2

上海世博会期间园区志愿者

志愿者身上体现出的为国争光的爱国精神、乐于付出的奉献精神、精诚协作的团队精神、尽职尽责的敬业精神和开拓创新的进取精神,已经成为上海城市精神的重要组成部分。

世博会期间,在世博园区内,共有 13 批次 79965 名园区志愿者上岗,服务总量超过 1000 万小时,服务人次超过 4.6 亿,上海世博会志愿者以自己的奉献在世博会历史上树起了一块独特的丰碑。

上海世博会期间,在全市和周边无锡、太仓、昆山设立的 1281 个城市志愿服务站点,共有 100228 名站点志愿者上岗,服务市民和游客人次超过 2436 万。城市文明志愿服务行动共有近 200 万名志愿者,涉及平安世博、交通文明、清洁城市、文明游园、窗口服务、市民巡访、世博宣传、社区服务八个方面。

上海世博会志愿者工作的经验在于,最大限度地调动了广大人民群众的积极性,成功构建了市民参与世博的广阔平台;打造了"阳光、快乐、优质"的志愿者形象,使志愿服务成为社会风尚、生活时尚;实施专业化全程管理全员服务,确保了世博志愿服务优质、高效开展;全面整合社会资源,有效构建了社会化服务保障体系;统筹协调,构建分工协作的工作领导体制,有力促进了上海志愿服务事业的长远发展。

伴随着世博会的历练,全市志愿服务工作的组织领导架构进一步加强,志愿精神得到了进一步弘扬,志愿者队伍进一步壮大,志愿服务项目体系进一步完善,为上海志愿服务事业的发展树立了一座重要的里程碑。

资料来源:摘自陈惟.8 万园区志愿者服务人次超 4.6 亿 . http://news.163.com/10/1206/07/6N73KA6800014AED.html,2010.12.06

案例 3

5·12 四川汶川大地震中的志愿者与志愿者组织

(一)地震应急阶段志愿者的行动概况

志愿人员行动快。在 2008 年"5·12"四川汶川大地震中,汶川大地震灾区志愿服务,在中国救灾志愿服务历史上,首次做到了三同步:志愿者与部队同步进入服务救援工作、志愿者与医疗队伍同步进入服务救护工作、志愿者与当地干部群众同步进入服务自救工作。第一批在 13、14 日进入灾区服务的志愿者,主要是自发志愿者和自组织志愿者,他们不需要经过请示、审批,具有热情就自主投入灾区服务。

志愿人员数量多。汶川发生 8.0 级大地震后,截至 6 月 3 日 20 时,全国就有 561 万人通过各级共青团组织报名参加抗震救灾志愿服务,直接和间接参与了抗震救灾的志愿者各地共有 491 万名。在四川各级团组织报名参加抗震救灾的志愿者人数达到 116 万,在灾区一线奋战的志愿者超过 20 万。数量还不包括没有在团委或者网络信息平台登记过的志愿者。

志愿人员多元化。在灾区,志愿者的情况是错综复杂的,他们中有的是各大民间组织派出的志愿者,有的是个人志愿者,这些人有着不同的教育和职业背景,大量的个人志愿者是通过加入已经形成的组织或志愿团队或者是自己组建新的志愿团队,甚至采取个人行动的方式参与灾区救援。

志愿服务类型广。志愿者参加了地震灾区所有类型的服务,大致有 10 种主要的服务类型:①参与救援服务;②参与伤病员医治;③参与清理现场;④参与安置受灾群众;⑤参与救灾物资运送;⑥参与募集捐款捐物;⑦参与心理救助与辅导;⑧参与灾区群众文化生活服务;⑨参与灾区环保检测服务;⑩参与灾区服务需求调查研究。

(二)地震应急阶段的志愿者组织行动概况

志愿者组织以中国扶贫基金会为例,全面阐述抗震救灾期间的志愿者组织行动。中国扶贫基金会已经成为中国规模最大、实力最强的专职扶贫公益机构。基金会成立于1989 年 3 月,以搭建社会贫富互动平台,传递慈善爱心,促进社会和谐发展为己任,是专业从事扶贫工作的全国性非政府组织。

集资金物资总体使用情况。汶川地震发生后,中国扶贫基金会就启动了我们心在一起——汶川地震紧急救援行动。截至 2008 年年底,基金会接受抗震救灾到账资金和物资为 309251648.53 元,其中募集救灾资金到账 195372956.82 元,募集救灾物资到账113878691.71元;在已支出资金中,有 12185146.65 元为基金会在汶川地震紧急救援阶段采购物资支出。

灾后重建项目进展。截至 2008 年 12 月月底,中国扶贫基金会已向灾区投入资金

5 823万元。灾后重建的各项工作正在稳步推进,已执行的项目遍及四川、陕西和甘肃3个省的16个县,项目受益超过133万人。

青少年心理干预项目。2008年7月,中国扶贫基金会在耐克体育(中国)有限公司和国际美慈组织的支持下,投入资金23万元,开展实施四川地震灾区青少年心理干预项目,已培训绵竹市、什邡市等7个地区85所学校(机构)的心理干预教师(及志愿者)219人次。

灾区学生资助项目。地震后,中国扶贫基金会新长城项目及时向地震灾区倾斜,共向2326名大、中、小学生发放助学款407万元。其中使用抗震救灾期间募集资金2024648元。

资料来源:摘自齐振.5·12地震中的志愿者与志愿者组织案例研究.青年文学家,2009.11

✦ 知识链接

学习型组织

学习型组织是一个能熟练地创造、获取和传递知识的组织,同时也要善于修正自身的行为,以适应新的知识和见解。当今世界上所有的企业,不论遵循什么理论进行管理,主要有两种类型:一类是等级权力控制型;另一类是非等级权力控制型,即学习型企业。

等级权力控制是以等级为基础,以权力为特征,对上级负责的垂直型单向线性系统。它强调"制度+控制",使人"更勤奋地工作",达到提高企业生产效率、增加利润的目的。权力控制型企业管理在工业经济时代前期发挥了有效作用,它对生产、工作的有效指挥具有积极意义。但在工业经济后期,尤其是进入信息时代、知识时代以后,这种管理模式越来越不能适应企业在科技迅速发展、市场瞬息万变的竞争中取胜的需要。企业家、经济学家和管理学家们都在探寻一种更有效的能顺应发展需要的管理模式,即另一类非等级权力控制型管理模式,学习型组织理论就是在这样一个大背景下产生的。

彼得·圣吉是学习型组织理论的奠基人。1970年在斯坦福大学获航空及太空工程学士学位后,彼得·圣吉进入麻省理工学院斯隆管理学院攻读博士学位,研究系统动力学与组织学习、创造理论、认识科学等融合,发展出一种全新的组织概念。他用了近十年的时间对数千家企业进行研究和案例分析,于1990年完成其代表作《第五项修炼——学习型组织的艺术与实务》。他指出现代企业所欠缺的就是系统思考的能力。它是一种整体动态的搭配能力,因为缺乏它而使得许多组织无法有效学习。之所以会如此,正是因为现代组织分工、负责的方式将组织切割,而使人们的行动与其时空上相距较远。当不需要为自己行动的结果负责时,人们就不会去修正其行为,也就是无法有效地学习。

《第五项修炼——学习型组织的艺术与实务》提供了一套使传统企业转变成学习型企业的方法,使企业通过学习提升整体运作"群体智力"和持续的创新能力,成为不断创造未来的组织,从而避免了企业"夭折"和"短寿"。该书一出版即在西方产生极大反响,彼得·圣吉也被誉为20世纪90年代的管理大师,未来最成功的企业将是学习型企业。

学习型组织应包括五项要素。

一是建立共同愿景(Building Shared Vision)。愿景可以凝聚公司上下的意志力,透过组织共识,大家努力的方向一致,个人也乐于奉献,为组织目标奋斗。

二是团队学习(Team Learning)。团队智慧应大于个人智慧的平均值,以做出正确的组织决策,透过集体思考和分析,找出个人弱点,强化团队向心力。

三是改变心智模式(Improve Mental Models)。组织的障碍多来自于个人的旧思维,如固执己见、本位主义等,唯有透过团队学习,以及标杆学习,才能改变心智模式,有所创新。

四是自我超越(Personal Mastery)。个人有意愿投入工作,个人与愿景之间有种创造性的张力,正是自我超越的来源。

五是系统思考(System Thinking)。应透过资讯收集,掌握事件的全貌,以避免见树不见林,培养综观全局的思考能力,看清楚问题的本质,有助于清楚了解因果关系。

学习是心灵的正向转换,企业如果能够顺利导入学习型组织,不只能够达到更高的组织绩效,更能够带动组织的生命力。

国际志愿服务协调委员会

1948年4月22日,联合国教科文组织发起创立了国际志愿服务协调委员会,主要工作是协调各成员组织的志愿服务活动。因创立时成员组织均以劳动营为主要活动形式,故最初定名为"国际志愿劳动营协调委员会"(Coordinating Committee for International Voluntary Work Camps,CCIVW),后随着活动内容的丰富和形式的多样化,更名为"国际志愿服务协调委员会"(Coordinating Committee for International Voluntary Service,CCIVS)。

国际志愿服务协调委员会是非营利性非政府的国际性组织。旨在通过弘扬志愿服务促进各国、各地区人民,特别是青年间的友谊、理解与合作,推动发展中国家的进步,深化各界人士、特别是青年的服务意识和奉献精神。

国际志愿服务协调委员会代表大会为最高权力机构,每三年召开一次,由每个成员组织的代表组成,负责审核组织章程的修改,批准会员组织的变动,批准三年的行动计划等。执行委员会由代表大会选举的25名成员组织的代表组成,每六个月举行一次会议。监督大会决议的执行情况,协调各会员组织间的活动;监管组织资金的分配、使用;选举一个主席、四个地区性副主席和一个司库以及秘书处工作人员。秘书处设在联合国教科文组织,负责协调日常行政工作以及各组织间的活动,负责人为主任。

中国青年志愿者协会

中国青年志愿者协会(Chinese Young Volunteers Association,CYVA)成立于1994年12月5日,是由志愿从事社会公益事业与社会保障事业的各界青年组成的全国性社会团体,是中国共产主义青年团中央指导下的,由依法成立的省、自治区、直辖市青年志愿者组织和全国性的专业、行业青年志愿者组织和个人自愿结成的全国性的非营利性社会组织,是全国青联团体会员,联合国国际志愿服务协调委员会(CCIVS)联席会员组织。

本协会通过组织和指导全国青年志愿服务活动,为社会提供志愿服务,推动社会主义精神文明建设,促进社会主义市场经济体制的建立和完善,提高青年的整体素质,为经济社会的协调发展和全面进步作出贡献。本协会在宪法和法律的范围内开展工作,奉行"奉献、友爱、互助、进步"的准则。

中国青年志愿者协会的基本任务是:改善社会风气和人际关系,为发展社会主义市场经济创造良好的社会环境;适应社会主义市场经济发展的需要,推动青年志愿服务体系和多层次社会保障体系的建立和完善;培养青年的公民意识、奉献精神和服务能力,促进青年健康成长;为城乡发展、社区建设、扶贫开发、抢险救灾以及大型社会活动等公益事业提供志愿服务;为具有特殊困难以及需要帮助的社会成员提供服务;规划、组织青年志愿服务活动,协调、指导全国各地、各类青年志愿者组织开展工作;培训青年志愿者;开展与海内外志愿者组织和团体的交流。

中国青年志愿者协会由团体会员和个人会员组成,现有团体会员 36 个,个人会员 402 个。团体会员中,全国性专业、行业团体会员 3 个,即全国铁道青年志愿者协会、全国民航青年志愿者协会、中国青年志愿者协会科技分会。地方性团体会员 33 个,即各省、自治区、直辖市青年志愿者协会,以及中直机关青年志愿者协会、中央国家机关青年志愿者协会。凡承认本协会章程并提出入会申请的中国公民,经理事会审查通过,即可成为本协会的个人会员。

复习题

1. 举例说明什么是组织,并分析其特点。
2. 结合具体实例,列举组织的常见基本类型。
3. 常见非营利性休闲组织机构有哪些?
4. 结合具体事例,阐述如何进行大型活动志愿者组织的管理。

实 训 项 目

组织或参加一次志愿者活动,并结合本章所学内容,谈谈心得体会。

参 考 文 献

1. 周三多. 管理学原理. 南京:南京大学出版社,2009
2. 徐柳. 我国志愿者组织发展的现状、问题与对策. 学术研究,2008
3. 于家琦. 志愿者组织的现状分析及发展对策. 中国城市经济,2011
4. 马文君. 浅析志愿者团队的管理和考核. 中国电力教育,2009(S1)

项目十

休闲活动营销管理

学习目标与要求：

　　了解主题公园等休闲产品的生命周期理论，熟悉网络营销、智慧旅游、会员制营销等基本概念和发展状况，掌握旅游景区、酒店以及高尔夫等休闲产品的定价策略、网络营销、会员制营销的基本要领。

任务一　认识休闲产品的生命周期

一、旅游地生命周期概述

　　产品生命周期(Product Life Cycle,PLC)即产品的市场寿命，是指一种新产品从开始进入市场到被市场淘汰的整个过程。典型的产品生命周期一般可以分成四个阶段，即介绍期(或引入期)、成长期、成熟期和衰退期。产品生命周期是市场营销学中一个很重要的概念，它和企业制定产品策略以及营销策略有着直接的联系。在产品生命周期的不同阶段，产品的销售额、成本、利润、市场竞争态势及消费者行为等都具有不同的特点，企业应该根据这些特点，制定相应的营销对策。

　　旅游地和其他产品一样，也有生命周期。1980 年加拿大旅游学家巴特勒(R. W. Butler)将旅游地的生命周期分为早期探险(Exploration)、参与(Involvement)、发展(Development)、巩固(Consolidation)、停滞(Stagnation)、衰落(Decline)或复苏等阶段，各阶段表现出不同的特点和规律。

　　早期探险阶段。始于一少部分具有冒险精神、不喜欢商业化的旅游者，旅游地没有特别的设施，自然和社会环境未因旅游而发展变化。

　　参与阶段。当地政府和人们积极改善设施与交通状况，投放广告宣传，旅游者数量进一步增加。

发展阶段。旅游广告宣传力度加大,旅游者数量增加更快,外来投资增加,简陋膳宿设施逐渐被现代化设施取代。

巩固阶段。游客量持续增加但增长率下降,旅游地功能分区明显,地方经济活动与旅游业紧密相连,常住居民中开始对旅游产生反感和不满。

停滞阶段。旅游地自然和文化的吸引力被人造设施代替,旅游地的吸引力受到影响,旅游环境容量超载等相关问题随之而至。

衰落或复苏阶段。旅游市场衰落,房地产的转卖率增高,旅游设施大量消失,旅游地最终变成“旅游贫民窟”。旅游地也可能采取增加人造景观、开发新的旅游资源等措施,增强旅游地的吸引力,从而进入复苏阶段。

二、影响旅游地生命周期的因素

(一)经济效应

经济效应对旅游生命周期的影响,可以集中反映在两个方面。一方面,持续的、积极的经济效应,包括对旅游地的开发经营者和对社区乃至社会的效应,不仅可以加速旅游地步入发展、巩固和成熟的阶段,增强其维持繁荣期的能力,同时会诱发旅游地的深度开发。另一方面,任何消极的经济效应,都将最直接地构成经营者自身的经营阻力并引发外部社会的负面反应,而这种状况只能加速一个旅游地衰退期的到来。

(二)社会效应

一般而言,在旅游地的早期探险和随后的规模开发阶段,旅游者多数由一些具有冒险精神、不因循守旧的人构成,他们对旅游地的风俗习惯、社会规范都能积极适应,加之他们的出现给旅游地创造了又一个了解外部社会的渠道,因此,他们对旅游地生命周期的影响主要是正面的积极影响。而在旅游地达到饱和或停滞期时,旅游的大众化对地方文化的冲击变大,对地方社会的各种习俗和规范的适应性较差,由此而引发的种种社会摩擦,就可能潜在或现实地加速旅游地衰退期的到来。

(三)环境效应

旅游地的环境效应是一个日益引起人们关注的领域。越来越多的事实表明,旅游对环境的影响是非常严重的。一个旅游地,如果因管理不善而带来严重的环境问题,就意味着旅游者前往该地的初衷事实上已无法得到实现,加之环境问题所引起的社区各种利益集团的负面反应,就必然会加速旅游地衰退期的到来。

三、控制与调整旅游地生命周期的战略措施

(一)可持续旅游战略

要从宏观上树立旅游资源的战略性管理的观念,通过全面实施可持续旅游战略,来延

长旅游地的生命周期,推迟旅游地衰退期的到来。

可持续旅游(Sustainable Tourism)是进入 20 世纪八九十年代以来逐渐成为主流的新的全球性旅游发展哲学。它以强调对旅游开发的综合效应评估为出发点,以谋求旅游开发的长期价值为目标,并且对旅游的生态效益至为关注。这种开发哲学目前在西方已成为主流,最直接的表现就是近年来广泛流行的,一些以可持续旅游为出发点的新的旅游形式,如绿色旅游、软旅游、生态旅游、责任旅游和替代旅游等。

(二)重塑形象战略

重塑形象战略顺应地方文脉,扬长避短,强调对原有产品加工和提升,发挥隐藏的优势,深化产品内涵,延展并突出其原有形象,避免盲目模仿,推出特色旅游产品,增加产品吸引力。例如,都江堰在 20 世纪 90 年代末,因环境容量超载,旅游产品老化等原因,游客量急剧下滑,沦为成都市郊公园。在 21 世纪初,都江堰及时申报了世界遗产,并在此过程中加强环境整治,深化并突出了其文化内涵,使其走向了复苏。又如,丹霞山是广东三个国家级风景名胜区之一,位列广东四大名山之首,是我国丹霞地貌的典型代表。在 20 世纪 80 年代中后期及 90 年代初,由于其特色形象弱化,吸引力减小,旅游市场停滞不前,旅游地走向衰落。后来,当地政府开发了阳元石景区,重塑丹霞地貌形象,带动丹霞山走出困境。

(三)改善环境战略

改善环境战略着眼于旅游地的整体氛围,从核心吸引物(主导或拳头旅游产品)的外围入手,改善其生存环境,从而达到维持市场的目的。这是一种眼界高远的战略,主要应用于基础设施落后或生态环境破坏严重的旅游地。如四川乐山大佛,在 20 世纪末旅游出现滑坡,主要原因是核心资源遭到严重的自然侵蚀,影响了其吸引力和长远发展。于是当地政府开展了修饰保护工程,收到了较好的效果。

(四)规划预防战略

规划预防战略是指在规划旅游地和打造每个旅游产品时,提前预测其生命周期,及时更新换代。这种战略主要用于人造景观的开发。如深圳华侨城,自 1989 年以来,相继推出了锦绣中华、中国民俗文化村、世界之窗、"欢乐谷"一期、"欢乐谷"二期等主打产品,每隔几年就有新的产品问世,产品一步一步地由陈列观光型、表演欣赏型向主体参与体验型升级,这使其发展长盛不衰。而全国各地的许多主题公园却因其主导产品不再为市场接受又没有新的产品推出而走向衰落。

(五)产品组合战略

产品组合战略强调以新的产品样式丰富原有的产品,通过配套组合来克服原有产品的弱点,全面提高品位和档次。例如,国家重点风景名胜区贵州舞阳河在 20 世纪 90 年代后期,旅游出现持续下滑的现象,其原因就在于单一的乘船观光,产品单调,全程走回头路。后来当地政府开始开发漂流等参与性与娱乐性较强的产品,并开发其支流白水河,引入一个新的入口,形成完整的环线。又如,四川碧峰峡在 1999 年打造推出野生动物园,取得了成功。但是,2001 年重庆野生动物园开业,2002 年成都野生世界开园,新的竞争者出现。面对新竞争者,碧峰峡积极利用自身优势进行产品组合,2002 年 5 月成功推出了中国第二个大熊猫研究基地;近年又利用雅安"雨城"的文脉,结合"西蜀漏天"的传说,推出"女娲"文化旅游产品。

（六）事件激活战略

事件激活战略充分利用注意力经济的思想,制造和利用轰动的"外部事件"激活市场。如丹霞山的复苏即利用了人们对阳元石的讨论与关注,这一事件在丹霞山的旅游复苏中起到了很大的作用。又如现在各地较为通用的方法就是举办相关的节事活动,如重庆茶山竹海,通过举办国际茶竹文化旅游节,突出了旅游地的旅游形象,起到了很好的营销推广的作用,在相当程度上激活了中远程旅游市场,旅游地在一定程度上得到复苏。

四、主题公园的生命周期

（一）主题公园概述

主题公园是为了满足旅游者多样化休闲娱乐需求和选择而建造的一种具有创意性活动方式的现代旅游场所。它是根据特定的主题创意,主要以文化复制、文化移植、文化陈列以及高新技术等手段,以虚拟环境塑造与园林环境为载体来迎合消费者的好奇心、以主题情节贯穿整个游乐项目的休闲娱乐活动空间。

我国主题公园产业的启动是中国旅游业发展到一定阶段的产物,尤其是 20 世纪80 年代后期,随着国家经济力量的增强,国内旅游人数呈跳跃性增长,日益扩大的国内游客市场对旅游资源有强烈的需求,旅游新产品开发提上议事日程。随着主题公园和度假型专项旅游产品被开发并投入市场,主题公园产业开始浮出水面。

（二）主题公园的生命周期

主题公园和其他旅游休闲产品一样,具有一定的生命周期,生命周期的每个阶段具有各自的显著特征。一般来说,主题公园的生命周期可分为四个阶段,即介绍期、成长期、成熟期和衰退期。

在主题公园的介绍期,光顾旅游产品的是那些具有求新求异心理的游客,他们数量不是很大,但感情专注,示范性强,因此常常是一个旅游产品得以赢得一定市场份额的有利促导因素。

主题公园成长期的标志是伴随着各种促销努力和早期旅游市场的示范效应,旅游产品开始被市场接受并迅速发展的时期。

主题公园的发展进入成熟期后,营业额的相对增长已经停止,尽管规模有可能进一步扩大,但增长速度已经放慢甚至出现负增长,它将在较长的时间里保持一种相对稳定。在我国主题公园业中,这一时期通常为 3～5 年。

过了成熟期,便到了主题公园的衰退期。这一时期主要是因产品失去吸引力而被消费者所抛弃,总体上表现为在同类产品中所占的市场份额逐步减少,并最终淡出市场。近年来,我国一些主题公园惨淡经营甚至关门歇业,就是因为无法度过衰退期。

（三）控制和调整主题公园生命周期的策略

和其他旅游产品一样,通常影响旅游产品生命周期的基本因素有经济因素、效应因素与环境因素三种。要从根本上减小影响生命周期因素,让主题公园保持长盛不衰的魅力,需要从以下几个方面着手。

1. 选择准确而独到的主题

主题公园的主题选择是一个主观判断与理性市场分析相结合的决策过程。它要求发展商具有敏锐的市场感觉以捕捉潜在的市场机会,并运用娴熟的商业运作方式,组织专业人员对主题进行提炼、包装和设计。对于一个纯人工建造的主题产品来说,一定要跳脱简单复制、模仿的阴影,要有自己独特的创意,从而在市场上拥有自身独特的卖点。这可以说是影响主题公园生命周期的决定性因素。我国早期主题公园发展商抓住国门大开,国民渴望了解外面世界而不能的心理,推出集中反映世界各国精华旅游景观的微缩主题公园,使国民不出国门而可以领略到世界风情,主题公园的主题选择和市场切入点十分准确。

2. 选择恰当的园址

园址的选择必须基于对周边客源市场的详尽分析和实地考察。主题公园的客源市场与周边地区常住人口和流动人口的数量密切相关。一般来说,主题公园周围1~1.5小时车程内的地区是其主打市场区位,因此该地区人口数量应在200万~300万之间;2~3小时车程内地区为其次要市场区位,人口也要超过200万;除此之外,第三市场区位和远距离游客则主要依赖主题公园的品牌影响力和便利快捷交通系统来导入。除了人口因素外,潜在客源市场的经济发展水平、居民可支配收入、消费习惯等也是选择园址时必须考虑的因素。

3. 主题产品的动态调整

主题公园的主题选择需要创新思维,主题公园的经营更需要不断推陈出新,只有这样,主题公园才能对游客永远保持新鲜感,生命周期才能得以延长。为此,发展商在主题公园的景观设计、旅游产品后续更新方面必须走在市场前列。

主题公园的主题需要借助形象的景观来表达,因此园内的景观设计十分重要。我国早期主题公园建造的多是静态景观,游客进行的是走马观花式的纯观光活动,比较乏味。这种直观性强的静态景观,游客参观完一次后缺乏重复消费的动力。这种状况迫使主题公园发展商开始对园内的静态景观进行改造,设法在静态景观中注入动态元素。例如,深圳华侨城在民俗文化村等三个老主题公园度过高峰期后对景区进行重新设计,将一些观光性的街区如苏州街、欧洲街改造成小吃街、酒吧街,更新了民俗村中心剧场、世界之窗的广场节目,而且通过游乐广场的建设来带动更活跃的参与气氛,从而提升了票房收入。所以主题公园在布局上要讲究动静结合,纯粹静态景观在建造上要注重它的实用性,并预留出后期改造空间。

主题公园静态人造景观一旦建成就具有一定的稳定性,后续空间毕竟有限,而动态的景观设计却可随专业人员的主观创造性的发挥得到无尽的开发和更新。华侨城股份公司在编排演出节目上就不断创新,其推出的大型舞蹈"绿宝石"、"创世纪",美轮美奂;组织的民俗节庆狂欢、主题晚会如火把节、泼水节精彩纷呈,这些引人入胜的节目设计极大地提高了主题公园的重游率,也创下了我国主题公园延长生命周期的成功范例。

4. 开发深度的主题产品

主题产品开发一般采取主题公园与影视传媒结合的方式进行。主题公园内的主题人物被编成各种趣味故事的主人公,并通过电视和电影活灵活现地表现出来,进入千家万户,从而有效地带动主题公园游客市场,同时也为主题产品打开巨大的市场空间。主题产品所具有的高附加值的特征为经营商带来巨大的商业利润。据统计,目前美国玩具市场销售的50%是主题产品玩具。在主题公园与影视制作方面做得最出色的当推迪士尼公司,其开发的米老鼠、唐老鸭等系列儿童玩具、儿童服装行销世界。

5. 推行灵活的营销策略

有效客源市场半径内的潜在消费者是最有条件和最有可能进行二次游览消费的群体。因此主题公园发展商需要针对有效客源市场采取灵活的营销策略,如加快信息传递、灵活定价、细分市场等着力培育稳定的消费群体。对主题公园的发展前景应该持谨慎乐观的态度。延长主题公园的生命周期是经营者必须跨越的难关。而这一问题的解决需要发展商改变以往粗放经营的模式,在服务和创新上多下工夫,只有这样才能经受住市场的长期考验。

案例 1

国内大型主题公园破产背后

迪士尼主题公园炒得沸沸扬扬之时,有消息传来,亚洲首座黄金主题文化公园在山东乳山正式开建了。另外,北京市首家以户外活动为主题的公园,落户北京大兴区古桑园。主题公园雨后春笋般此起彼伏。在旅游行业中,主题公园是最快捷的盈利方式之一。主题公园对经济的巨大拉动作用不言而喻。按旅游行业的统计来算,门票与其他相关行业的收入比例是1∶7,就能够突破门票经济,带动相关零售业的发展。

当很多不和谐的音符跳动起来,我们看到了投资额都在1亿元以上的北京十三陵"明皇蜡像宫"与"老北京"微缩景观,都因经营不善、主题过于单调而走入困境,前者破产,后者宣告转租他人经营。

曾在上海召开的中国主题景点国际峰会上有过这样的披露,中国主题公园沉淀了1500亿元人民币的投资。中国2000多家主题公园只有一成赢利。其中70%处于亏损状态,20%持平,只有10%左右盈利,约有2/3难以收回投资。

香港大学、沃顿商学院客座教授、杰克·韦尔奇咨询公司战略合伙人柴少青直陈国内的主题公园一般都是比较单一的娱乐方式,主题公园对顾客的需求方面没有做出比较好的判断。相反国际上的诸多主题公园很多都是与文化相关联,像迪士尼乐园主题就是以文化内涵互动,会有很多的产业链相继衔接,如动漫、媒体、电影等后续产业,这样形成了一种价值链的增长。但国内的主题公园的背后,更多是以静态的娱乐来呈现,国外的主题公园将欢乐情绪能够动态地调动起来。

中国有相当数量的主题公园由纯观光性的静态人造景观组成,园内参与性娱乐项目少,游客看过一次后大多不愿重复游览。因此主题公园重游率较低,公园的旺盛期较短,随着竞争的加剧,主题公园的旺盛期还有逐渐缩短之势。

柴少青表达了对中国主题公园的信心。他认为现今的问题的确很多,长此发展下去,公园的旺盛期将越来越短,但是只要将独有的主题公园文化和具有知识产权特点的旅游纪念品完美结合,自然有让人难以抵御的效果。这一切都与文化相关,主题公园一定要融入文化内涵中,还要有后续的产业起到连接作用,将整个产业串联起来。

游客去主题公园观光的原因,无非是是缘于多元性的精神需求。但现今国内主题公园最关键的是需要好的管理,还有如何学习标准化操作,甚至包括营销方面的培训,这都很重要。相信走入中国的"麦当劳"等商业模式都会给国人带来一些启示。

柴少青说,国内主题公园应该一切围绕着如何为顾客服务,最重要的是要考虑人的需求。当记者问到国内的主题公园如何走"宽阔大道"时,他反复强调说发展国家主题公园,要走产业化的策略,要出精品。尤其在与国外主题公园竞争的时候,要有"隐性杀手锏",就是将某一主题公园的特色做到唯一,而不像现在的贪大求全。

资料来源:摘自李明思. 国内大型主题公园破产背后. 法制早报,2006-03-26

任务二　旅游网络营销管理

一、网络营销

(一)网络营销的定义

网络营销(On-line Marketing 或 E-Marketing)就是以国际互联网为基础,利用数字化信息和网络媒体的交互性来辅助营销目标实现的一种新型的市场营销方式。简单来说,网络营销就是以互联网为主要手段进行的,为达到一定营销目的的营销活动。

网络营销贯穿于企业通过互联网展开经营的整个过程,包括建设营销型网站、网络推广、网站运营、在线接待、在线交易等一系列线上的营销活动。网络营销具有传播范围广,速度快,无时间地域限制,交流反馈迅速等诸多优点,不仅可以降低企业信息传播的成本,而且因为国际互联网覆盖全球市场,企业通过网络营销可方便快捷地进入任何一国市场。

网络营销产生于 20 世纪 90 年代,从 20 世纪末发展至今。网络营销产生和发展的背景主要有三个方面,即网络信息技术的发展、消费者价值观的改变、激烈的商业竞争。2012 年,全球网民总数量(以独立访问用户量为标准)已接近 20 亿,将近全球总人口的1/3。巨大的上网人数,为网络营销提供了巨大的市场,也为企业带来了巨大的商机。

(二)网络营销的特点

(1)跨时空。互联网具有超越时空进行信息交换的特性,借助计算机网络,旅游企业能用更多时间和更大的空间进行营销,可每周 7 天、每天 24 小时随时随地提供全球性营销服务。

（2）交互式。旅游企业可以在网络上适时发布产品或服务信息，消费者则可根据旅游产品目录及链接资料库等信息在任何地方进行咨询或购买，从而完成交互式交易活动。另外，网络营销使供给双方的直接沟通得以实现，从而使营销活动更加有效。

（3）拟人化。互联网上的促销是一对一的、理性的、消费者主导的、非强迫性的、循序渐进式的，而且是一种低成本与人性化的促销，避免推销员强势推销的干扰，并通过信息提供与交互式交谈。旅游企业能与消费者建立一种长期、良好的关系。

（4）高效性。计算机可以储存大量的信息，代消费者查询，可传送的信息数量与精确度，远超过其他媒体，并能适应市场需求，及时更新产品或调整价格，因此，能及时有效地了解并满足顾客的需求。

（5）成长性。互联网使用者数量快速增长并遍及全球，使用者多属年轻、中产阶级、高教育水准，由于这部分群体购买力强而且具有很强的市场影响力，因此，是一条极具开发潜力的市场渠道。

（6）整合性。互联网上的营销可从商品信息至收款、售后服务一气呵成，因此，也是一种全程的营销渠道。另外，企业可以借助互联网将不同的传播营销活动进行统一设计规划和协调实施，以统一的传播资讯向消费者传达信息，避免不同传播中不一致性产生的消极影响。

（7）经济性。网上营销作为一种直销方式，没有店面租金成本，可以节省库存费用，可以减少商品流通的中间环节，降低营销成本。

（8）定制化。定制化有助于实现以消费者为中心的新的营销理念。企业提供的各种有关销售信息可以在服务器中集中存储，但它们仍然能独立运行、存入或输出。在网上推出的各类虚拟商品可以让消费者比较挑选，从而迅速、经济、实惠地达到采购目标。

（9）个性化。网络营销个性化是指销售商使网络站点、电子信件以及其他经营活动满足个体客户的需要，适应不同年龄、地点和不同爱好的个体消费者。网络营销要以消费者个体为中心，这是网络经济的营销思想，是现代市场的营销思想。这一经营思想要求企业必须实行以消费者个体需求为出发点，以满足消费者个体需求为归宿点来进行的企业营销。

二、旅游网络营销

计算机技术及网络通信技术的飞速发展和广泛应用使得人们的生活、工作及学习环境都发生了很大的变化，同时也对我国当前的旅游业的传统营销模式产生了重大影响。旅游网络营销在中国发展迅速，逐渐成为当前旅游业营销的主流模式。

旅游网络营销是指旅游企业以电子信息技术为基础，以计算机网络为媒介和手段，而进行的各种营销活动。一方面，网络营销要针对新兴的网上虚拟市场，及时了解和把握网上虚拟市场的旅游消费者特征和旅游消费者行为模式的变化，为企业在网上虚拟市场开展营销活动提供可靠的数据分析和营销依据；另一方面，网络营销在网上虚拟市场开展营销活动，可以实现旅游企业目标。

（一）旅游网络营销的优势

1. 互动优势

旅游网络营销与传统旅游营销方式相比，最突出的特点就是互动性强。网络媒体的根本意义就是在于它颠覆了传统媒体与受众之间的严格界限,变单向传播为个人化的双向交流,给予了传者与受众转换角色的自由。网络营销充分考虑受众处理信息的意愿和动机,让受众在自发的心理驱动下接受信息,而不是像传统信息那样的强制灌输。网站的互动性会影响受众的喜好度、心理吸引程度,还会影响到用户对网站的信任程度,网络营销的互动性更能增强消费者的好感度和参与度。

2. 时效优势

旅游网络营销有助于旅游企业进行营销预算,节约企业营销费用。运用网络营销只需将旅游产品的信息输入计算机系统并上网,顾客便可自行查询,无需花大量的资金用于产品的介绍等印刷品,使旅游企业的营销费用大大降低。网络营销还有助于节约时间,减少营销过程的步骤,可以为顾客提供大量的直观信息,使旅游企业与顾客的联系及相互影响得到加强。

3. 替代选择优势

网络营销工具的快速发展,顾客可以利用这些工具快速地获取有关旅游产品或者服务的大量信息,搜索具有吸引力的替代产品所花费的时间和金钱大大减少。也就是说,转换旅游产品的转换成本中货币和时间形式的成本大大减少,替代选择性大大得到提高。

(二)旅游网络营销策略

1. 树立积极的旅游网络营销新理念

过去传统的营销模式虽然在很长时间内对旅游业的发展起到了重大的推动作用,但是随着网络信息技术的飞速发展,传统营销模式已经不能完全适应当前时代发展的需要,所以必须要走出过去传统陈旧的实体营销模式,树立积极的旅游网络营销新理念,坚决避免那种守株待兔和被动等客的意识,积极利用当前互联网渗透到千家万户的新趋势,积极开展旅游网络营销服务,打造安全稳定的网络交易和结算载体。

2. 不断加强网络基础设施的建设

目前网络基础建设落后,上网资费高昂都是制约旅游网络营销发展的主要因素。为了能促使旅游网络营销的快速发展,就必须不断加强网络基础设施的建设,为建立高效优质的旅游网络营销网站提供健康的运营载体。另外,还必须大力发展和开发计算机网络硬件和软件产品,要不断强化旅游信息的开发,积极建立内部数据库,制作多种语言网页,以满足不同游客的需要。再就是除了加强网络基础建设之外,还必须对网络安全加强防范,防止虚假信息在网络的传播,应对网络病毒或黑客的攻击。

3. 积极改进旅游网络营销手段

设计出色的营销网站。营销网站是旅游企业网络营销的窗口,网站质量的优劣是决定网络营销成败的关键。一个优质的旅游营销网站是旅游产品观赏性、艺术性、娱乐性、宣传性的完美结合。营销网站的制作要有特色,内容丰富全面,形式不拘一格,更新速度快,并附有多国语言的文字说明。此外,要制定科学完善的在线交易结算体制,以便能真正解决网上结算的问题,让旅游者都感觉到购物和消费的安心和放心,只有这样才能为旅游企业创造更多的商机,不断提高旅游网络营销的效益。

4. 完善网络营销政策法规

制定相应的政策法规是旅游业发展网络营销的法律保证。旅游网络营销作为一种新生事物,需要予以政策法规的保护与扶持,才能健康长远地发展。在旅游网络营销的各个方面提供法律保障,确保网上交易的安全性,加大打击计算机黑客的力度,防止网上欺诈等不法行为。同时在政策上予以倾斜,吸引大量资金、技术、人才投身到旅游网络营销发展建设上来,逐步完善网络营销的安全性控制。

(三) 旅游网络营销的发展新趋势

1. 微博成为旅游营销的新宠

微博营销现已成为网络营销中较为常见的方法,许多企业会通过微博平台与消费者、目标客户建立更为直接的接触和互动,并通过相关互动话题、活动策划提高自身品牌的知名度、美誉度。旅游微博已经成为一种新型的传播行为,成为现今人们追捧的新热点。旅游微博正在改变人们传统的旅游观念,增强了与网友的互动,国内外各大旅游局、旅行社、酒店和旅游频道都不甘示弱,纷纷上线微博,试图抢占这块网络营销的新阵地,旅游业对微博的运用将会越来越广泛。

2. 个性化服务成为网络营销的亮点

社会的发展与时代的进步使人们的可自由支配收入和闲暇时间大幅度增加,旅游次数增多,档次也随之提升,个性化需求不断膨胀,散客游和自助游成为出游的主要发展趋势。而旅游网络营销顺应这种趋势,为广大旅游者提供细分化、多样化、差异化、个性化的旅游产品。旅游消费者可以通过互联网获得海量信息,根据自己的兴趣爱好设计出自己需要的旅游产品,然后提供给旅游营销商,让他们对各专项出价,旅游消费者经协商、比价,最终确定与哪家营销商合作。这种新型的消费方式,与"一对一(one to one)"经济体系的标准相匹配,网络营销必将提供越来越多的个性化产品,朝着个性化方向发展。

3. 网络营销与传统营销相互融合

从旅游业的发展趋势来看,网络营销的实施是必然趋势,但不得不承认的是目前我国网络营销仍处于较低水平,由于人才、认识等各个方面的问题,网络营销的发展还需要一个较长时间的过程,传统的营销渠道以及策略仍会在一个时期内占主导地位。对于旅游行业进入网络,一步跨越显然是不现实的,也是不可能的,我们应该把网络营销和传统营销相互结合起来,只有这样才能更好地满足顾客需要,更好地完善旅游市场营销,进而促进旅游市场的繁荣兴旺。

三、智慧旅游

(一) 智慧旅游的含义

"智慧旅游"的概念源于"智慧地球"、"智慧城市",是指通过智慧的旅游管理平台,利用全国各地的旅游资源,借助云计算和物联网技术,实现旅游的集约化、智能化、统一化的管理。智慧城市包括智慧教育、智慧交通、智慧医疗、智慧电力、智慧旅游、智慧农业、智慧金融业等内容,其中"智慧旅游"是"智慧城市"的一个重要方面。构建智慧城市,离不开智慧旅游。

"智慧旅游"是一种前沿的旅游理念和形式,但随着信息技术、社会经济的发展,人们对智慧旅游的不断认识和了解,智慧旅游的定义必将在实践中不断丰富发展。

（二）智慧旅游与数字旅游

"数字旅游"的概念来源于"数字地球",是数字地球学科的重要组成部分。自20世纪80年代以来,由于信息化技术、电子商务技术、"3S"技术、虚拟现实技术等的发展,数字旅游的实现逐渐成为可能。"数字旅游"是一个基于网络环境的旅游信息服务体系,一般是由关键技术、数字化信息和服务对象等组成,主要包括旅游管理信息化、旅游产品信息化、旅游营销信息化、旅游服务信息化等多方面的内容。而"智慧旅游"则是在21世纪,随着全球物联网、云计算、感知技术、新一代移动宽带网络、下一代互联网等新一轮信息技术迅速发展和深入应用逐渐兴起的。"智慧旅游"是基于"数字旅游"的基础上进行的各类旅游项目的信息化平台建设。与数字旅游相比,智慧旅游具有感知、自动反应、主动服务、辅助决策等特征。在发展智慧旅游的过程中要处理好智慧旅游建设与数字旅游建设的关系,把智慧旅游与智慧城市建设相结合,推动传统旅游业转变为现代服务型旅游业。

（三）智慧旅游的发展现状

随着科技的进步,尤其是信息技术的突飞猛进,"智慧旅游"不再是空想,国外的旅游信息化建设已向高端发展。近几年,旅游资源物联网的兴起更是加速了实现"智慧旅游"的契机。美国2006年就在宾夕法尼亚州Pocono山脉的度假区引入RFID手腕带系统,开始了"智慧旅游"的率先尝试。游客佩戴射频识别手腕带后不用携带任何现金和钥匙就可以在活动区内进行吃、住、行、游、购、娱等各种活动。在国内,"智慧旅游"已经不是一个超前的概念,各地已经纷纷开始规划"智慧旅游"建设方案,并在硬件、软件和运营机制上开始了实质性的操作。2012年,北京、武汉、成都、南京、福州、大连、厦门、洛阳、苏州、黄山、温州、烟台、无锡、常州、南通、扬州等城市已获批成为国家首批智慧旅游试点城市。

（四）发展智慧旅游的意义

1. 更好地为旅游者服务

智慧旅游的根本目的是从游客出发,基于物联网、无线技术、云计算、定位技术,实现旅游信息的传递和交换,更好地为游客服务。首先,可以大大提升旅游体验,游客在旅游的整个过程中都能感受到"智慧旅游"带来的全新体验;其次,可以有效提高旅游安全保障的质量;最后,可以更好地帮助游客制订旅游计划并形成旅游决策。

2. 利于实现科学的旅游管理

智慧旅游在为旅游者服务的同时,也将实现传统旅游管理方式向现代管理方式转变。第一,通过信息技术,旅游主管部门可以实现更加及时的监管和管理。第二,可以更好地维持旅游秩序,有效处理旅游质量问题,实现与交通、卫生、公安等部门的信息共享和协作。智慧旅游加强了旅游管理部门、旅游者、旅游企业和旅游景区的联系,高效整合了旅游资源,实现了科学的旅游管理。

3. 改变旅游营销方式

智慧旅游通过旅游数据分析,可以最大限度挖掘旅游热点和旅游者的兴趣点,引导旅游企业策划符合旅游者要求的旅游产品,制定相应的营销策略和方式,从而推动旅游行业的产品创新和营销创新。智慧旅游还可以吸引广大旅游者主动参与旅游产品的营销和信息传播。另外,对旅游企业而言,更好地了解游客的需求变化,利于提升企业管理水平,降低企业运营成本与游客经济成本,提高旅游服务能力和产品竞争力。

4. 促进新兴产业发展

智慧旅游在旅游发达地区和城市优先建设应用,影响着物联网、云计算等新兴信息产业的发展;同时,会促进智能手机、平板电脑等智能移动终端产业以及旅游在线服务、旅游搜索引擎、GPS定位导航等相关产业的较快发展。"智慧旅游"是旅游业与科技创新融合发展的典范,是旅游业成长为国民经济支柱产业之一的关键。

(五)智慧旅游的发展对策

1. 完善智慧旅游基础设施

智慧旅游包括公共服务平台、应用层、基础设施三个层次。基础设施则包括基础硬件、软件、数据库等。以及在此基础上搭建起来的存储着各类旅游信息的数据中心。有专门的机构负责进行数据的维护和更新。搞好旅游基础设施建设。需要抓好大项目引进。通过互联网、现代通信网和物联网把信息基础设施、社会基础设施和商业基础设施连接起来。建设成新一代的智慧化基础设施。

2. 大力发展智慧旅游相关产业

发展与物联网、云计算相关联的产业,尤其是在传感器、芯片等核心技术层面,努力掌握自主知识产权。同时,要实现旅游产业链各个环节的协调高效运作,必须加快旅游上下游产业链的智慧化,实现和谐运作,以达成"智慧旅游"系统运行的最佳状态。

3. 加快旅游信息化的融合发展

智慧旅游以在线服务为基本特征,通过旅游信息的收集、传输与处理,满足旅游者方便快速地掌控旅游所需的各方面信息要求。因此,努力实现移动网、互联网、广电网的联合,手机、电视、电脑屏幕的融合以及电子消费品、通信产品、计算机产品的三项融合迫在眉睫。

4. 充分整合旅游资源,激励创新应用

整合各种旅游资源,采用最新的物联网、互联网技术,逐步实现旅游景区、酒店、旅游交通等旅游参与者的物联网与互联网系统的完全连接和融合。鼓励政府、旅游企业和旅游者在智慧的旅游服务基础设施之上进行科技、业务和商业模式的创新应用,为"智慧旅游"城市提供源源不断的发展动力。

5. 面向公众,动员社会参与

智慧旅游建设是一项长期的社会发展工程,取得社会各界的支持与合作是成功的关键。提高全社会对于智慧旅游的认识,激发人们对于智慧旅游应用的兴趣,促进政府与社会合作,最终为旅游者创造更好的旅游体验。旅游主管部门要广泛吸收社会各界的建议,从公众的利益出发,使"智慧旅游"得到人们的认同,形成政府与企业、公众相互促进的良好局面。

任务三　休闲活动定价管理

一、影响休闲产品营销定价的因素

(一) 产品成本因素

成本是产品定价的基础。定价大于成本,企业就能获得盈利;反之则亏本。产品定价必须考虑补偿成本,这是保证企业生存和发展的最基本条件。

产品成本有个别成本和社会成本之分。个别成本是指单个企业生产某一产品时所耗费的实际费用;社会成本是指产业内部不同企业生产同种产品所耗费的平均成本,即社会必要劳动时间。总成本由固定成本和流动成本所组成。固定成本是不随产量变化而变化的成本;流动成本是指随产量变化而变化的成本。

(二) 市场状况因素

1. 市场商品供求状况

供求影响价格,价格调节供求,这是价格的运动形式,是商品价值规律、供求规律的必然要求。商品价格与市场供应成正比,与需求成反比关系。在其他因素不变的情况下,商品供应量随价格上升而增加,随价格的下降而减少;而商品需求量随价格上升而减少,随价格的下降而增加。

2. 商品需求特性

对高度流行或对品质威望具有高度要求的商品,价格属次要。购买频率大的日用品,有高度的存货周转率,适宜薄利多销;反之,周转率低或易损、易腐商品则需要有较高的毛利率。对无价格弹性的商品降价,对促销无益;对需求弹性大的商品,价格一经调整,即会引起市场需求的变化。

3. 竞争状况

竞争越激烈对价格的影响就越大,企业定价在一定程度上受竞争者的左右而缺乏自身的自主权。因此,企业除经营国家规定的实行统一价格的商品外,其他商品的定价,都应考虑竞争对手的价格情况。

4. 政府的影响

政府对价格决策的影响主要体现在各种有关价格禁止的法规上,禁止价格垄断。

(三) 定价目标

企业维持生存的定价目标、当期利润最大化的定价目标、保持和扩大市场占有率的定价目标等也是影响休闲产品营销定价的因素。

二、休闲产品定价的基本方法

（一）成本导向定价法

成本导向定价法是一种主要以成本为依据的定价方法，包括成本加成定价法、目标收益定价法、边际成本定价法、盈亏平衡定价法等几种具体的定价方法。

（二）需求导向定价法

需求导向定价法具体包括认知价值定价法、需求差异定价法、逆向定价法、竞争导向定价法等。

三、休闲产品定价的基本策略

（一）新产品定价策略

1. 撇脂定价策略

撇脂定价（Market Skimming Pricing）是指在产品上市初期，价格定得较高，以便在较短的时间内获得最大的利润。撇脂定价还有利于树立企业名牌产品的形象，有利于企业掌控调价的主动权，缓解产品供不应求状况。但撇脂定价策略也存在着某些缺点，如过高的价格不利于市场开拓、增加销量；不利于占领和稳定市场，容易导致新产品市场开发失败；高价高利会导致竞争者的大量涌入；价格远远高于价值，在某种程度上损害了消费者利益，诱发公共关系问题等。

2. 渗透定价策略

渗透定价（Market Penetration Pricing）是与撇脂定价相反的一种定价策略，即在新产品上市之初将产品价格定得较低，从而吸引大量的消费者，迅速扩大市场占有率。利用渗透定价的前提条件是新产品的需求价格弹性较大；新产品存在着规模经济效益。

3. 满意定价策略

满意定价策略既不是利用产品的高价格来获取高额利润，也不是实施低价格制约竞争者进而占领市场。

（二）折扣定价策略

企业为了鼓励消费者及早付清货款、大量购买、淡季购买，可以酌情降低基本价格，这种价格调整叫做价格折扣，具体可以分为数量折扣、现金折扣、商业折扣、季节折扣、价格折让、促销折让等策略。

（三）地区性定价策略

所谓地区性定价策略，就是企业要决定对于卖给不同地区（包括当地和外地不同地区）顾客的某种产品，是分别制定不同的价格，还是制定相同的价格。也就是说，企业要决定是否制定地区差价。具体可以分为统一交货定价、分区定价、基点定价、运费免收定价等策略。

（四）心理定价策略

心理定价策略是针对顾客心理而采用的一类定价策略，具体可以分为整数定价、尾数定价、声望定价、招徕定价、习惯定价等策略。

（五）差别定价策略

所谓差别定价，也叫价格歧视，是指企业按照两种或两种以上不反映成本费用的、比例差异的价格销售某种产品或服务。这种差别定价，不表明产品成本的不同或其他差异，而是根据不同的顾客、不同的时间、不同的场合确定不同的价格。

四、旅游景区门票价格

（一）景区门票价格概述

景区门票是景区准入制度，本质上是景区的一项管理工具。旅游景区门票价格，狭义上是指游客为获得游览参观景区的观赏许可，向游览参观景区经营单付出的门槛费用。广义上的景区门票价格，包括自然景区、文化景区、大型活动、休闲、娱乐等观赏和参与费用以及景区内为观赏景观配套服务的载人运输工具费用、导游讲解服务费等。

旅游景区门票价格的作用表现在以下三个方面：一是经济功能，景区经济价值是景区门票定价的经济基础；二是环境保护功能，景区门票价格作为可以引导游客消费的信号，在某种程度上具有一定的经济调控性，是控制景区游客量的重要手段之一，景区实行淡旺季差别定价的依据；三是社会功能，如世界遗产地等旅游景区具有社会公益性，决定了其景区门票价格承载着社会福利方面的非经济功能。

（二）旅游景区门票定价机制

旅游景区门票定价机制是指旅游景区根据其开发、经营和维护产生的成本以及利润、税金等内容，按照市场调节和政府指导的原则，综合所要达到的目的而形成的门票价格的制定体系。其内容包括门票价格的制定原则，选择相应的定价模式，适当的定价方法。

1. 景区门票价格制定原则

价格与价值相符原则。旅游景区景点对消费者来说，是因为其有价值才成为旅游目的地的。每个景区景点的价值各有不同，消费者在市场上通过对比、选择，最后通过价格实现对价值的消费。而价值问题是极为复杂的问题，从自身的角度讲，它包括生态价值、历史价值、文化价值、政治价值、教育价值、体验价值和服务价值等。

市场供求关系原则。我国旅游资源多为观赏类旅游产品，其供求关系的矛盾主要表现在景点质量高低和季节需求量的变化两个方面。为了避免旅游热点和旺季景区内人满为患、旅游冷点和淡季景区闲置低效，景区制定门票价格时应采用需求导向定价法，实行优质优价和季节浮动价,使冷热点和淡旺季有明显的差价,以平衡景区之间、景区内季节之间客流量的分布,实现保护和增效双得益的目标。

保护与适度开发原则。有些旅游资源具有不可再生性,在经营开发时必须注重资源的保护。控制门票价格的涨跌变化有利于控制旅游客流量,是不容忽视的重要保护措施。

2. 旅游景区门票定价模式

景区门票定价模式是指对旅游景区开发时,价格制定和经营过程中价格调整行为进行描述的总体框架。现有景区的定价行为可归纳为以下三种模式。

(1) 主体效益导向模式。所谓主体效益导向的定价模式,是指景区门票价格的制定和调整完全从自身的经济利益出发,通过经营成本、经营收入以及景区效益目标的差距来确定价格的行为方式。用公式可以简单表示为:价格收入-经营成本=景区效益。

(2) 功能管理导向模式。功能管理导向模式,又叫中性定价模式,是指景区门票价格的制定要以特殊功能的实现为依据,而不是简单地从景区的经济效益出发。

(3) 营销策略导向模式。营销策略导向定价模式,又叫柔性定价模式,最具有变通性和灵活性,是以旅游景区的市场竞争策略和发展战略为依据来制定价格。

3. 旅游景区门票的定价方法

根据景区门票的定价原则和定价模式,可知成本导向定价方法是基于成本、利润为主要依据的定价法,而需求导向定价法和竞争导向定价法都是在成本导向定价法的基础上,加以考虑市场需求而进行的。

成本的构成因素。景区经营的成本是影响门票价格高低的关键因素,在景区门票价格确定中起基本和主体的作用。其内容包括景区基础设施设备建设所需要的费用,开发和维护景区的劳动和资本的投入,还要考虑到景区资源的等级因素和影响力因素,即景区资源本身的价值。细化后分为人工成本、公用设施管理成本、专项开发建设成本和其他成本等。

利润的构成因素。在市场经济的体制下,景区需要自负盈亏,就必须适当地发挥其经济价值,所以景区拥有正常利润是正常的。景区的正常利润是指景区门票总收入扣除各项有关业务支出的剩余部分,扣除向政府缴纳税金、贷款利息、保险费用以后所获取的正常净利润,在景区门票价格确定中主要起价格修正和微调的作用。

(三) 当前我国旅游景区门票价格存在的问题

随着改革开放,我国旅游业迅速发展,从 20 世纪末至今,旅游景区门票价格大幅上涨,部分城市公园免费开放,其现状表现为以下几方面。

(1) 景区门票价格偏高,上涨幅度过大。景区门票上涨幅度越来越大,多个景区近年来互相攀比,引发一轮又一轮的抬价大战,不少景区门票低则几十元,高则上百元,已达到相当高的水平,而且当前这种提价之风仍在发展之中。

(2) 非正当竞争手段泛滥。其突出表现就是目前我国旅游景区景点回扣现象严重。许多旅游景区景点为多拉顾客,采用给导游、司机回扣的做法,特别是一些人造景观更是如此,回扣有时占了票价的一大半,这种做法在客观上提高了票价,短期看来,由于导游、司机为了一己私利可能会拉来一些客人,但长期势必会影响景区景点的声誉,而且极易造成恶性循环,票价越高,游客越少;游客越少,票价就抬得越高。

（四）解决景区门票持续涨价的对策

通过对景区门票持续涨价的原因分析,如何引导景区朝健康的方向发展,如何制定合理的价格标准,如何遏制门票的持续涨价,需要政府的干预、旅游产业的不断完善、景区管理逐渐的规范,多管齐下方能见效。下面从以下几个方面具体分析如何打景区门票疯长的"七寸"。

1. 政府制定旅游行业规范和门票价格标准

一个没有法律和规章制度的旅游市场是滋生一切不正当行业行为的土壤。因此,国家应建立健全关于旅游行业的规范,对景区、旅行社、酒店等一系列相关的旅游行业加强管理,特别应规定景区等的经营秩序。通过法律的保驾护航,指引促进旅游产业的健康发展。针对不同的景区,应该具体问题具体分析,国家通过对该景区的特性分析来制定最高价格标准,以此来遏制景区门票持续的涨价。目前的景区主要分为人文景区和自然景区两大类型,依照属性并根据当地人民的生活水平,来制定相应的价格标准。通过此种方式既能维护游客的基本权益,也促进旅游行业的健康发展。

2. 建立、健全票价听证制度

听证制度已经成为了一个耳熟能详的名词,它已经渗透到人们的日常生活中,而在国家出台的《行政许可法》里,虽然规定对关系到广大群众切身利益的公用商品价格等涉及公共利益的重大行政许可事项要进行听证,但却没有明确具体需要听证的事项。所以,在近几年的涨价风潮中,有些地方举行了价格听证会,但很多地方物价部门自己"调研"后就批准了风景区的门票涨价申请。

因此,要建立、健全票价听证制度,首先从国家而言,《行政许可法》要明确具体需要听证的事项,比如对于旅游景点门票的涨价审批;明确必须听证的事项、听证程序、听证代表的推选办法,使关系到广大消费者切身利益的主张和心声在听证过程中得到应有的体现和尊重。另外,对于享誉国内外的主要旅游景区门票价格的调整听证会,必须立法公开进行,保证它的公平化、公开化。

其次,建立合理的听证会代表甄选机制,目前国内听证会代表的选择往往较随意,其过程缺乏有效的监督。要尽快完善立法,确定一个公正、民主、公开的听证会代表的甄选程序,确保听证会代表成为民意的最真实反映,确保听证代表的广泛性和代表性,要杜绝相关利益部门的内部指定。同时,建议听证代表中消费者代表一般不能少于听证总代表人数的一半,对以外地游客为主的旅游景区,听证会必须要有60％的外地消费者和经营者代表参加,这样才能获取真实的民意。

3. 建立、完善景区管理体制

管理体制是制约旅游业进一步发展的重要因素之一,也是景区门票持续涨价的重要原因,更是景区管理的根本性问题,在一定程度上决定了景区的综合情况。因此,如何建立一个完善的景区管理体制是当前亟待解决的一个问题。当前首先应解决的就是传统体制的制约,加快改变"诸侯分割"的局势。国家、地方、景区三者应协调好利益关系,无论是世界遗产还是普通的风景名胜,都是属于国家和人民的,因此地方、景区部门的决策等应该符合国家和人民的利益。对于景区而言,有了一个统一的管理主体,无论是价格上、财务审核上还是长远的发展是非常有利的。

案例 2

中国 137 家 5A 级景区仅 9 家免费

国庆期间,一则《玩遍国内 5A 景区门票要花近 2 万元》的帖子引起了众多网友的关注,一时间,"吐槽"帖充斥着各大旅游论坛。

由国家旅游局认可的 137 个 5A 级旅游景区发现,仅门票的开支就达到 18693 元。除此之外,景区往往还会有车、船、索道等"交通费",部分景区则会按各小景点分别收费,或是对个别景点收取"附加游览费",可以预见总开销将轻松突破 2 万元。

100～200 元是目前最"流行"的 5A 景区价位档,约占到了半数,全国 137 家 5A 景区,仅有 9 家免费,占全部景区不到 7%,著名景区仅有厦门鼓浪屿和杭州西湖。

按地域分布统计,5A 景区分布特点为,华中景点最多达到 46 个,价格南贵北贱,其中以浙江景点价格最高,达到 222.78 元。

北京目前有 6 个 5A 级旅游景区,票价平均仅为 65 元,是全国唯一一个全部 5A 级景区门票均在百元以下的省份。

免门票带动周边消费。中国社科院旅游研究中心特约研究员刘思敏表示,这 9 家免费景区基本都算是开放式景区,周围并没有栅栏,以西湖和鼓浪屿为例,虽然整体景区是免费的,但是灵隐寺、虎跑寺这些在西湖边上的景区仍然是收费的,而鼓浪屿上的日光岩景区也是收门票的。所以这些免门票的景区其实是一种"免费+周边消费"的商业模式。

在全国 137 家 5A 级旅游景区中,仅华东地区(包括上海、江苏、浙江、安徽、福建、江西、山东)就占到 46 个,遥遥领先于其他地区。

从门票价格上看,华中地区价格最贵,平均达到 158 元,涵盖了中国传统的"江南"地区的华东拥有为数众多的旅游资源,然而这里的平均门票价格接近 150 元。虽然从排名上来看在七大地区中名列第四,然而和排名最靠前的华中相比,也不过只有 10 元左右的差距。

而东北、华北无论从景区数量和票价上,均与其他地区拉开了明显的差距,东北的 5A 级景区仅有 9 个,平均票价约 98 元,华北景区数量为 18 个,票价仅为 78 元。

经济基础决定景区数量。之所以华东地区景区最多,一是因为自然资源丰富,像江南地区,仅园林景区就不计其数;二是当地经济相对比较发达,因为 5A 级景区基本算是"投资大、建设慢、回报晚",所以如果没有一定的经济基础,是无法开发旅游业的。

在针对各省份进行的统计中,浙江以 222.78 元的平均价格荣登"门票最贵榜"榜首。而河北则以 56 元的门票价格成为消费最便宜的省份。然而事实上,河北的 5A 景区普遍采取分景点收费的制度。如白洋淀景区的门票价格仅 30 元,但其他"附加游览项目"的收费则有 355 元。野三坡景区的门票为 90 元,却要再多掏 325 元才能玩全。这样一比较后,北京就毫无疑问成为价格"亲民"的首选。北京目前有 6 个 5A 级旅游景区,票价从 35 元到 90 元不等,是全国唯一一个全部 5A 级景区门票均在百元以下的省份。

虽然北京的 5A 景区在全国中属于最便宜的价位档,但是和国外的景区对比起来又如何呢？记者将其与美国的国家公园做了统计，发现在故宫博物院转上一天的门票钱，和一家人在美国的国家公园里休闲一周的门票钱相当。

美国共有 58 个国家公园，其中 18 个实行了免费政策。价格在 20 美元（约 125 元人民币）以上的仅有 8 家，大名鼎鼎的黄石公园收费也不过 25 美元。平均价位是 11.05 美元（约合人民币 70 元），需要说明的是，这 70 元人民币是按车收费的，是一家人的门票钱总和，并且这张门票一般可以让你在公园内逗留一个星期。

大多数旅游资源是属于公益性的公共资源，所有权和使用权属于全民共有。而美国则将景区当做一种"旅游福利"，"舍"去一张门票钱，"得"到的是旅游产业结构的优化，既能使旅游业成为推动经济发展的重要支柱，又能充分发挥其满足公众精神文化需求的重要作用。

9 家免费 5A 旅游景区是南京（钟山—中山陵园）、苏州金鸡湖景区、南通市濠河风景区、杭州西湖风景名胜区、厦门鼓浪屿风景名胜区、天津古文化街旅游区（津门故里）、石家庄平山县西柏坡景区、恩施巴东神龙溪纤夫文化旅游区、长沙市（岳麓山—橘子洲）旅游区。

资料来源：摘自王思思. 全国 137 家 5A 景区仅 9 家免费，北京价格最亲民. 法制晚报，2012.12

案例 3

黄金周国内 80 家景区门票降价　多为不知名景区

2012 年"十一"黄金周即将到来，又该到了一年的旅游热季。昨天，国家发改委发布资讯——《各省区市降低 80 家游览参观点门票价格》，各地将在"十一"黄金周到来之前分批降低部分游览参观点门票价格，这是在按照国家要求，陆续出台高速公路小客车免费通行实施细则之后，再为群众欢度中秋、国庆假期推出的另一项惠民举措。

国家发改委统计：省、自治区、直辖市第一批降价的游览参观点 80 家，平均降价幅度为 37%，其中 13 个游览参观点实行免费。

资讯显示：浙江省内的杭州临安钱王陵园从原先的 30 元票价改为 20 元（实际上目前陵园已经实行了免票措施），金华天宁寺从 5 元改为免费。

此次降价，涉及广东省和海南省的景点较多。资讯中提到，广东省、海南省还在节假日实行了特殊的优惠价格政策，即在行政区域内所有实行政府指导价、政府定价的游览参观点在节假日统一降低门票价格。

资料来源：华商网. 黄金周国内 80 家景区门票降价　多为不知名景区. http://news.hsw.cn/system/2012/09/22/051472564.shtml，2012-09-22

案例 4

住建部：部分景区票价偏高　免费是长远目标

2012 年是我国风景名胜区设立 30 周年。截至目前，国务院共批准设立国家级风景名胜区 225 处，各省级政府批准共设立省级风景名胜区 737 处，两者总面积约 19.37 万平方公里。这些风景名胜区基本覆盖了我国各类地理区域，占我国陆地总面积的比例由 1982 年的 0.2% 提高到目前的 2.02%。

一些地方不顾风景名胜资源不可再生的特殊性，违章建设，错位开发，导致风景名胜区资源破坏严重。为此,从 2003 年起,全国国家级风景名胜区开展了环境综合整治工作,累计拆除违规建设或影响景观的宾馆、酒店、度假村等楼堂馆所 2000 多家。

近年来,一些著名风景名胜区动辄百元以上的高票价,引发社会的关注和质疑。国家级风景名胜区的门票属于行政事业性收费,而非商业盈利,门票的收入是要专款用于风景名胜区的保护、管理等方面。一些风景名胜区票价偏高的问题是存在的。"门票偏高,说明景区过度依赖门票收入,旅游经济过多依赖门票经济。"

"风景名胜资源属于国家公共资源,风景名胜区事业是国家公益事业,所以,门票不应是市场的收费,而是政府定价。"李如生说,风景名胜区应逐步降低门票价格,长远目标是免费。

对于如何解决风景名胜区高票价问题,一方面将不断加大中央财政投入,加强地方财政支持力度,使各级财政投入基本满足风景名胜区保护资金需求;另一方面将规范管理,加强筛查和考核,对考核不合格的风景名胜区将进行处罚,对长期不合格、问题严重、多年不改的风景名胜区,将上报国务院除名。

资料来源:新京报.住建部:部分景区票价确实偏高 免费是长远目标.http://www.cqcb.com/cbnews/gngjnews/2012-12-05/2042877.html,2012-12-05

任务四 休闲活动会员制营销管理

一、会员制营销概述

(一)会员制营销的定义

会员制营销又称俱乐部营销,是指企业以某项利益或服务为主题将用户组成一个俱乐部形式的团体,通过提供适合会员需要的服务,开展宣传、销售、促销等活动,培养企业的忠诚顾客,以此获得经营利益。

会员制组织是企业、机构及非营利组织维系客户的结果,通过提供一系列的利益来吸引客户自愿加入,这一系列的利益称为客户忠诚度计划,而加入会员制组织的客户称为会员,会员制组织与会员之间的关系通过会员卡来体现。

(二)会员制营销的特征

(1)会员制。采用俱乐部营销的企业,一般来说都实行会员制的管理体制,其营销对象主要是加入本俱乐部的会员。会员制是一种人与人或组织与组织之间进行沟通的媒介,它是由某个组织发起并在该组织的管理运作下,吸引客户自愿加入,目的是定期与会员联系,为他们提供具有较高感知价值的利益包。

(2)资格限制。一般来说,各种各样的俱乐部都有自己独特的服务内容,其服务有一定的共性,往往对加入俱乐部的人员施加一定的限制条件。

(3)自愿性。是否加入俱乐部,完全建立在自愿的基础上,而非外界强迫。

(4)契约性。会员和俱乐部之间以及会员之间的关系,建立在一定的契约基础上。

（5）目的性。有一定的共同目的,如社交、娱乐、科学、政治、社会活动等。

（6）结构性关系。俱乐部成员之间以及与俱乐部组织者之间往往存在着一种相互渗透、相互支持的结构性关系。他们之间不仅有交易关系,更有伙伴关系、心理关系、情感关系作为坚实基础,而这种关系是竞争对手无法轻易替代的。

（三）会员制营销的优势

会员制营销最主要的优点是为企业培养众多忠实的顾客,建立起一个长期稳定的市场,提高企业的竞争力。薄利多销是会员制营销企业的一个普遍特征,而且会员一般都有时间期限,在此段时间内会员都是企业的顾客,企业的商品或服务特征会给消费者打上深深的烙印。

会员制不但可以稳定老顾客,还可以开发新顾客。由于实施会员制的企业普遍具有比同行业更优惠的价格,因此对新顾客的吸引力很大。此外,大部分会员卡是允许外借的,因此也给新顾客提供了机会,大大增加了其成为会员的可能性。

会员制营销能够促进企业与顾客双向交流。顾客成为会员后,通常能定期收到商家有关新商品的信息并了解商家动态,有针对性地选购商品。除此之外,企业能够及时了解消费者需求的变化,以及他们对产品、服务等方面的意见,为改进企业的营销模式提供依据。

（四）会员制俱乐部的类别

（1）按级别划分,会员制俱乐部分为只对特殊富裕阶层、社会名流服务的高级俱乐部以及吸引各界人士参加的大俱乐部。

（2）按领域划分,会员制俱乐部分为商务俱乐部、体育俱乐部、高尔夫球俱乐部、度假村俱乐部、平价俱乐部、连锁购物俱乐部、保健康复俱乐部、汽车维修俱乐部、民航乘客会员制、商务宾馆连锁会员制、追星族会员组织等。

（3）按物质形态划分,会员制俱乐部分为有专门供会员活动场所的实体俱乐部以及没有专门供会员活动场所的非实体俱乐部。

（4）按经营目标划分,会员制俱乐部可分为营利性俱乐部和非营利性俱乐部。

（5）按运行方式划分,会员制俱乐部可分为独立性俱乐部和非独立性俱乐部。独立性俱乐部场所只对会员开放使用,与开办者其他业务分开,独立运作。非独立性俱乐部场所除对会员开放使用外,还对非会员开放经营,与开办者其他业务关联运作。

（6）按会员限量划分,会员制俱乐部可分为封闭式会员制俱乐部和开放式会员制俱乐部,前者会员规模确定,额满为止;后者会员规模是没有限量的。

（7）按会员制运行主体划分,有企业法人型、社团法人型和非法人型三种。

二、体育健身俱乐部的营销管理

（一）我国体育健身俱乐部的经营概况

体育健身俱乐部是满足大众体育消费需要的有效形式,是开展全民健身运动的有效载体和体育消费的主要场所。

目前,我国体育健身俱乐部总的来讲划分为公益型和经营型两种。公益型俱乐部不以营利为目的,又可划分为社区型俱乐部和单位型俱乐部两种,社区型主要指以居住区域划分、为社区内居民提供体育锻炼的场所;单位型主要指由企事业单位为了活跃本单位人员业余生活所建立、只限于本单位人员参加的公益型俱乐部,往往不采用任何营销方式。

经营型体育健身俱乐部,主要是指面向社会公众,以提供体育消费及其相关服务的俱乐部。

经营型体育健身俱乐部可以划分为:①综合性商务会所的附属机构体育健身俱乐部,消费档次比较高,顾客范围局限性大。②运动型综合性俱乐部,服务设施专业性较强,配套服务比较齐全。③休闲式体育健身俱乐部,运动设施专业性不强,但各种休闲娱乐餐饮等服务项目一应俱全,顾客其他方面消费大大超过在健身锻炼方面支出。④星级酒店VIP健身房,提供入住顾客健身服务,发售限量会员资格,价格昂贵,档次较高。⑤单项运动俱乐部,如足球、篮球、乒乓球、排球、高尔夫和台球俱乐部等,仅仅提供某一单项运动项目,顾客局限性较大。

（二）体育健身俱乐部的营销管理

目前我国俱乐部营销管理的方式主要有以下三种。

（1）销售各种短期消费卡。例如,月卡、季卡、年卡等,这种方式的好处是卡的设置极其灵活,可以吸引不同的消费层次,销售数量比较大,顾客选择种类比较多,但顾客忠诚度不高,顾客流失率较大,需要进行重复销售,俱乐部收益波动性很大。

（2）销售各种贵宾卡。例如,金卡、银卡、VIP卡等,持卡人在消费时可以得到不同程度的打折优惠,特点是使用方便,无须记名,容易抓住顾客的心理特征。但顾客持卡消费的频率可能不高,或多人持同一张卡享受优惠,而且无法针对顾客消费特点进行个性化服务。

（3）永久会员制营销。即俱乐部根据消费对象不同设立各种永久性会籍,顾客必须首先购买相应会籍成为永久会员,终生享受俱乐部提供的各种服务。为维持会员资格,会员须每月交纳一定数额的月费。此种营销管理模式的最大优点在于顾客群一旦形成将会非常稳定,顾客流失率很低,而且随着会员顾客人数的不断增多,俱乐部经营收益稳步提高。但会员制俱乐部对管理和服务质量的要求更高。

（三）体育健身俱乐部营销的发展方向

1. 体育健身俱乐部功能逐步向综合性方向发展

今后体育健身俱乐部将逐步向综合性方向发展,除了各种运动健身项目之外,还将推出大量个性化服务,用来科学测定锻炼效果的仪器越来越先进。与体育健身有关的配套服务,如桑拿、餐饮、娱乐、运动服饰商品、图书阅览、儿童乐园等设施设备完善齐备,俱乐部将成为以体育锻炼和体育文化为纽带的具有休闲和商务功能的特色化社区,满足人们对生活更高层次的需要。同时增值性很高的配套服务也可以为俱乐部带来良好的收益,为俱乐部进一步提高服务水平和顾客满意度提供有力的资金支持。

2. 永久会员制俱乐部成为新的营销管理模式

随着俱乐部数量增多,市场竞争日益加剧。虽然俱乐部可以通过不断推出新的服务项目或者各种优惠服务组合来吸引顾客,但由于服务产品的易模仿性,难以形成持久的竞争优势,无法形成稳定的顾客群和收益来源。

采用永久会员制俱乐部管理模式被证明是解决上述管理困境的有效方法。永久会员是俱乐部服务的重中之重,如何满足会员的需要,如何吸引新的会员和保持现有的会员,如何为会员营造出良好的消费环境和运动氛围等,成为俱乐部服务营销的核心。为保证会员利益,俱乐部将刻意营造出永久会员与非会员的差异,以此来保证永久会员的心理满足感。俱乐部通过为会员提供各种高质量服务组合,在获得会员满意的同时持续不断地开发会员的消费潜力,鼓励其扩大消费的频度和力度,为俱乐部带来源源不断的收益。

三、高尔夫会员制营销管理

(一)我国高尔夫俱乐部经营现状

区域结构分布。从宏观层面看,我国高尔夫球场密集的区域从南往北依次是珠江三角洲地区、福建沿海地区、长江三角洲地区、山东半岛、京津地区,而西部及中部内陆地区高尔夫运动发展程度相对落后,形成了沿海发达地区与中西部之间存在区域不平衡的状况。从微观层面看,各经济发达带内部发展呈现不平衡态势,如珠江三角洲地区高尔夫运动发展较好的城市集中在广州、珠海、深圳几个大城市,其他地区发展状况并不太好。

投资运营费用庞大。首先是规划设计费用高。高尔夫球场及相关项目的规划设计是确保收益的关键和基础,欧美式或日本式的选择都建立在专业化的设计基础之上,而这些需要大额资金投入;其次是中国高额的土地征用费用,也加大了高尔夫的投资成本;再次是球场维护费用较高,高尔夫球场占地面积广,对草坪持续的维护需要资金作为支撑;最后是管理费用高。高尔夫在我国起步较晚,管理经验不足,需要引入大量的技术、人力资源,导致成本增加。

专业化分工初见端倪,主要表现在三方面。首先是各机构间分工合作,高尔夫球场负责做好场内服务和管理,专业的高尔夫服务机构负责招徕会员和推广品牌,高尔夫协会负责与外界各机构进行沟通及处理纠纷事宜;其次是各球场间竞争重点转移,随着高尔夫运动在中国的发展,各球场间竞争不再是恶性的价格竞争,而是服务和资讯方面的良性竞争,这也是专业化发展的结果;最后是配套项目的发展,高尔夫主要是为客户提供休闲的场所,但环球场别墅、其他类型的住宅、公寓、医院、娱乐中心、商业中心等配套项目也需要建立,作为高尔夫项目的辅助支撑。

(二)高尔夫运动经营模式

(1)传统式经营模式。高尔夫球场实行全封闭、严格的会员管理制度,任何人只要履行会员相关职责和义务,就具有同等享受权利。实行会员制的高尔夫球场对顾客要求十分高,一是客户必须交纳巨额的会员费用;二是球场作为商务客人交流的场所,所以对客户的身份和地位也有相应的要求。

(2)半开放式经营模式。高尔夫球场向所有的公众开放,会员仍凭会员管理制度中有关规定享受权利和义务,而非会员则按次消费,每次需交相应费用。虽然会员比非会员享有更多的优惠政策,但这种分流制度可鼓励更多的普通大众加入会员的行列。

（3）开放式经营模式。开放式经营是向所有公众开放经营,并赋予同等权利与职责的一种经营模式,对目标顾客消费层次要求不高,顾客只要付出活动费用,在同一时间同一地点便可享受与会员同等的权利。

（4）GTS经营模式。又称"分时高尔夫"模式,是指有关机构或个人与高尔夫企业签订协议,享受高尔夫球场在每年特定的一段时期内的使用权,并可享受该时期内GTS系统内其他高尔夫球场的使用权,同时享有转让、馈赠、继承等系列权益的一种新型经营模式。

（三）高尔夫球会经营管理中实施会员制营销的主要对策

1. 会员制营销战略与球会整体营销战略相结合

首先,成功的会员制营销需要结合球会实际情况进行系统的规划和准备,并提供针对性服务的同时带给客户特定的价值,建立球会和客户之间恒久的基于感情的信任关系;其次,会员制必须与球会整体营销战略和品牌管理结合起来;最后,会员制需要投入大量人力、物力和财力。

2. 会员制营销战略的实施应对客户需求进行科学分析

目前国内高尔夫消费者类型主要为商务交际型、运动爱好型、身份面子型和健康生活型四种。针对上述四种高尔夫消费类型,结合自身球会实际情况,制定会员制营销规划。

3. 设定球会会员制营销目标

第一,实行会员制营销的主要目标就是留住客户,与客户建立长期稳定的关系,使他们转向忠诚客户;第二,努力赢得新客户;第三,建立强大的客户数据库,便于精准锁定客户;第四,组织会员之间的定期或经常性活动,加强沟通和增加会员归属感;第五,球会其他职能部门可通过会员营销部门所提供的信息,发现新机会、获得市场反馈以及时调整战略。因此,要对现有客户的忠诚层次进行客观评价,并制定相应的客户忠诚升级目标,营销目标要具体量化。

4. 选择目标客户群

会员制计划可以同时选定一个或几个目标市场。首先,需要了解球会现有的客户是谁,他们消费的额度和频率分别是多少,目前球会是否可以准确地跟踪客户的各种消费信息？他们还有什么潜在需求等。其次,还可以采用多级会员资格法,采取几种不同的针对方式开拓市场,如球会可针对不同的会员推出普通卡、银卡、金卡与钻石卡等。

5. 重视客户关系管理

实施客户关系管理系统。客户关系管理（CRM）是指通过培养企业的最终客户、分销商和合作伙伴对本企业及其产品更积极的偏爱或偏好,留住他们并以此提升企业业绩的一种营销策略。主要内容包括客户信息管理、联系人管理、时间管理、潜在客户管理、销售管理、电话销售、客户服务、呼叫中心、电子商务等。CRM营销目的已经从以一定的成本发展新客户转向想方设法地留住现有客户,从取得市场份额转向取得客户份额,从发展一种短期的交易转向开发客户的终身价值。

建立客户数据库。借助计算机、通信技术和CRM系统建立客户信息数据库,通过数据库中的数据信息来确认和分析球会的会员和潜在客户,并根据分析结论与之进行交流和沟通,建立一种与顾客长期持久的沟通,从而提高球会品牌影响力。

6. 建立和完善会员制营销的专门机构和规章制度

完善的规章制度主要包括:①组建专门的会员制营销职能部门;②建立会员制的管理制度,包括入会资格审查制度、入会(退会、除籍)公告制度、资源共享制度、保密制度、销售服务制度等;③选择会议、广告媒体、活动体验等多种形式或组合来进行会员征集,并在事前制定合理的会员招募规划;④通过传递 DM 广告、会刊、会员热线、电子邮件、建立 QQ 群、BBS、活动聚会等方式搭建会员与球会之间、会员与会员之间经常性或定期性的沟通平台;⑤会员制营销费用管理主要把握好会员注册和沟通、管理和行政、维持计划持续性三大费用。

四、酒店会员制营销管理

在我国,最早的会员制营销主要出现在消费较高的高级俱乐部和娱乐场所,后来慢慢扩展到酒店行业。如今,酒店企业的会员制已经发展成熟,并成为现代企业营销的主要手段和方式。

酒店会员制营销就是酒店通过发展自有会员,利用 IT 信息化工具,为不同的会员提供差别化服务和精准的营销推广,以达到提高酒店顾客忠诚度、品牌认知度,长期稳定并增加酒店利润的目的。

(一) 我国酒店会员制营销的现状

在酒店行业的发展中,客户的忠诚度十分重要,而客户的忠诚度主要取决于他们对酒店的满意度。每一位顾客对酒店的评价都有不满、一般、满意、非常满意等。酒店企业在现在竞争激烈的市场中占据优势地位,必须让顾客感到非常满意,实现 90% 重复消费的可能。

我国酒店业的营销模式过于单一,没有真正认识到顾客本身的情绪变化等问题,单纯地认为提高顾客忠诚度只是行业服务和人员服务质量的问题,因此,在这种情况下实行的会员制会不足,严重的甚至影响到企业的营销,让企业在社会竞争上处于劣势。

一些酒店企业没有对会员的信息进行分析,对会员的基本情况并不了解。例如,会员在办理会员卡时会透露年龄、职业、性别等基本信息,酒店可就此进行分析和总结,并及时制定有针对性的服务。这些会员的基本信息为酒店企业建立良好的客户关系提供了条件,但大多数企业并没有进行分析挖掘,导致大量的客户资料失去价值,最后造成企业对自己的消费群体不明确,不了解客户,也就无法了解客户的变化和具体需求了。

我国酒店企业虽然在数目上大幅高速增长,但在经营上出现同质化现象,很难为客户提供有针对性的服务,处在市场竞争的劣势阶段。实际上,价格与消费者感知的产品质量之间有一种正相关关系,如果没有设计好打折额度和时间,这种消费联系就会减少,价格的缩减不仅无法成为吸引顾客的有效途径,还会导致消费者的交易感知降低,对商家的信用度也是一种影响。但在培养客户忠诚度上面,还是会员制最为有效。现在不少酒店以大额的储值卡作为会员制的替代品,不仅稳定了酒店的消费,还提高了酒店收入。还有的酒店以积分卡来吸引顾客再次消费,效果也较好。可是,追根究底,这些手段都没有真正的重视会员身份,从本质上看,酒店不过是用低价竞争的策略争取暂时的利益。

客观上说,上述的一些做法确实可以帮助酒店建立一些顾客忠诚度,但由于有些酒店没有选择好会员制的具体形式,对消费者没有认真区分,最后反而浪费了成本。还有的酒店认为:为了达到忠诚营销的目的,这些成本投入是必需的,日后这些成本费用的成果会显露出来。可是,不少酒店在推行这种忠诚会员制度后发现,参与计划的消费者很多,但真正想吸引的客户并不多,一些顾客的忠诚度无法得到有效的保证。还有一些酒店的会员制优惠是对消费者单次消费行为的优惠和奖励,不少消费者享受了酒店提供的优惠,但并没对酒店做出更多的利润贡献,酒店的营销成本增加了很多,却没有得到理想的效果。如今,许多酒店发现自己已经陷入了会员制营销的陷阱,酒店在付出了大量的时间、金钱和精力后,利润反而下降了。

(二)酒店会员制的营销策略

1. 打造专业的会员制营销形象

会员制营销必须是专业的、有特色的,拥有明确的目标消费者是酒店营销定位的基本模式。而专业的会员制营销不能只在价格方面做工作,优惠的价格已经不再是衡量会员制营销的唯一标准了,除了价格优惠,专业的会员制营销是为客户提供有效的增值服务,让顾客感到满意,并在此过程中享受到了超值的服务,只有这样,顾客才能忠于某一酒店企业。

2. 做好会员增值服务的连续性

有些酒店企业在增值服务中也想了很多新主意,如生辰俱乐部、血型座谈、亲子教育等,但是很多活动没有全盘计划,经常被临时通知,让会员感觉不到系统性,没有稳定感和自我把控感,所以参与性和关注点就会大打折扣。我们之所以进行会员制,就是利用这个平台提供跟顾客重复见面和沟通的机会,让企业品牌不断在顾客脑中加深记忆,让他们对我们的活动和品牌产生习惯和依赖。所以我们常规的活动模块和举办时间应该是固定的,会员中心应该在上年度末制订出下年度会员服务计划,并告知给会员,让会员能感受到我们全年丰富的增值活动,提前感受收获感、增强期望值和忠诚度。主题活动在设计应该环环相扣,应该在上下活动之间有阶梯,让会员参加本次活动就会对下次活动产生期望。当然我们虽然是增值服务,但在部分活动中也可以有润物细无声的销售,不过如果是纯答谢会,就不要太功利,否则适得其反。

3. 让会员活动参与性更强

会员活动不是表演秀,是一种情感体验和升华的营销,所以活动要注重参与性,有时候用大牌明星演出还不及一个会员拓展效果更好。很多会员更多的需求是交友平台和商务平台,我们的责任就是搭建和维护这个平台,比如为留住客户,我们可以建立一个完善的企业客户网,对企业开发老客户的新需求是非常可行的,也是非常有必要的,这个企业客户网其实也是通过会员卡系统进行客户关系整理的衍生物。会员的增值活动不仅仅要做,更重要的要让增值量化,从而刺激消费,比如我们很多人有超市会员卡,但是很少去刷,更别说积分多少,因为在会员心目中,这个积分返还不知道会是什么,心中没有概念。

所以我们应该将我们的增值服务定期量化给会员。

4. 建立完善的 CRM 体系

建立完善的 CRM 系统是企业顾客管理、个性化服务、营销设计的关键。企业需要建立详细的会员信息库,包括消费者性别、年龄、职业、月平均收入、性格偏好、受教育程度、居住范围等,还要包括消费记录,并且将会员每次消费商品的品牌、型号、价格、数量、消费时间等信息都记录下来,为企业以后的增值服务提供可靠的信息。企业也可以根据会员消费者的消费历史记录进行分析,得出每位消费者不同的消费偏好,以及根据消费者消费时间的记录,分析消费者消费某一商品的周期。由此企业可以在合适的时间给会员消费者寄去符合其消费个性的商品目录进行非常有效的广告宣传,或者直接在合适的时间将某种商品送到合适的会员消费者手中。这样可以让消费者感觉到企业时时刻刻都在关心消费者,真正建立起消费者与企业之间的感情。

知识链接

携程的网络会员制营销

携程是中国领先的在线旅行服务公司,创立于 1999 年,总部设在中国上海。携程旅行网向超过 5000 余万注册会员提供包括酒店预订、机票预订、度假预订、商旅管理、高铁代购以及旅游资讯在内的全方位旅行服务。目前,携程旅行网拥有国内外 5000 余家会员酒店可供预订,是中国领先的酒店预订服务中心,每月酒店预订量达到 50 余万间。在机票预订方面,携程旅行网是中国领先的机票预订服务平台,覆盖国内外所有航线,并在 45 个大中城市提供免费送机票服务,每月出票量 40 余万张。

携程旅行网目前已在北京、广州、深圳、成都、杭州、厦门、青岛、南京、武汉等 12 个城市设立分公司,员工超过 10000 人。

作为中国领先的在线旅行服务公司,携程旅行网成功整合了高科技产业与传统旅行业,向超过 4000 万会员提供集酒店预订、机票预订、度假预订、商旅管理、特惠商户及旅游资讯在内的全方位旅行服务,被誉为互联网和传统旅游无缝结合的典范。

凭借稳定的业务发展和优异的盈利能力,携程旅行网于 2003 年 12 月在美国纳斯达克成功上市。

携程旅行网的度假超市提供近千条度假线路,覆盖海内外众多目的地,并且提供从北京、上海、广州、深圳、杭州、成都六地出发,是中国领先的度假旅行服务网络,每月为万余人次提供度假服务。携程旅行网的 VIP 会员还可在全国主要商旅城市的近 3000 家特惠商户享受低至六折的消费优惠。

携程的核心优势包括以下方面。

(1)规模管理。服务规模化和资源规模化是携程旅行网的核心优势之一。携程拥有亚洲旅行业首屈一指的呼叫中心,其坐席数已近 4000 个。携程同全球 134 个国家和地区的 28000 余家酒店建立了长期稳定的合作关系,其机票预订网络已覆盖国际国内绝大多数航线,送票网络覆盖国内 52 个主要城市。规模化的运营不仅可以为会员提供更多优质的旅行选择,还保障了服务的标准化,进而确保服务质量,并降低运营成本。

（2）技术领先。携程一直将技术视为企业的活力源泉，在提升研发能力方面不遗余力。携程建立了一整套现代化服务系统，包括客户管理系统、房量管理系统、呼叫排队系统、订单处理系统、E-Booking 机票预订系统、服务质量监控系统等。依靠这些先进的服务和管理系统，携程可为会员提供更加便捷和高效的服务。

（3）体系规范。先进的管理和控制体系是携程的又一核心优势。携程将服务过程分割成多个环节，以细化的指标控制不同环节，并建立起一套测评体系。同时，携程还将制造业的质量管理方法——六西格玛体系成功运用于旅行业。目前，携程各项服务指标均已接近国际领先水平，服务质量和客户满意度也随之大幅提升。

中国最早实行会员制的企业

最早在国内兴起会员制营销模式的行业，应该是走进国门的外资零售巨头——沃尔玛、普尔斯马特等。他们所使用的会员制级别零售方式，在当时的消费市场激起千层巨浪，也引发了零售业的一场销售革命。

1996 年 8 月，沃尔玛在中国的第一家山姆会员店在深圳开业。山姆会员店规定，消费者想要来购物，首先得交纳一定的会费，在成为会员后才有资格进入。个人会员可以办理一个主卡和两个副卡，费用分别为 150 元和 50 元。也就是说，在成为山姆会员后，主卡持有者一年内最少要在山姆会员店内购物达到 3000 元以上才能把所交的会费赚回来，而副卡会员一年也至少要消费 1000 元以上才能保证不亏本。在山姆会员店开业的初期，有很多消费者表示不理解，对"买东西先交钱"的商业模式感到不可思议。

但正是这一家占地 3.5 万平方米、营业面积只有 1.4 万平方米、员工只有 500 人的深圳山姆会员店，每年却创造了 10 亿元人民币销售收入的奇迹，并创下了全球山姆会员店单日销售额 170 万美元的最高纪录。

当时，只要成为商家的会员，都可以获得普通消费者无法获得的商品价格上的折扣优惠。会员在购物时可以凭会员卡享受 5％～10％的优惠折扣，并独享部分商品的购买权。而非会员消费者，不仅不能享受价格优惠，甚至没有购买部分商品的权利。以 100 元商品为例，会员购买比非会员购买节省十多元钱，两者之间的差距十分诱人，这无疑刺激了相当一部分消费者的参与欲望。

复习题

1. 概述旅游和休闲产品的生命周期理论。
2. 分析我国旅游网络营销的发展现状。
3. 分析我国智慧旅游的发展现状。
4. 分析造成我国旅游景区门票偏高的原因，并提出相关改进措施。
5. 结合具体实例，谈谈如何做好休闲产品的会员制营销。

实 训 项 目

1. 参观周边地区的一家旅游景点,评价该景点除门票价格之外的交叉销售和其他活动的创利情况。

2. 对所在地区的几家酒店或餐馆进行一次调查,注明这些酒店或餐馆的菜单、地理位置、装饰和价格,评估它们的定价策略有什么不同或相同,并说明其原因所在。

3. 收集一些旅行社所提供的宣传册,对它们的产品价格进行比较,并对宣传册中价格的相同点和不同点加以说明。

参 考 文 献

1. 孙雷鸣. 会员制营销在高尔夫球会经营管理中的实践与应用. 成都体育学院学报,2009(10)

2. 王建茹. 酒店企业会员制营销的优劣势分析. 中国商贸,2011(12)

3. 汪锋. 主题公园生命周期的控制与调整. 南通职业大学学报,2002(2)

4. 董观志. 旅游主题公园管理原理与实务. 广州:广东旅游出版社,2000(6)

5. 丁风芹. 我国智慧旅游及其发展对策研究. 中国城市经济,2012(1)

6. 李洁. 景区门票持续涨价的对策及未来的涨落趋势. 南方论刊,2012(1)

7. 曹宇飞. 旅游景区门票定价机制的优化研究. 旅游管理研究,2011(8)

項目十一

休闲活动安全管理

学习目标与要求：

了解休闲活动安全管理的意义，熟悉旅游安全、岛屿旅游安全、极高山旅游安全、自助旅游安全、大型活动安全、游乐设施安全等的内涵和特点，掌握旅游安全管理、岛屿旅游安全管理、极高山旅游安全管理、自助旅游安全管理、大型活动安全管理、游乐设施安全管理的基本原则和要领。

任务一　认识旅游安全

一、旅游安全的内涵

旅游业是一个具有敏感性和脆弱性特点的综合性产业，比较容易受到外在环境中各种因素的影响，因此旅游安全在旅游业中扮演着极其重要而特殊的角色。旅游安全不仅是旅游活动得以顺利进行的保障，也是确保旅游业发展的前提。

常规上所讲的旅游安全仅指旅游者安全，即旅游者在游览过程中的人身、财产和心理安全。但旅游活动的顺利进行，除了旅游者以外，还涉及旅游资源以及一系列相关的服务设施、设备，它们也同样面临安全隐患的困扰，同样也会制约旅游业的发展，如旅游资源破坏严重，降低了吸引力；向游客提供服务的企业或部门由于内部或外部因素影响保证不了服务质量等。因此旅游安全的内涵应该更广，覆盖的范围也应该更大。根据旅游学研究要素，旅游安全问题应该分为旅游主体安全（旅游者安全）、旅游媒介安全（旅游产业安全）、旅游客体安全（旅游资源安全）。

二、旅游安全问题的表现形态

（一）旅游主体安全

（1）交通事故。具体分为航空事故、水难事故、景区交通事故以及缆车事故等。

（2）犯罪。旅游业中存在的犯罪现象数量众多，具有一定的规律和特点，大体可分为三大类。一是侵犯财产的犯罪，包括盗窃、诈骗、抢劫、抢夺、敲诈勒索等，其核心就是非法获取旅游者的钱财。二是危害人身安全的犯罪。该犯罪是在侵犯财产的同时侵犯旅游者的人身安全。三是性犯罪和与毒品、赌博、淫秽有关的犯罪。毒品、赌博、淫秽虽然并不一定给旅游者带来直接的安全威胁，但其本身是犯罪的温床，是威胁旅游安全的潜在因素之一。

（3）火灾与爆炸。火灾与爆炸往往给游客的生命财产安全和旅游业造成灾难性的影响，如基础设施被破坏、财产遭受损失等，甚至造成整个旅游经济系统的紊乱。

（4）疾病或中毒。由于旅游具有异地性，旅途疲劳和食品卫生等问题常常诱发此类事件。

（5）游乐设施安全事故。如机械游乐设施安全事故、航空热气球事故、水难事故、景区交通事故（缆车）等。

（6）旅游活动安全事故。如攀岩、探险事故等。

（7）其他意外安全事故。旅游安全表现出复杂性和突发性，往往会发生特殊、意外的事件。

（二）旅游媒介安全

旅游媒介安全即旅游产业安全。旅游产业安全是指一个国家或地区的旅游产业运行环境、市场需求与供给要素之间处于相互适应、协调发展、持续增长的状态，通过对旅游产业的运行，旅游经济体系能够达到旅游资源的优化配置，具有可持续发展的能力。旅游产业安全侧重于宏观层面和长期的发展趋势，一旦呈现不安全运作状态，旅游业和其他相关的产业都会受到制约。

决定产业发展的因素是全方位的，大体上可概括为内生因素、外生因素和突发因素。内生因素源于某一区域的旅游产业内部僵化或者要素的不协调发展，进而减少产业提供产品的能力及创新能力。外生因素主要源于旅游者需求发生变化及竞争对手的竞争能力提高，这些因素通过一定的传导机制可能使某一区域的旅游产业安全处于较低级别。突发因素主要指疾病等公共卫生问题、恐怖活动、政治动荡、经济危机等。它们可能在短期内对旅游目的地的旅游产业产生强烈的抑制作用。

（三）旅游客体安全

旅游客体安全即旅游资源安全。旅游资源是发展旅游业的基础，如果在旅游业发展中只注重经济效益和眼前利益，对旅游资源过度开发，保护不力，造成生态环境和文物的破坏，不仅直接影响旅游业的发展，也关系到整个社会的科学、协调发展。

三、制约旅游安全的主要因素

（一）政治因素

政治因素主要包括：①国家内部政局状况。政局不稳定的国家，很难吸引国际游客的前往。②与其他国家的外交关系状况。与其他国家的外交关系不融洽,甚至发生战争时,自然谈不到旅游业的发展、旅游资源的保护、旅游者的人身安全等问题。③恐怖组织活动。"9·11"事件之后,旅游业成了恐怖主义的附带牺牲品,游客成为恐怖分子最理想的袭击目标,恐怖组织已成为全球旅游业和人类发展的最大敌人。

（二）经济因素

经济危机的影响、贫富差距引发的问题,对旅游安全有很大影响。在全球经济一体化的今天,各国间的经济关联比以往任何时候都要紧密,因此哪一个国家或地区发生了经济危机,都会引发有商贸往来国家的经济震荡,会使各国旅游业遭受打击或重创。此外,贫富差距过大以及由此而带来的社会矛盾和纷争,也会对旅游安全问题产生一定的影响。

（三）法律因素

法律因素对旅游安全影响最大的是相关法律、法规不配套、不健全,或者未能严格执行,从而影响旅游活动的顺利开展,使旅游者的合法权益得不到保护,影响旅游业的可持续发展。

（四）社会文化因素

一是社会治安条件。社会的安全程度决定着旅游安全实现的可能性。如果旅游目的地治安案件频发、偷盗者横行,旅游安全自然难以保证。二是旅游目的地居民与旅游者之间的矛盾。随着旅游者数量的日益增多,当地居民传统文化和观念受到冲击,就容易引发当地居民与旅游者之间的隔阂与矛盾。

（五）自然因素

台风、海啸、暴风雪、地震、泥石流等自然灾害,对旅游者、旅游从业人员的人身和财产都会造成威胁,对旅游资源的破坏性也极为巨大,严重影响、限制着旅游安全的实现。

（六）旅游系统自身因素

旅游系统自身也有诸多因素成为旅游安全实现的障碍,如旅游行政管理部门和旅游企业的管理能力、旅游从业人员和旅游者的安全意识等。旅游系统自身一旦出现问题,就会给旅游安全带来不良后果。

（七）其他因素

高原反应、极端气温、凶禽猛兽、有毒动植物、森林火灾等也都会影响旅游安全的实现。另外,科技的发展为旅游业的发展提供了推动力,如交通技术的发展使旅游者的出行更加便捷,声控技术和光学技术在旅游人造景观上的运用增加了旅游景点对游人的吸引力等。同时,也应意识到,如果在设计、施工、使用等阶段出现失误,则先进的科技也有可能成为旅游安全隐患。

四、加强旅游安全保障的措施

（一）发挥政府在旅游安全体系构建中的主导作用

首先，政府具有制定社会秩序、行政规划的权力，政府应具备长远的旅游安全视野。旅游行业的安全标准、旅游经营者的安全规范、旅游保险和旅游救援的规范，以及旅游者在旅游过程中应当遵从的行为准则，都包含在政府对旅游安全的思考范围之内。

其次，及时发布旅游安全警示与安全预案。旅游安全警示可以以警告、提醒等各种方式向旅游者提示，目的是要为旅游者提供有效的信息。把可能出现的危险事先向旅游者传达出来，对旅游安全保障十分必要。如 2006 年 4 月，我国公布的《中国公民出境旅游突发事件应急预案》中第一次对旅游安全警示做出了具体的规定，按照旅游安全的轻重程度，采取提示、劝告、警告三种警示形式。2006 年，国务院发布了《国家突发公共事件总体应急预案》，将突发公共安全事件分为 4 级，依次用红色、橙色、黄色和蓝色表示。

另外，营救旅游者是政府不可推卸的责任。随着中国公民国内旅游和出境旅游的发展，旅游救援问题逐渐显露出来。目前我国在探险旅游中一些安全事件的救援，主要靠政府力量来进行。但从长远看，政府除了参与救援外，更主要的是建设旅游救援制度，扶持救援机构的建立。

（二）完善旅游经营者在旅游各环节的安全操作

每一个旅游经营者、旅行社及交通部门都有责任保障旅游者的健康，将旅游者在旅游、访问中出现问题的几率降至最低。因此旅游经营者在旅游的各环节必须做到安全操作，要对食、住、行、游、购、娱六个环节全面实施安全管理，真正做到饮食安全、住宿安全、旅行安全、游览安全、购物安全、娱乐安全。

旅游活动中的饮食直接影响着旅游者的健康状况，进而影响着旅游活动能否顺利完成。旅游饮食中的安全问题首先是食物中毒和营养不良引发的不适。为确保旅游饮食安全，要对食品卫生进行安全管理，做到餐饮生产卫生、餐饮服务卫生、旅游者个人卫生。第二是对饮食场所消防进行安全管理，避免电气失火、烹调起火、抽烟失火、管道起火、加热设备起火以及其他人为因素的火灾等。第三是对旅游饮食场所防盗管理，杜绝在旅游饮食场所发生盗窃，加强治安管理。

住宿也是旅游活动中不可或缺的部分。旅游住宿中的安全问题主要表现为偷盗；火灾；逃账等问题。为确保旅游住宿安全，住宿场所管理者应根据住宿场所的特点，根据国家的有关法规，制定出科学、有效的安全管理的计划、制度与措施，并使这个计划、制度与措施和住宿场所（饭店）的经营管理工作紧密结合起来。

旅行是旅游者借助各种交通工具，来往于居住地到旅游目的地或者是旅游目的地间的空间位移活动。旅行安全事故主要有旅游交通事故、疾病、黄赌毒、犯罪、自然灾害以及特殊事故等表现形态，其中又以旅游交通事故、犯罪最为经常发生。旅游交通安全管理法规是旅游安全管理的依据，是旅游交通安全管理的基础。与旅游交通安全管理有关的交通管理法规有道路交通法规、铁路交通法规、水上交通法规、航空运输法规。

游览是旅游活动中的核心环节。与其他安全管理相比,游览安全管理具有安全责任更大、安全管理难度更大、技术更高、不安全因素更多的特点,因此,游览安全管理比其他安全管理更为复杂和困难。游览安全主要有景区犯罪、自然灾害、旅游设施安全事故、疾病、火灾以及其他意外事故等表现形态。为确保旅游者的游览安全,必须建立包括安全岗位责任制、领导责任制、主要岗位安全责任制、安全管理工作制度、经济责任制等在内的景区安全管理制度,并在具体工作中认真落实和遵守。

旅游购物是我国旅游活动六个环节最薄弱也是最有发展空间的环节之一。购物安全主要表现为欺诈、偷窃、抢劫、勒索、火灾等方面。旅游购物安全管理对于其他旅游安全管理而言相对较为薄弱,主要应从旅游购物安全和旅游购物行业安全教育两方面入手,在加强旅游购物行业安全管理的同时,加强对旅游者的购物安全教育,让旅游者提高警惕,增强消费安全意识。

随着旅游业的发展,各种各样的娱乐活动丰富了旅游者的活动内容。健康、文明的旅游娱乐活动不仅可以开阔旅游者的眼界、充实旅游活动内容,还能帮助旅游者进一步了解各地文化,起到推动中外文化交流的作用。为确保旅游者在游乐场所的安全,我国制定了安全管理标准与法规条例,贯彻实施这些标准对保障娱乐安全起到了巨大作用。当前对黄赌毒的防控与管理仍然是一项长期艰巨的任务,应从行业控制与管理、旅游者禁黄赌毒教育与管理等方面同时入手。

(三)旅游者自身务必树立"安全第一"的观念

即使旅游者购买了全包价旅游产品,也应在安全问题上避免对旅游企业的有过分依赖,应树立"安全第一"的观念,提前做好通过预防性措施,最大限度地杜绝和避免旅游安全事故的发生。这就要求旅游者掌握必要的旅游安全常识,旅游行程开始前对旅游目的地的基本情况做一些了解。尤其对出境游客来说,更应注意以下问题:①理性防御恐怖组织威胁;②了解旅游目的地的相关禁忌;③了解相关国际公约和目的地国家和地区的相关法律;④了解不同国家和地区的海关规定。

任务二 专项旅游活动安全管理

一、岛屿旅游安全管理

(一)构建岛屿旅游安全管理系统的必要性

1. 由岛屿旅游的特殊性所决定

岛屿旅游是指在江、河流、湖泊、海洋等水域的岛屿及周围水域中开展的观光、休闲、娱乐、游览和度假等活动。岛屿旅游安全管理是一个十分复杂的工程,它不仅具有一般旅游安全管理的内容,还需要考虑岛屿特殊的地理、气候等因素,需要与气象、交通、海防等各个有关部门进行合作与沟通,此外,还必须保证岛屿旅游安全管理部门之间的沟通顺畅、指挥统一。岛屿旅游安全管理的复杂性和综合性要求岛屿旅游安全管理要有一套合理的系统来进行规范。

2. 保护岛屿生态环境的需要

岛屿在地理上是独立的单元,生态环境单一,旅游承载力有限,生态环境十分脆弱,是旅游安全事故的易发区。而岛屿旅游安全管理系统的构建可以通过控制游客量等手段,最大限度地维护岛屿旅游的生态环境,使岛屿旅游生态环境处于最佳状态,因此,岛屿旅游安全管理系统的构建是保护岛屿旅游生态环境的必要手段。

3. 减少岛屿旅游灾害损失的必然要求

岛屿特殊的地理位置决定了其是自然灾害频繁和不可预见性事故的高发区,再加上岛屿旅游休憩性强、依海活动项目多、受自然因素影响大、游客在景区逗留时间长等特点,使岛屿旅游安全对人体健康的威胁和事故或灾害造成的经济损失巨大。相关资料表明,仅 2004 年 12 月发生在印度洋地区的海啸就有约 15 万人死亡,直接经济损失超过 130 亿美元。因此,如何减少岛屿旅游灾害损失是岛屿旅游安全管理的核心,这就必然要求岛屿旅游安全管理要有一套能够及时传递有效信息、做好预防救援工作的系统。

(二)岛屿旅游安全管理系统的构建

1. 信息管理系统

信息管理系统主要由天气预报信息、环境污染信息和旅游容量信息三个子系统构成,每个子系统都有信息的收集和报送两个环节。岛屿是海啸、地震、台风、赤潮等自然环境灾害发生的敏感区,旅游安全有很强的不可预见性,及时、准确的预警信息有利于缓解和减少其带来的巨大经济损失和对人们生命财产的威胁。岛屿旅游安全预警应实时监测潮差、天气、海水水质等指标数据并进行对比分析,预测可能引发的各种危及旅游安全的灾害与事故,同时根据可能发生危害程度,发出不同级别的警报。

2. 安全预警系统

安全预警系统由环境污染预警、环境容量预警两部分组成。

岛屿旅游会造成旅游区海水、固体垃圾、空气和噪声等环境影响。为了控制和减缓污染,确保旅游者身体健康,必须实时监测岛屿的海水水质、空气质量、气象要素、海滩游客量、海水涨落等情况,对污染物超标可能发生污染事故的地区发出预警信息。岛屿旅游环境容量是指岛屿旅游区环境各要素在特定时期内所能承受的旅游者人数和旅游活动强度。旅游环境容量是旅游安全管理中的关键性问题,可以通过计算的方式得出。

3. 安全监督系统

安全监督是岛屿旅游安全管理的必不可少的一个环节。只有建立有效的岛屿旅游安全监督系统,才能保障其他管理系统的有效运行。以旅游六要素为监督对象,安全监督系统又可细分为餐饮、住宿、交通、游览、购物、娱乐六个项目的监督。岛屿旅游这六个要素的安全标准除了符合一般的标准外,由于岛屿淡水资源缺乏,餐饮的安全监督要特别关注水质的监测。另外,水上交通和海上旅游项目也是岛屿旅游安全监督的重点。

4. 应急救援系统

由于岛屿旅游自身的特点,事故一旦发生,如果得不到及时、有效的处理和控制,会造成重大损失,因此,必须制定事故应急预案,有效地降低事故造成的损失。

岛屿旅游除环境脆弱特征外,游客多以休憩、度假、疗养为主,逗留时间长,人口高度密集,对旅游景区环境容量要求较高。由此引发的旅游安全事故种类多、情况复杂,同时事故应急救援涉及面广,涵盖了气象、环保、公安、医疗、海上救助、交通、社区服务等不同领域,这些都给事故的应急处理带来了困难。岛屿旅游安全预警与事故应急救援系统的建立应实现各部门间的联合互动,帮助决策者选择合理预案,为现场应急方案的最终制定提供科学依据。

5. 生态安全系统

岛屿上的资源大多为不可再生资源,并且这些资源一经破坏则很难恢复,甚至还会引发安全事故,因此岛屿生态安全系统的建立也是岛屿旅游安全管理关键的一环。外来物种的进入可能对岛上原有的生物造成威胁,游客不经意间从外面带来的生物物种是岛屿生态安全应该防范的,因此有必要设立外来物种的控制系统,保护岛屿的生态环境和旅游资源,使岛屿的旅游环境、旅游资源安全有所保障,旅游环境容量得到有效控制,岛屿旅游实现可持续发展。

二、极高山旅游安全管理

(一)极高山旅游的特征

地貌学界按山地形态和高度,习惯上把我国山地划分为极高山、高山、中山、低山和丘陵 5 类,海拔在 5000m 以上的山称为极高山。我国境内的极高山众多,其中以世界第一高峰珠穆朗玛峰(海拔 8848m)以及世界第二高峰乔戈里峰(海拔 8611m)最为险要。

极高山很早就成为登山运动员、探险家和科学工作者攀登和考察的对象。目前,绝大多数极高山既是风景区,又是自然保护区。极高山气候复杂多样,植被完整,生态环境原始,景区内风光优美,有森林、瀑布、温泉、湖泊、冰川、雪峰等自然资源形态,是开展科考与旅游活动的极佳场所,因而日益受到普通旅游者的青睐。

然而,因极高山地势崎岖、位置偏僻、气候多变、交通不便,再加上相当部分景区的开发和管理不完善,旅游设施不足等,在给旅游活动提供广阔空间的同时,也给普通旅游者带来了诸多的安全隐患。为了保证极高山旅游健康可持续发展,建立一套科学、合理,具有可操作性的极高山旅游安全保障体系尤其重要。

(二)极高山旅游安全保障存在的问题

在我国,极高山旅游活动开展的时间较短,目前,在极高山旅游安全保障方面存在以下问题。

一是相关极高山旅游相关法规体系建设滞后;二是极高山地理环境很不稳定,旅游安全预警信息发布不及时,信息发布技术落后;三是极高山的旅游线路设计不完善,缺乏对线路的风险等级评估;四是缺乏统一的应急救援指挥中心,应急救援机构反应迟钝,旅游安全事故搜救技术落后,搜索能力有限,搜救效率不高。

(三)极高山旅游安全保障体系

一套完善、科学的旅游安全保障体系是旅游者旅游活动能够安全、顺利进行,旅游业能够得以正常健康发展的关键。建立包括旅游者安全保障、旅游从业人员安全保障、旅游资源安全保障在内的旅游安全保障体系,为各地的旅游安全管理相关部门与机构提供宏观和微观方面指导至关重要。

1. 旅游安全政策法规

与旅游安全相关的政策法规是旅游安全保障体系的基础,指导并规范着旅游安全保障体系中的预警、控制、施救等环节,并为旅游安全管理提供法律依据。为了确保极高山观光休闲旅游和特种旅游的可持续发展,其政策法规应包括旅游安全法、户外运动法、登山旅游管理条例、探险旅游管理条例以及相关的休闲旅游管理条例等。这些旅游安全政策法规的设立与出台将确保极高山旅游健康可持续发展,约束旅游相关方的行为,降低极高山旅游安全事故发生的几率。

2. 旅游安全预警

极高山旅游安全预警的实现必须依靠信息来支撑,有关安全的信息应由专门的信息机构进行收集、分析,并制定相应的对策以及发布信息。针对极高山旅游活动的特征以及容易出现的安全事故,信息应包括自然条件方面的因素,如气候变化带来的安全隐患,地质地貌引起的地震、塌方、泥石流等自然灾害,以及人为因素如交通治安等。旅游安全预警应重点针对两种情况:一是对可能发生事故及灾害的区域提前发出预测和预警信息,防止或避免其发生;二是对已发生的安全事故发布报警信息,减少事故损失,保护旅游者的生命与财产安全。

3. 旅游安全控制

旅游安全控制是旅游行政主管部门、旅游企业、旅游者及其他社会机构之间通过制度、政策控制和利益协调而相互影响、相互作用的管理过程。极高山旅游安全控制可以从极高山旅游制度、技术和旅游文化三方面进行,三者相互联系,密不可分。

4. 旅游安全救援

旅游安全救援是为预防、控制和消除旅游景区对旅游者生命、财产和景区资源造成重大损害所采取的救援行动。旅游安全应急救援指挥体系应在应急救援指挥中心的统一指导下,由领导机构、协调机构、专家组、救援机构和支撑保障部门组成,同时,在这个体系中,各级政府相关部门应起到重要的作用。

5. 旅游保险

旅游保险可以分散旅游风险,保障旅游企业和旅游者的权益,旅游企业或组织在开展旅游活动时应购买相应的责任险。此外,针对极高山开展的特种旅游,旅游险种应具有针对性,普通旅游者除了购买人身意外险外,还应购买旅游救助险。该险种是专门针对山地旅游活动而设立的一种保险项目,它将原来的旅游人身意外保险的服务扩大,将传统保险公司的一般事后理赔向前延伸,变为事故发生时能提供及时有效的救助。

三、体育旅游安全管理

(一) 构建体育旅游安全体系的必要性

体育旅游已成为当今一种重要的旅游活动形式,徒步旅游、骑马旅游、登山旅游、狩猎旅游、滑雪旅游、野营旅游、自行车旅游、自驾车旅游、探险旅游、漂流、攀岩等带有一定刺激性和挑战性的体育旅游项目吸引了大量体育旅游爱好者,体育旅游在满足人们的精神需要和促进国民经济发展方面,都发挥着日益重要的作用。

在体育旅游迅猛发展的同时,不时出现的安全事故使旅游者的安全保障问题日益突出。体育旅游者通过挑战和超越自我而获得满足和愉悦,正是体育旅游的魅力所在。有些体育旅游项目(如攀岩、蹦极、探险等)本身具有一定的危险性,一些大型体育旅游活动的顺利开展,也更需要安全措施的保障。因此,如何做好体育旅游安全管理,已成为影响体育旅游活动持续发展的重要问题。

(二) 影响体育旅游安全的因素

1. 自然环境因素

如在体育旅游过程中,发生的山洪、滑坡、泥石流、暴风雪等自然灾害,或体育旅游者不慎接触到有毒动植物,遭遇凶猛野兽等。

2. 人为因素

如体育旅游设施存在质量问题、交通车辆车况不佳、景区防护设施缺乏、食物中毒、刑事犯罪等。而所有这些原因,归根结底是由以下方面造成的。

一是政府对体育旅游业的宏观调控和管理力度不够;二是目前许多体育旅游企业(如旅行社、旅游景区景点)经营管理不善,经营理念落后,安全意识淡薄,硬件设施跟不上;三是部分体育旅游者安全意识淡薄,过分信赖活动组织部门。

无论是自然环境因素还是人为因素,安全事故并不是不可避免的。只要体育旅游各相关方面积极行动起来,发挥各自的作用,尽职尽责,一定能构建出既能保障体育旅游者的安全,又能促进各方自身持续发展的体育旅游安全体系。

(三) 构建体育旅游安全体系的措施

1. 旅游行政管理组织

旅游行政组织是代表政府直接管理旅游业的组织。无论在何种旅游业发展模式中,保护旅游者的安全都是旅游行政组织的主要职能之一。旅游行政组织在保障体育旅游安全方面的职能主要有以下几点。

(1) 完善相关法律、法规。我国现有的体育旅游方面的法律、法规还很不完善,为了满足体育旅游发展的需要,亟须出台更多的法律、法规。体育旅游活动的开展不只涉及旅游方面的法律、法规,还涉及体育方面的法律、法规,这就需要旅游行政组织要加强与体育行政组织的协调和沟通,取得体育行政组织的支持和配合。

(2) 协调、沟通和合作。建立和健全安全检查工作制度,根据不同时期的不同重点,联合各部门开展旅游安全检查,强化旅游安全管理,消除旅游安全隐患,特别要加强对汽车、游船、轮渡、缆车等游客运载工具,攀岩、蹦极、探险、漂流、射击、大型游艺机等容易发生安全事故的旅游项目和装备,以及容易发生火灾、食物中毒以及群死群伤事故的大众娱乐场所、餐馆摊点等设施和场所的重点检查。

(3)建立体育旅游安全预警机制。自然灾害、疾病、社会治安等许多突发事件对体育旅游业都会有影响,但如果我们有相应的安全预警机制和措施,会把损失减少到最低程度。由于企业的信息获取渠道有限,旅游行政管理组织应该完善公共信息平台,对国内外一些影响体育旅游的事件,如疫情、社会问题、地质灾害等予以发布并警示,引导游客分流,防止拥挤、踩踏等安全事故的发生。

2.体育旅游行业组织

体育旅游行业组织是指由旅游、体育、体育旅游有关社团组织和企事业单位在平等自愿的基础上组成的各种行业协会,代表和维护会员的共同利益和合法权益,在旅游行政组织和体育旅游企业之间发挥桥梁和纽带作用,协助旅游行政组织加强对体育旅游行业的宏观管理,具有协调和监督作用。

体育旅游行业组织可以通过以下方式,发挥其协调、监督作用,保障体育旅游者的安全。一是向会员宣传政府制定的安全相关政策、法律法规并协助贯彻执行。二是组织会员订立行规、行约并监督遵守,加强行业自律,规范和监督会员的行为,从而保障体育旅游者的安全。三是定期检查企业会员的经营管理,对安全措施良好或发生安全事故的会员采取相应的奖惩措施。四是通过制定质量标准,搞好质量管理工作,不断提高体育旅游企业的服务质量,从而防止安全事故的发生。

3.体育旅游企业

体育旅游企业是体育旅游服务的直接提供者,其经营管理直接关系到体育旅游者的安全。体育旅游企业的安全管理职能主要包括以下几个方面。

(1)加强安全意识,遵守安全法律、法规。在企业内部设立安全机构,配备安全管理人员,制定安全规章制度,实施安全责任制。对重大体育旅游活动,要制定安全保护预案和急救措施,重视对服务设施的定期检查和保养,及时发现安全隐患,防患于未然。

(2)在企业内部建立安全预警机制。出游前必须与旅行社签订详尽的全程合同,落实旅游安全和卫生等各项防范保险措施,告知旅游目的地的基本情况,如是否某种疾病的多发季节、多发区,地区水质如何等,并告之应采取的相应措施。

(3)加强对员工的安全教育。包括安全意识的教育和安全措施的培训,为体育旅游者提供服务,保护体育旅游者的安全。

(4)重视对体育旅游者的安全教育,发挥他们保护自身安全的主观能动性。可在出行前和旅途中,抓住适当时机对他们进行安全教育,培养他们的安全意识,并传授安全自救方法。

4.体育旅游者

(1)出行前要做好安全预防工作,了解天气变化情况,旅游目的地是否会有地质变化,如泥石流、山洪、滑坡等情况的发生,目的地的安全治安情况如何等,并带足必要的设备和物品。

（2）要具备必要的开展体育旅游活动的技术和安全自救知识，这是体育旅游者安全的基本保障，如果不具备尝试某项体育旅游活动的技术，不能贸然行动。

（3）体育旅游者要积极与体育旅游企业相配合，遵守安全规定，听从导游人员、技术指导人员的指导和劝告，勿擅自行动。

5. 旅游目的地居民

旅游目的地居民是当地的常住居民，在此主要指非从事体育旅游业的当地居民。旅游目的地居民在日常生活、工作中会经常和到当地进行体育旅游活动的旅游者接触。在旅游者发生安全事故时，这些当地居民可以利用其熟悉环境的优势，为体育旅游者提供帮助。当然，当地居民的乐于助人行为，除了当地居民的自发行动外，还需要当地政府的大力培育和引导，如宣传、奖励先进典型等。

四、自助旅游安全管理

（一）自助游的含义和特点

自助旅游是旅游者完全自主选择和安排旅游活动，没有全程导游陪同的一种旅游方式。随着现代旅游业的繁荣发展、人们出游能力的增强以及人们个性化需求的增长，自助旅游方式将为越来越多的旅游者所喜爱。

自助旅游在旅游组织方式和旅游目的方面与传统的包价旅游有所不同，其旅游活动安排自主性更强，旅游目的以消遣性为主，没有全程领队、导游陪同，旅游者须具备一定的素质和旅行经验。

自助游不仅能张扬个性、亲近自然、放松身心，最主要的是能完全自主选择和安排旅游活动，因而受到旅行者的推崇。同时，旅行社在产品深度开发与创新、服务标准与服务创新方面的不足也是造成旅游者更喜欢自助出游方式的一个原因。另一方面，交通、住宿等硬件条件的改善，客观上也为旅游者选择自助游提供了条件。

自助旅游区别于传统的包价旅游，因而在自助旅游中除了要注意一般的旅游安全问题，更要结合自助游的特点来规避可能的旅游风险，避免和减少旅游事故的发生。

（二）自助旅游安全问题产生的主要原因

1. 非可控因素

（1）由于个性化的自助旅游与团队游相比人员少、信息较闭塞、景区景点相对独立或具有探险挑战性，旅游随意性较大，因而自助旅游更容易受到恶劣气候与自然灾害的影响。

（2）法律、法规不健全是导致自助旅游事故发生的另一主要原因。目前我国政府及旅游行政管理部门虽已注意到迅猛发展的自助旅游，但是在如何以法律的形式保障这种既没有签署合同也无明确责任承担者的旅游方式方面基本上还是空白。这也为自助旅游安全事故发生后的处理埋下了隐患。

（3）相关社会保障机制不完善，政府及旅游行政管理部门对自助旅游管理不到位，天气、路况及安全形势等出游信息的流通不畅等也是导致自助旅游事故发生的主要原因。

2. 可控因素

(1) 游客因素。自助旅游者由于出游前准备不充分,对旅游目的地的信息了解较少,对旅游过程中出现的突发性问题估计不足,高估自己的能力以及自身缺乏旅游经验、缺少紧急情况下的自救知识、安全意识淡薄、自身身体素质差等原因,导致在旅游过程中由游客自身原因引发的事故较多。另外,相对于国外旅游者而言,国内旅游者的保险意识较弱。自助旅游者更是如此,大约90%以上的自助旅游者出行都不会购买旅游意外险,因此等到意外发生时得不到相应的经济补偿。

(2) 组织管理因素。景区景点负有对包括自助旅游者在内的所有游客的安全管理责任,以保障旅游者的人身财产安全。目前景区景点存在的如设备设施不健全、缺乏有经验的员工、对设施的检查力度不足、景区景点人员安全意识淡薄、旅游安全宣传力度不够等问题为旅游事故的发生埋下了隐患。再加上景区往往视自助旅游者进入景区后的旅行为"走私旅行",认为这种性质的旅行不但损害景区利益,还会给景区景点带来很多不必要的麻烦,因此在对待自助旅游者的安全管理上不是非常严格,从而进一步导致了自助旅游事故的发生。

(三) 减少自助旅游安全事故的措施

1. 加强宣传教育,培养安全意识

自助旅游中的安全问题大多与自助旅游者安全意识缺乏有关。目前政府及景区在自助旅游安全方面的指导与教育力度明显不足。相关部门可以设立专门机构、安排专门经费,采取多种形式对自助旅游进行广泛的出行知识宣传与安全教育,为自助旅游者提供有效的旅游安全与出行指导。增强自助旅游者的安全意识,预防事故的发生。

2. 注重领队的作用

目前有些自助旅游实行的是领队带队出游,并有少数约伴活动。领队将被视为是活动的组织者,领队跟队员之间存在着领导和被领导的关系,领队对队员承担着安全保障义务。但目前不少自助游团队的"领队"并没有得到相关部门的认证,只是出于经验和热情担当此任。一些提供此项服务的网站管理者、版主也只是义务监督,并没有对领队做出具体条件的限制。面对越来越频繁的户外事故,政府应该对自助旅游活动的发起者有一定的限定,如领队必须有一定的旅游经验,并受过比较正规的培训等。此外可以考虑推行自助旅游活动责任权利协议书,以合同的形式来约定领队和队员的责任与义务,以便事故发生后有据可凭。

3. 推行自助旅游保险

对于旅行社组团旅游,国家已经立法强制旅行社投保责任险,由旅行社对游客安全负责。自助旅游者出游往往放弃成熟景区而选择待开发区域,而目前的一个现实是只有在已开发成熟的景区才有出现安全事故时可由已投保景区负责安全事故处理的相关规定。因此在强制推行景区与旅行社责任险的同时,也可以考虑强制推行自助旅游者个人保险,如旅游救助险、旅客人身意外伤害险、住宿旅客人身保险等针对自助旅游者的一些特殊险种。

4. 完善相关法规体系

尽管国家和地方政府在旅游管理方面制定了众多的旅游管理法规,但在自助旅游的安全管理、旅游消费安全等方面尚无法律规定。为了保证自助旅游者的安全,防止自助旅游者在旅途中各类安全事故的发生,以及在自助旅游中发生安全问题后能及时得到合法处理,推动自助旅游消费安全与管理立法是十分必要的。自助旅游发展比较迅速的省市可以优先考虑出台一些地方性的法规,规范自助旅游市场。

5. 完善安全事故救援体系

为了确保自助旅行的顺利进行,国家和旅游行政管理部门除要全面建立旅游预警制度外,还应建立完善自助旅游救助系统,使自助旅游者在遇到意外事件时能立刻得到相应救助。各旅游景区及其主管部门要制定安全事故应急预案,突发安全事故应该得到及时处理。通过以上措施为自助游客提供优良的安全与出行服务。此外,建立健全由有爱心、有经验的户外爱好者组成民间户外救援体系,宣传户外安全意识,普及户外知识,提高自助旅游者的户外安全能力,并与当地政府、公安消防部队相互配合,发挥各自长处,以较低社会成本及时完成救援。

案例 1

驴友事故频发 户外管理脱节

近日,为营救 19 名驴友和 39 名师生,北京警方共出动警力数百人次及直升机 7 架次,耗时 34 小时。

近年,越来越多的旅游爱好者开展"探险游",寻找新鲜和刺激,但由此引发的伤亡事故却频繁发生。面对如此高的代价,"探险游"为何事故频发? 安全隐患能否消除?

一些资深驴友表示,驴友、政府部门、救援组织、保险机构等,应互相配合,均从自身出发,促进"探险游"的良性发展。

在绿野救援队长海猫的印象中,他们的救援电话时常会响起,每次接听电话,驴友总会问一些很基本的知识。有些驴友连 GPS 都不会用就上山了,"如果这样,迷路就太正常了"。

2010 年度中国户外安全事故调研报告(中国紧急救援联盟蓝天救援队发布)显示,户外事故主要集中在夏季和秋季,因为夏秋两季户外活动比较频繁,10 月份最高有 42 起,其次是 7 月份有 27 起,8 月份有 23 起。冬季主要是经验丰富的户外人士进行活动,虽然有事故发生,但数目不多。报告收集了 22 个省份的户外事故,其中以北京和陕西为事故高发地区。陕西有 40 起,遇难人数 15 人,为全国最多;北京有 33 起,遇难人数为 4 人(3 人溺亡,1 人心脏病突发)。

资深驴友"原上草"表示,近年,驴友数量逐年上升,自身素质良莠不齐,其往往通过网络论坛或者户外运动俱乐部组织探险活动。在这些团体中,负责人或组织者(驴头)的资质认定没有标准,在队员中积累了一定的人气,就算是被认可了。不少民间驴友团体,没有专业的户外运动指导人员和器材,无力提供专业安全保障,这样的组织出去我们称之为自杀行为。

"原上草"介绍说,目前相关政府部门要求驴友组织在活动前,去相关机构(如登协)备案,告知自己的动向。但在这方面,大伙行动力不高,一是对方的主体不明确,不知道到哪儿去备案;二是在驴友们的印象中,存在着"即使备案也没什么帮助,最多是留个退路"的认识。从这点来看,可以说官方管理部门与民间团体是有些脱节的。

"救援技巧非常重要。"绿野救援队队长海猫称,驴友要做好足够的功课,还要掌握基本的抢救知识,如果遇到大出血,即使救援队赶到,也没法挽救性命。比如在山中迷路,应该学会如何保存自己的体力,如果信号不强,如何使用信号报警等。"所以学习技能也是保护自己。"

律师白小勇建议,有关部门应尽快制定相关法律或规章制度。比如,要求各景点加强管理,多设立警示标志,多劝阻。采取收保证金的方式,让户外运动者交纳一定的费用。采取强制保险,出现意外事件后,由保险部门买单。户外运动者也应承担一定责任,以此达到让运动者事前充分考虑好后果及评估自身能力的目的,做到量力而行。

资料来源:驴友事故频发　户外管理脱节. http://focus.news.163.com/11/0406/11/70V2KKR700011-SM9.html,2011-04-06

任务三　大型活动安全管理

一、认识大型活动

(一)定义

根据国务院颁布的《大型群众性活动安全管理条例》,大型群众性活动是指法人或其他组织面向社会公众举办的、每场次预计参加人数在 1000 人以上的系列活动,包括体育比赛、演唱会、音乐会、展览展销会、游园、灯会、庙会、花会、焰火晚会等活动。

(二)特点

1. 人数多,规模大

参与人群在一定时间内高度集中,是大型活动的一个最显著特点。另外,虽然一些大型活动的人群规模、人员流动有预测的可能,但由于各种不确定因素的影响,预测结果与实际情况往往存在很大的出入,呈现出一定的不可预测性。

2. 人群分布的不均匀性

人群分布可分为时间分布和空间分布。根据重大活动的统计数据表明,大型活动人群的日分布、时段分布不均匀现象明显。周末、节假日人员较多;周期较长的活动,启动与收尾阶段人员较多,是人群的两个高峰期;单日人员主要集中于上午 10 点至下午 2 点。大型活动场所的不同区域,人群分布同样不均匀,如展览会人群集中于展台,游园活动中人群主要集中在几个热门园区。

3. 时空特定,主题明确

不同活动举办的场所虽然有所不同,有的在露天场所,有的在室内场所,有的是临时搭建的舞台,有的是固定的舞台,但大型活动都是在一个特定的时间和空间内,围绕一个明确的主题举行的。

4. 社会公开性

大型活动不同于某些单位或部门组织的内部活动,一般是向社会公众主办的,同时也需要群众的参与,因而具有社会公开性的特点。

5. 非日常性

大型活动不是经常举办的活动,这一特点使其与日常进行的活动或例行事务区别开来,对人们而言是提供了正常选择范围以外或非日常经历的一种体验。

（三）分类

根据大型活动的定义与特点,我们可以从不同的角度将其进行分类。

按照活动内容划分,大型活动可分为文艺演出、体育比赛、庆典活动、展览展销、招聘会、庙会、灯会、游园会等。按照活动性质划分,大型活动可分为政府行为类活动、商业行为类活动、文艺行为类活动、体育行为类活动、群众行为类活动等。按照活动场所划分,大型活动可以分为开放空间大型活动和封闭空间的大型活动等。

二、大型活动安全事故的主要表现

大型活动期间,人员数量一旦超过预期规模,将很可能引起相关服务设施、服务人员、管理能力等"高峰效应",从而增加发生坍塌、火灾、人群挤压、人群骚乱等事故的概率。另外,活动的休闲性降低了人们对随身携带财物的防范能力,给违法犯罪分子提供了可乘之机,易发生财物受损或遗失。

踩踏是指在人员密集场所中,由于现场秩序失去控制,发生拥挤、混乱,导致大量人员被挤伤、窒息或踩踏致死的事故。踩踏事故具有诱因复杂、事故突发性、控制难度大、后果严重等特点。例如 2004 年 2 月 1 日,在沙特麦加朝圣活动中出现拥挤混乱场面,251 人被踩死,244 人受伤;2005 年 8 月 31 日伊拉克巴格达一个宗教场合因谣言引发秩序混乱,最终导致近千人死亡。

大型活动场所一般都是在体育场馆、礼堂或特定的公共聚集场所,这些相对较小的公共场所由于集中汇聚大量人群,一旦有事故出现,由于恐慌心理及其他原因,极易产生连锁反应,造成比原发事故更为严重的后果,即为聚集人群的扩大效应。例如,演唱会、体育比赛的看台因设计、结构或材料等原因倒塌后,引起观众的惊慌和拥挤,从而使看台的裂隙进一步增大而压伤更多的人,或者导致有人被汹涌的人流所踏伤,事故危害范围和程度增加。

三、我国大型活动安全管理存在的问题

（一）安全意识薄弱,管理理念落后

我国《群众性文化体育活动治安管理办法》第五条规定:申请举办群众性文化体育活动的公民、法人和其他组织应对活动的具体内容、安全保卫措施承担责任,并制定安全管理的方案。由此可见,我国在大型活动的安全管理中倡导"谁主办,谁负责"的原则,公安

机关是承担监督、检查和指导的职能。但是,在实际工作中,由于安全意识薄弱,管理理念落后,这一原则还远远没有在理念和行动上得到贯彻。

（二）安全管理体制不健全,应急机制落实不到位

大型活动安全管理涉及多个部门,只有各相关部门之间互通信息、相互配合,才能凝聚成强大的力量,构筑严密的安全网。因此,在大型活动中建立科学的安全管理领导体制是必不可少的。我国大型活动安全管理的领导体制还不完善,普遍存在着领导层繁杂,指令缺乏权威性的情况。另外,我国大型活动应急机制落实不到位,缺乏有效的应急措施,一旦发生突发事件,警方及其他部门措手不及。

（三）安全管理力量专业化程度低,安全管理科技含量低

从目前大型活动的安全管理现状看,我国安全管理对科技的运用主要存在以下几个问题。一是装备科技含量低,目前公安机关所使用的安全管理产品不能完全满足勤务的需要。二是科技投入不够。由于我国已经在较长的时间内处于和平状态,在我国大多数人心目中,恐怖主义是比较遥远的名词,没有亲身的感受,一些管理部门对于高科技的技术防范缺乏重视。三是我国安防产业自身发展比较落后,自主开发的安防产品较少,缺乏研发创新能力,不能满足大型活动对优良安全管理产品的需求。

（四）法律保障滞后,难以满足现实工作的需要

目前,我国大型活动的安全管理正在步入法制化轨道,但是与实际需要相比,与国际化目标相比,法律、法规的不完善仍是我国大型活动安全管理发展的一个瓶颈。一方面,我国当前的大型活动安全管理许多都是在沿用过去的法律条款,由于受时代的限制,有些法律条文已经和当前的社会现实有了较大的差距,现实作用性减弱。另一方面,我国在大型活动上的法律规范远远不够,与一些规章制度产生矛盾,致使法律不能起到应有的作用。

四、加强大型活动安全管理的措施

（一）加强安全意识,落实安全许可制度

大型活动的安全管理应遵循安全第一、预防为主的方针,坚持承办者负责、政府监管的原则。我国《大型群众性活动安全管理条例》规定,大型群众性活动的预计参加人数在1000人以上5000人以下的,由活动所在地县级人民政府公安机关实施安全许可;预计参加人数在5000人以上的,由活动所在地设区的市级人民政府公安机关或者直辖市人民政府公安机关实施安全许可;跨省、自治区、直辖市举办大型群众性活动的,由国务院公安部门实施安全许可。

（二）制订并落实安全工作方案

举办大型群众性活动,承办者应当制订安全工作方案。安全工作方案包括下列内容:活动的时间、地点、内容及组织方式;安全工作人员的数量、任务分配和识别标志;活动场

所消防安全措施;活动场所可容纳的人员数量以及活动预计参加人数;治安缓冲区域的设定及其标识;入场人员的票证查验和安全检查措施;车辆停放、疏导措施;现场秩序维护、人员疏导措施;应急救援预案。

（三）明确并落实承办者、场所管理者、公安机关的安全责任

我国《大型群众性活动安全管理条例》规定,大型活动的承办者对其承办活动的安全负责,县级以上人民政府公安机关负责大型群众性活动的安全管理工作,县级以上人民政府其他有关主管部门按照各自的职责,负责大型群众性活动的有关安全工作。

承办者具体负责的安全事项:落实大型群众性活动安全工作方案和安全责任制度,明确安全措施、安全工作人员岗位职责,开展安全宣传教育;保障临时搭建的设施、建筑物的安全,消除安全隐患;按照负责许可的公安机关的要求,配备必要的安全检查设备,对参加大型群众性活动的人员进行安全检查,对拒不接受安全检查的,承办者有权拒绝其进入;按照核准的活动场所容纳人员数量、划定的区域发放或者出售门票;落实医疗救护、灭火、应急疏散等应急救援措施并组织演练;对妨碍大型群众性活动安全的行为及时予以制止,发现违法犯罪行为及时向公安机关报告;配备与大型群众性活动安全工作需要相适应的专业保安人员以及其他安全工作人员;为大型群众性活动的安全工作提供必要的保障。

大型群众性活动的场所管理者具体负责的安全事项:保障活动场所、设施符合国家安全标准和安全规定;保障疏散通道、安全出口、消防车通道、应急广播、应急照明、疏散指示标志符合法律、法规、技术标准的规定;保障监控设备和消防设施、器材配置齐全、完好有效;提供必要的停车场地,并维护安全秩序。

公安机关应当履行的职责:审核承办者提交的大型群众性活动申请材料,实施安全许可;制订大型群众性活动安全监督方案和突发事件处置预案;指导对安全工作人员的教育培训;在大型群众性活动举办前,对活动场所组织安全检查,发现安全隐患及时责令改正;在大型群众性活动举办过程中,对安全工作的落实情况实施监督检查,发现安全隐患及时责令改正;依法查处大型群众性活动中的违法犯罪行为,处置危害公共安全的突发事件。

（四）加强宣传教育和业务培训

一是对经常举办大型活动的法人和场地出租单位的安全责任人进行培训。通过培训,使他们了解、掌握、熟知申办大型活动的程序、方法,特别是要明确自身的安全责任,积极主动地落实责任,开展安全管理工作。二是搞好主管大型活动的主管人员的培训。通过培训,增强民警的安全责任意识和法制意识,规范对大型活动的安全管理,提高应对、处置突发事件的能力。三是教育参加大型活动的人员提高安全意识,遵守法律、法规和社会公德,遵守大型群众性活动场所治安、消防等管理制度。

（五）加快法制建设步伐,为安全管理提供完善的法律依据

法律、法规是做好大型活动安全管理的根本依据。法制不健全,就会使执法活动无法可依,不能为正常的安全管理提供保障。在新形势下,大型活动的增多意味着安全管理任务更加繁重,而日益宽松的政策也为犯罪分子提供了机会。随着我国与国际接轨步伐的

加快,我国相关的安全管理法律要更多地考虑国际因素,尽快跟上国际步伐。

案例 2

新 疆 克 拉 玛 依 大 火

　　1994 年 12 月 8 日,克拉玛依市教委和新疆石油管理局教育培训中心在克拉玛依市友谊馆举办迎接新疆维吾尔自治区"两基"(基本普及九年义务教育、基本扫除青壮年文盲)评估验收团专场文艺演出活动。

　　全市 7 所中学和 8 所小学的学生教师及有关领导共 796 人参加。在演出过程中,18 时 20 分左右,舞台纱幕被光柱灯烤燃,火势迅速蔓延整个剧场,各种易燃材料燃烧后产生大量有害气体,由于友谊馆内很多安全门紧锁,从而酿成 325 人死亡,132 人受伤的惨剧,死者中 288 人是学生,另外 37 人是老师、家长、工作人员和自治区教委成员。

　　事故发生后,党中央、国务院立刻召开了紧急会议,并认真调查了事故的原因。自治区领导带工作组、医疗队赴克市抢救伤员,与中央调查小组一起调查事故原因。很快就查明,"12·8"特大火灾一案纯属责任事故,起火原因是舞台纱幕后 12 个光柱灯中的第七号灯因离纱幕太近烤燃起火。

　　19 名玩忽职守者很快受到了党纪与国法的制裁。法院认定数名当时在现场的领导未组织疏散学生而只顾自己逃生,对严重伤亡后果负有直接责任,分别因玩忽职守罪被判处有期徒刑。

　　资料来源:百度百科.http://baike.baidu.com/view/1162290.htm

任务四　游乐设施安全管理

　　游乐设施是承载游客进行游乐的载体。随着经济的增长和人民生活水平的不断提高,促进了游乐设施的迅速发展。游乐设施的形式繁多,随着惊险、高速和多种技术综合的游乐设施不断出现,游乐设施安全运营技术要求更高,管理要求更加科学。

　　20 世纪 90 年代以来,随着国民经济的迅速发展,人们生活水平的不断提高,我国的旅游业也迅猛发展。人们对游乐活动需求的增加,带动了我国大型游乐设施产业的快速发展。据统计,每年参加大型游乐活动的人数高达数亿。目前我国的大型游乐设施安全现状总体较好,但是大型游乐设施的安全运营涉及设计、制造、安装、改造、维修和管理等环节,隶属关系比较复杂,同时,大型游乐设施关系到人民群众,特别是少年儿童的人身安全,一旦发生事故,后果不堪设想。因此,大型游乐设施安全管理至关重要。

一、国内外大型游乐设施的发展历程和现状

　　大型游乐设施的制造和利用历史悠久。1837 年维也纳世界博览会推出第一台木马乘骑,1900 年第 1 家游艺机制造公司——艾利桥公司在美国诞生。20 世纪 50 年代,大型游乐设施的技术发展进入白热化。1955 年美国迪士尼乐园的出现,是社会物质文明和工

业水平发展到一定阶段的产物,同时也标志着游乐行业作为一个新兴产业出现在世界舞台上。

20 世纪 80 年代以前,我国现代游乐设施建设十分落后。直至近三十年,伴随国民经济持续、快速、健康发展,我国现代游乐业才出现迅猛发展的势头。大型游乐设施从无到有、从小到大、从粗到精、从进口到出口,并逐步形成包括设计、制造、安装、使用、维护保养、监督检验和安全监察七个环节的一整套较完善的管理体系;游乐设施的设计从仿制走向自主研发。生产厂家由开始的几家发展到目前的 100 多家,游乐设施制造业初具规模。各类大型游乐设施不断被开发并迅速投入运营。据不完全统计,目前投入生产的各类大型游乐设施品种有 100 多个,包括从空中到地面、从滑行到旋转、从固定到移动、从室内到室外等。

二、我国大型游乐设施管理现状

大型游乐设施属于特种设备,对大型游乐设施实行安全监察是国务院赋予质监部门的职责。目前负责大型游乐设施安全监督管理的部门有省、市、县质监局。

目前,涉及大型游乐设施管理的法规、规章和规范性文件有《特种设备安全监察条例》(国务院第 373 号令,2009 年国务院第 549 号令修改)、《游乐设施监督检验规程(试行)》(国质检锅[2002]124 号)、《游乐设施安全技术监察规程(试行)》(国质检锅[2003]34 号)等,相关游乐设施标准有《游艺机和游乐设施安全》(GB 8408—2000)等 30 多个。

截至 2010 年年底,全国在用的大型游乐设施近 15000 台,主要集中在广东、上海、浙江、北京等省市,每年以 2000 台的速度增长。但其中 40%～50% 的大型游乐设施使用已超过 10 年,进入老化期,每年报废的大型游乐设施在 1000 台左右。虽然目前我国大型游乐设施安全形势总体良好,但是从国家质检总局的大型游乐设施事故通报可看出,大型游乐设施的安全管理还存在许多薄弱环节,亟须加强。

大型游乐设施从本质而言属于机电一体化的电气机械设备,由金属结构、电梯自动控制系统、安全保护系统组成。大多安装在露天环境中,供游客娱乐使用。与其他的电气机械设备一样,大型游乐设施在使用过程中持续运作,每天都会磨损、老化,以致产生各种各样的故障而引发事故。

目前游乐设施经营者大多数是民营或者个体投资租赁场地经营,游乐设施的维修保养基本都是经营者自保为主。不少经营者既是管理人员,又是操作、服务、维修保养人员,对游乐设施的法规、安全技术规范懂得不多,对管理与游乐设施安全技术检查项目懂得不多。不少经营点由于人员素质低,未建立管理制度,没有试运行检查和每月定期检查记录,安全技术检查保养不到位,对游乐设施的安全疏于管理,增加了事故风险。

三、大型游乐设施的危险源分析

(一) 大型游乐设施设计不合理

大型游乐设施的设计关系到它的安全使用,设计不合理往往导致游乐设施控制系统紊乱、结构失稳等,在使用过程中会出现设备失控、吊箱或者配重坠落、金属结构变形等现象,从而造成人员伤亡。

（二）制造安装质量存在问题

大型游乐设施制造单位不按照设计要求进行制造,偷工减料,配置不可靠的零部件,导致游乐设施在使用一段时间后出现零部件磨损、烧毁、断裂等现象。游乐设施安装时,零部件安装不到位,导致零部件松动、电气接线不牢靠,也易引起故障或事故的发生。

（三）日常维护保养不到位

如部件润滑不足、重要焊缝开裂、零部件松动、疲劳损坏后得不到及时更换调整、保护功能失效后得不到及时有效处理、钢结构锈蚀严重等,也是诱发游乐设施故障和事故的一个主要原因。特别是一些元件如油管、密封件老化,也容易导致设备故障或事故的发生。

（四）使用单位安全管理不到位

大型游乐设施使用单位对游乐设施安全管理重视程度不足,安全管理制度不健全或执行不到位,游乐设施安全管理人员配备不足,缺乏必要的培训,甚至无证上岗擅自操作,日常安全检查管理流于形式,致使安全隐患不能及时发现。

（五）操作人员违章操作

大型游乐设施运行前,操作人员没有按照设施运行规章进行操作,如未向乘客讲解安全注意事项;未对保护乘客的安全带、安全压杠、舱门或进出口处拦挡物的锁紧装置是否锁紧进行检查确认;未发出开机信号;未确认是否有险情就开机;遇到问题不懂采取紧急救护措施等。

（六）乘客行为不规范

乘客在乘坐游乐设施时,不遵守乘客须知,也是造成游乐设施故障或事故的一个原因,例如松开安全带、头手探出外面等。

四、游乐设施安全运营的操作和管理规范

（一）建立、健全安全管理体系

为了实现游乐设施安全运营,首先要建立游乐设施安全运营的管理组织,确定内部组织分工,明确职责权限,建立、健全安全运营管理制度。安全运营管理制度应包括:①各岗位人员职责权限;②游乐设施安全操作规程;③安全检查制度;④培训制度;⑤游乐设施定期报检制度;⑥游乐设施定期维修保养制度;⑦游乐设施定期检查作业指导书;⑧应急救援措施;⑨交接班制度;⑩档案管理制度等。

其次是宣传学习管理制度,组织技能、安全知识培训,定期进行救援演习。工作人员要熟练掌握本岗位业务知识和操作技能后方可上岗工作。管理制度实施后应定期检查落

实制度的执行情况,发现问题应采取纠正或预防措施。

（二）认真做好设施运营前管理

游乐设施安全运营必须遵守国家相关法律、法规,符合相关安全技术规范和标准的要求。游乐设施选择投入项目除了适应市场需求外,必须选择具有制造许可证的产品,还要考虑选择故障率低、维修保养成本低的产品。现场安装前应向当地特种设备安全监督管理部门进行开工告知,投入使用前应向特种设备检验检测机构提出验收检验的申请,经特种设备检验检测机构验收合格后,运营单位必须持检验检测机构出具的验收检验报告和安全检验合格标志,到当地特种设备安全监督管理部门注册登记。将安全检验合格标志固定在游乐设施显著位置上后,方可投入正式运营。

（三）抓好日常运营管理

游乐设施每日投入运营前必须进行试运行。试运行检查主要有以下几点：①设备启动、运行、制动、停止正常,无异常声响、振动、爬行、温升等现象；②各按钮开关、操纵手柄等动作正常；③各仪表、指示灯、文字显示、联络信号、音响正常；④限位或自动控制装置正常；⑤液（气）压力正常,安全阀等动作灵敏,系统无明显漏油、漏气现象；⑥乘人部分的把手、安全带或安全压杠符合规范要求；⑦座舱舱门或进出口处拦挡物的锁紧装置符合规范要求；⑧重要机械连接安全可靠；⑨设备润滑可靠,无明显漏油现象；⑩承载构件、钢丝绳、链条等符合使用规定；⑪内燃机油箱密封可靠；⑫按规定配备的救援设施符合规范要求。

操作人员试运行检查后应按规定做好记录,试运行合格后才能转入运营。

开始运营前操作或服务人员必须及时向乘客讲解安全注意事项,谢绝不符合游乐设施乘坐条件的乘客参与游乐活动,严禁超载、偏载,乘客进入设施后应对安全带、安全压杠、舱门或进出口处拦挡物的锁紧装置进行检查确认,开机前先鸣铃提示,确认无任何险情后方可启动运营。运营中密切注意乘客动态,及时制止个别乘客的不安全行为。每日运营结束应对设施进行检查,并做好交接班记录。

（四）每月做好定期检查

游乐设施的运动类型有旋转运动、沿轨道和地面运动等。检查要点归纳起来主要有基础、机体、乘人部分、动力系统、传动系统、电气系统和安全防护等设备。

随着科学技术的高速发展,大型游乐设施品种的不断增加,新技术的开发和应用使大型游乐设施的科学性、趣味性、惊险性越来越突出,向高空、高速、高刺激性方向发展的趋势越来越明显,保证大型游乐设施的产品质量和安全运行越显重要。因此,需要大型游乐设施的制造单位、使用单位、监督检验单位、监督管理部门群策群力,减少事故隐患,降低事故率,让人们尽情享受大型游乐设施带来的愉悦。

案例3

世界各地游乐场安全事故一览

游乐场里的惊险游戏,正以其独特的魅力吸引着越来越多的都市一族。众多的游乐设施,如过山车、云霄飞车、海盗船等对人们也有着极大的吸引力,游乐场成为大家寻找快乐的地方,但假如没有安全作保证,这种快乐也就无从谈起。

游乐场所出现事故在世界各地的游乐场都曾有发生,要确保游乐场游乐设备正常运转,保护广大游客生命财产安全,经营者的自觉管理和职能部门的监管到位二者缺一不可。诸如游乐设施有没有定期作安全检查,安全带老化有没有及时更换,游乐场安全管理制度落实是否到位,例行检查记录是否完整等等。也许正是在解决这些琐碎问题的过程中,才能让大家接近快乐、远离危险。

游乐场惊险刺激的游戏背后暗藏哪些危险? 游乐场发生事故有哪些类型? 原因是什么? 游客参与惊险游戏应该如何正确选择并采取相应的保护措施? 以下选取一组国外发生的游乐场安全事故,愿我们能从中吸取教训、防患于未然。

韩国 5 人被摩天轮从 20 米高空甩出

2007 年 8 月 13 日下午,巡回到韩国釜山的国际游艺活动项目"环球嘉年华"发生严重事故,摩天轮观览车厢突然被撞,5 名游客从 20 米高空坠落地面。

设在釜山市影岛区的"环球嘉年华"游乐场内的一台摩天轮在运转过程中,有一节观光缆车车厢突然翻转,缆车门被甩开,缆车内有 5 人从 20 米高空摔下,4 人当场死亡,1 人不治身亡。

韩国警方说,车厢内乘坐的是从首尔到釜山度假的一家 7 口,发生事故后,车厢内其余 2 人已被安全解救。同时乘坐摩天轮的其他乘客中,有 13 人不同程度的受伤或惊吓过度。据报道,发生事故的摩天轮高达 66 米,有 42 个可乘坐 8 人的车厢。

"环球嘉年华"国际游艺活动项目结束于中国香港举办的活动后在釜山开始运营,该项目原计划运营 40 天。

日本过山车事故造成 1 人死亡 21 人受伤

2007 年 5 月 5 日下午 13 时,日本大阪府吹田市的万博纪念公园游乐园(Expoland)发生过山车事故,造成 1 人死亡,21 人受伤。

5 月 5 日是日本儿童节。大阪府吹田市万博纪念公园游乐园内,一辆过山车在行驶过程中,第二节车厢车轮突然脱落,车厢向左严重倾斜,一名女乘客的头部撞上旁边的铁栅栏,不幸当场殒命,另有一名女乘客受重伤,车上其余乘客均受不同程度的轻伤。

发生事故的过山车"风神雷神号"共有 6 节,设计载客 24 人,最高时速可达每小时 75 公里,轨道全长 1050 米,离地 40 米高。万博纪念公园最高负责人山田左武郎形容自己"不知所措,不知如何表达歉意……很愧疚,公园在儿童节这天发生了这样的事故"。

事故原因经查为第二节车厢前方左侧车轮的金属车轴断裂。这种车轴长 40 厘米,直径大约 5 厘米,断裂部位在车轴圆形部分,其中一段已经脱落。

美国游乐园过山车停电 游客被倒挂半小时

美国阿肯色州的一家游乐园 2007 年 6 月 9 日晚因停电导致多辆行驶中的翻滚过山车停下,其中一辆名为"X-船"的过山车恰好行驶到环形轨道最高点,距地面大约 45 米,车上 12 名游客处于倒挂位置。

当地时间 9 日晚,美国阿肯色州热泉市"泉水和水晶瀑布游乐园"突然停电,12 名乘坐过山车的游客遭遇意外,这是一种 X 形过山车,停电时正好行驶到最高处,失去电力的过山车倒挂在 45 米高的半空中,12 名游客全都头下脚上被倒挂在了半空中。消防人员总共花了半小时,才将所有乘客全部救了下来。

37 岁的过山车乘客杰·普拉姆被救下后不但呕吐,并且还抱怨脖子疼和头痛。普拉姆的女友麦克布莱德离开游乐园时说:"这真是太令人恐惧了,我爱游乐园,但我再也不会乘坐×形过山车了。"18 岁的乘客凯利·布拉顿也和一名朋友乘坐了过山车,布拉顿称,当过山车停电后,他们一开始感到很惊慌,但过了几分钟后,他们就开始平静下来,静静等待救援。

瑞典游乐场飞船坍塌造成 36 人受伤

2008 年 7 月 15 日,位于瑞典西部哥德堡市的里斯贝里游乐场发生游乐设施坍塌事故,造成 36 人受伤,其中不少是儿童。

发生坍塌的是游乐场里一座名为"彩虹"的高空摇摆游乐设施。据哥德堡市警方发言人马林·沙尔斯唐介绍,事故发生时,"彩虹"飞船座位突然坍塌并倾斜着向下坠落 3 米到地面,当时飞船上的 36 个座位全部坐满,有数位游客甚至被甩出了飞船座位。飞船上所有乘客都有受伤,包括不同程度的骨折和惊吓等,有 25 辆救护车被派到现场抢救受伤游客,大约 30 人被送往医院,其中 20 人伤势严重。

里斯贝里游乐场的总经理彼得·安德松介绍说,"彩虹"飞船是一种将乘客并排固定在座位上后进行 360 度旋转的惊险游戏设施,身高超过 1.3 米的游客都可以乘坐。安德松猜测可能是一处球状轴轮出现故障导致了坍塌。早前游乐场刚刚对"彩虹"进行了一次安全检查,当时并没有发现任何事故隐患。瑞典国家事故调查局对此次事故展开了调查。

里斯贝里游乐场位于瑞典第二大城市哥德堡,是该国的旅游胜地,同时也是北欧最著名的游乐场,拥有超过 30 种不同的机动游戏,每年都吸引成千上万的游客前往。"彩虹"飞船的制造商是德国北部不来梅的一家公司。根据该公司提供的资料,这款机动游戏早在 1982 年就已经投入使用并出售给各地的游乐场。

资料来源:致命游乐场——世界各地游乐场安全事故一览. 湖南安全与防灾,2009(12)

案例 4

深圳东部华侨城娱乐项目重大安全事故

2010 年 6 月 29 日 16 时 45 分,深圳东部华侨城"太空迷航"娱乐项目发生重大安全事故,造成 6 人死亡,10 人受伤,其中重伤 5 人,其余人员安全疏散。

据调查组查明,"太空迷航"在设备设计方面存在的问题包括:座舱支承系统的中导柱法兰与活塞杆之间的连接为间隙配合,使中导柱内一个直径为 16 毫米的螺栓承受交变载荷,设计上没有考虑该螺栓承受交变载荷,未进行相应的疲劳验算,而且结构设计没有考虑在现场安装、维护时保证该螺栓达到预紧力的有效措施。由于该螺栓松动,加剧了中导柱法兰与活塞杆在运行时的相对运动,使该螺栓的受力状况恶化,从而导致该螺栓产生疲劳破坏。此外,还存在着中导柱连接结构设计不便于对该螺栓进行日常检查、维护;设备控制台急停按钮功能不能以最合适减速率停车,不符合国标要求等问题。

据介绍,"太空迷航"是东部华侨城在 2009 年运行的一个旅游项目,众多游客对该项目的评价较好,首先进入一个封闭的展馆,游客可以看到中国和世界的航天历史展览,现场还配有太空服,游客可穿上拍照,真正的"太空迷航"是指游客坐上一辆模拟的太空飞船,四个人一个船舱,总共可以坐 48 个人。"起飞"之前,游客会先感觉到周围漆黑,只有显示屏发亮。"起飞"之后则会感觉双腿非常沉重,随后屏幕上显示冲破大气层,冲向太空的场景。整个过程都是通过统一的程序控制。

据当时坐在飞船上的游客介绍,事故发生时,首先整个设备似乎停电了,突然停止运行,还传出爆炸声,随后听到有人喊叫,部分船舱好像掉了下来,但是现场非常漆黑,完全看不清发生了什么。

资料来源:深圳东部华侨城娱乐项目事故致 6 死 9 伤. 新浪新闻,http://news. sina. com. cn/c/2010-06-29/200920574270. shtml

知识链接

游乐设施使用安全指南

(1)注意安全检验合格标志。按照国家规定,在用游艺机和游乐设施定期检验周期为一年,凡经过安全检验合格的游乐设施,在醒目的地方粘贴有国家质量监督检验检疫总局印制的"游乐设施安全检验合格"标志,游客不要乘坐未检、检验不合格或超期未检的游乐设施。

(2)注意乘坐须知。认真看清每一台游乐设施的安全注意事项和警示标志,了解该游乐设施是否适合自己及同行人员,如遇身体不适或饮酒后,不宜乘坐高空、高速运行的游乐设施。

(3)幼儿要家长陪同。不准幼儿单独乘坐游乐设施。

(4)听从服务人员指挥。乘客按照工作人员的指挥顺序上下,人多时一定要在安全栅栏外等候排队。上下车时,请注意头上和脚下,以免磕碰或跌倒。

(5)注意系好安全带。在游乐设施未停稳之前不要抢上抢下,乘坐时要正确使用安全带等安全保护装置,要检查一下其是否安全可靠,运行时请两手握紧安全把手或其他安全装置,安全带绝对不能解开。

(6)切勿将身体伸出舱外。乘客乘坐游乐设施时,在坐椅上正姿坐好,不要走动,切不可将手脚、头等部位伸向舱外,以免碰伤、刮伤、擦伤。不要故意摇动座舱,严禁乘客私自开启舱门。如感到身体不适或有其他意外情况发生,应及时通知工作人员,并保持冷静,以得到妥善处理。

(7)不要随意拍照。游乐设施在运行中,切不可随意站立或半蹲,更不允许在运行中拍照。

(8)注意保管好自带物品。运行中应妥善保管自带物品,不要向外散落、投掷,容易掉落的装饰品或硬币等,请预先摘下或收好。

(9)发生意外时千万别惊慌。游乐设施在运行中,如发生停电等故障时,在工作人员未通知前,不要下车,座舱内是最安全的,静候救援。

(10)乘坐赛车、卡丁车应当小心。乘坐赛车、卡丁车时不要穿着长且厚的外衣、长围巾、披散长发或长辫。

(11)水中娱乐要防止意外。在环绕池及造浪池中,注意不要将头部伸向吸水口和喷水口,防止发生意外。

（12）玩水滑梯要注意安全。严禁在滑道上站立、蹲立或头朝下;在同一滑道内禁止两人同时或前后紧接下滑;入水后应迅速离开,避免发生碰撞。

大型活动安全防范常识

（1）事先做好防范准备。参加大型集体活动,要穿有利于安全疏散的鞋,最好穿平底系带的鞋;要对场内的情况进行基本了解,遇有危险警示标志千万不要靠近;注意观察所处场所安全通道、应急出入口的标志、位置,如果发生突发性事件,就有可能从容脱险。

（2）要善于识别事故的先兆,养成维护公共安全的意识。不要参加管理松弛、秩序混乱或存在明显安全漏洞的大型活动。参加大型公共活动时,如果发现有人正在做有损安全的事,要及时制止。遇有局部人员拥挤时,不要有猎奇心理,避免发生拥挤踩踏。

（3）保持头脑冷静与清醒,临危不乱。遇到突发事件,应及时判断发生了什么事、规模及危险程度;明确自身处境,抓住能够争取的时间、借助的工具、物品等摆脱险境。如果不能沉着、冷静地运用逃生本领,就可能丧失稍纵即逝的逃生机会。

（4）学会利用所学的安全知识,对现场情况进行准确判断,以减少行动的盲目性、曲折性、无效性。任何大型公共活动中的逃生和自救活动,都是以个人的心理素质、相关知识和技能作为基础的。以火灾为例,根据火灾现场调查,在各种恶性火灾事故中,80%的死者都是因烟熏窒息而死,这是因为大部分人都缺乏逃生知识。

（5）时刻控制好自己的情绪,文明参与,文明观看。特别是参加具有对抗性质的大型公共活动时,要注意保持情绪平稳,避免偏激的言行,不要随便喧哗、起哄、尖叫、谩骂,更不要在活动现场煽风点火。在任何情况下,都不得与保卫人员、武装人员发生冲突,不得挑逗、戏弄警犬。

（6）冷静处理所出现的矛盾与纠纷。矛盾的发生和进一步的激化往往和不能自我克制、不能冷静对待有着紧密的联系。无论争执起因为何,都要保持冷静,认真听取他人意见,进行自我批评,宽容他人的过失。

（7）自觉排队,有序购票入场,以免造成拥挤,要听从管理人员的指挥,不要拥挤推搡。对于需要进行安全检查的活动,要积极配合管理人员的工作,依次排队接受安检。

（8）参加活动过程中,不要在标有紧急疏散标志的地段、通道坐卧停留,不要在现场随意走动,对于标有行进顺序的道路,要按方向行走,不要逆向行走。通过桥面、台阶和路过水面区域时要相互提示,按顺序依次通过,不要停留,更不要拥挤打闹。参加在夜晚举办的各类活动,尽量避开灯光较暗区域。

（9）不要随意触碰、摆弄、搬动现场的电源开关、电线、按钮、线路等设备与器材。

（10）室内禁止明火,不要在室内吸烟、点烛、玩弄打火机。

（11）遇到突发事件时,不要慌张,注意收听现场广播,听从现场人员管理,从就近的紧急安全出口有序撤离现场。克服趋同、从众心理,不要向同一方向狂跑。发现慌乱的人群朝自己的方向拥过来,应快速躲避到一旁,等人群过后再离开。如果自己被人推倒在地,这时一定不要惊慌,应设法让身体靠近墙根或其他支撑物,把身体蜷缩成球状,双手紧扣置于颈后,虽然手臂、背部和双脚会受伤,却保护了身体的重要部位和器官。

（12）撤离时，要积极协助他人脱离险境，竭尽全力地争取全体成员都脱离险境。注意照顾、保护女性和个头较小的同学，注意台阶等易绊倒的地方，不要弯腰、下蹲系鞋带、捡拾物品，以免发生踩踏伤亡事故。

（13）当身不由己陷入混乱的人群时，一定要保持冷静。远离店铺或柜台的玻璃，防止被扎伤，双脚站稳地面，如果具备条件，可以抓住身边牢固的物品。或者用一只手紧握另一手腕，双肘撑开，平放于胸前，微微向前弯腰，形成一定的空间，保证呼吸顺畅，以免拥挤时造成窒息晕倒。多人一起行动时，可采取肩并肩、手拉手的方式，脚站稳，用肩和背来承受外来压力，避免被挤倒。

复习题

1. 结合具体事例，谈谈旅游安全管理的重要性。
2. 结合具体案例，分析岛屿旅游安全、极高山旅游安全、自助旅游安全等专项旅游活动安全管理的特殊性。
3. 大型活动的举办应该注意哪些安全事项？应如何避免大型活动安全事故的发生？
4. 大型游乐设施安全运营的操作和管理规范有哪些？

实训项目

实地考察一家游乐主题公园，调研该主题公园游乐设施安全管理的现状，并撰写调研报告。

参考文献

1. 郑向敏．旅游安全概论．北京：中国旅游出版社，2009
2. 张丽梅．旅游安全学．哈尔滨：哈尔滨工业大学出版社，2010
3. 李翠微．对旅游安全问题的思考．吉林省经济管理干部学院学报，2012(2)
4. 李永菊，徐淑梅．论旅游安全问题的类型．科技和产业，2010(12)
5. 谢家树．浅谈游乐设施安全运营．安全与健康，2008(11)
6. 刘毅．拷问大型游乐设施安全现状．福建质量技术监督，2012(4)
7. 李映洲，房亮．自助旅游安全问题探讨．社会科学家，2008(7)
8. 文谨，宫辉力．国内自助旅游的安全问题研究．首都师范大学学报，2007(2)
9. 岑乔，黄玉理．极高山旅游安全保障体系研究．成都大学学报，2011(1)
10. 何巧华，郑向敏．岛屿旅游安全管理系统构建．海洋开发与管理，2007(3)
11. 刘凤香．论体育旅游安全体系的构建．军事体育进修学院学报，2005(3)
12. 杨霞．大型活动安全管理存在的问题及对策．北京人民警察学院学报，2005(4)
13. 谢振华，孙超．大型活动密集人群的风险分析与管理．中国公共安全·学术版，2006(7)

附录 1　国民旅游休闲纲要(2013—2020 年)

国务院办公厅关于印发国民旅游休闲纲要(2013—2020 年)的通知

国办发[2013]10 号

各省、自治区、直辖市人民政府,国务院各部委、各直属机构:

《国民旅游休闲纲要(2013—2020 年)》已经国务院同意,现印发给你们,请认真贯彻执行。

国务院办公厅 2013 年 2 月 2 日

为满足人民群众日益增长的旅游休闲需求,促进旅游休闲产业健康发展,推进具有中国特色的国民旅游休闲体系建设,根据《国务院关于加快发展旅游业的意见》(国发[2009]41 号),制定本纲要。

一、指导思想和发展目标

(一)指导思想。以邓小平理论、"三个代表"重要思想、科学发展观为指导,按照全面建成小康社会目标的总体要求,以满足人民群众日益增长的旅游休闲需求为出发点和落脚点,坚持以人为本、服务民生、安全第一、绿色消费,大力推广健康、文明、环保的旅游休闲理念,积极创造开展旅游休闲活动的便利条件,不断促进国民旅游休闲的规模扩大和品质提升,促进社会和谐,提高国民生活质量。

(二)发展目标。到 2020 年,职工带薪年休假制度基本得到落实,城乡居民旅游休闲消费水平大幅增长,健康、文明、环保的旅游休闲理念成为全社会的共识,国民旅游休闲质量显著提高,与小康社会相适应的现代国民旅游休闲体系基本建成。

二、主要任务和措施

(三)保障国民旅游休闲时间。落实《职工带薪年休假条例》,鼓励机关、团体、企事业单位引导职工灵活安排全年休假时间,完善针对民办非企业单位、有雇工的个体工商户等单位的职工的休假保障措施。加强带薪年休假落实情况的监督检查,加强职工休息权益方面的法律援助。在放假时间总量不变的情况下,高等学校可结合实际调整寒、暑假时间,地方政府可以探索安排中小学放春假或秋假。

(四)改善国民旅游休闲环境。稳步推进公共博物馆、纪念馆和爱国主义教育示范基地免费开放。城市休闲公园应限时免费开放。稳定城市休闲公园等游览景区、景点门票价格,并逐步实行低票价。落实对未成年人、高校学生、教师、老年人、现役军人、残疾人等群体实行减免门票等优惠政策。鼓励设立公众免费开放日。逐步推行中小学生研学旅行。各地要将游客运输纳入当地公共交通系统,提高旅游客运质量。鼓励企业将安排职工旅游休闲作为奖励和福利措施,鼓励旅游企业采取灵活多样的方式给予旅游者优惠。

(五)推进国民旅游休闲基础设施建设。加强城市休闲公园、休闲街区、环城市游憩带、特色旅游村镇建设,营造居民休闲空间。发展家庭旅馆和面向老年人和青年学生的经济型酒店,支持汽车旅馆、自驾车房车营地、邮轮游艇码头等旅游休闲基础设施建设。加强公园绿地等公共休闲场所保护,对挤占公共旅游休闲资源的应限期整改。加快公共场所无障碍设施建设,逐步完善街区、景区等场所语音提示、盲文提示等无障碍信息服务。

(六)加强国民旅游休闲产品开发与活动组织。鼓励开展城市周边乡村度假,积极发展自行车旅游、自驾车旅游、体育健身旅游、医疗养生旅游、温泉冰雪旅游、邮轮游艇旅游等旅游休闲产品,弘扬优秀传统文化。大力发展红色旅游,提高红色旅游经典景区和精品线路的吸引力和影响力。开发适合老年人、妇女、儿童、残疾人等不同人群需要的旅游休闲产品,开发农村居民喜闻乐见的都市休闲、城市观光、文化演艺、科普教育等旅游休闲项目,开发旅游演艺、康体健身、休闲购物等旅游休闲消费产品,满足广大群众个性化旅游需求。鼓励学校组织学生进行寓教于游的课外实践活动,健全学校旅游责任保险制度。加强旅游休闲的基础理论、产品开发和产业发展等方面的研究,加大旅游设施设备的研发力度,提升旅游休闲产品科技含量。

(七)完善国民旅游休闲公共服务。加强旅游休闲服务信息披露和旅游休闲目的地安全风险信息提示,加强旅游咨询公共网站建设,推进机场、火车站、汽车站、码头、高速公路服务区、商业集中区等公共场所旅游咨询中心建设,完善旅游服务热线功能,逐步形成方便实用的旅游信息服务体系。完善道路标识系统,健全铁路、公路、水路、民航等的旅游交通服务功能,提升旅游交通服务保障水平。加强旅游休闲的安全、卫生等保障工作,加强突发事件应急处置能力建设,健全旅游安全救援体系。加强培训,提高景区等场所工作人员、服务人员和志愿者无障碍服务技能。创新人才培养模式,提高旅游休闲高等教育、职业教育质量,加快旅游休闲各类紧缺人才培养。

(八)提升国民旅游休闲服务质量。制定旅游休闲服务规范和质量标准,健全旅游休闲活动的安全、秩序和质量的监管体系,完善国民旅游休闲质量保障体系。倡导诚信旅游经营,加强行业自律。加强跨行业、跨地区、多渠道的沟通和协调,打击欺客宰客、价格欺诈等严重侵害消费者权益的违法行为。发挥社会监督和舆论监督作用,畅通旅游休闲投诉渠道,建立公正、高效的投诉处理机制。依法维护经营者和消费者的合法权益,维护公平竞争的旅游休闲市场环境。

三、组织实施

（九）加强组织领导。发展改革和旅游部门负责实施本纲要的组织协调和督促检查。各相关部门要将旅游休闲纳入工作范畴，发挥工会、共青团、妇联等人民团体以及相关行业协会的作用，共同推动国民旅游休闲活动发展。

（十）加强规划指导。要把国民旅游休闲纳入各级国民经济和社会发展规划，以及相关行业和部门的发展规划。加强对各地旅游休闲发展的分类指导，鼓励有条件的地方编制适合本地区旅游休闲发展专项规划。城乡规划要统筹考虑旅游休闲场地和设施用地，优化布局。

（十一）加大政策扶持力度。逐步增加旅游休闲公共服务设施建设的资金投入。鼓励社会力量投资建设旅游休闲设施，开发特色旅游休闲线路和优质旅游休闲产品。鼓励和支持私人博物馆、书画院、展览馆、体育健身场所、音乐室、手工技艺等民间休闲设施和业态发展。落实国家关于中小企业、小微企业的扶持政策。

（十二）加强监督管理。地方各级人民政府要按照本纲要的要求，加强旅游市场管理，强化综合执法，确保旅游休闲的相关法律法规和标准规范得到有效实施。

附录 2　国务院关于加快发展旅游业的意见

国发〔2009〕41 号

各省、自治区、直辖市人民政府，国务院各部委、各直属机构：

旅游业是战略性产业，资源消耗低，带动系数大，就业机会多，综合效益好。改革开放以来，我国旅游业快速发展，产业规模不断扩大，产业体系日趋完善。当前我国正处于工业化、城镇化快速发展时期，日益增长的大众化、多样化消费需求为旅游业发展提供了新的机遇。为充分发挥旅游业在保增长、扩内需、调结构等方面的积极作用，现就加快发展旅游业提出如下意见。

一、总体要求

（一）指导思想。以邓小平理论和"三个代表"重要思想为指导，深入贯彻落实科学发展观，进一步解放思想，深化改革开放，加强统筹协调，转变发展方式，提升发展质量，把旅游业培育成国民经济的战略性支柱产业和人民群众更加满意的现代服务业。

（二）基本原则。坚持改革开放，破除体制机制性障碍，充分发挥市场配置资源的基础性作用，走内涵式发展道路，实现速度、结构、质量、效益相统一；坚持以人为本，安全第一，寓管理于服务之中，不断满足人民群众日益增长的旅游消费需求；坚持以国内旅游为重点，积极发展入境旅游，有序发展出境旅游；坚持因地制宜，突出优势，推动各地旅游业特色化发展；坚持节能环保，合理利用资源，实现旅游业可持续发展。

（三）发展目标。到 2015 年，旅游市场规模进一步扩大，国内旅游人数达 33 亿人次，年均增长10％；入境过夜游客人数达 9000 万人次，年均增长 8％；出境旅游人数达8300 万人次，年均增长 9％。旅游消费稳步增长，城乡居民年均出游超过 2 次，旅游消费相当于居民消费总量的 10％。经济社会效益更加明显，旅游业总收入年均增长 12％以上，旅游业增加值占全国 GDP 的比重提高到 4.5％，占服务业增加值的比重达到 12％。每年新增旅游就业 50 万人。旅游服务质量明显提高，市场秩序明显好转，可持续发展能力明显增强，力争到 2020 年我国旅游产业规模、质量、效益基本达到世界旅游强国水平。

二、主要任务

（四）深化旅游业改革开放。放宽旅游市场准入，打破行业、地区壁垒，简化审批手续，鼓励社会资本公平参与旅游业发展，鼓励各种所有制企业依法投资旅游产业。推进国有旅游企业改组改制，支持民营和中小旅游企业发展，支持各类企业跨行业、跨地区、跨所有制兼并重组，培育一批具有竞争力的大型旅游企业集团。积极引进外资旅游企业。在试点的基础上，逐步对外商投资旅行社开放经营中国公民出境旅游业务。支持有条件的旅游企业"走出去"。要按照统筹协调、形成合力的要求，创新体制机制，推进旅游管理体制改革。支持各地开展旅游综合改革和专项改革试点，鼓励有条件的地方探索旅游资源一体化管理。旅游行政管理及相关部门要加快职能转变，把应当由企业、行业协会和中介组织承担的职能和机构转移出去。五年内，各级各类旅游行业协会的人员和财务关系要与旅游行政管理等部门脱钩。

（五）优化旅游消费环境。逐步建立以游客评价为主的旅游目的地评价机制。景区门票价格调整要提前半年向社会公布，所有旅游收费均应按规定向社会公示。全面落实旅游景区对老年人和学生等特殊人群门票优惠政策。增加旅游目的地与主要客源地间的航线航班、旅游列车，完善旅客列车车票的预售和异地购票办法。城市公交服务网络要逐步延伸到周边主要景区和乡村旅游点，公路服务区要拓展旅游服务功能。进一步完善自驾车旅游服务体系。规范引导自发性旅游活动。博物馆、金融服务网点、邮政服务网点等在旅游旺季应适当延长开放和服务时间。各类经营场所的公用厕所要对游客开放。建立健全旅游信息服务平台，促进旅游信息资源共享。广播、电视、报刊、网站等公共媒体要积极开设旅游栏目，加大旅游公益宣传力度。

（六）倡导文明健康的旅游方式。在全社会大力倡导健康旅游、文明旅游、绿色旅游，使城乡居民在旅游活动中增长知识、开阔视野、陶冶情操。景区景点、宾馆饭店和旅行社等旅游企业要通过多种形式，引导每一位旅游者自觉按照《中国公民国内旅游文明行为公约》和《中国公民出境旅游文明行为指南》文明出行、文明消费。旅游者要尊重自然，尊重当地文化，尊重服务者，抵制不良风气，摒弃不文明行为。出境旅游者要维护良好的对外形象，做传播中华文明的使者。

（七）加快旅游基础设施建设。重点建设旅游道路、景区停车场、游客服务中心、旅游安全以及资源环境保护等基础设施。实施旅游厕所改扩建工程。加强主要景区连接交通干线的旅游公路建设。规划建设水路客运码头要充分考虑旅游业发展需求。加快推进中西部支线机场建设,完善旅游航线网络。确保景区和交通沿线通信顺畅。加强重点城市游客集散中心建设。力争通过五年努力,全国所有 A 级景区旅游交通基本畅通,旅游标识系统基本完善,旅游厕所基本达标,景区停车场基本满足需要。

（八）推动旅游产品多样化发展。实施乡村旅游富民工程。开展各具特色的农业观光和体验性旅游活动。在妥善保护自然生态、原居环境和历史文化遗存的前提下,合理利用民族村寨、古村古镇,建设特色景观旅游村镇,规范发展“农家乐”、休闲农庄等旅游产品。依托国家级文化、自然遗产地,打造有代表性的精品景区。积极发展休闲度假旅游,引导城市周边休闲度假带建设。有序推进国家旅游度假区发展。规范发展高尔夫球场、大型主题公园等。继续发展红色旅游。

（九）培育新的旅游消费热点。大力推进旅游与文化、体育、农业、工业、林业、商业、水利、地质、海洋、环保、气象等相关产业和行业的融合发展。支持有条件的地区发展生态旅游、森林旅游、商务旅游、体育旅游、工业旅游、医疗健康旅游、邮轮游艇旅游。把旅游房车、邮轮游艇、景区索道、游乐设施和数字导览设施等旅游装备制造业纳入国家鼓励类产业目录,大力培育发展具有自主知识产权的休闲、登山、滑雪、潜水、露营、探险、高尔夫等各类户外活动用品及宾馆饭店专用产品。大力发展旅游购物,提高旅游商品、旅游纪念品在旅游消费中的比重。以大型国际展会、重要文化活动和体育赛事为平台,培育新的旅游消费热点,特别要抓住举办 2010 年上海世界博览会的机遇,扩大旅游消费。

（十）提高旅游服务水平。以游客满意度为基准,全面实施《旅游服务质量提升纲要》。以人性化服务为方向,提升从业人员服务意识和服务水平。以品牌化为导向,鼓励专业化旅游管理公司推进品牌连锁,促进旅游服务创新。以标准化为手段,健全旅游标准体系,抓紧制定并实施旅游环境卫生、旅游安全、节能环保等标准,重点保障餐饮、住宿、厕所的卫生质量。以信息化为主要途径,提高旅游服务效率。积极开展旅游在线服务、网络营销、网络预订和网上支付,充分利用社会资源构建旅游数据中心、呼叫中心,全面提升旅游企业、景区和重点旅游城市的旅游信息化服务水平。

（十一）丰富旅游文化内涵。把提升文化内涵贯穿到吃住行游购娱各环节和旅游业发展全过程。旅游开发建设要加强自然文化遗产保护,深挖文化内涵,普及科学知识。旅游商品要提高文化创意水平,旅游餐饮要突出文化特色,旅游经营服务要体现人文特质。要发挥文化资源优势,推出具有地方特色和民族特色的演艺、节庆等文化旅游产品。充分利用博物馆、纪念馆、体育场馆等设施,开展多种形式的文体旅游活动。集中力量塑造中国国家旅游整体形象,提升文化软实力。

（十二）推进节能环保。实施旅游节能节水减排工程。支持宾馆饭店、景区景点、乡村旅游经营户和其他旅游经营单位积极利用新能源新材料,广泛运用节能节水减排技术,实行合同能源管理,实施高效照明改造,减少温室气体排放,积极发展循环经济,创建绿色环保企业。五年内将星级饭店、A 级景区用水用电量降低 20%。合理确定景区游客容量,严格执行旅游项目环境影响评价制度,加强水资源保护和水土保持。倡导低碳旅游方式。

（十三）促进区域旅游协调发展。中西部和边疆民族地区要利用自然、人文旅游资源,培育特色优势产业。东部发达地区、东北等老工业基地要通过经济结构调整,提升旅游发展水平。有序推进香格里拉、丝绸之路、长江三峡、青藏铁路沿线和东北老工业基地、环渤海地区、长江中下游地区、黄河中下游地区、泛珠三角地区、海峡西岸、北部湾地区等区域旅游业发展,完善旅游交通、信息和服务网络。积极推动海南国际旅游岛建设。继续促进内地居民赴香港、澳门旅游。加强海峡两岸旅游交流与合作。

三、保障措施

(十四)加强规划和法制建设。制定全国旅游业发展规划。旅游基础设施和重点旅游项目建设要纳入国民经济和社会发展规划。编制和调整城市总体规划、土地利用规划、海洋功能区划、基础设施规划、村镇规划要充分考虑旅游业发展需要。制定国民旅游休闲纲要。设立"中国旅游日"。落实带薪休假制度。抓紧旅游综合立法,加快制定旅游市场监管、资源保护、从业规范等专项法规,不断完善相关法律、法规。

(十五)加强旅游市场监管和诚信建设。落实地方政府、经营主体、相关部门的监管责任。健全旅游监管体系,完善旅游质量监管机构,加强旅游服务质量监督管理和旅游投诉处理。旅游、工商、公安、商务、卫生、质检、价格等部门要加强联合执法,开展打击非法从事旅游经营活动,整治"零负团费"、虚假广告、强迫或变相强迫消费等欺诈行为,维护游客合法权益。加强旅游诚信体系建设,开展诚信旅游创建活动,制订旅游从业人员诚信服务准则,建立旅行社、旅游购物店信用等级制度。发挥旅游行业协会的作用,提高行业自律水平。

(十六)加强旅游从业人员素质建设。整合旅游教育资源,加强学科建设,优化专业设置,深化专业教学改革,大力发展旅游职业教育,提高旅游教育水平。建立和完善旅游职业资格和职称制度,健全职业技能鉴定体系,培育职业经理人市场。抓紧改革完善导游等级制度,提高导游人员专业素质和能力,鼓励专业技术人员特别是离退休老专家、老教师从事导游工作。实施全国旅游培训计划,加强对红色旅游、乡村旅游和文化遗产旅游从业人员培训,五年内完成对旅游企业全部中高级管理人员和导游人员的分级分类培训。

(十七)加强旅游安全保障体系建设。以旅游交通、旅游设施、旅游餐饮安全为重点,严格安全标准,完善安全设施,加强安全检查,落实安全责任,消除安全隐患,建立健全旅游安全保障机制。严格执行安全事故报告制度和重大责任追究制度。完善旅游安全提示预警制度,重点旅游地区要建立旅游专业气象、地质灾害、生态环境等监测和预报预警系统。防止重大突发疫情通过旅行途径扩散。推动建立旅游紧急救援体系,完善应急处置机制,健全出境游客紧急救助机制,增强应急处置能力。搞好旅游保险服务,增加保险品种,扩大投保范围,提高理赔效率。

(十八)加大政府投入。地方各级政府要加大对旅游基础设施建设的投入。各级财政要加大对旅游宣传推广、人才培训、公共服务的支持力度。中央政府投资重点支持中西部地区重点景区、红色旅游、乡村旅游等的基础设施建设。国家旅游发展基金重点用于国家旅游形象宣传、规划编制、人才培训、旅游公共服务体系建设等。安排中央财政促进服务业发展专项资金、扶持中小企业发展专项资金、外贸发展基金以及节能减排专项资金时,要对符合条件的旅游企业给予支持。要把旅游促进就业纳入就业发展规划和职业培训计划,落实好相关扶持政策。完善"家电下乡"政策,支持从事"农家乐"等乡村旅游的农民批量购买家电产品和汽车摩托车。

（十九）加大金融支持。对符合旅游市场准入条件和信贷原则的旅游企业和旅游项目，要加大多种形式的融资授信支持，合理确定贷款期限和贷款利率。符合条件的旅游企业可享受中小企业贷款优惠政策。对有资源优势和市场潜力但暂时经营困难的旅游企业，金融机构要按规定积极给予信贷支持。进一步完善旅游企业融资担保等信用增强体系，加大各类信用担保机构对旅游企业和旅游项目的担保力度。拓宽旅游企业融资渠道，金融机构对商业性开发景区可以开办依托景区经营权和门票收入等质押贷款业务。鼓励中小旅游企业和乡村旅游经营户以互助联保方式实现小额融资。支持符合条件的旅游企业发行短期融资券、企业债券和中期票据，积极鼓励符合条件的旅游企业在中小企业板和创业板上市融资。鼓励消费金融公司在试点过程中积极提供旅游消费信贷服务。积极推进金融机构和旅游企业开展多种方式的业务合作，探索开发适合旅游消费需要的金融产品，增强银行卡的旅游服务功能。

（二十）完善配套政策和措施。落实宾馆饭店与一般工业企业同等的用水、用电、用气价格政策。允许旅行社参与政府采购和服务外包。旅行社按营业收入缴纳的各种收费，计征基数应扣除各类代收服务费。排放污染物达到国家标准或地方标准并已进入城市污水处理管网的旅游企业，缴纳污水处理费后，免征排污费。旅游企业用于宣传促销的费用依法纳入企业经营成本。鼓励银行卡收费对旅行社、景区售票商户参照超市和加油站档次进行计费，进一步研究适当降低对宾馆饭店的收费标准。年度土地供应要适当增加旅游业发展用地。积极支持利用荒地、荒坡、荒滩、垃圾场、废弃矿山、边远海岛和可以开发利用的石漠化土地等开发旅游项目。支持企事业单位利用存量房产、土地资源兴办旅游业。

各地区、各有关部门要提高对加快发展旅游业重要意义的认识，强化大旅游和综合性产业观念，把旅游业作为新兴产业和新的经济增长点加以培育、重点扶持，切实抓好本意见的贯彻落实。国家发展改革委负责综合协调，国家旅游局会同有关部门进行业务指导并对本意见的贯彻执行情况开展督促检查。各级旅游行政管理及相关部门要充分发挥职能优势，加强协调配合，推动旅游业又好又快发展。

国务院
二〇〇九年十二月一日

附录3　大型群众性活动安全管理条例

中华人民共和国国务院令
（第505号）

《大型群众性活动安全管理条例》已经2007年8月29日国务院第190次常务会议通过，现予公布，自2007年10月1日起施行。

总理　温家宝
二〇〇七年九月十四日

大型群众性活动安全管理条例

第一章 总 则

第一条 为了加强对大型群众性活动的安全管理,保护公民生命和财产安全,维护社会治安秩序和公共安全,制定本条例。

第二条 本条例所称大型群众性活动,是指法人或者其他组织面向社会公众举办的每场次预计参加人数达到1000人以上的下列活动。

(一)体育比赛活动;

(二)演唱会、音乐会等文艺演出活动;

(三)展览、展销等活动;

(四)游园、灯会、庙会、花会、焰火晚会等活动;

(五)人才招聘会、现场开奖的彩票销售等活动。

影剧院、音乐厅、公园、娱乐场所等在其日常业务范围内举办的活动,不适用本条例的规定。

第三条 大型群众性活动的安全管理应当遵循安全第一、预防为主的方针,坚持承办者负责、政府监管的原则。

第四条 县级以上人民政府公安机关负责大型群众性活动的安全管理工作。

县级以上人民政府其他有关主管部门按照各自的职责,负责大型群众性活动的有关安全工作。

第二章 安全责任

第五条 大型群众性活动的承办者(以下简称承办者)对其承办活动的安全负责,承办者的主要负责人为大型群众性活动的安全责任人。

第六条 举办大型群众性活动,承办者应当制订大型群众性活动安全工作方案。

大型群众性活动安全工作方案包括下列内容。

(一)活动的时间、地点、内容及组织方式;

(二)安全工作人员的数量、任务分配和识别标志;

(三)活动场所消防安全措施;

(四)活动场所可容纳的人员数量以及活动预计参加人数;

(五)治安缓冲区域的设定及其标识;

(六)入场人员的票证查验和安全检查措施;

(七)车辆停放、疏导措施;

(八)现场秩序维护、人员疏导措施;

(九)应急救援预案。

第七条 承办者具体负责下列安全事项。

(一)落实大型群众性活动安全工作方案和安全责任制度,明确安全措施、安全工作人员岗位职责,开展大型群众性活动安全宣传教育;

(二)保障临时搭建的设施、建筑物的安全,消除安全隐患;

(三)按照负责许可的公安机关的要求,配备必要的安全检查设备,对参加大型群众性活动的人员进行安全检查,对拒不接受安全检查的,承办者有权拒绝其进入;

（四）按照核准的活动场所容纳人员数量、划定的区域发放或者出售门票；

（五）落实医疗救护、灭火、应急疏散等应急救援措施并组织演练；

（六）对妨碍大型群众性活动安全的行为及时予以制止，发现违法犯罪行为及时向公安机关报告；

（七）配备与大型群众性活动安全工作需要相适应的专业保安人员以及其他安全工作人员；

（八）为大型群众性活动的安全工作提供必要的保障。

第八条　大型群众性活动的场所管理者具体负责下列安全事项。

（一）保障活动场所、设施符合国家安全标准和安全规定；

（二）保障疏散通道、安全出口、消防车通道、应急广播、应急照明、疏散指示标志符合法律、法规、技术标准的规定；

（三）保障监控设备和消防设施、器材配置齐全、完好有效；

（四）提供必要的停车场地，并维护安全秩序。

第九条　参加大型群众性活动的人员应当遵守下列规定。

（一）遵守法律、法规和社会公德，不得妨碍社会治安、影响社会秩序；

（二）遵守大型群众性活动场所治安、消防等管理制度，接受安全检查，不得携带爆炸性、易燃性、放射性、毒害性、腐蚀性等危险物质或者非法携带枪支、弹药、管制器具；

（三）服从安全管理，不得展示侮辱性标语、条幅等物品，不得围攻裁判员、运动员或者其他工作人员，不得投掷杂物。

第十条　公安机关应当履行下列职责。

（一）审核承办者提交的大型群众性活动申请材料，实施安全许可；

（二）制订大型群众性活动安全监督方案和突发事件处置预案；

（三）指导对安全工作人员的教育培训；

（四）在大型群众性活动举办前，对活动场所组织安全检查，发现安全隐患及时责令改正；

（五）在大型群众性活动举办过程中，对安全工作的落实情况实施监督检查，发现安全隐患及时责令改正；

（六）依法查处大型群众性活动中的违法犯罪行为，处置危害公共安全的突发事件。

第三章　安全管理

第十一条　公安机关对大型群众性活动实行安全许可制度。《营业性演出管理条例》对演出活动的安全管理另有规定的，从其规定。

举办大型群众性活动应当符合下列条件。

（一）承办者是依照法定程序成立的法人或者其他组织；

（二）大型群众性活动的内容不得违反宪法、法律、法规的规定，不得违反社会公德；

（三）具有符合本条例规定的安全工作方案，安全责任明确、措施有效；

（四）活动场所、设施符合安全要求。

第十二条　大型群众性活动的预计参加人数在1000人以上5000人以下的，由活动所在地县级人民政府公安机关实施安全许可；预计参加人数在5000人以上的，由活动所在地设区的市级人民政府公安机关或者直辖市人民政府公安机关实施安全许可;跨省、自治区、直辖市举办大型群众性活动的,由国务院公安部门实施安全许可。

第十三条　承办者应当在活动举办日的 20 日前提出安全许可申请,申请时,应当提交下列材料。

(一)承办者合法成立的证明以及安全责任人的身份证明;

(二)大型群众性活动方案及其说明,2 个或者 2 个以上承办者共同承办大型群众性活动的,还应当提交联合承办的协议;

(三)大型群众性活动安全工作方案;

(四)活动场所管理者同意提供活动场所的证明。

依照法律、行政法规的规定,有关主管部门对大型群众性活动的承办者有资质、资格要求的,还应当提交有关资质、资格证明。

第十四条　公安机关收到申请材料应当依法做出受理或者不予受理的决定。对受理的申请,应当自受理之日起 7 日内进行审查,对活动场所进行查验,对符合安全条件的,做出许可的决定;对不符合安全条件的,做出不予许可的决定,并书面说明理由。

第十五条　对经安全许可的大型群众性活动,承办者不得擅自变更活动的时间、地点、内容或者扩大大型群众性活动的举办规模。

承办者变更大型群众性活动时间的,应当在原定举办活动时间之前向做出许可决定的公安机关申请变更,经公安机关同意方可变更。

承办者变更大型群众性活动地点、内容以及扩大大型群众性活动举办规模的,应当依照本条例的规定重新申请安全许可。

承办者取消举办大型群众性活动的,应当在原定举办活动时间之前书面告知做出安全许可决定的公安机关,并交回公安机关颁发的准予举办大型群众性活动的安全许可证件。

第十六条　对经安全许可的大型群众性活动,公安机关根据安全需要组织相应警力,维持活动现场周边的治安、交通秩序,预防和处置突发治安事件,查处违法犯罪活动。

第十七条　在大型群众性活动现场负责执行安全管理任务的公安机关工作人员,凭值勤证件进入大型群众性活动现场,依法履行安全管理职责。

公安机关和其他有关主管部门及其工作人员不得向承办者索取门票。

第十八条　承办者发现进入活动场所的人员达到核准数量时,应当立即停止验票;发现持有划定区域以外的门票或者持假票的人员,应当拒绝其入场并向活动现场的公安机关工作人员报告。

第十九条　在大型群众性活动举办过程中发生公共安全事故、治安案件的,安全责任人应当立即启动应急救援预案,并立即报告公安机关。

第四章　法律责任

第二十条　承办者擅自变更大型群众性活动的时间、地点、内容或者擅自扩大大型群众性活动的举办规模的,由公安机关处 1 万元以上 5 万元以下罚款;有违法所得的,没收违法所得。

未经公安机关安全许可的大型群众性活动由公安机关予以取缔,对承办者处 10 万元以上 30 万元以下罚款。

第二十一条　承办者或者大型群众性活动场所管理者违反本条例规定致使发生重大伤亡事故、治安案件或者造成其他严重后果构成犯罪的,依法追究刑事责任;尚不构成犯罪的,对安全责任人和其他直接责任人员依法给予处分、治安管理处罚,对单位处 1 万元以上 5 万元以下罚款。

第二十二条　在大型群众性活动举办过程中发生公共安全事故,安全责任人不立即启动应急救援预案或者不立即向公安机关报告的,由公安机关对安全责任人和其他直接责任人员处 5000 元以上 5 万元以下罚款。

第二十三条　参加大型群众性活动的人员有违反本条例第九条规定行为的,由公安机关给予批评教育;有危害社会治安秩序、威胁公共安全行为的,公安机关可以将其强行带离现场,依法给予治安管理处罚;构成犯罪的,依法追究刑事责任。

第二十四条　有关主管部门的工作人员和直接负责的主管人员在履行大型群众性活动安全管理职责中,有滥用职权、玩忽职守、徇私舞弊行为的,依法给予处分;构成犯罪的,依法追究刑事责任。

第五章　附　则

第二十五条　县级以上各级人民政府、国务院部门直接举办的大型群众性活动的安全保卫工作,由举办活动的人民政府、国务院部门负责,不实行安全许可制度,但应当按照本条例的有关规定,责成或者会同有关公安机关制订更加严格的安全保卫工作方案,并组织实施。

第二十六条　本条例自 2007 年 10 月 1 日起施行。